코드만 짜던 당신, '진짜' 개발자가 된다!

클린 프로그래밍

김종관 지음

개발 습관이 바뀌는 8가지 기술!

이지스 퍼블리싱

Do it! 클린 프로그래밍

Do it! Clean Programming

초판 발행 • 2025년 6월 1일

지은이 • 김종관

펴낸이 • 이지연

펴낸곳 • 이지스퍼블리싱(주)

출판사 등록번호 • 제313-2010-123호

주소 • 서울특별시 마포구 잔다리로 109 이지스빌딩 3층(우편번호 04003)

대표전화 • 02-325-1722 | **팩스** • 02-326-1723

홈페이지 • www.easyspub.co.kr | **Do it! 스터디룸 카페** • cafe.naver.com/doitstudyroom

인스타그램 • instagram.com/easyspub_it | **엑스(구 트위터)** • x.com/easys_IT

페이스북 • facebook.com/easyspub

총괄 • 최윤미 | **기획 및 책임편집** • 신지윤 | **기획편집 2팀** • 신지윤, 박재연, 이소연

교정교열 • 박명희 | **표지 디자인** • 김근혜 | **본문 디자인** • 트인글터, 김근혜 | **인쇄** • 미래피앤피

마케팅 • 권정하 | **독자지원** • 박애림, 이세진, 김수경 | **영업 및 교재 문의** • 이주동, 김요한(support@easyspub.co.kr)

- '세상의 속도를 따라잡고 싶다면 Do it!'은 출원 중인 상표명입니다.
- 잘못된 책은 구입한 서점에서 바꿔 드립니다.
- 이 책에 실린 모든 내용, 디자인, 이미지, 편집 구성의 저작권은 이지스퍼블리싱(주)와 지은이에게 있습니다.

ISBN 979-11-6303-722-4 13000

가격 29,000원

클린 코드부터 소프트웨어 설계까지
개발자로서 매 순간 성장하는 여정을 경험해 보세요!

✦ 성장하고 싶은 개발자를 위한 실전 안내서! ✦

개발자의 성장 과정은 단순히 코드를 잘 짜는 능력을 키우는 것이 아닙니다. 처음에는 코드를 정확하게 작성하는 데 집중하고, 그다음엔 동료와 잘 협업하는 방법을 배웁니다. 조금 더 지나면 구조와 아키텍처를 고민하고, 결국에는 소프트웨어 전체를 바라보는 시야를 갖춥니다. 《Do it! 클린 프로그래밍》은 그런 성장의 여정을 담은 실전 지침서입니다.

15년간 국내 IT 기업에서 개발자로 다양한 실무 프로젝트를 수행하면서 팀원들과 함께 고민하고 성장해 온 경험을 바탕으로, '어떻게 클린한 코드를 작성할 수 있을까?'에서 출발해 **협업을 위한 코드, 유지 보수를 고려한 아키텍처 구조, 그리고 효율적인 소프트웨어 설계까지** 개발자로서 꼭 지나야 할 길을 함께 정리해 보고자 했습니다. 이 책은 단순히 이론적인 지식만을 전달하지 않습니다. 클린 코드의 기초부터 소프트웨어 설계의 깊이까지, 개발자에게 필요한 핵심 요소를 폭넓고 균형 있게 다룹니다.

✦ 나만 이해하는 코드보다 누구에게나 잘 읽히는 코드를 작성한다! ✦

프로그래밍은 단순히 문법을 나열하는 것으로 완성되지 않습니다. 효율적이고 읽기 쉬우며 유지 보수하기 쉬운 코드를 작성하는 것이 개발자의 핵심 역할입니다. **1장에서는 클린 코드의 기본 원칙을 다루며, 좋은 코드가 왜 중요한지** 본질적인 질문을 던집니다. 이를 통해 여러분은 클린 코드의 기본 개념과 품질을 높이는 실용적인 방법을 배울 수 있습니다.

2장부터 5장까지는 리팩터링, 테스트 코드 작성, 코드 리뷰 등을 통해 클린 코드를 지속적으로 유지하고 개선하는 방법을 다룹니다. 이 과정은 코드의 가독성, 유지 보수성, 그리고 변화하는 외부 요구에 유연하게 대응할 수 있게 합니다. 여러분도 효율적인 코드 개선과 협업을 위한 방법을 배우고, 장기적으로는 고품질 소프트웨어 개발자로 성장할 수 있습니다.

✦ 구조와 설계를 이해해야 진짜 개발자가 된다! ✦

효율적이고 유연한 시스템 설계는 단순한 기능 구현을 넘어서는 중요한 부분입니다. **6장과 7장에서는 각각 객체 지향 프로그래밍과 디자인 패턴으로 소프트웨어 설계를 최적화하는 방법**을 다룹니다. 객체 지향은 모듈화와 유지 보수의 용이성을, 디자인 패턴은 재사용성과 효율성을 높이는 검증된 해결책을 제공합니다. 이 과정에서 복잡한 시스템을 효율적으로 설계하고 관리하는 능력을 기를 수 있습니다.

소프트웨어 개발은 코드를 작성하는 것으로 그치지 않고 전체 프로세스와 설계를 이해하는 능력이 필수입니다. **8장과 9장에서는 소프트웨어 프로세스 모델과 UML을 활용한 소프트웨어 모델링으로 전체 시스템을 명확히 설계하고 관리하는 방법**을 다룹니다. 이 2가지는 개발의 큰 그림을 파악하고 시스템을 체계적으로 관리하는 데 중요한 역할을 합니다. 이를 통해 소프트웨어 개발을 효율적으로 관리하고 전체 시스템을 명확히 설계하는 능력을 기를 수 있습니다.

✦ 실습으로 쉽게 이해하고, 실전에 바로 적용! ✦

이 책은 실무에서 개발을 할 때 마주할 수 있는 다양한 상황을 바탕으로 구성했습니다. 개발을 시작하는 대학생이나 취업 준비생부터 팀 단위로 일하는 신입 또는 주니어 개발자, 기술적 방향을 고민하는 시니어 개발자에 이르기까지 각자의 위치에서 실제 도움을 받을 수 있도록 **개념 설명과 함께 예제 코드를 담았습니다.** 복잡한 이론은 쉽게 풀어내고, **읽자마자 '아, 이렇게 하면 되겠구나' 하고 실전에 바로 적용**할 수 있도록 구성했습니다.

✦ 감사의 말씀을 전하며 ✦

먼저, 이 책이 탄생할 수 있도록 기획 단계부터 출간까지 이끌어 주신 신지윤 팀장님을 비롯한 이지스퍼블리싱 관계자 여러분께 진심으로 감사드립니다. 또한 묵묵히 언제나 곁에서 힘이 되어 준 아내 지혜와 딸 주아에게도 고마움을 전합니다.

많은 시간과 노력이 모여 이 책을 완성할 수 있었습니다. 완성도를 높이기 위해 여러 번 검토하고 수정했지만 여전히 부족한 부분이나 잘못된 내용이 있다면 이는 오롯이 필자의 부족함에서 비롯한 것입니다. 오류나 개선할 점을 알려 주시면 적극 수정해 나가겠습니다. 이 책을 선택해 주신 독자 여러분께 마음 깊이 감사의 말씀을 드리며, 여러분의 개발 여정에 이 책이 든든한 디딤돌이 될 수 있기를 기원합니다.

김종관 드림

첫째 — 4단계 성장 로드맵에 따라 공부하고, 실력을 레벨업해요!

1단계	클린 코드 개발자 되기	……	코드를 깔끔하게 정리하고, 지속적으로 개선하자! 클린 코드 코드 스멜 리팩터링 테스트 코드
2단계	협업 가능한 개발자 되기	……	효율적인 코드 리뷰를 수행하자! 코드 리뷰 문화 코드 리뷰 방법
3단계	좋은 구조를 만드는 개발자 되기	……	객체 지향과 디자인 패턴에 능숙해지자! 객체 지향 프로그래밍 SOLID 원칙 생성 패턴 구조 패턴 행동 패턴 MVC 패턴
4단계	소프트웨어를 설계하는 개발자 되기	……	소프트웨어 프로세스 모델과 UML에 익숙해지자! 폭포수 모델 반복적 모델 나선형 모델 소프트웨어 모델링 애자일 Unified Process UML UML 다이어그램

둘째 — 개념 설명은 쉽게! 적용 방법은 구체적으로!

친절한 설명과 함께 실제 어떻게 테스트 코드나 코드 리뷰를 작성하는지 등을 **구체적인 실습으로 안내**합니다.

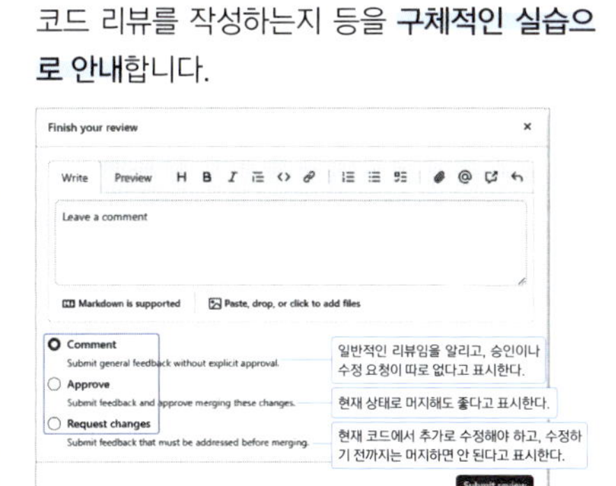

이론만 나열하지 않고, **실용적인 예제 코드** 중심으로 구성해서 **배운 내용을 곧바로 실행**할 수 있습니다.

```
코드                  3번 실행하도록 설정          TestCode/test/AnnotationTest.java
@RepeatedTest(3)
void RepeatedTest(RepetitionInfo repetitionInfo) {
    Calculator calculator = new Calculator();
    int result = calculator.addTwoNumbers(5, 5);
    assertEquals(10, result);
    System.out.println("테스트 " + repetitionInfo.getCurrentRepetition() + "/"
+ repetitionInfo.getTotalRepetitions());
}
```

실행 결과

```
테스트 1/3
테스트 2/3
테스트 3/3
```

이해도와 전달력을 높이기 위해 내용 흐름과 핵심 개념을 그림으로 제시하여 **한눈에 이해**할 수 있습니다.

현업 개발자의 생생한 조언으로 번역서에서 느낄 수 없는 **현실적인 인사이트**를 전달합니다.

규모가 큰 프로젝트에서 모든 코드를 완벽하게 '클린'하게 작성하기란 매우 어렵습니다. 그렇지만 네이밍 규칙을 무시하거나 무의미한 이름을 사용하지 않도록 항상 경계하고, 부족하거나 개선해야 할 부분을 지속적으로 다듬어 가면서 더 나은, 더 '클린'한 코드를 만들기 위해 노력해야 합니다. 이런 자세만으로도 우리의 코드는 훨씬 더 높은 품질로 발전할 것입니다.

예제 코드부터 IT 지식까지 **실전형 학습**을 지원합니다!

✦ 예제 코드를 내려받으세요! ✦

이 책에 수록된 예제 코드는 이지스퍼블리싱 홈페이지와 저자 깃허브에서 내려받을 수 있습니다. 직접 코드를 작성해 보고, 제공된 소스 코드와 비교하며 학습하면 실력이 빠르게 향상될 거예요!

▶ **이지스퍼블리싱 홈페이지**: www.easyspub.co.kr → [자료실] → 도서명으로 검색

▶ **저자 깃허브**: github.com/DoitCleanProgramming

✦ 저자의 다른 콘텐츠도 함께 만나보세요! ✦

저자는 유튜브와 인프런을 통해 IT 실무 지식과 커리어는 물론, 코딩 테스트 관련 강의를 제공하고 있습니다. 더 다양한 지식을 접하고 싶다면 저자의 채널도 꼭 방문해 보세요!

▶ **유튜브**: www.youtube.com/@codingtest

▶ **인프런**: www.inflearn.com/users/788879/ @harucoding

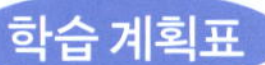

실현할 수 있는 **목표**를 세우고 달성해서 **성취감**을 맛보세요!

✦ 초보자를 위한 30일 진도표 | 혼자서도 체계적으로 공부해요! ✦

회 차	진 도	회 차	진 도
1일(/)	첫째마당 ~ 1-2절	16일(/)	6-2절(1/2 분량)
2일(/)	1-3 ~ 1-4절	17일(/)	6-2절(2/2 분량)
3일(/)	1-5 ~ 1-6절	18일(/)	7-1 ~ 7-2절(1/2 분량)
4일(/)	1-7절/1장 복습	19일(/)	7-2절(2/2 분량)
5일(/)	2-1 ~ 2-2절	20일(/)	7-3절(1/2 분량)
6일(/)	2-3절	21일(/)	7-3절(2/2 분량)
7일(/)	2-4절	22일(/)	7-4절(1/2 분량)
8일(/)	2-5 ~ 2-6절	23일(/)	7-4절(2/2 분량)
9일(/)	2-7 ~ 2-9절	24일(/)	7-5절
10일(/)	3-1 ~ 3-2절	25일(/)	8-1 ~ 8-3절
11일(/)	3-3 ~ 3-4절	26일(/)	8-4 ~ 8-6절
12일(/)	3-5 ~ 3-6절	27일(/)	9-1 ~ 9-2절
13일(/)	둘째마당 ~ 4장	28일(/)	9-3절
14일(/)	5장	29일(/)	9-4 ~ 9-5절
15일(/)	셋째마당 ~ 6-1절	30일(/)	9-6 ~ 9-7절

✦ 중급자를 위한 15일 진도표 | 강의에도 활용할 수 있어요! ✦

회 차	진 도	회 차	진 도
1일(/)	1-1 ~ 1-4절	9일(/)	6-1 ~ 6-2절
2일(/)	1-3 ~ 1-4절	10일(/)	7-1 ~ 7-2절
3일(/)	1-5 ~ 1-7절	11일(/)	7-3절
4일(/)	2-1 ~ 2-3절	12일(/)	7-4절
5일(/)	2-4 ~ 2-6절	13일(/)	7-5 ~ 8-3절
6일(/)	2-7 ~ 3-2절	14일(/)	8-4 ~ 9-3절
7일(/)	3-3 ~ 3-6절	15일(/)	9-4 ~ 9-7절
8일(/)	4장 ~ 5장	최종 복습	

차례

첫째마당 ✦ 클린 코드 개발자 되기

✦	**클린 코드에서 자주 사용하는 용어**	18

1장 클린 코드의 원칙

1-1	**클린 코드를 지켜야 하는 이유**	22
1-2	**의미 있는 이름 짓기**	24
	네이밍 규칙 4가지	24
	가독성 고려하기	26
	기능에 맞는 이름 짓기	27
1-3	**주석 제대로 사용하기**	34
	괜찮은 주석	35
	불필요한 주석	37
1-4	**복잡한 조건식은 함수로 변경하기**	42
1-5	**함수는 하나의 기능만 수행하기**	45
	원칙 1: 간결하고 명확한 함수 설계하기	46
	원칙 2: 추상화 레벨을 고려한 내려 읽기 형태 만들기	46
	원칙 3: 함수 이름과 다른 기능 수행하지 않기	49
	원칙 4: 조회와 명령 분리하기	50
1-6	**생성자 가독성 높이기**	52
	정적 팩토리 메서드 사용하기	53
	빌더 패턴 사용하기	55
1-7	**오류 코드보다 예외 사용하기**	58
	오류 코드로 시나리오 구현하기	59
	예외 처리로 시나리오 구현하기	61

2장 코드 스멜과 리팩터링

2-1	**코드 스멜의 발생 원인과 리팩터링의 필요성**	66
2-2	**중복 코드 제거하기**	68
	코드 정리하기	69
	함수 추출하기	71
	함수 올리기	74
2-3	**긴 함수 분리하기**	77
	변수를 함수화하기	78
	복잡한 조건문 나누기	80
	다형성 이용하기	82

2-4	거대 클래스 나누기	86
	타입 변수를 자식 클래스로 변경하기	87
	공통 부분을 상위 클래스로 추출하기	91
	클래스 추출하기	95
2-5	'수정의 산발' 리팩터링하기	99
	기능에 따라 코드 분리하기	100
	자식 클래스로 책임 분산하기	102
2-6	'산탄총 수술' 리팩터링하기	106
	변경이 필요한 함수와 속성을 한 클래스로 모으기	107
	함수 및 클래스 인라인하기	109
2-7	기능 편애 제거하기	113
	참조 부분 단순화하기	114
2-8	과다한 매개변수 줄이기	117
	중복된 매개변수 제거하기	118
	플래그용 매개변수 제거하기	120
	매개변수 객체화하기	122
2-9	매직 넘버 제거하기	125
	상수화하기	126

3장 클린 코드 관점의 테스트 코드

3-1	테스트 코드 작성이 필수인 이유	129
3-2	JUnit 맛보기	132
	인텔리제이에서 JUnit 사용하기	132
	JUnit 기본 문법	139
3-3	테스트 코드도 클린 코드로 작성하기	149
	의도가 명확하게 드러나는 이름 짓기	149
	Given-When-Then 구조로 작성하기	152
	하나의 검증 목표를 갖고 Assertions 함수 최소로 사용하기	153
3-4	커버리지를 고려한 테스트 코드 작성하기	156
	다양한 케이스를 고려해 작성하기	157
	라인 커버리지로 시스템 커버 비율 확인하기	161
3-5	잘 동작하는 테스트 코드 작성하기	164
	독립적으로 수행할 수 있는 코드 작성하기	164
	항상 같은 결과를 보장하는 코드 작성하기	168
3-6	CI/CD 환경에서 테스트 코드 활용하기	172

둘째마당 ✦ 협업 가능한 개발자 되기

4장 코드 리뷰 이해하기

4-1 코드 리뷰가 필요한 이유	177
4-2 코드 리뷰를 의미있게 유지하기 어려운 이유는?	179

5장 코드 리뷰를 잘 하는 방법

5-1 클린하게 코드 리뷰 요청하기	182
PR과 커밋 메시지는 의미 있게 작성하기	182
리뷰하기 좋은 크기로 PR 생성하기	184
리뷰에 적극적으로 반응하기	185
5-2 효과적인 코드 리뷰 수행하기	188
친절하게 리뷰 수행하기	188
레벨을 표시해 의견 제시하기	189
참고 자료 또는 해결 방안과 함께 의견 제시하기	190
구체적인 칭찬은 개발자를 춤추게 한다	191
5-3 코드 리뷰에 유용한 깃허브의 기능	193
자동으로 리뷰어 지정하기	193
최소 리뷰 승인 수 설정하기	195

셋째마당 ✦ 좋은 구조를 만드는 개발자 되기

6장 객체 지향 프로그래밍 이해하기

6-1 객체 지향 프로그래밍의 특징	205
추상화	208
상속	211
다형성	212
캡슐화	219
6-2 개발 생산성을 높이는 SOLID 원칙	222
단일 책임 원칙	223
개방 - 폐쇄 원칙	227
리스코프 치환 원칙	234
인터페이스 분리 원칙	241
의존성 역전 원칙	245

7장　효과적인 디자인 패턴 활용 전략

7-1	디자인 패턴의 종류와 특징	253
7-2	생성 패턴	256
	싱글톤 패턴	256
	팩토리 메서드 패턴	263
	추상 팩토리 패턴	270
	빌더 패턴	277
7-3	구조 패턴	286
	어댑터 패턴	286
	데코레이터 패턴	294
	컴포지트 패턴	302
	브릿지 패턴	308
7-4	행동 패턴	314
	전략 패턴	314
	옵저버 패턴	319
	반복자 패턴	324
	상태 패턴	333
	중재자 패턴	339
7-5	MVC 패턴	345
	MVC 패턴의 흐름	345
	MVC 패턴의 구성 요소	346
	MVC 패턴의 구현 방식	348
	MVC 패턴 적용하기	351

넷째마당 ✦ 소프트웨어를 설계하는 개발자 되기

8장　소프트웨어 프로세스 모델 이해하기

8-1	소프트웨어 프로세스 모델이란?	359
	소프트웨어 프로세스 모델의 필요성	360
	소프트웨어 프로세스 모델의 역사	361
8-2	단계별 진행과 문서화에 중점을 둔 폭포수 모델	362
	선형적이고 순차적인 접근 방식인 폭포수 모델	362
	테스트 프로세스를 강화한 V-모델	363
8-3	지속적 향상에 중점을 둔 반복적 모델	366
	전체를 모듈로 분해하고 점진적으로 개발하는 증분형 모델	366
	프로토타입을 기반으로 발전시키는 진화형 모델	367
8-4	위험 최소화에 중점을 둔 나선형 모델	369

8-5	**신속한 개발 경험에 중점을 둔 애자일**	371
	애자일의 핵심 가치	372
	애자일 스프린트 5단계	373
	애자일의 장점과 한계	374
	애자일을 적용한 다양한 개발 방식	374
8-6	**객체 지향 프로그램 표준, Unified Process**	376
	UP의 특징	376
	여러 개발 방법론을 적용한 UP	376

9장 UML을 활용한 소프트웨어 모델링

9-1	**UML이란?**	380
	UML의 특징	380
	UML 다이어그램의 종류	381
9-2	**유스 케이스 다이어그램**	383
	유스 케이스 작성법	383
	유스 케이스 다이어그램과 구성 요소	385
9-3	**클래스 다이어그램**	389
	클래스 다이어그램의 구성 요소와 표현 방법	390
	클래스 간의 관계 표현	394
9-4	**시퀀스 다이어그램**	403
	시퀀스 다이어그램의 구성 요소	403
	시퀀스 다이어그램의 흐름 제어	405
9-5	**상태 차트 다이어그램**	410
	상태 차트 다이어그램의 구성 요소	410
	상태 차트 다이어그램의 다양한 상태	412
9-6	**액티비티 다이어그램**	420
	액티비티 다이어그램의 구성 요소	420
	스윔 레인	423
	액티비티 다이어그램과 상태 차트 다이어그램의 비교	424
9-7	**컴포넌트 다이어그램**	426
	컴포넌트 다이어그램의 구성 요소	426
	컴포넌트 다이어그램의 표현 방법	427
	어셈블리 커넥터와 대리자 커넥터	431
	찾아보기	433

첫째마당

클린 코드 개발자 되기

코드를 깔끔하게 작성하고, 지속적으로 개선하자!

1장 클린 코드의 원칙

2장 코드 스멜과 리팩터링

3장 클린 코드 관점의 테스트 코드

필자가 어렸을 때 '조금 더 키가 컸으면…', '좀 더 잘생겼으면…' 하는 생각에 부모님에게 투정 부린 적이 있습니다. 그럴 때마다 부모님은 "나도 그렇게 낳고 싶었지. 그게 내 맘대로 되니? 지금도 내 눈엔 충분히 예쁘단다."라고 말씀해 주셨습니다.

개발자와 소스 코드도 부모와 자식의 관계와 비슷하다고 생각할 수 있습니다. 그런데 소스 코드가 "절 왜 이렇게 못생기게 만들었어요?"라고 물어본다면, 우리는 "내가 그렇게 만들고 싶어서 만든 게 아니야!"라고 답할 수 없을 것입니다. 왜일까요?

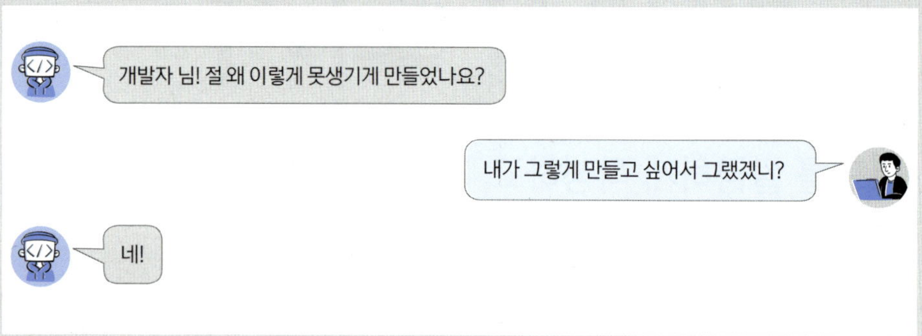

소스 코드는 철저히 개발자가 설계하고 의도한 그대로 만들어지기 때문입니다. 개발자와 소스 코드의 관계는 부모 자식 간보다 창조주와 인간 관계에 더 가깝습니다. 다시 말하면, 개발자가 가지고 있는 지식과 역량, 의도에 따라 소스 코드는 얼마든지 아름답고 잘생기게 만들 수 있습니다. 그럼 어떻게 해야 '잘생긴' 소스 코드를 만들 수 있을까요? 그 답은 이 책에서 찾을 수 있습니다!

소프트웨어 개발에서 '잘생긴' 코드를 클린 코드라고 말합니다. 클린 코드의 정의는 다양하지만, 맥락을 살펴보면 대동소이합니다. 한마디로 정리하면 누구에게나 읽기 쉽고, 보는 사람이 이해하기 편한 코드가 바로 클린 코드입니다. 프로그램이 정상적으로 동작하는 것을 보장할 뿐만 아니라 가독성과 유지 보수성이 높은 코드를 클린 코드라고 합니다. 이러한 클린 코드는 소프트웨어 개발에서 중요성이 점점 더 커지고 있습니다. 왜 그럴까요? 다음 그림을 통해 좀 더 알아봅시다.

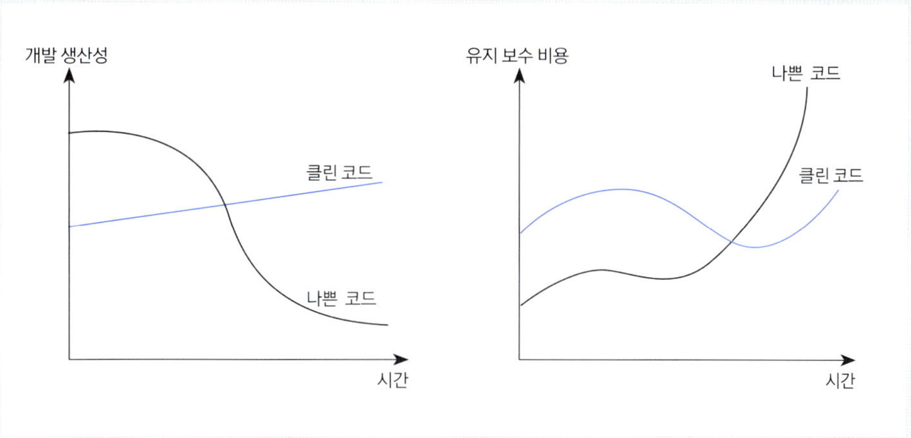

클린 코드와 나쁜 코드 비교

예를 들어 요구 사항에 따라 기존 코드를 수정하거나 신규 기능을 새로 개발할 때 총 소요 시간을 10으로 가정하면 실제 개발자가 코딩을 수행하는 시간은 1입니다. 나머지 9는 코드를 이해하고 분석하는 데 소요됩니다. 명확하고 일관된 클린 코드는 코드를 이해하고 분석하는 데 드는 시간을 크게 줄여 줍니다. 그 결과, 개발 효율이 향상되므로 개발 생산성이 증가하고 유지 보수 비용이 절감됩니다.

또한 클린 코드를 유지하면 코드의 가독성도 높아지므로 함께 일하는 개발자들이 내가 작성한 코드를 이해하기 쉬워집니다. 즉, 클린 코드는 개발 생산성을 높이고 유지 보수 비용은 낮추는 등의 효과뿐만 아니라 프로젝트 전체의 성공 여부를 결정하는 중요한 요소라고 할 수 있습니다.

첫째마당에서는 클린 코드의 원칙과 리팩터링 방법 그리고 테스트 코드를 작성하는 방법을 학습합니다. 클린 코드의 원칙은 소프트웨어 개발에서 코드의 가독성, 개발 생산성, 그리고 유지 보수성을 향상하기 위해 개발자가 준수해야 할 중요한 지침입니다. 리팩터링은 기존 코드에서 발생하는 코드 스멜을 개선해 클린 코드로 전환하는 과정이며, 이렇게 개선된 코드의 문제를 검증하기 위해 테스트 코드를 작성하는 것도 클린 코드를 유지하는 데 필수입니다. 이 세 가지 주제를 모두 학습한다면, 여러분은 코드를 클린하게 작성하고 유지할 수 있는 개발자로 한 단계 성장할 수 있을 것입니다.

*

클린 코드에서 자주 사용하는 용어

클린 코드를 본격적으로 배우기 전에 클린 코드와 관련이 깊은 객체 지향 프로그래밍의 용어를 먼저 익혀 둡시다. 앞으로 클린 코드를 공부하는 데 도움이 될 것입니다. 여기서는 가볍게 살펴보고, 이 책을 학습하면서 자세히 이해해 봅시다.

모듈화

앞서 클린 코드를 이야기할 때 개발 생산성의 향상과 유지 보수 비용의 절감 등을 중심으로 이야기했습니다. 이것은 모듈화에서 시작됩니다. 모듈화modularization는 **소프트웨어를 기능별로 나누는 것**을 말합니다. 그리고 적절한 모듈화란 모듈이 독립적으로 개발될 수 있도록 설계하여, 개발자들이 모듈 단위로 병렬 개발을 수행할 수 있음을 뜻합니다. 모듈은 독립적으로 구성되어 특정 기능에 관한 코드를 모은 것이므로 유지 보수할 때 수정 범위를 최소화합니다. 즉, 모듈화는 코딩 생산성을 높여주고 유지 보수를 용이하게 만드는 시작점이라고 할 수 있습니다.

모듈

모듈module은 **프로그램을 구성하는 시스템을 모듈화해서 기능 단위로 분해**한 것입니다. 모듈은 프로그램 자체가 될 수도 있고, 어떤 함수일 수도 있습니다. 예를 들어 자바에서는 클래스나 패키지와 같이 프로그램을 구성하는 요소를 모듈로 볼 수 있습니다. 이러한 모듈은 독립적으로 실행되어야 하며, 모든 개발자가 쉽게 이해하고 변경할 수 있는 구조여야 합니다.

응집도

응집도^{cohesion}는 특정 모듈에 한 기능이 얼마나 집중되어 있는지를 나타내는 정도입니다.
다음 그림을 통해 응집도를 이해해 봅시다.

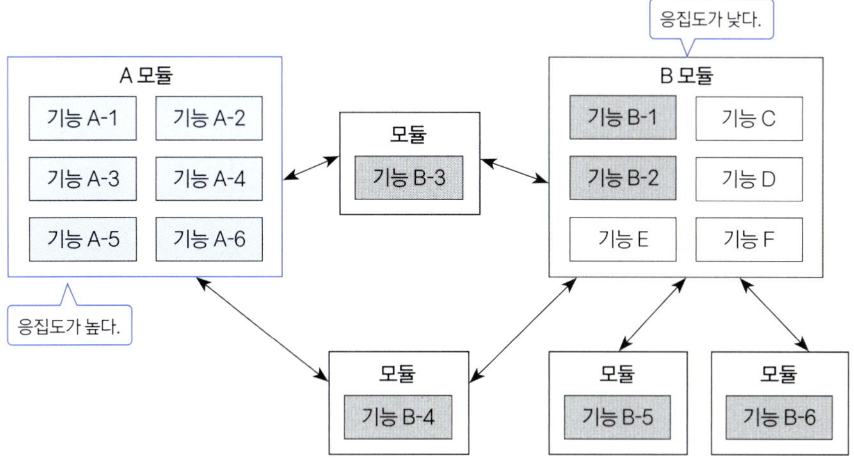

응집도 비교

이 그림에서 [기능 A]와 [기능 B]에 변경 사항이 발생한 경우, 어느 쪽의 수정이 더 편할지 생각해 봅시다. [기능 A]의 경우, 해당 기능과 관련된 서브 기능들이 모두 A 모듈에 모여 있어 수정 범위를 A 모듈로 한정할 수 있습니다. 이렇게 한 모듈 안에 기능들이 하나의 목적을 위해 모여 있는 것을 보고 '응집도가 높다'고 말합니다.

반면 [기능 B]의 서브 기능들을 살펴보면 여러 모듈에 산재해 있습니다. 그렇기 때문에 수정 범위가 명확하지 않고 여러 모듈에서 변경해야 합니다. 또한 B 모듈에는 [기능 B] 외에 다른 기능들이 포함되어 있어 '응집도가 낮다'고 판단할 수 있습니다.

정리하면, 응집도가 높을수록 수정 범위가 명확해지고 코드 변경 작업이 수월해지므로 응집도가 높은 코드는 좋은 코드라 할 수 있습니다.

결합도

결합도^{coupling}는 어떤 모듈이 다른 모듈과 얼마나 연관이 있는지 나타내는 정도를 말합니다. 즉, 어떤 모듈을 수정할 때 다른 모듈이 얼마나 변경돼야 하는지를 나타낸다고 생각하면 됩니다. 이번에도 그림을 통해 결합도를 이해해 봅시다.

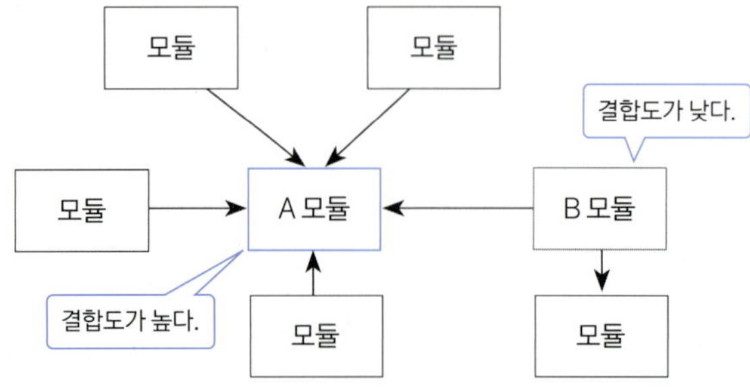

결합도 비교

이 그림에서 A 모듈과 B 모듈에 변경 사항이 발생한 경우, 어느 모듈의 수정 작업이 더 수월할지 생각해 봅시다. A 모듈을 수정할 때는 B 모듈을 포함해 총 5개의 모듈까지 영향을 미치는지 검토하고, 필요하다면 추가로 수정이 이루어져야 합니다.

반면 B 모듈은 A 모듈과 함께 다른 모듈을 참조하지만, B 모듈을 참조하는 다른 모듈이 없으므로 B 모듈만 수정하게 됩니다. 이렇게 다른 모듈에 대한 의존성이 약한 경우를 '느슨한 결합' 또는 '결합도가 낮다'고 표현합니다. 반대로 A 모듈처럼 결합도가 높으면, 해당 모듈의 변경 사항이 다른 모듈에도 영향을 주므로 수정 작업이 다소 복잡해집니다.

정리하면, 모듈 간 결합도가 낮을수록 수정 작업이 쉬우므로 결합도가 낮은 코드를 좋은 코드라 할 수 있습니다.

지금까지 앞으로 학습에 필요한 용어를 가볍게 살펴봤습니다. 특히 응집도와 결합도는 소프트웨어 설계 영역에서도 자주 등장하므로 여기서 의미를 이해하고 넘어가면 큰 도움이 될 것입니다.

1장

클린 코드의 원칙

앞서 클린 코드는 동료들이 쉽게 이해하고, 수정과 확장이 용이한 '좋은' 코드라고 이야기했습니다. 그렇다면 개발자로서 클린 코드를 작성하기 위해 반드시 지켜야 하는 원칙은 무엇일까요? 이번 장에서는 클린 코드를 지켜야 하는 이유와 클린 코드를 작성할 때 알아야 할 원칙 6가지를 자세히 배워 보겠습니다.

1-1 클린 코드를 지켜야 하는 이유

1-2 의미 있는 이름 짓기

1-3 주석 제대로 사용하기

1-4 복잡한 조건식은 함수로 변경하기

1-5 함수는 하나의 기능만 수행하기

1-6 생성자 가독성 높이기

1-7 오류 코드보다 예외 사용하기

클린 코드를 지켜야 하는 이유

프로그래머들이 개발할 때 가장 어려워하는 것이 무엇일까요? 물론 여러 어려움이 있겠지만 의외로 변수, 함수, 클래스 등 구성 요소의 이름 짓는 일을 어려워합니다. 프로그램을 개발하다 보면, 예상보다 이름을 지어야 하는 상황이 자주 발생합니다. 그리고 이 이름들은 해당 구성 요소가 무엇인지, 어떤 작업을 수행하는지 누구나 쉽게 짐작할 수 있도록 작성해야 합니다. 간단해 보이지만, 실제로 클린 코드의 원칙을 끝까지 지켜 나가는 데 어려운 부분 중 하나일 것입니다.

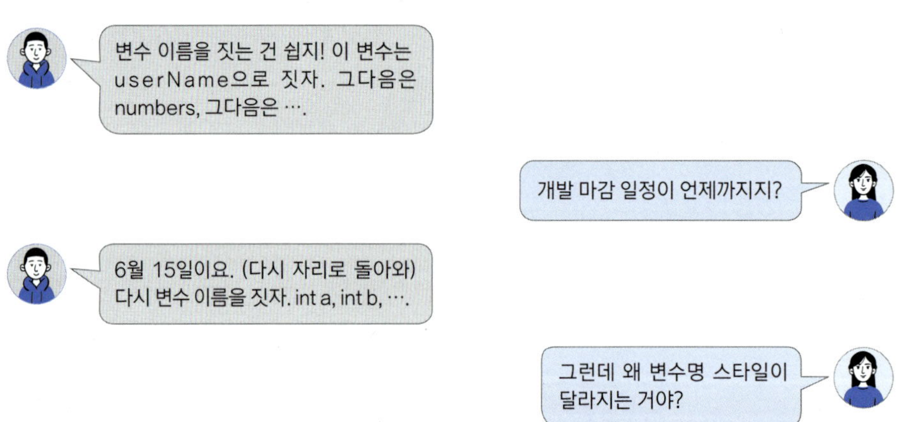

이 그림처럼 개발을 진행하다 보면 다양한 방해 요소로 클린 코드를 유지하기가 쉽지 않습니다. 일정 압박이나 고객의 잦은 변경 요청, 그리고 개발자들 간의 다양한 코딩 스타일 때문에 일관된 코드 스타일을 유지하기가 어렵습니다. 즉, 현실적으로 클린 코드를 유지하는 것이 계획한 것처럼 결코 쉬운 일이 아닙니다.

그럼에도 불구하고 프로젝트에서 클린 코드를 유지하는 것은 매우 중요합니다. 프로젝트가 성공하기 위해서는 **유지 보수가 쉬운 프로그램을 만드는 것**이 핵심 목표 중 하나이며, 이를 위해 꼭 지켜야 할 원칙이 바로 클린 코드 원칙이기 때문입니다.

클린 코드 원칙을 준수하면 단순히 코드가 잘 작동하는 것을 넘어, 다른 개발자나 미래의 자신이 코드를 이해하고 수정하는 데 드는 시간과 비용을 크게 줄일 수 있습니다. 이는 유지 보수 비용을 절감하고 개발 생산성을 높이는 데도 직접적으로 기여합니다. 즉, 프로젝트에서 클린 코드 원칙을 지키는 일은 장기적으로 프로젝트의 성공을 보장하는 필수 요소입니다.

그러므로 프로젝트 초기 단계에서 팀원들과 클린 코드의 필요성에 대한 공감대를 형성하고, 각자가 자발적으로 해당 원칙을 준수하도록 독려하는 것이 높은 품질의 소프트웨어 개발을 위해 꼭 필요합니다.

클린 코드의 원칙은 매우 광범위하고 다양하지만, 다음 절부터 그중에서도 가장 기본적이고 핵심적인 원칙들을 중점적으로 다루어 보겠습니다.

의미 있는 이름 짓기

소프트웨어를 개발할 때 프로그래머는 변수, 함수, 클래스 등 다양한 구성 요소의 이름을 지어야 합니다. 클린 코드의 원칙 중 가장 먼저 '이름 짓기'를 학습하는 이유는 그만큼 기본적이면서 자주 사용하는 영역이기 때문입니다. 어떻게 하면 이름 짓기를 잘할 수 있을지 지금부터 알아봅시다.

네이밍 규칙 4가지

프로그래밍에서 이름 짓기를 할 때 표기 방식의 일관성을 유지하기 위해 미리 정한 규칙이 몇 가지 있습니다. 이것을 네이밍 규칙이라고 하는데, 가장 대표적인 네이밍 규칙을 알아봅시다.

카멜 케이스

카멜 케이스camel case는 개발자들이 가장 많이 사용하는 이름 짓기 방식입니다. 아마 카멜 케이스가 무엇인지 몰랐어도 이미 습관적으로 사용하고 있을지 모릅니다. 카멜 케이스는 낙타의 등 모양을 보고 이름을 붙인 것으로, 두 단어를 결합한 이름을 지을 때 띄어쓰기 대신에 뒤에 오는 단어의 첫 글자를 대문자로 사용하는 방식입니다.

카멜 케이스 예

이름	적용
user name	userName

파스칼 케이스

카멜 케이스와 비슷하지만 파스칼 케이스^{pascal case}는 두 단어를 결합한 이름을 지을 때 두 단어의 첫 글자를 모두 대문자로 표기하는 방식이라는 점에서 차이가 있습니다.

파스칼 케이스 예

이름	적용
user name	UserName

케밥 케이스

케밥 케이스^{kebab case}는 케밥 모양에서 비롯된 방식입니다. 음식 재료를 꼬챙이에 꿴 케밥처럼 이름을 구성하는 단어마다 하이픈(-)으로 연결해 표기하는 방식입니다.

케밥 케이스 예

이름	적용
user name	user-name

스네이크 케이스

스네이크 케이스^{snake case}는 뱀이 이동하는 모양에서 비롯된 방식입니다. 케밥 케이스와 비슷하지만 하이픈 대신 언더바(_)를 사용한다는 점에서 차이가 있습니다.

스네이크 케이스 예

이름	적용
user name	user_name

자바에서의 네이밍 규칙

우리나라 개발자의 절반 이상이 프로그래밍 언어로 자바^{Java}를 사용하고 있습니다. 이는 자바를 사용하는 기업들이 그만큼 많다는 뜻이기도 합니다. 이러한 이유로 자바의 네이밍 규칙을 알아보겠습니다. 자바의 구성 요소마다 어떤 표기법을 사용하는지 살펴봅시다.

- **변수**: 소문자로 구성하거나 카멜 케이스 적용
- **함수**: 카멜 케이스 적용
- **클래스**: 파스칼 케이스 적용
- **상수**: 대문자로 구성

✦ 케밥 케이스는 yml 형태의 파일명에, 스네이크 케이스는 데이터베이스의 컬럼명(열 이름)에 주로 사용합니다.

가독성 고려하기

가독성이 좋은 코드는 한마디로 잘 읽히고 작성한 의도를 예측할 수 있는 코드입니다. 그러므로 변수, 함수, 클래스 이름 또한 작성하는 코드의 기능과 의도가 잘 드러나도록 지어야 합니다. 다음 자바 코드를 보면서 더 자세히 알아봅시다.

코드　　　　　　　　　　　　　　　　　　　📄 CleanCode/Naming/test.java

```java
public class test {
    public static void main(String[] args) {
        int a = 1;
        int b = 2;
        System.out.println("sum : " + getV(a, b));
    }

    static public int getV(int a, int b) {
        return a + b;
    }
}
```

사실 이 코드는 매우 간단해서 분석 자체는 어렵지 않습니다. 그러나 클래스, 함수, 변수 이름을 지을 때 가독성을 전혀 고려하지 않았을 뿐만 아니라, 코드의 기능과도 전혀 관계가 없습니다. 즉, 각 구성 요소의 이름이 코드를 분석하고 이해하는 데 전혀 도

움이 되고 있지 않다는 뜻이기도 합니다. 따라서 각 이름에 코드를 작성한 의도가 드러나도록 수정할 필요가 있습니다.

✦ 클래스 이름이 파스칼 케이스로 작성되지 않았다는 점도 눈여겨봅시다.

다음은 각 구성 요소의 이름에 네이밍 규칙을 적용한 코드입니다.

코드   CleanCode/Naming/Calculator.java

```java
public class Calculator{
    public static void main(String[] args) {
        int operand1 = 1;
        int operand2 = 2;
        System.out.println("sum : " + addNumbers(operand1, operand2));
    }

    static public int addNumbers(int operand1, int operand2) {
        return operand1 + operand2;
    }
}
```

이 자바 클래스에는 두 수를 더하는 함수가 존재합니다. 그래서 클래스 이름으로 '계산기'라는 이름이 알맞다고 판단되어 파스칼 케이스를 적용해 Calculator라 지었습니다. 함수나 변수도 카멜 케이스를 적용해 각 기능에 알맞은 이름으로 변경했습니다. 함수나 변수명이 코드를 파악하는 데 이전보다 도움이 되는 것을 확인할 수 있습니다.

기능에 맞는 이름 짓기

앞에서도 살펴보았지만 클래스, 함수 등은 어떤 기능을 하므로 개발자는 기능에 맞게 이름을 지어야 합니다. 먼저 클래스는 객체로 사용하므로, 명사 또는 명사구로 이름을 짓는 게 좋습니다. 동작을 수행하는 함수는 동사 또는 동사구로 이름 짓는 것이 자연스럽습니다.

또한 클래스나 함수와 같은 구성 요소의 위치와 맥락에 맞게 이름을 짓는 것도 중요합니다. 그래야 다른 개발자가 보더라도 무엇을 의미하는지 정확하게 이해할 수 있기 때문이죠. 사실 이 부분은 경력이 있는 개발자라면 습관적으로 지킬 것이므로 넘어가도 괜찮지만 그래도 코드를 통해 한번 살펴봅시다.

다음은 구성 요소의 위치와 맥락을 고려하지 않고 네이밍한 코드입니다.


```java
public class User {
    String userName;
    String userEmail;
    int userAge;
    GetPosition userPosition;


    public User(String userName, String userEmail, int userAge, GetPosition
userPosition) {
        this.userName = userName;
        this.userEmail = userEmail;
        this.userAge = userAge;
        this.userPosition = userPosition;
    }
}
```


userName, userEmail 등은 그 자체로 괜찮은 변수 이름입니다. 하지만 User라는 클래스 안에 있는 변수이므로, 이러한 맥락을 고려하였을 때 user를 멤버 변수명으로 사용하는 것은 좋지 않습니다. 그리고 다른 멤버 변수인 userPosition의 GetPosition 자료형의 이름도 적절해 보이지 않습니다. 왜 그럴까요? 다음 코드를 통해 확인해 봅시다.


```java
public class GetPosition {
    int x;
    int y;
    public GetPosition(int x, int y) {
        this.x = x;
        this.y = y;
    }


    public int X() {
        return x;
    }

    public int Y() {
        return y;
    }
```

```java
    public void setX(int x) {
        this.x = x;
    }

    public void setY(int y) {
        this.y = y;
    }
}
```

클래스나 변수는 명사 형태로, 함수는 동사 형태로 네이밍을 하는 것은 굳이 언급하지 않아도 대부분 습관처럼 쓰고 있을 것입니다. 심지어 이클립스나 인텔리제이와 같은 IDE에서는 Getter, Setter 함수를 자동으로 만들 때 당연히 동사형으로 생성합니다. 그럼에도 어색하게 네이밍된 코드를 살펴본 이유는 네이밍 규칙이 제대로 지켜지지 않았을 때 얼마나 가독성이 떨어지고 혼란스러운지 설명하고 싶었기 때문입니다.

이번에는 User와 GetPosition 클래스를 사용하는 클라이언트 코드를 한번 살펴보겠습니다.

✦ 클라이언트 코드client code란 이미 작성된 클래스나 함수를 호출하거나 사용하는 코드를 의미합니다.

<table>
<tr><td>코드</td><td>📄 CleanCode/Naming/Main.java</td></tr>
</table>

```java
public class Main {
    static int[][] map = new int[10][10];

    public static void main(String[] args) {
        map[1][0] = 1;
        User user = new User("하루코딩", "jk5020.kim@naver.com", 40, new Get
Position(0, 0));
        userPosition(user, 1);
        userPosition(user, 0);
        userPosition(user, 1);

    }

    static void userPosition(User user, int v) {
        int x = 0, y = 1;
        if (v == 0) {
            x = 1;
```

```java
            y = 0;
        }
        if (map[user.userPosition.Y() + y][user.userPosition.X() + x] ==  1 ) {
            System.out.println("돌이 있는 곳입니다. 현재 위치를 유지합니다.");
        } else {
            int m_x = user.userPosition.X() + x;
            int m_y = user.userPosition.Y() + y;
            System.out.println("[" + m_y + ", " + m_x + "]로 이동합니다.");
            user.userPosition.setX(m_x);
            user.userPosition.setY(m_y);
        }
    }
}
```

실행 결과

```
돌이 있는 곳입니다. 현재 위치를 유지합니다.
[0, 1]로 이동합니다.
[1, 1]로 이동합니다.
```

✦ 생성자 매개변수의 가독성과 관련된 내용은 1-6절에서 자세히 설명합니다.

이 클라이언트 코드에도 여러 가지 문제가 있습니다. 먼저 userPosition 함수는 명사형이어서 어떤 기능을 수행하는지 알 수 없습니다. 또한 이 함수의 매개변수인 int v가 무엇을 의미하는지 모호하고, 내부 로직 중 조건문에서 비교 대상인 1이 어떤 의도를 담고 있는지도 코드를 분석해야만 파악할 수 있습니다. 마지막으로 int m_x, int m_y는 나름 고민한 흔적이 보이는 변수명이지만 정보를 완벽하게 전달하지는 못합니다.

이제 이 클라이언트 코드를 네이밍 규칙에 맞게 수정해 봅시다. 먼저 User와 GetPosition 클래스를 수정합니다.

코드　　　　　　　　　　　　　　　　　　　📄 CleanCode/Naming_Solution/User.java

```java
public class User {
    String name;
    String email;
    int age;
    Position position;
```

```java
    public User(String name, String email, int age, Position position) {
        this.name = name;
        this.email = email;
        this.age = age;
        this.position = position;
    }
}
```


📄 CleanCode/Naming_Solution/Position.java

```java
public class Position {
    int x;
    int y;

    public Position(int x, int y) {
        this.x = x;
        this.y = y;
    }
    public int getX() {
        return x;
    }
    public void setX(int x) {
        this.x = x;
    }
    public int getY() {
        return y;
    }
    public void setY(int y) {
        this.y = y;
    }
}
```


이번에는 클라이언트 코드인 Main 클래스를 수정합니다.

📄 CleanCode/Naming_Solution/Main.java

```java
public class Main {
    static final int MOVE_DOWN = 1
    static final int STONE_EXIST = 1;
    static final int MOVE_RIGHT = 0;
    static int[][] map = new int[10][10];
```

```java
    public static void main(String[] args) {
        map[1][0] = STONE_EXIST;
        User user = new User("하루코딩", "jk5020.kim@naver.com", 40, new
Position(0, 0));
        moveUser(user, MOVE_DOWN);
        moveUser(user, MOVE_RIGHT);
        moveUser(user, MOVE_DOWN);
    }

    static void moveUser(User user, int direction) {
        int move_x = 0, move_y = 1;
        if (direction == MOVE_RIGHT) {
            move_x = 1;
            move_y = 0;
        }

        int next_position_x = user.position.getX() + move_x;
        int next_position_y = user.position.getY() + move_y;
        if (map[next_position_y][next_position_x] == STONE_EXIST) {
            System.out.println("돌이 있는 곳입니다. 현재 위치를 유지합니다.");
        } else {
            System.out.println("[" + next_position_y + ", " + next_position_x
+ "]로 이동합니다.");
            user.position.setX(next_position_x);
            user.position.setY(next_position_y);
        }
    }
}
```


실행 결과

```
돌이 있는 곳입니다. 현재 위치를 유지합니다.
[0, 1]로 이동합니다.
[1, 1]로 이동합니다.
```

✦ 복잡한 조건식을 함수화하는 것은 1-4절에서 자세히 설명합니다.

변수명을 작성 의도와 용도에 맞게 수정했습니다. 어떤가요? 이전보다 코드를 이해하기가 훨씬 수월해졌을 겁니다.

그럼 이 코드는 100% 클린 코드일까요? 그렇지 않습니다. 여기서 map 변수를 선언할 때 2차원 배열의 크기를 10*10으로 설정했습니다. 어떤 사람은 이 부분도 상수로 표현하면 좋겠다고 생각할 수 있는데, 실제로 상수로 선언하는 편이 더 좋습니다. 왜 그럴까요? 만약 map의 크기를 변경해야 한다면, 직접 10*10으로 작성한 모든 코드를 찾아 일일이 수정해야 하기 때문입니다. 반면 상수로 선언해 둔다면 해당 상숫값만 수정하면 되므로 훨씬 효율적이고 관리하기 편리합니다.

규모가 큰 프로젝트에서 모든 코드를 완벽하게 '클린'하게 작성하기란 매우 어렵습니다. 그렇지만 네이밍 규칙을 무시하거나 무의미한 이름을 사용하지 않도록 항상 경계하고, 부족하거나 개선해야 할 부분을 지속적으로 다듬어 가면서 더 나은, 더 '클린'한 코드를 만들기 위해 노력해야 합니다. 이런 자세만으로도 우리의 코드는 훨씬 더 높은 품질로 발전할 것입니다.

1-3

주석 제대로 사용하기

프로그래밍 언어만으로 개발자의 의도를 완벽하게 전달하기는 어렵습니다. 게다가 평소에 사용하는 언어(자연어)가 더 익숙해서 개발자들은 주석을 활용하여 코드의 의미와 의도를 보충합니다.

물론 가독성이 뛰어나고 작성 의도가 분명하게 파악되는 코드보다 더 좋은 주석은 없으며, 주석을 적극적으로 사용한다고 해서 애초에 나쁜 코드를 좋은 코드로 만들 수 없습니다. 주석은 오직 보조 수단일 뿐이고, 이는 주석을 제대로 사용할 경우에만 유효한 이야기입니다. 이러한 이유로 일부 개발자들은 주석을 추가하기보다 처음부터 가독성 높은 코드를 작성할 것을 권장합니다.

그렇지만 모두가 고도로 숙련된 개발자가 아닐 것이므로 코드만으로 의도를 완벽하게 전달하기는 힘듭니다. 결국 주석을 사용해야 하는데, 어떻게 해야 주석을 제대로 사용할 수 있을까요?

괜찮은 주석

괜찮은 주석이란 개발자가 프로그래밍하는 데 실제로 도움되는 주석입니다. 목적에 따라 사용하는 주석 스타일 5가지를 살펴봅시다.

작성 의도를 설명하는 주석

변수나 함수 이름으로 작성한 의도를 완벽히 표현하면 좋겠지만 코드만으로 의도한 바를 나타내기가 어렵습니다. 이런 경우 다른 개발자들을 위해 주석을 사용하는 게 좋습니다.

다음은 주석으로 코드를 작성한 의도를 표현한 예입니다.

코드 CleanCode/Note/Score.java

```java
...
@Override
    public int compareTo(Score o) {   // 점수 정렬 기준: 영어, 수학, 국어 순
        if (o.eng == this.eng) {
            if (o.math == this.math) {
                return o.kor - this.kor;
            } else {
                return o.math - this.math;
            }
        }
        return o.eng - this.eng;
    }
...
```

이 코드는 Score 클래스가 compareTo 함수를 재정의할 때 점수를 어떤 기준으로 정렬하도록 의도했는지 주석으로 설명한 예입니다. Override 애너테이션을 사용하면 함수명을 임의로 변경할 수 없으므로 이와 같이 주석으로 함수의 기능을 명확히 설명하는 것이 좋습니다.

정확한 정보나 의미를 알려 주는 주석

기본적으로 코드는 이해하기 쉽고 가독성이 좋아야 하지만, 문법 자체가 어려워 바로 해석하기 어려운 경우가 있습니다. 이런 경우에도 주석을 활용해 쉽게 이해하도록 도울 수 있습니다.

다음은 복잡한 정보를 주석으로 이해하기 쉽게 전달한 예입니다.

<table>
<tr><td>코드</td><td>CleanCode/Note/Main.java</td></tr>
</table>

```java
...
// 핸드폰 번호 타입에 대한 정규식 => ex) +82-010-1234-5678
    public static String REGEXP_PHONE_TYPE = "^\\+82-01([0¦1¦6¦7¦8¦9])-([\\d]
{3,4})-([\\d]{4})+$";
...
```

정규식은 그 자체가 까다롭기 때문에 주석을 사용하기 좋은 예입니다. 여기서는 주석으로 사용한 정규식의 의미와 예시 형식을 명시했습니다. 이를 통해 다른 개발자들이 코드를 훨씬 더 쉽게 이해하고 유지 보수를 진행할 때도 도움이 될 것입니다.

TODO 주석

TODO 주석은 앞서 설명한 두 주석과는 성격이 다릅니다. TODO 주석은 개발자가 이후에 처리해야 할 작업이나 확인 사항 등을 잊지 않도록 기록하는 목적으로 사용됩니다. 이러한 특성 때문에 IDE에서는 TODO 주석을 보통 회색이 아닌 밝은 색으로 표시하여 쉽게 눈에 띄도록 합니다.

다음은 앞으로 해야 할 일을 TODO 주석으로 작성한 예입니다.

<table>
<tr><td>코드</td><td>CleanCode/Note/Score.java</td></tr>
</table>

```java
...
public Score(int eng, int math, int kor) {
        this.eng = eng;
        this.math = math;
        this.kor = kor;
        // TODO. 추후 과학, 사회 점수와 관련된 코드를 추가해야 한다.
    }
...
```

강조 또는 경고를 나타내는 주석

협업 중인 개발자들이 놓치지 않도록 특정 사항을 한 번 더 강조하거나 언급하는 목적으로도 주석을 사용할 수 있습니다.

다음은 토큰의 형태를 주석으로 강조한 예입니다.

코드   CleanCode/Note/Main.java

```java
...
// Header 토큰의 형태가 'Bearer ${accessToken}'이므로 7자리로 잘라 반환
    static String getToken(String headerToken) {
        return headerToken.substring(7);
    }
...
```

소유권 및 저작권을 명시한 주석

앞에서 나온 주석 외에도 코드의 저작권이나 소유권, 오픈소스 라이선스 사용에 대한 표시 등을 다음과 같이 주석으로 기재할 수 있습니다.

다음은 주석으로 저작권을 명시한 예입니다.

코드   CleanCode/Note/Main.java

```java
// Copyright (C) 2024 by TodayCoding. All rights reserved.

import java.util.ArrayList;
import java.util.Collections;
...
```

이 절을 시작할 때 언급했지만 좋은 코드보다 더 나은 주석은 없습니다. 그렇지만 앞에서 만난 '괜찮은 주석' 5가지를 참고해 적재적소에 주석을 사용하는 습관을 가져 봅시다.

불필요한 주석

불필요한 주석 사용은 코드를 이해하기 어렵게 만들고, 심지어 잘못된 코드를 생산하는 계기가 되기도 합니다. 다음 4가지 사례를 살펴보고, 불필요한 주석 사용을 피할 수 있도록 주의해 봅시다.

작성 의도를 중복 설명하는 주석

코드를 작성한 의도를 변수나 함수 이름으로 충분히 알 수 있다면 굳이 주석을 사용하지 않는 것이 좋습니다.

다음 코드에서는 주석으로 조건문을 작성한 의도를 나타냈습니다.


```java
public class Main {
    public static void main(String[] args) {
        Student student = new Student(70, 24, 3.7, "Korea");
        // 회사의 지원 자격을 판단하는 조건문
        if (student.opicScore > 60 && student.age < 40 && student.mark > 3.5
&& student.nationality.equals("Korea")) {
            System.out.println("회사에 지원할 수 있습니다.");
        }
    }
}
```

이와 같이 조건문에 주석을 달아 부연 설명하는 것은 이미 코드로 알 수 있는 내용을 반복하는 것이므로 좋은 방식이 아닙니다.

다음과 같이 주석 대신 조건식을 함수로 만들어 함수명으로 개발자의 의도를 설명할 수 있습니다.


```java
public class Main {
    public static void main(String[] args) {
        Student student = new Student(70, 24, 3.7, "Korea");
        if (student.canApplyForCompany()) {
            System.out.println("회사에 지원할 수 있습니다.");
        }
    }
}
```

이 코드를 보면 canApplyForCompany라는 함수 이름이 있습니다. 이 이름만으로도 해당 함수가 회사 지원 가능 여부를 판단하는 역할임을 충분히 전달하고 있지 않나요?

✦ Student 생성자 선언부가 조금 아쉽지만 이 부분은 1-6절에서 자세히 설명하겠습니다.

데드 코드와 이력 관리용 주석

프로그래밍을 하다 보면 사용하던 코드를 삭제할 때 왠지 모르게 찝찝하고 불안할 때가 있습니다. 그래서 나중에 혹시라도 쓰게 될까 봐, 대부분의 개발자들이 해당 코드와 관련 이력을 주석으로 남겨 두곤 합니다. 이는 '언젠가는 쓰지 않을까?' 하는 마음에 물건을 버리지 못하는 모습과 유사합니다. 그러나 집안에 필요 없는 물건이 쌓이면 복잡해지듯, 프로그램에서 쓰이지 않는 데드 코드dead code는 코드 복잡도를 높이기만 할 뿐입니다.

실제로 데드 코드를 다시 쓰는 일은 극히 드뭅니다. 그러니 과감히 삭제하는 편이 좋습니다. 혹시 나중에 그 코드가 필요하다면, 깃허브Github와 같은 형상 관리 도구로 언제든 이전 버전을 확인하거나 복원할 수 있으니 문제될 것이 없습니다.

다음은 데드 코드와 관련 이력을 주석으로 남긴 코드 예입니다.

코드   CleanCode/Bad_Note/Main.java

```java
public class Main {
    public static void main(String[] args) {
        Student student = new Student(70, 24, 3.7, "Korea");
        if (student.canApplyForCompany()) {
            System.out.println("회사에 지원할 수 있습니다.");
        } else {
            // 예전에는 지원할 수 없는 경우 구제 방법을 따로 마련했는데 어느 순간 없어짐
            // 현재는 해당 부분에 진행하는 것이 없는데 추후 생길 수 있음
            // otherApplyCompany(student);
        }
    }
}
```

가끔 맛집이나 관광지를 방문해 다녀간 기록을 남기는 것처럼, 자신이 작성한 코드를 기념하기 위해서 주석을 달아 두는 경우가 있습니다.

그러나 마찬가지로 개발자의 이력은 형상 관리 도구를 사용하면 충분히 관리되고 있으므로 이런 주석을 남길 필요가 없습니다. 다음은 코드를 작성한 시점을 기념하려고 주석을 남긴 예입니다.


```java
...
// 2024-07-30 하루코딩이 추가함
    boolean canApplyForCompany(){
        if (opicScore > 60 && age < 40 && mark > 3.5 && nationality.equals
("Korea")){
            return true;
        }
        return false;
    }
}
...
```

거짓 정보가 담긴 주석

마지막으로 반드시 제거해야 하는 주석은 바로 잘못된 정보가 담긴 주석입니다. 신문 기사를 신뢰하는 것처럼 개발자들은 주석 내용을 본능적으로 믿을 확률이 높습니다. 또한 잘못된 주석으로 발생한 버그를 찾아내기도 매우 까다롭습니다. 따라서 주석은 매우 신중하게 작성해야 합니다. 다음 코드를 살펴봅시다.


```java
public class Main {
    public static void main(String[] args) {
        // 생성자 (나이, OPIC 점수, 학점, 국적)
        Student student = new Student(70, 24, 3.7, "Korea");
        ...
        System.out.println(makeNegative(-10));
    }

    static int makeNegative(int x) {   // 절댓값 반환 함수
        if (x > 0) return -x;
        return x;
    }
}
```

이 코드는 한 개발자가 주석을 습관적으로 작성했는데, 나중에 보니 실행 결과와 다른 내용이 되어 버린 예입니다. 실무에서 이렇게 작성했을 경우 협업하는 개발자들은 혼란에 빠집니다. 실제 코드에서 Student 생성자의 매개변수는 OPIC 점수, 나이, 학점, 국적 순서로 되어 있고, makeNegative 함수는 절댓값이 아니라 음수로 만들어 반환합니다.

주석을 기재할 때에는 '거짓' 주석이 되지 않도록 각별히 주의해야 합니다. 코드가 계속 업데이트되는 것처럼 주석도 꾸준히 갱신해야 한다는 점을 명심해 주세요!

복잡한 조건식은 함수로 변경하기

1-2절에서 언급한 것처럼, 복잡한 조건식은 별도의 함수로 분리하는 것이 좋습니다. 조건식 자체는 직관적으로 이해하기 어려우므로 이를 함수로 캡슐화^{encapsulation}하면 함수명만 보고도 어떤 조건을 담고 있는지, 어떤 의도로 작성했는지 쉽게 파악할 수 있습니다. 다음 코드로 이해해 봅시다. ✦ 캡슐화는 6-1절에서 자세히 설명합니다.

코드   📄 CleanCode/Conditional/Main.java

```java
public class Main {
    public static void main(String[] args) {
        Soldier soldier = new Soldier(1, 180, 2, new Eyesight(1.0, 1.0), false);
        if (soldier.height >= 180 && soldier.physicalLevel <= 2 && soldier.eyesight.left >= 1.0 && soldier.eyesight.right >= 1.0 && !soldier.isHeartDisease) {
            System.out.println("헌병 지원이 가능합니다.");
        } else {
            System.out.println("헌병 지원이 불가능합니다.");
        }
    }
}
```

이 코드에서 표시한 부분은 헌병 지원을 할 수 있는지 여부를 판단하는 조건식입니다. 다소 복잡해서 조건식만 보면 개발자의 의도를 바로 이해하기 어렵습니다.

앞서 살펴본 조건식을 다음과 같이 함수로 만들어 봅니다.

코드   CleanCode/Conditional_Solution/Soldier.java

```java
public class Soldier{
...
    boolean isEligibleForMilitaryPolice() {
        if (height >= 180 && physicalLevel <= 2 && eyesight.left >= 1.0 &&
eyesight.right >= 1.0 && !isHeartDisease) return true;
        return false;
    }
...
}
```

Soldier 클래스 안에 조건식을 가져와 isEligibleForMilitaryPolice 함수로 만들었습니다. 함수명은 함수가 수행하는 기능에 맞게 지었습니다.

다시 Main 클래스로 돌아와 이 함수를 활용한 코드로 수정해 봅시다.

코드   CleanCode/Conditional_Solution/Main.java

```java
public class Main {
    public static void main(String[] args) {
        Soldier soldier = new Soldier(1, 180, 2, new Eyesight(1.0, 1.0), false);
        if (soldier.isEligibleForMilitaryPolice()) {
            System.out.println("헌병 지원이 가능합니다.");
        } else {
            System.out.println("헌병 지원이 불가능합니다.");
        }
    }
}
```

isEligibleForMilitaryPolice 함수명만으로도 해당 조건문이 헌병 지원 가능 여부
를 판단하고 있음을 직관적으로 알 수 있습니다.

이와 같이 복잡한 조건문을 별도의 함수로 분리하면 코드의 가독성도 향상될 뿐만 아
니라, 함수명을 통해 코드를 작성한 의도도 명확히 전달할 수 있습니다.

1-5

함수는 하나의 기능만 수행하기

코드 대부분은 함수로 구성되며, 함수는 프로그래밍의 핵심이라 할 수 있습니다. 대부분의 로직이 함수 내에서 수행됩니다. 그래서 클린 코드를 지향하려면 함수를 어떻게 잘 만드느냐가 매우 중요합니다. 지금부터 차근차근 알아봅시다.

함수를 잘 만드는 방법은 여러 가지가 있지만, 그중 가장 중요한 원칙은 한 함수가 하나의 기능만 수행하도록 구현하는 것입니다.

함수를 한 가지 기능만 수행하도록 작성하면 왜 클린 코드에 가까워진다는 것일까요? 이는 뒤에서 다룰 코드 스멜과 리팩터링, 객체 지향 프로그래밍의 SOLID 원칙 등과 깊이 관련되어 있습니다. 함수가 여러 기능을 맡을수록 함수의 책임도 늘어나고, 그만큼 결합도가 높아집니다. 결합도가 높으면 다른 함수나 클래스가 변경될 때 영향을 많이 받아 수정이 잦아질 가능성이 커집니다. 즉, 결합도가 높으면 유지 보수에 어려움을 겪는다는 의미이기도 합니다.

✦ 이 내용이 이해되지 않는다면 6-2절의 'SOLID 원칙'을 먼저 읽는 것을 추천합니다.

함수를 처음부터 완벽하게 설계해 구현하기는 힘듭니다. 코드를 꾸준하게 수정하고 발전시키는 것이 클린 코드로 나아가는 길입니다. '함수는 하나의 기능만 수행해야 한다'는 점과 함께 함수를 설계할 때 알아 두면 좋은 4가지 원칙을 살펴봅시다.

원칙 1: 간결하고 명확한 함수 설계하기

작은 함수 만들기

함수는 작게 만드는 것이 좋습니다. 이는 의도적으로 여러 기능을 한 함수에 담지 않도록 프로그래밍한다는 의미입니다. 또한 중첩된 조건문이나 반복문을 가능한 한 사용하지 않고, 함수 내부에서는 로직 대신 함수를 호출하여 처리하는 방식이 가독성 면에서 더 바람직합니다.

기능이 드러나는 이름 짓기

계속 이야기하는데 개발자의 의도를 잘 전달하는 코드가 좋습니다. 함수명도 역시 마찬가지입니다. 다른 개발자가 함수 이름을 보고 어떤 기능을 수행하는지 쉽게 짐작할 수 있어야 합니다. 함수명이 다소 길더라도 어떤 기능인지 명확히 짐작할 수 있다면 충분히 좋은 이름입니다.

매개변수 최소화하기

같은 맥락에서 매개변수가 많아질수록 함수를 이해하기가 점점 어려워집니다. 일반적으로 매개변수가 3개 이상 늘어나지 않도록 주의하는 것이 좋습니다. 매개변수를 무작정 늘리기보다 필요한 매개변수를 클래스의 멤버 변수로 대체할 수 있는지 고민해 보는 것도 좋은 방법입니다.

원칙 2: 추상화 레벨을 고려한 내려 읽기 형태 만들기

함수를 추상화 레벨에 맞춰 자연스럽게 내려 읽을 수 있도록 작성한다는 것은, 함수 안에서 실행되는 코드나 호출되는 함수들이 동일한 수준을 유지하도록 설계한다는 의미입니다. 이렇게 구성된 코드는 위에서 아래로 책을 읽듯이 이해하기 쉬운 형태가 됩니다.

✦ 추상화 레벨이란 함수가 수행하는 기능이 얼마나 구체적인지 혹은 추상적인지를 가리키는 개념입니다. 추상화 레벨이 높다는 것은 함수가 보다 큰 개념이나 흐름을 다루어 구체적인 세부 사항이 드러나지 않은 상태를 말합니다. 반대로 추상화 레벨이 낮다는 것은 함수 내부에서 실행되는 작업이 직접적이고 세부적인 내용을 포함한다는 의미입니다.

바로 이해하기가 어려우므로 다음 예를 통해 살펴보겠습니다.


```java
public class Main {
    public static void main(String[] args) {
        createShoppingMall();
    }

    public static void createShoppingMall() {
        System.out.println("쇼핑몰 시스템을 만듭니다.");
        createUserMgmtModule();
        createProductMgmtModule();
        createDeliveryMgmtModule();
    }
    private static void createUserMgmtModule() {
        System.out.println("고객 관리 모듈을 만듭니다.");
        CreateRegisterUserFunction();
        CreateModifyUserFunction();
        CreateDeleteUserFunction();
    }
    private static void CreateRegisterUserFunction() {
        System.out.println("회원 가입 기능을 만듭니다.");
    }
    private static void CreateModifyUserFunction() {
        System.out.println("회원 정보 수정 기능을 만듭니다.");
    }
    private static void CreateDeleteUserFunction() {
        System.out.println("회원 탈퇴 기능을 만듭니다.");
    }
    private static void createProductMgmtModule() {
        System.out.println("상품 관리 모듈을 만듭니다.");
    }
    private static void createDeliveryMgmtModule() {
        System.out.println("배송 관리 모듈을 만듭니다.");
    }
}
```

```
쇼핑몰 시스템을 만듭니다.
고객 관리 모듈을 만듭니다.
회원 가입 기능을 만듭니다.
회원 정보 수정 기능을 만듭니다.
회원 탈퇴 기능을 만듭니다.
상품 관리 모듈을 만듭니다.
배송 관리 모듈을 만듭니다.
```

이해를 돕기 위해 의도적으로 출력문을 추가하였습니다. 먼저 createShoppingMall 함수를 살펴보면, 내부에서 호출하는 함수가 3개 있습니다. 이 세 함수는 각각 고객 관리, 상품 관리, 배송 관리 모듈을 생성하는 기능을 하며, 모두 같은 추상화 레벨에 속합니다. 일반적으로 기능을 수정하면 개발자는 추상화 레벨에 따라 수정 범위를 추적합니다. 예를 들어 회원 가입 기능을 수정해야 한다면 쇼핑몰 생성 함수 → 고객 관리 함수 → 회원 가입 함수 순으로 찾아가는 것이 자연스럽습니다.

그런데 만약 createShoppingMall에서 앞서 언급한 세 함수(고객 관리, 상품 관리, 배송 관리)보다 한 단계 낮은 레벨, 예를 들어 비밀번호를 확인하는 기능과 같은 세부 함수를 직접 호출한다고 가정해 봅시다. 추후 해당 기능을 수정해야 할 때 개발자는 createShoppingMall에서 바로 비밀번호 확인 함수를 호출하고 있다는 사실을 떠올리기 어렵습니다. 오히려 고객 관리 모듈에서 비밀번호 관련 기능을 찾고, 해당 기능이 없으면 새로 추가하는 상황이 발생할 수 있습니다. 이런 이유로 가급적이면 함수 간 추상화 레벨을 맞추는 것이 좋습니다.

코드를 좀 더 살펴보면 Main 클래스에서 쇼핑몰 시스템을 만들기 위해 앞서 말한 세 모듈을 생성하고, 고객 관리 모듈(createUserMgmtModule) 내에서 회원 가입(CreateRegisterUserFunction), 정보 수정(CreateModifyUserFunction), 탈퇴(CreateDeleteUserFunction) 기능이 순서대로 정의된 것을 확인할 수 있습니다. 이렇게 고객 관리 모듈 아래에 회원 가입, 정보 수정, 탈퇴 함수가 차례로 정의되어 있어, 내려 읽기만으로도 어떤 함수인지 쉽게 파악할 수 있습니다. 즉, 이 코드는 추상화 레벨을 고려한 '내려 읽기' 형태로 잘 작성됐습니다.

원칙 3: 함수 이름과 다른 기능 수행하지 않기

지금까지의 내용을 바탕으로 함수 이름을 작성했다면 꽤 의미 있게 정해졌을 것입니다. 또한 함수명을 통해 어떤 일을 하는 함수인지 어느 정도 추측할 수 있습니다. 그러므로 함수명을 짓고 나면 그 이름에서 예측되는 기능을 정확히 수행하고 있는지, 혹시 다른 기능이 포함되어 있는지 반드시 확인해야 합니다. 다음 코드를 살펴보겠습니다.

```java
public class Student {
    private String name;
    private int score;

    public Student(String name, int score) {
        this.name = name;
        this.score = score;
    }
    public String getName() {
        return name;
    }

...

    public boolean isAnswerCorrect(int correctAnswer, int userAnswer) {
        if (correctAnswer == userAnswer) {
            score++;
            return true;
        }
        return false;
    }
}
```

이와 같이 isAnswerCorrect라는 함수가 있습니다. 이 함수는 정답과 사용자의 답을 비교해서 같으면 true, 다르면 false를 반환합니다. 이름에서 유추할 수 있듯이 isAnswerCorrect 함수는 문제의 정답 여부를 확인하는 간단한 기능을 합니다. 그런데 이 함수는 true나 false를 반환하는 것 외에도, 정답이 같은 경우 Student 클래스의 score값을 증가시키고 있습니다.

문제를 맞혔을 때 점수(score)를 올리는 게 자연스럽지만, 점수를 증가시키는 로직을 파악해야 하는 시점에 혼란을 줄 수 있습니다. 함수명인 isAnswerCorrect만 봐서는 점수 변경에 관여한다는 사실을 파악하기 어렵기 때문입니다. 따라서 함수 이름에서 드러나지 않는 기능을 함수 내에서 수행하기보다 해당 로직을 다른 함수로 분리하는 것이 좋습니다. 또는 이 함수에서 점수를 증가시킨다는 점이 명확히 드러나도록 이름을 수정하는 것도 차선책이 될 수 있습니다.

원칙 4: 조회와 명령 분리하기

변숫값을 업데이트하는 명령을 수행하는 함수 내부에 해당 값을 조회하는 로직까지 함께 구현하는 경우가 있습니다. 그런데 이런 경우 함수의 기능을 혼동시킬 수 있습니다. 따라서 조회와 명령을 각각 다른 함수로 분리해, 각 함수가 담당하는 역할을 명확하게 구분하는 것이 좋습니다.

코드　　　　　　　　　　　　　　　📄 CleanCode/Function/Main.java

```java
...
    ArrayList<Student>students = new ArrayList<>();
    students.add(new Student("하루", 0));
    students.add(new Student("하루코딩", 10));
    students.add(new Student("클린", 20));
    updateScore(students, "하루코딩", 30);
...
```

이 코드에서는 '하루코딩'이라는 학생이 리스트에 있는 경우에만 updateScore 함수가 점수(score)를 30으로 업데이트하는 것인지, 아니면 리스트에 학생이 없을 경우 새로 추가하는 로직까지 포함하는지 함수를 직접 살펴보기 전에는 알 수 없습니다.

따라서 학생의 점수를 업데이트하는 함수와 학생이 존재하는지 조회하는 함수로 분리해서 코드를 작성한 의도를 좀 더 명확하게 나타내는 게 좋습니다.

코드　　　　　　　　　　　　　　　📄 CleanCode/Function/Main.java

```java
...
    ArrayList<Student>students = new ArrayList<>();
    students.add(new Student("하루", 0));
    students.add(new Student("하루코딩", 10));
    students.add(new Student("클린", 20));
```

```java
        Student updateStudent = new Student("하루코딩", 30);
        if (studentNameExists(students, updateStudent.getName())){
            updateScore(students, updateStudent);
        }
}

private static void updateScore(ArrayList<Student> students, Student
updateStudent) {
        for (int i=0; i<students.size(); i++){
            if (students.get(i).getName().equals(updateStudent.getName())){
                students.get(i).setScore(updateStudent.getScore());
                System.out.println(students.get(i).getName() + "의 점수가 "
                        + students.get(i).getScore() + "(으)로 변경되었습니다");
                return;
            }
        }
    }
    private static boolean studentNameExists(ArrayList<Student> students,
String name) {
        for (int i=0; i<students.size(); i++){
            if (students.get(i).getName().equals(name))
                return true;
        }
        return false;
    }
...
```

실행 결과

```
...
하루코딩의 점수가 30(으)로 변경되었습니다
```

이와 같이 조회 함수와 명령 함수를 분리하면, 함수 내부 로직을 자세히 확인하지 않아도 '하루코딩'이 리스트에 존재할 때만 업데이트 명령을 수행한다는 것을 클라이언트 코드인 Main 함수만으로도 쉽게 파악할 수 있습니다.

사실 조회와 명령 두 기능을 한 함수에 구현한다는 것 자체가 '함수는 하나의 기능만 수행하기'라는 기본 원칙에 어긋나는 것이므로, 이와 같이 함수를 분리해 작성하는 것이 좋다는 점을 잊지 마세요!

생성자 가독성 높이기

생성자는 객체 지향 프로그래밍에서 반드시 사용하는 함수입니다. 클래스가 객체를 생성하는 틀이라면, 생성자는 이 틀을 통해 실제 객체를 만들어 내는 역할을 수행합니다. 그래서 IDE에 따라 버튼만 눌러도 생성자를 쉽게 생성할 수 있도록 메뉴로 만들어 두기도 합니다. 그런데 생성자를 사용하다 보면 다음 그림과 같은 상황을 자주 겪습니다.

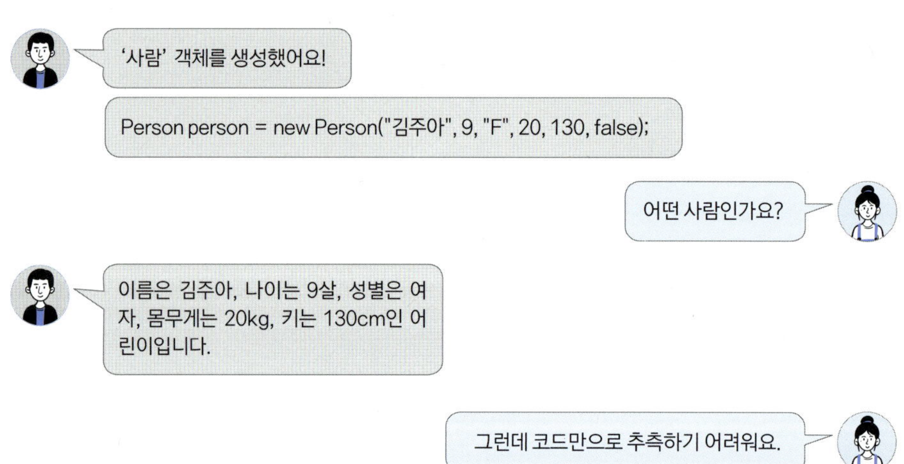

클래스의 속성이 많아지면 생성자에서 요구하는 매개변수가 늘어나 이와 같이 객체가 어떤 속성을 가지고 있는지 한눈에 파악하는 것이 쉽지 않습니다. 코드를 작성한 개발자조차 매개변수 순서를 잘못 입력해 버그를 일으킬 가능성이 높아지며, 결과적으로 이해하기 어렵고 사용하기 까다로운 코드가 되어 클린 코드와 거리가 멀어집니다. 이러한 문제를 어떻게 개선할 수 있는지 살펴봅시다.

정적 팩토리 메서드 사용하기

정적 팩토리 메서드^{static factory method}는 생성자를 직접 호출하는 대신, 정적으로 선언된 팩토리 메서드를 통해 객체를 생성하는 방식입니다. 팩토리 함수를 정적으로 선언한다는 것은 문법적으로는 static을 붙여 함수를 정의한다는 의미이며, 이로 인해 해당 함수가 인스턴스가 아닌 클래스에 고정됩니다. 이는 정적 함수가 별도로 객체를 생성하지 않고 사용할 수 있는 함수라는 것을 의미합니다.

정적 팩토리 메서드는 함수명을 통해 생성되는 객체가 어떠한 형태로 생성되는지 알 수 있다는 장점이 있습니다. 또한 함수의 내부 로직을 어떻게 설계하는지에 따라 새로운 객체를 계속 생성할 수도 있고, 미리 생성해둔 객체를 가져다 쓸 수도 있어 다양한 방식으로 객체를 관리하고 함수를 구현할 수 있다는 유연성을 가지고 있습니다.

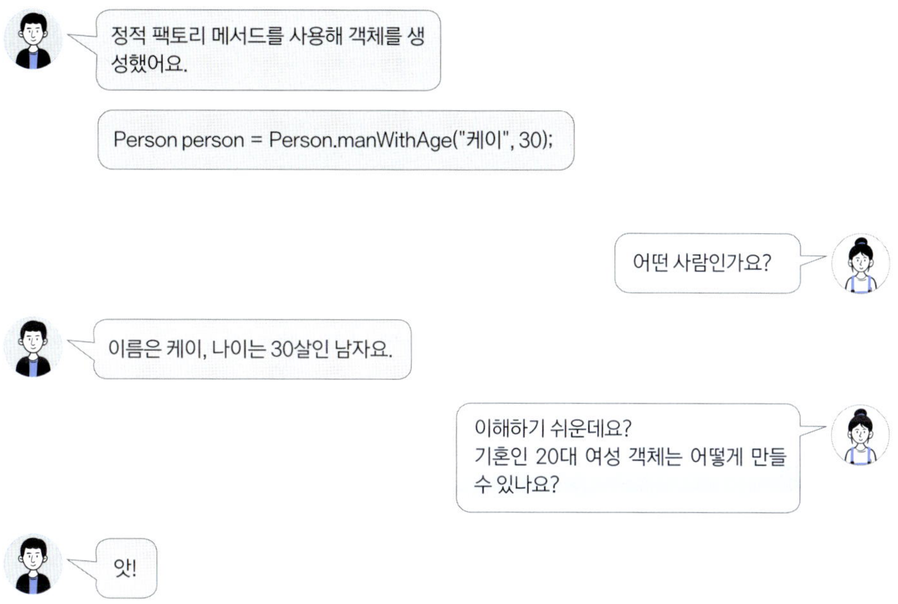

그림처럼 정적 팩토리 메서드를 활용하면 기존에 생성자를 사용하는 방식보다 코드를 작성한 의도가 더 분명해져서 가독성이 높아집니다. 하지만 정적 팩토리 메서드 역시 함수이므로, 해당 함수가 생성자의 역할을 제대로 수행하는지 파악해야 합니다. 그리고 새로운 유형의 객체 생성이 필요하다면, 새로 구현하는 정적 팩토리 메서드 역시 역할에 맞는 함수명을 부여해야 한다는 점을 반드시 고려해야 합니다.

다음은 실제 Person 클래스에 정적 팩토리 메서드를 추가해 본 코드입니다.


```java
public class Person {
    // 미리 만들어 놓은 기본 객체
    static Person man = new Person("익명", 0, "M", 0, 0, false);
    static Person female = new Person("익명", 0, "F", 0, 0, false);
    String name;
    int age;
    String gender;
    int weight;
    int height;
    boolean isMarried;

    public Person(String name, int age, String gender, int weight, int height,
boolean isMarried) {
        this.name = name;
        this.age = age;
        this.gender = gender;
        this.weight = weight;
        this.height = height;
        this.isMarried = isMarried;
        }
                                           정적 팩토리 메서드
    public static Person ofAgeMan(String name, int age) {
        return new Person(name, age, "M", 0, 0, false);
        }
                                              ①
    public static Person ofAgeMarriedWoman(String name, int age) {
        return new Person(name, age, "F", 0, 0, true);
    }
    public static Person getMan() {
        return man;
    }                                        ②
    public static Person getFemale() {
        return female;
    }
...
```

새로운 유형의 객체 생성이 필요하다면 ①과 같이 정적 팩토리 메서드를 추가합니다.
그리고 기존 객체를 활용하고 싶다면 ②와 같이 정적 팩토리 메서드를 구현합니다.

생성자 역할을 수행하는 정적 팩토리 메서드와 다른 메서드를 구분하기 위해 일반적으로 다음과 같은 네이밍 규칙을 적용합니다. 앞선 코드를 보면 ofAgeMarriedWoman, getMan 등의 함수가 그 예입니다. 꼭 지켜야 하는 것은 아니므로, 이런 방법도 있다는 정도로 참고해 주세요.

네이밍 규칙	설명
from	매개변수 하나만 받아 해당 자료형의 인스턴스를 반환하는 경우 사용합니다.
of	매개변수를 여러 개 받아 통합하는 유형의 인스턴스를 반환하는 경우 사용합니다.
getInstance	싱글톤의 형태로 유일한 인스턴스를 반환하는 경우 사용합니다.
createInstance	새로운 인스턴스를 생성하여 반환하는 경우 사용합니다.
getType	getInstance와 비슷하지만 함수가 다른 클래스에 있는 경우 사용합니다.
newType	createInstance와 비슷하지만 함수가 다른 클래스에 있는 경우 사용합니다.

빌더 패턴 사용하기

필자의 경우 정적 팩토리 메서드를 사용할 때마다 새로운 형태의 객체가 필요하면 그에 맞춰 정적 팩토리 메서드를 추가로 생성해야 한다는 점이 가장 불편했습니다. 이러한 문제는 빌더 패턴^{builder pattern}을 사용하면 해결할 수 있습니다.

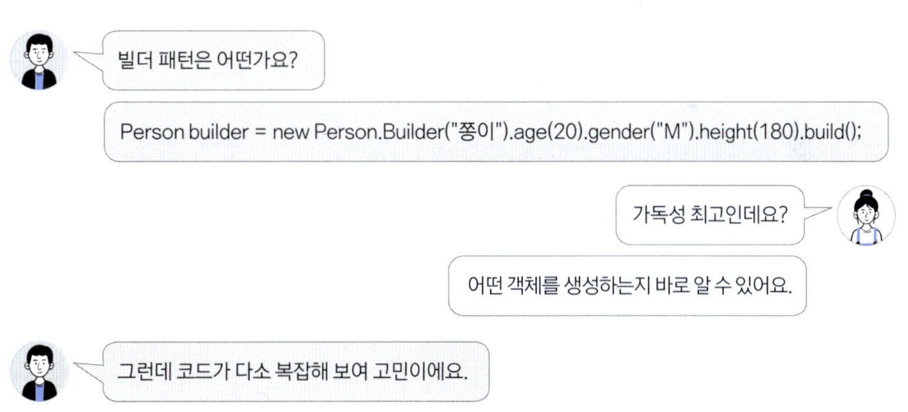

빌더 패턴은 7-2절에서 자세하게 다룹니다. 여기서는 다음 코드를 통해 빌드 패턴의 개념만 이해하고 넘어가겠습니다.

```java
public class Person {
    ...
    public Person(Builder builder) {
        this.name = builder.name;
        this.age = builder.age;
        this.weight = builder.weight;
        this.height = builder.height;
        this.gender = builder.gender;
        this.isMarried = builder.isMarried;
    }
    ...

    public static class Builder {
        String name;
        int age;
        String gender;
        int weight;
        int height;
        boolean isMarried;

        public Builder(String name) {
            this.name = name;
        }
        public Builder gender(String gender) {
            this.gender = gender;
            return this;
        }
    ...
        public Person build() {
            return new Person(this);
        }
    }
}
```

빌더 패턴용 생성자를 작성. 매개변수가 아닌 빌더 클래스 객체를 사용하는 것이 특징

빌더 클래스를 별도로 생성

빌더 클래스는 객체 생성 시 필요한 원본 클래스(Person)의 멤버 변수를 모두 가지고 있음

각 변숫값을 저장하는 함수를 생성

build 함수는 현재 변숫값을 이용해 Person 객체를 생성하고 이를 반환

빌더 패턴을 적용하기 위해 Person 클래스 내부에 정적 클래스인 Builder를 선언했습니다. 이 Builder 클래스는 Person 클래스를 생성할 때 필요한 멤버 변수를 동일하게 선언하고, 각 멤버 변수의 값을 설정할 수 있는 함수들을 구현했습니다. 마지막으로 설정을 완료한 변숫값들을 기반으로 Person 객체를 생성해 반환하는 build 함수를 구현함으로써 빌더 패턴을 사용할 준비를 완료했습니다.

다음은 클라이언트 코드에서 빌더 패턴을 사용한 예입니다.


```java
public class Main {
    public static void main(String[] args) {
...
        Person builderPerson = new Person.Builder("쫑이").age(20).gender("M").
height(180).build();
        System.out.println(builderPerson.toString());
        Person builderPerson2 = new Person.Builder("하루").age(5).build();
        System.out.println(builderPerson2.toString());
    }
}
```


실행 결과

```
...
Person{name='쫑이', age=20, gender='M', weight=0, height=180, isMarried=false}
Person{name='하루', age=5, gender='null', weight=0, height=0, isMarried=false}
```

이 코드를 보면 빌더 패턴을 사용해 Person 클래스에 멤버 변수의 값을 원하는 대로 조합해 객체를 다양한 형태로 생성할 수 있음을 확인할 수 있습니다. 예를 들어 Person 객체에서 반드시 필요한 정보라고 판단되는 이름(name)은 Builder 클래스의 생성자에서 필수 매개변수로 받도록 설정했습니다. 이렇게 빌더 패턴을 적용하면, 클라이언트 코드에서 원하는 속성을 자유롭게 선택해 builderPerson과 같이 객체를 생성할 수 있습니다.

'생성자보다 정적 팩토리 메서드가, 그보다 빌더 패턴이 항상 뛰어난 것인가?'라는 질문을 받는다면 답은 '아니다!'입니다. 클래스가 단순하거나 생성자를 자주 사용하지 않는 경우, 빌더 패턴을 적용하면 오히려 코드가 더 복잡해질 수 있기 때문입니다.
즉, 상황에 맞춰 적절히 판단하는 것이 중요합니다. 개발자는 정적 팩토리 메서드나 빌더 패턴이 현재 코드 구조와 대상 클래스에 적합한지 고민하고, 실제 적용하면서 생기는 장단점을 경험해야 합니다. 이를 통해 상황에 따라 어떤 방식이 더 '클린 코드'에 부합하는지 스스로 판단하는 역량을 쌓아야 합니다.

오류 코드보다 예외 사용하기

왜 오류 코드보다 예외를 사용하라고 할까요? 이유는 간단합니다. 프로그램에서 개발자가 의도하지 않은 상황이 발생했을 때, 이를 오류로 처리하는 것보다 예외로 처리하는 것이 클린 코드 측면에서 훨씬 좋기 때문입니다. 먼저 다음 그림을 살펴보고, 구체적으로 어떤 점이 좋은지 자세히 살펴보겠습니다.

예를 들어 클라우드 자원 중 하나인 VPC^{Virtual Private Cloud}를 삭제하는 함수를 만든다고 가정해 봅시다. VPC를 삭제하려면 기본적으로 VPC 내부의 VM^{Virtual Machine}과 방화벽 규칙이 모두 삭제된 상태여야 합니다.

다음과 같은 시나리오를 생각해 봅시다. VPC 삭제 함수를 실행했는데 삭제할 수 없는 VM이 남아 있거나 VM과 방화벽 규칙이 정상적으로 삭제되지 않았다면, 함수는 실팻값을 반환하도록 되어 있습니다.

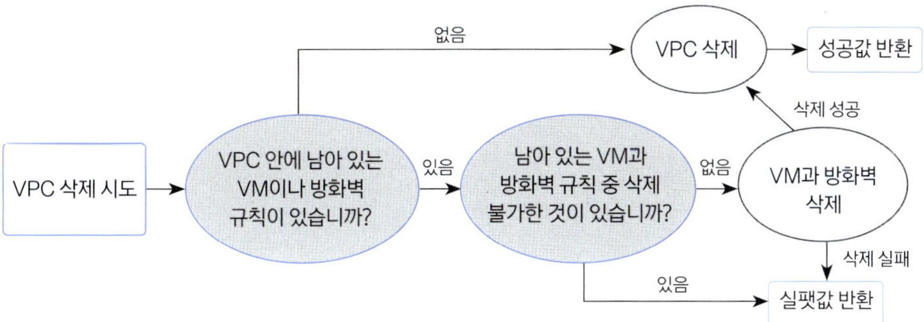

VPC 삭제 시나리오

이 내용을 바탕으로 오류 코드와 예외 처리를 사용한 시나리오를 구현해 보겠습니다.

오류 코드로 시나리오 구현하기

다음은 오류 코드error code로 VPC 삭제 시나리오를 구현했습니다.

```
코드                                              CleanCode/ErrorValidation/VPC.java

...
public class VPC {
    private static final Logger Logger = java.util.logging.Logger.getLogger
(VPC.class.getName());
    private final ArrayList<VM> vms;
    private final ArrayList<FWRule> fwRules;
...
    void addVM(VM vm) {
...
    void addFwRule(FWRule fWRule) {
 ...
    boolean deleteVPCResourceUsingErrorCode() {
        if (deleteVMs(vms)) {
            Logger.log(Level.INFO, "delete Success : VM이 모두 삭제됐습니다.");
            if (deleteFWs(fwRules)) {
                Logger.log(Level.INFO, "delete Success : 방화벽 규칙이 모두 삭제
                됐습니다.");
            } else {
                Logger.log(Level.WARNING, "delete fail : 방화벽 규칙 삭제에 실패
                했습니다.");
                return false;
            }
        } else {
```

```java
        Logger.log(Level.WARNING, "delete fail : VM 삭제에 실패했습니다.");
        return false;
    }
    return true;
}
boolean deleteVMs(ArrayList<VM> vms) {
...
boolean deleteFWs(ArrayList<FWRule> fwRules) {
...
```

여기에서 잘 살펴보아야 하는 함수는 deleteVPCResourceUsingErrorCode입니다. 이 함수는 실팻값을 오류 코드로 처리하므로 실제 시나리오에 따른 순서를 고려해 조건문 형태로 구현합니다. 즉, 성공일 때는 다음 함수를 실행하고, 그렇지 않으면 오류 내용을 출력하는 방식입니다. 하지만 이와 같이 조건문의 분기가 많아질수록 전체 흐름과 발생할 수 있는 케이스를 파악하기가 점점 어려워집니다.

다음과 같은 클라이언트 코드도 확인해 보겠습니다.

코드   CleanCode/ErrorValidation/Main.java

```java
public class Main {
...
    public static void main(String[] args) {
        VPC vpc = new VPC();
        VM vm = new VM(false);
        FWRule fwRule = new FWRule("70.220.123.123", "123.123.123.123", 80);
        vpc.addVM(vm);
        vpc.addFwRule(fwRule);
        if (vpc.deleteVPCResourceUsingErrorCode()) {
            vpc = null;
        } else {
            Logger.log(Level.WARNING, "delete fail : 내부 리소스 삭제에 실패하여
VPC를 삭제할 수 없습니다.");
        }
...
```

실행 결과

```
VPC deleteVPCResourceUsingErrorCode
WARNING: delete fail : VM 삭제에 실패했습니다.
Main main
WARNING: delete fail : 내부 리소스 삭제에 실패하여 VPC를 삭제할 수 없습니다.
```

이 코드에서는 조건문 분기를 통해 리소스 삭제에 실패한 시점에 오류 내용을 출력하도록 구현한 것을 확인할 수 있습니다. 사실 프로그래밍을 처음 하면, 조건문을 이용해 오류 코드를 반환하는 방식이 작성하기도 쉽고 직관적으로 오류를 확인하기도 좋아 많이 사용합니다. 그러나 함수 실행 과정에서 실패 케이스가 많아질수록 해당 코드를 처리하는 분기 역시 늘어나고, 결국 가독성이 떨어지고 버그 발생률도 높아집니다.

물론 코드 작성에는 '100% 정답'이 없지만, 문제 상황이 발생했을 때 오류 코드를 반환하기보다 예외^{exception}를 사용해 처리하는 방식이 여러 측면에서 더 장점이 많다고 많은 개발자가 공감합니다. 예외 처리는 오류 코드 방식보다 다소 복잡하고 직관적이지 않아 처음에는 어렵게 느껴질 수 있지만, 익숙해지면 유지 보수 측면에서 더 편리함을 체감할 수 있습니다.

예외 처리로 시나리오 구현하기

다음은 예외 처리로 VPC 삭제 시나리오를 구현한 코드입니다.

코드   CleanCode/ExceptionValidation/VPC.java

```java
...
public class VPC {
    private static final Logger Logger = java.util.logging.Logger.getLogger
(VPC.class.getName());
    private final ArrayList<VM> vms;
    private final ArrayList<FWRule> fwRules;
...
    void addVM(VM vm) {
...
    void addFwRule(FWRule fWRule) {
...
    void deleteVPCResourceUsingException() throws Exception {
        deleteVMsUsingException(vms);
        deleteFWsUsingException(fwRules);
    }
    void deleteVMsUsingException(ArrayList<VM> vms) throws Exception {
        if (vms.size() != 0) {
            for (int i = 0; i < vms.size(); i++) {
                if (!vms.get(i).isCanDelete()) {
                    throw new Exception("deleteVMsUsingException : 삭제 불가한
VM이 있습니다.");
                }
```

```java
            }
            vms.clear();
        }

        if (vms.size() != 0) {
            throw new Exception("deleteVMsUsingException : 알 수 없는 이유로 삭
제 실패");
        }
    }

    void deleteFWsUsingException(ArrayList<FWRule> fwRules) throws Exception {
        if (fwRules.size() != 0) {
            fwRules.clear();
        }
        if (fwRules.size() != 0) {
            throw new Exception("deleteFWsUsingException : 알 수 없는 이유로 삭제
실패");
        }
    }
}
...
```

여기에서 잘 살펴보아야 하는 함수는 deleteVPCResourceUsingException, delete
VMsUsingException, deleteFWsUsingException입니다. 먼저 deleteVMs
UsingException과 deleteFWsUsingException 함수는 기능을 수행하다가 실패
케이스가 발생하면 예외를 생성해, 자신을 호출한 함수로 예외를 넘겨주는 부분이 보
입니다. 언뜻 보면 오류 코드를 작성했을 때보다 예외 처리를 위한 코드가 더 길어진
듯 보일 수 있습니다. 하지만 자세히 살펴보면 조건문 분기가 줄어 흐름을 이해하기가
훨씬 쉬워졌다는 점을 알 수 있습니다.

또한 deleteVPCResourceUsingException 함수는 throws Exception 문을 사
용하여, 자신이 호출한 함수(deleteVMsUsingException 또는 deleteFWsUsing
Exception)에서 예외가 발생하면 그대로 자신을 호출한 함수로 넘겨주도록 설계되어
있습니다.

여기서 필자가 강조하고 싶은 핵심은 '함수는 하나의 기능만 수행하자'와 '함수는 되
도록 작게 만들자'라는 원칙입니다. 우리가 1-5절부터 이미 살펴본 클린 코드를 위한

기본 원칙이기도 하죠. 그 뿐만 아니라 함수 안에서 동작하는 여러 기능의 추상화 레벨이 대등해야 다른 개발자도 코드를 쉽게 분석할 수 있는데, 이러한 점들을 고려해봐도 예외 처리 방식이 더 유리합니다.

생각해 보면, 오류를 처리하는 것 역시 하나의 기능입니다. 앞서 오류 코드를 사용할 때 deleteVPCResourceUsingErrorCode 함수에는 오류 처리 기능과 삭제 기능이 함께 들어 있어 '함수는 하나의 기능만 수행하자'는 원칙을 위반했습니다. 이와 더불어 그 오류 처리가 제대로 추상화 레벨을 고려한 것인지도 의문스럽습니다. 결국, 실패 케이스가 발생했을 때 예외를 발생시켜 상위 함수로 전달하거나, try~catch 문을 사용하여 예외 상황을 처리하는 방식이 함수 내부에서 분기문으로 오류를 처리하는 것보다 훨씬 깔끔하고 클린 코드에 가까운 접근이라고 할 수 있습니다.

클라이언트 코드도 확인해 보겠습니다.

<table><tr><td>코드</td><td>CleanCode/ExceptionValidation/Main.java</td></tr></table>

```java
public class Main {
    private static final java.util.logging.Logger Logger = java.util.logging.
Logger.getLogger(Main.class.getName());

    public static void main(String[] args) {
        VPC vpc = new VPC();
        VM vm = new VM(false);
        FWRule fwRule = new FWRule("70.220.123.123", "123.123.123.123", 80);
        vpc.addVM(vm);
        vpc.addFwRule(fwRule);
        try {
            vpc.deleteVPCResourceUsingException();
            vpc = null;
        } catch (Exception e) {
            Logger.log(Level.WARNING, e.getMessage());
        }
    }
}
```


실행 결과

```
11월 13, 2024 5:53:55 오후 Main main
WARNING: deleteVMsUsingException : 삭제 불가한 VM이 있습니다.
```

이 코드에서는 try~catch 문을 사용하여 호출 함수에서 넘긴 예외를 받아 오류 내용을 출력합니다. try~catch 문의 개념을 살펴보면 try 블록 안의 내용을 실행하고, 그 과정에서 예외가 발생하면 catch 블록에서 처리하겠다는 의미입니다.

그렇다면 어떤 원리로 이와 같은 실행 결과가 출력되는지 확인해 봅니다. 다음 그림을 살펴보면 한눈에 이해할 수 있을 것입니다.

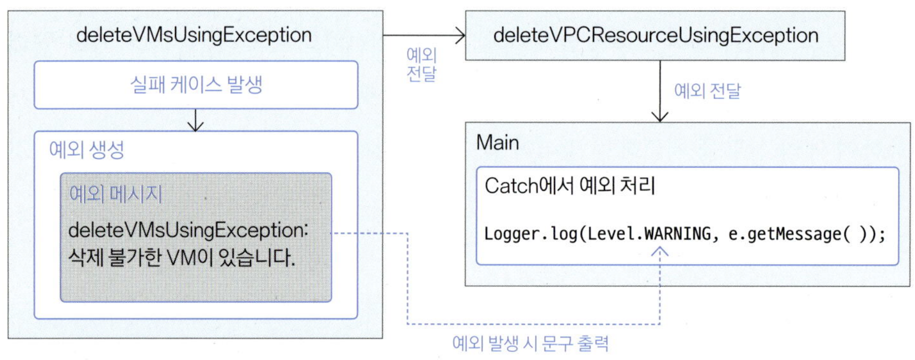

예외 처리 과정

지금까지 함수의 실패 케이스를 오류 코드와 예외를 통해 처리하는 방법을 살펴보았습니다. 과거에는 주로 오류 코드를 사용했지만, 이번 기회에 예외 처리를 적용해 보는 것도 좋은 선택일 것입니다.

이로써 클린 코드의 필수 원칙 6가지를 살펴보았습니다. 2장에서는 작성된 코드에 잠재적으로 문제를 일으킬 수 있는 특징인 코드 스멜과 이러한 부분을 개선하는 리팩터링 방법을 학습해 보겠습니다.

## 2장

코드 스멜과 리팩터링

1장을 통해 클린 코드가 무엇인지 이해했다면 이제는 우리가 작성한 코드에서 '불편한' 부분, 즉 개선이 필요한 부분을 어떻게 식별하고 수정해야 할지를 알아야 합니다. 코드 스멜은 코드에서 품질 저하됨을 암시하는 지표로, 이를 인식하고 적절히 대응하지 않으면 점차 코드의 유지 보수가 어려워질 수 있습니다. 이번 장에서는 코드 스멜을 식별하는 방법과 이를 개선하기 위한 리팩터링 기법들을 살펴보겠습니다.

2-1 코드 스멜의 발생 원인과 리팩터링의 필요성

2-2 중복 코드 제거하기

2-3 긴 함수 분리하기

2-4 거대 클래스 나누기

2-5 '수정의 산발' 리팩터링하기

2-6 '산탄총 수술' 리팩터링하기

2-7 기능 편애 제거하기

2-8 과다한 매개변수 줄이기

2-9 매직 넘버 제거하기

코드 스멜의 발생 원인과
리팩터링의 필요성

앞에서는 클린 코드가 무엇인지, 그리고 클린 코드를 작성하는 다양한 방법을 살펴봤습니다. 하지만 실제로 개발을 진행하고 유지 보수를 거듭하다 보면 납기일 준수, 고객의 요구 사항 수정, 기능 추가, 장애 발생 등 여러 이유로 클린 코드를 유지하기가 쉽지 않습니다. 즉, 코드는 시간이 지날수록 점점 더 복잡해지고 이해하기 어려워지므로 결국 '일단 기능만 제대로 동작하면 된다'라는 현실적인 태도를 갖게 됩니다. 아마 여러분도 프로젝트 초반에는 깔끔하고 예쁘게 작성했던 코드가 막바지에는 누더기처럼 변한 경험을 했을 겁니다.

프로그래밍 과정에서 코드가 점점 복잡하고 지저분해지는 현상은 마치 깨끗했던 방을 청소하지 않으면 점점 더러워지는 것과 유사합니다.

프로그래밍에서는 복잡하고 지저분한 구조로 버그나 심각한 문제를 발생할 가능성이 있는 코드 특징을 코드 스멜code smell이라고 합니다. 이는 시스템에 문제를 일으킬 소지가 있거나, 가독성이 크게 떨어져 이해하기 어렵고, 수정이나 유지 보수가 힘든 코드를 포괄하는 개념입니다. 코드 스멜로는 중복 코드, 긴 함수, 거대 클래스, 기능 편애, 과다한 매개변수, 매직 넘버 등이 있습니다.

코드 스멜을 해결하는 대표적인 방법이 바로 리팩터링refactoring입니다. 리팩터링을 통해 코드 스멜을 제거하고 클린 코드를 유지할 수 있습니다. 그렇다면 리팩터링이란 구체적으로 무엇일까요? 핵심은 시스템의 외부 동작은 그대로 둔 채 내부 구조를 개선한다는 데 있습니다. 예를 들어 함수의 기능 자체는 동일하게 유지하면서 내부 구조를 개선해 가독성, 유지 보수성, 생산성 등을 향상하는 것이 바로 리팩터링입니다.

리팩터링을 수행하는 과정은 보통 다음과 같습니다.

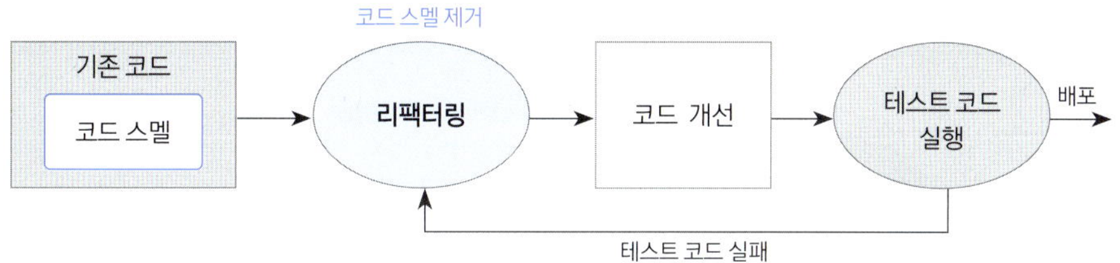

리팩터링 수행 과정

리팩터링 과정에서는 테스트 코드를 실행하는 단계가 특히 중요합니다. 이 단계에서는 리팩터링을 하는 도중 오류가 발생하지 않았는지, 작업에 따른 사이드 이펙트side effect가 발생하지 않았는지 확인하기 때문입니다.

✦ 사이드 이펙트란 의도한 코드 변경 외에 예상하지 못한 방식으로 프로그램의 상태나 동작이 바뀌는 현상을 말합니다.

프로그래밍을 하다 보면 자신도 모르게 코드 스멜을 생산하지만, 리팩터링을 지속적으로 수행하면 코드 스멜을 줄이고 클린 코드를 유지할 수 있습니다. 2장에서는 대표적인 코드 스멜의 종류와 각 코드 스멜을 해결하는 리팩터링 방법을 학습하고, 3장에서 테스트 코드에 관해 자세히 알아보겠습니다.

중복 코드 제거하기

중복 코드^{duplicate code}는 가장 흔히 발생하는 코드 스멜로, **구조와 기능이 같은 코드가 프로그램 곳곳에 흩어져 있는 상태**를 말합니다. 이러한 중복 코드를 코드 스멜로 분류하는 이유는 무엇일까요? 다음 그림을 살펴봅시다.

그림에서도 알 수 있듯 중복 코드는 유지 보수를 어렵게 합니다. 예를 들어 중복 코드가 많은 프로그램에서 수정 사항이 발생하면 개발자는 모든 중복된 코드를 찾아 일일이 수정해야 합니다. 만약 수정할 때 일부 코드를 누락한다면, 버그를 찾기도 무척 어려울 것입니다.

따라서 중복 코드는 제거하는 편이 바람직합니다. 그렇다면 중복 코드를 구체적으로 어떻게 제거할 수 있을까요? 이어서 중복 코드를 해결하는 리팩터링 기법을 살펴보겠습니다.

코드 정리하기

코드를 정리하는 작업은 코드 스멜인 중복 코드를 발견하는 사전 준비 과정으로 볼
수 있습니다. 변수 선언이나 코드 구조가 일관성 없이 작성되어 있으면, 사실상 같은 기
능을 수행하는 중복 코드를 알아차리지 못하는 경우가 발생하곤 합니다. 그러므로 개
발자는 기준을 세워 주기적으로 코드를 정리해 주는 것이 중요합니다.

코드 정리의 기준은 다양하지만, 대표적으로 변수는 사용하는 위치 가까이에 선언하기
와 코딩 스타일 통일하기가 있습니다. 예를 들어 변수를 어디에나 마구 선언해 두면, 나
중에 중복 코드를 찾기가 훨씬 어려워집니다. 반면, 변수를 사용하기 직전에 선언해 두
면 중복 코드를 찾아내고 제거하는 데 도움이 됩니다. 또한 같은 기능을 수행하는 코
드라도, 개발자마다 코딩 스타일이 제각각이면 중복 코드를 발견하기 어렵습니다. 따
라서 정기적으로 코드 정리 기준을 적용해 프로젝트 전반에 통일된 스타일을 유지하
는 습관이 필요합니다.

다음 코드는 피자와 커피 판매 목록을 계산해 출력하는 기능을 담고 있습니다.

코드   Refactoring/Duplicate_Before/CodeCleanUp.java

```java
public class CodeCleanUp {
...
static void printSellPizzaMenu(SaleSystem saleSystem){
        int sellCount;
        String name;
        int amount;
        ArrayList<Menu> pizzaList = saleSystem.getPizzaList();
        Map<String, Integer> sellPizzaList = new HashMap<>();
        int totalAmount = 0;

        for (int i=0; i<pizzaList.size(); i++) {
            name = pizzaList.get(i).getName();
            amount = pizzaList.get(i).getAmount();
            if (!sellPizzaList.containsKey(name)){
                sellPizzaList.put(name, 1);
            } else {
                sellCount = sellPizzaList.get(name);
                sellPizzaList.put(name, sellCount+1);
            }
            totalAmount += amount;
        }
        sellPizzaList.forEach((key, value) -> {
```

기준 없이 변수 선언 (int sellCount; ~ int totalAmount = 0;)

반복문 스타일 1 (for (int i=0; i<pizzaList.size(); i++) {)

```java
            System.out.println(key + " : " + value);
        });
        System.out.println(totalAmount);
    }

    static void printSellCoffeeMenu(SaleSystem saleSystem) {
        ArrayList<Menu> coffeeList = saleSystem.getCoffeeList();
        int sellCount;
        Map<String, Integer> sellCoffeeList = new HashMap<>();
        int totalAmount = 0;
        int amount;
        for (Menu coffee: coffeeList) {
            String name = coffee.getName();
            amount = coffee.getAmount();
...
```


이 코드에서 printSellPizzaMenu, printSellCoffeeMenu 함수는 동일한 기능(판매 상품 리스트와 총 판매 금액을 출력)을 수행하지만, 변수 선언 위치나 반복문 스타일이 서로 중복 코드임을 인지하기 어렵습니다.

'변수는 사용하는 위치 가까이에 선언하기'라는 기준과 반복문 스타일 통일 등을 적용해 코드를 정리하고 나면, 두 함수의 기능과 구조가 사실 매우 비슷하다는 것을 알 수 있습니다. 수정된 다음 코드를 살펴봅시다.

<table>
<tr><td>코드</td><td align="right">📄 Refactoring/Duplicate_After/CodeCleanUp.java</td></tr>
</table>

```java
public class CodeCleanUp {
...
static void printSellPizzaMenu(SaleSystem saleSystem) {
        ArrayList<Menu> pizzaList = saleSystem.getPizzaList();
        Map<String, Integer> sellPizzaList = new HashMap<>();
        int totalAmount = 0;

        for (Menu pizza: pizzaList) {
            String name = pizza.getName();
            int amount = pizza.getAmount();
            if (!sellPizzaList.containsKey(name)) {
                sellPizzaList.put(name, 1);
            } else {
                int sellCount = sellPizzaList.get(name);
                sellPizzaList.put(name, sellCount + 1);
```

```java
            }
            totalAmount += amount;
        }
        sellPizzaList.forEach((key, value) -> {
            System.out.println(key + " : " + value);
        });
        System.out.println(totalAmount);
    }

    static void printSellCoffeeMenu(SaleSystem saleSystem) {
        ArrayList<Menu> coffeeList = saleSystem.getCoffeeList();
        Map<String, Integer> sellCoffeeList = new HashMap<>();
        int totalAmount = 0;

        for (Menu coffee: coffeeList) {
            String name = coffee.getName();
            int amount = coffee.getAmount();
            if (!sellCoffeeList.containsKey(name)) {
                sellCoffeeList.put(name, 1);
            } else {
                int sellCount = sellCoffeeList.get(name);
                sellCoffeeList.put(name, sellCount + 1);
            }
            totalAmount += amount;
        }
        sellCoffeeList.forEach((key, value) -> {
            System.out.println(key + " : " + value);
        });
        System.out.println(totalAmount);
    }
}
```

이처럼 코드를 정리하는 것만으로도 중복 코드는 물론, 여러 가지 코드 스멜을 발견할
수 있습니다. 그러므로 코드 정리의 기준을 세우고 주기적으로 코드를 정리하는 습관
을 가지면 통일된 코딩 스타일로 클린 코드를 유지하는 데 매우 도움이 됩니다.

함수 추출하기

중복 코드가 여러 함수에 분산되어 있으면서 비슷한 기능을 수행한다면, 공통된 부분
을 하나의 함수로 추출해 사용할 수 있습니다. 먼저, 중복된 코드가 수행하는 기능과

목적을 파악한 뒤 적절한 이름으로 함수를 생성합니다. 이때 새로 만든 함수에 원본 코드의 내용을 복사하되, 원본 함수에서 사용하던 변수를 참조하거나 외부 값을 받아 오는 부분은 함수의 매개변수로 처리하도록 만듭니다.

함수를 생성한 뒤에는 원본 코드에서 중복 코드 대신 새로운 함수를 호출하는 구조로 변경하고, 컴파일과 테스트를 수행합니다. 또 다른 위치에서 중복 코드가 발견된다면, 같은 방식으로 중복 코드를 제거하고 테스트를 거듭해 안정성을 확인합니다.

코드를 통해 더 자세히 알아봅시다. 문자 전송 함수(sendSMS)와 이메일 전송 함수 (sendEmail)에 중복 코드가 존재합니다.

코드   📄 Refactoring/Duplicate_Before/ExtractMethod.java

```java
public class ExtractMethod {
...
    public static void sendSMS(String phoneNumber, String text) {
        if (checkPhoneNumber(phoneNumber)) {
            if (SendMessage(text)) {
                System.out.println(phoneNumber + " send Success");
            }
        }
    }
    public static void sendEmail(String email, String text) {
        if (checkEmail(email)) {
            if (SendMessage(text)) {
                System.out.println(email + " send Success");
            }
        }
    }
...
```

sendSMS 함수와 sendEmail 함수에 중복 코드가 존재하므로 이를 한데 모아 새로 운 함수를 만든 다음, sendSMS와 sendEmail에서 해당 함수만 호출하도록 수정함 으로써 코드 스멜을 제거할 수 있습니다. 함수를 추출하는 방식으로 리팩터링을 적용 한 다음 코드를 확인해 봅시다.

```java
public class ExtractMethod {
    public static void main(String[] args) {
        sendSMS("0101231234", "Hello SMS");
        System.out.println("--------------------------------");
        sendEmail("test@gmail.com", "Hello Email");
    }
    public static void sendSMS(String phoneNumber, String text) {
        if (checkPhoneNumber(phoneNumber)) {
            Send(phoneNumber, text);
        }
    }

    public static void sendEmail(String email, String text) {
        if (checkEmail(email)) {
            Send(email, text);
        }
    }

    private static void Send(String receiver, String text) {
        if (SendMessage(text)) {
            System.out.println(receiver + " send Success");
        }
    }
...
```

중복 코드를 모아 새로운 Send 함수를 생성

실행 결과

```
Hello SMS
0101231234 send Success
--------------------------------
Hello Email
test@gmail.com send Success
```

중복 코드를 모아 Send 함수로 만들었고, sendSMS 함수와 sendEmail 함수에서 Send 함수를 호출하도록 수정함으로써 코드 스멜을 없앴습니다. 이렇게 중복 코드를 제거하면 유지 보수성과 가독성이 향상되는 것을 알 수 있습니다.

함수 올리기

객체 지향 프로그래밍에서는 상속^{inheritance}이라는 특징이 있습니다. 이는 자식 클래스
가 부모 클래스의 요소를 상속받아 사용하는 것을 의미합니다. 여러 클래스가 동일하
거나 유사한 구조의 함수를 가지고 있다면, 해당 클래스나 함수를 부모 클래스로 올
려 중복 코드를 리팩터링할 수 있습니다.   ✦ 상속은 6-1절에서 자세히 설명합니다.

이 리팩터링 기법 역시 코드로 자세히 살펴봅시다.

코드	📄 Refactoring/Duplicate_Before/MethodUp.java

```java
public class MethodUp {
    public static void main(String[] args) {
        SMS sms = new SMS("010-123-1234", "Hello SMS");
        sms.send();
```

```java
        System.out.println("-----------------------------------------");
        Email email = new Email("test@gmail.com", "Hello Email");
        email.send();
    }
}
...
class SMS extends Sender {
...

    void send() {
        System.out.println(receiver + "-> " + text);
        System.out.println("send Success");
    }
}

class Email extends Sender {
    ...
    void send() {
        System.out.println(receiver + "-> " + text);
        System.out.println("send Success");
    }
}
```

이 코드에서 Sender 클래스를 상속받는 자식 클래스 SMS와 Email의 send 함수의 로직이 동일합니다. 이 상태를 유지하면 추후 send 함수를 수정할 때 SMS와 Email 클래스를 각각 수정해야 하며, Sender 클래스를 상속받는 다른 자식 클래스에도 send 함수가 구현되어 있다면 이 역시 누락하지 않고 모두 변경해야 하므로 번거로워집니다. 이러한 유지 보수의 불편함이 바로 코드 스멜이 될 수 있습니다.

다음은 리팩터링 과정을 거쳐 코드 스멜을 제거한 코드입니다.

코드	Refactoring/Duplicate_After/MethodUp.java

```java
public class MethodUp {
    public static void main(String[] args) {
        SMS sms = new SMS("010-123-1234", "Hello SMS");
        sms.send();
        System.out.println("-----------------------------------------");
        Email email = new Email("test@gmail.com", "Hello Email");
        email.send();
    }
}
```

```java
class Sender {
    String receiver;
    String text;

    public Sender(String receiver, String text) {
        this.receiver = receiver;
        this.text = text;
    }

    void send() {
        System.out.println(receiver + "-> " + text);
        System.out.println("send Success");
    }
}
class SMS extends Sender…
class Email extends Sender…
```

실행 결과

```
010-123-1234-> Hello SMS
send Success
---------------------------------------------
test@gmail.com-> Hello Email
send Success
```

send 함수를 부모 클래스인 Sender로 이동시켰습니다. send 함수에 변경 사항이 생기더라도, Sender 클래스만 수정하면 모든 자식 클래스에 자동으로 반영되므로 유지 보수 측면에서 훨씬 편리합니다.

지금까지 중복 코드라는 코드 스멜과 이와 관련된 리팩터링 기법을 알아보았습니다. 중복 코드는 가장 기초적이면서도 자주 발생하는 형태이므로 먼저 소개했습니다. 이 밖에도 더 복잡하고 어려운 리팩터링 기법이 있지만, 이번 절에서 소개한 '코드 정리하기', '함수 추출하기', '함수 올리기'는 기본적이면서도 간단해 클린 코드를 유지하는 데 큰 도움이 됩니다. 현재 진행하는 프로젝트가 있다면, 이처럼 비교적 쉬운 리팩터링 기법부터 하나씩 적용해 보는 습관을 길러 보는 것은 어떨까요?

긴 함수 분리하기

과거에는 통통한 몸매가 건강함의 상징이었듯, 유행과 선호도는 시대와 상황에 따라 계속 변해 왔습니다. 프로그래밍 세계 또한 마찬가지입니다. 불과 몇십 년 전만 해도 코드에서 가독성을 고려하는 것은 사치로 여겼습니다. 컴퓨터를 부팅하는 데 10초 이상 걸리고, 휴대폰에서 사진 한 장을 보려면 'Loading…'이라는 문구를 한참 동안 바라보던 시절이었습니다. 그 당시에는 어떻게 하면 메모리를 덜 사용하고, 프로그램을 더 짧은 시간 안에 실행할 수 있는지가 최우선 가치였습니다. 그 시점에서 '클린 코드'는 곧 메모리와 실행 시간을 최소화하는 코드를 의미했습니다.

그러나 시대가 바뀌면서, 컴퓨터는 1초면 부팅되고 유튜브 영상을 실시간으로 시청하는 것도 가능해졌습니다. 이에 따라 클린 코드의 기준도 바뀌었습니다. 대표적인 예가 바로 긴 함수long method입니다. 예전에는 잦은 함수 호출이 성능 저하를 유발한다고 여겨, 가독성이 다소 떨어지더라도 긴 함수를 사용하는 것을 선호했습니다. 하지만 지금은 강력한 컴퓨팅 파워 덕분에 더 이상 긴 함수를 고집할 필요가 없어졌고, 오히려 짧고 명확한 함수를 작성해 코드 가독성과 유지 보수성을 높이는 방향이 주류가 되었습니다.

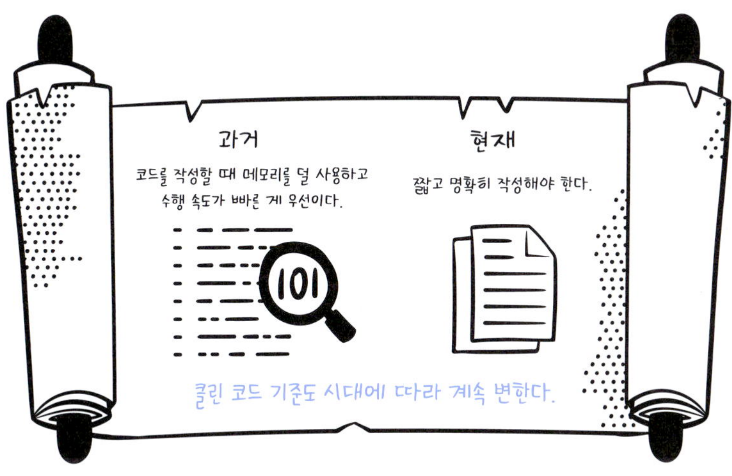

함수 호출을 여러 번 수행한다고 해서 이젠 더 이상 코드 스멜로 간주되지 않습니다. 오히려 긴 함수를 사용하면 코드를 이해하기 어려워지거나 가독성이 떨어지는 경우를 코드 스멜로 여깁니다. 긴 함수는 코드 수정과 유지 보수를 더욱 힘들게 만들기 때문입니다.

이번 절에서는 긴 함수를 수정하는 다양한 리팩터링 기법을 살펴보겠습니다. 일반적으로 긴 함수를 여러 개의 짧은 함수로 분리하는 것을 권장하며, 앞서 학습한 '함수 추출하기' 방법이 대표적입니다. 이 외에도 적용하기 좋은 다양한 리팩터링 기법을 예시 코드와 함께 학습해 봅시다.

변수를 함수화하기

변수를 함수화하는 것은 변수에 저장할 값을 도출하는 로직이 단순하지 않을 때 적용해 볼 수 있는 리팩터링 방법입니다. 이렇게 하면 함수명을 통해 로직의 작성 의도를 명확히 표현할 수 있고, 함수를 자연스럽게 분리할 수 있다는 장점이 있습니다.

여기서는 학생들의 성적 정보를 가져와 평균을 구한 뒤, 내 점수와 비교하는 코드를 살펴보겠습니다.

코드   Refactoring/LongMethod_Before/Refactoring1.java

```java
public class Refactoring1 {
    static ArrayList<Student>students;
    public static void main(String[] args) {
        students = new ArrayList<>();   // main 함수에서 학생 정보를 초기화
        students.add(new Student(50));
        students.add(new Student(90));
        students.add(new Student(86));
        students.add(new Student(60));
        students.add(new Student(80));

        // average 변수를 구하는 로직 시작
        int sum = 0;
        for (Student student : students) {
            sum += student.score;
        }
        double average = sum / students.size();
        int myScore = 75;
...
```

이 코드를 보면 students 변수를 초기화하는 로직과 average 변수를 구하는 로직이 모두 main 함수에 포함되어 있어서, main 함수가 불필요하게 길어지고 가독성도 낮아집니다.

이를 개선하기 위해 변수를 함수화하는 방향으로 다음과 같이 리팩터링을 수행해 봅시다.


```java
...
    public static void main(String[] args) {
        initStudents();
        int myScore = 75;
        if (getAverage() < myScore) {
            System.out.println("시험을 잘 본 편입니다.");
        } else {
            System.out.println("시험을 못 본 편입니다.");
        }
    }

    static double getAverage() {
        int sum = 0;
        for (Student student : students) {
            sum += student.score;
        }
        return sum / students.size();
    }
    static void initStudents() {
        students = new ArrayList<>();
        students.add(new Student(50));
        students.add(new Student(90));
        students.add(new Student(86));
        students.add(new Student(60));
        students.add(new Student(80));
    }
}
...
```


실행 결과

시험을 잘 본 편입니다.

average 변숫값을 구하는 로직과 students 변수를 초기화하는 로직을 각각 get
Average와 initStudents 함수로 분리했습니다. 그 결과 main 함수의 길이가 훨씬 간
결해졌고, 작성 의도도 한눈에 파악하기 쉬워진 것을 확인할 수 있습니다.

복잡한 조건문 나누기

복잡한 조건문을 나누는 리팩터링 방법은 조건에 따라 분기가 달라지고 로직이 복잡
해질 때 생각해 볼 수 있는 방법입니다. 사실 '함수 추출하기'와 유사한 방식이 적용되
어, 분기 안의 로직이나 조건문의 조건 자체를 함수로 분리해 가독성을 높입니다.
다음은 인터넷 신용 대출 심사를 처리하는 예시 코드입니다.

코드　　　　　　　　　　　　　　　　　Refactoring/LongMethod_Before/Refactoring2.java

```java
public class Refactoring2 {
    static ArrayList<Account> userList;
    public static void main(String[] args) {
        initUsers();
        Customer customer = new Customer("Kim", 60, false, true);

        // 대출 심사 로직 시작
        boolean existUser = false;
        boolean isActive = false;

        for (Account account : userList) {
            if (account.login.equals(customer.account)) {
                existUser = true;
                isActive = account.isActive;
                break;
            }
        }

        if (existUser && isActive) {
            if (customer.creditScore > 50 && (customer.isHouseOwner ||
customer.hasJob)) {
                System.out.println("대출이 가능합니다.");
            } else {
                System.out.println("대출이 불가능합니다.");
            }
        } else {
            System.out.println("계정 상태를 먼저 확인하세요.");
        }
    }
```

main 함수에서 대출 심사 로직을 모두 처리하므로, 대출 심사 로직만 따로 함수로 추출하는 편이 좋아 보입니다. 또한 분기문이 길지는 않지만, 한 번에 의도를 파악하기 어려운 구조이므로 함수를 통해 의미를 명확히 드러내는 방식으로 리팩터링해 봅시다.

코드   Refactoring/LongMethod_After/Refactoring2.java

```java
...
    public static void main(String[] args) {
        initUsers();
        Customer customer = new Customer("Kim", 60, false, true);

        if (validationAccount(customer)) {
            if (validationLoanEligibility(customer)) {
                System.out.println("대출이 가능합니다.");
            } else {
                System.out.println("대출이 불가능합니다.");
            }
        } else {
            System.out.println("계좌 상태를 먼저 확인하세요.");
        }
    }

    static boolean validationLoanEligibility(Customer customer) {
        return customer.creditScore > 50 && (customer.isHouseOwner ||
customer.hasJob);
    }
    static boolean validationAccount(Customer customer) {
        for (Account account : userList) {
            if (account.login.equals(customer.account)) {
                if (account.isActive) {
                    return true;
                ...
        return false;
    }
...
```

실행 결과

대출이 가능합니다.

이 코드는 기존 main 함수에 분기문으로 복잡하게 작성된 대출 심사 로직을 대출 가능 여부(validationLoanEligibility) 함수와 계좌 상태 확인(validationAccount) 함수로 기능에 따라 분리했습니다. 이렇게 함수명을 통해 로직의 의도를 드러내고, 메인 함수가 적정한 길이로 나누어지면 코드를 더욱 쉽게 이해할 수 있습니다.

다형성 이용하기

객체 지향 프로그래밍의 특징으로는 상속과 함께 다형성이 있습니다. 간단히 말해, 부모 객체에서 정의한 함수를 자식 객체가 자신의 특성에 맞춰 다양하게 구현하는 것을 다형성polymorphism이라 합니다.

✦ 다형성은 6-1절에서 자세히 설명합니다.

긴 함수를 리팩터링하려는 도중에 다형성이 왜 등장하는지 궁금할 수 있는데, 함수가 특정 타입 변수의 값에 따라 분기되면서 세부 로직이 조금씩 달라지는 경우가 빈번하게 발생하기 때문입니다.

✦ 이 책에서 타입 변수란 분기의 기준이 되는 타입값을 가지고 있는 변수를 뜻합니다.

예를 들어 이동 수단 관련 프로그램에 run 함수를 구현했다고 가정해 봅시다. 자동차, 비행기, 배 등 이동 수단의 타입에 따라 run 함수가 각기 다른 세부 로직을 가져야 할 것입니다. 만약 이 로직이 꽤 복잡하다면 다형성을 고민해 볼 필요가 있습니다. 이러한 경우는 의외로 자주 만납니다. 데이터를 암호화하는 작업을 떠올려 봅시다. '암호화한다'라는 행위는 같더라도 암호화 알고리즘에 따라 내부 로직은 전혀 다를 수 있습니다.

여기서는 다른 예시로, 클래스를 출력하는 기능을 간단하게 살펴보려고 합니다. 일반 출력, JSON 출력, 정보 출력이 있다면 '출력한다'라는 행위 자체는 동일하지만 내부 로직은 각각 달라야 할 것입니다. 이러한 상황을 다음 코드에서 좀 더 구체적으로 살펴보겠습니다.

코드   Refactoring/LongMethod_Before/Refactoring3.java

```java
public class Refactoring3 {
    public static void main(String[] args) {
        Contact contact = new Contact("한국 어딘가", "jk5020kim@naver.com",
"010-123-1234");
        User user = new User("김하루", 38, "남자", contact);
        print(user, PrintType.Normal);
        print(user, PrintType.Json);
        print(user, PrintType.INFO);
    }
    private static void print(User user, PrintType printType) {
        switch(printType) {
```

```java
            case Normal -> {
                System.out.println(user.toString());
            }
            case JSON -> {
                Gson gson = new Gson();
                String jsonStr = gson.toJson(user);
                System.out.println(jsonStr);
            }
            case INFO -> {
                System.out.println("클래스 이름: " + user.getClass().getName());
                System.out.println("=========== 함수 목록 ===========");
                for (Method method : user.getClass().getMethods()) {
                    System.out.println(method.getName());
                }
                System.out.println("=========== 필드 목록 ===========");
                for (Field field : user.getClass().getFields()) {
                    System.out.println(field.getName());
...
public enum PrintType {
        Normal, JSON, INFO
    }
...
```

분기의 기준이 되는 특정 타입의 변수

이 코드에서 주목해야 할 부분은 print 함수입니다. printType값에 따라 서로 다른 출력 형식으로 출력되는데, 일반 출력(Normal)은 단순한 반면, JSON 출력과 INFO 출력은 꽤 복잡한 로직을 갖추고 있습니다. 실제 프로젝트에서는 분기마다 로직이 훨씬 길고 복잡한 경우가 많으므로, 코드가 더 지저분해지기 쉽습니다.

그렇다면 이제 print 함수를 다형성을 이용해 리팩터링해 보겠습니다.

코드 📄 Refactoring/LongMethod_After/Refactoring3.java

```java
public class Refactoring3 {
    public static void main(String[] args) {
        Contact contact = new Contact("한국 어딘가", "jk5020kim@naver.com",
"010-123-1234");
        User user = new User("김하루", 38, "남자", contact);
        Printer normalPrinter = new NormalPrinter();
        normalPrinter.print(user);
        Printer jsonPrinter = new JsonPrinter();
        jsonPrinter.print(user);
        Printer infoPrinter = new InfoPrinter();
        infoPrinter.print(user);
```

자식 클래스형으로 객체를 생성

```java
        }
}

interface Printer {
    void print(User user);
}
```

print 함수를 선언한 인터페이스를 생성

```java
class NormalPrinter implements Printer {
    @Override
    public void print(User user) {
        System.out.println(user.toString());
    }
}
class JsonPrinter implements Printer {
    @Override
    public void print(User user) {
        Gson gson = new Gson();
        String jsonStr = gson.toJson(user);
        System.out.println(jsonStr);
    }
}
class InfoPrinter implements Printer {
    @Override
    public void print(User user) {
        System.out.println("클래스 이름: " + user.getClass().getName());
        System.out.println("========== 함수 목록 ==========");
        for (Method method : user.getClass().getMethods()) {
            System.out.println(method.getName());
        }
        System.out.println("========== 필드 목록 ==========");
        for (Field field : user.getClass().getFields()) {
            System.out.println(field.getName());
        }
    }
}
...
```

Printer 인터페이스를 상속받아 각 클래스의 특징에 맞게 print 함수를 오버라이딩

실행 결과

```
Refactoring3.User{name='김하루', age=38, gender='남자', contact=Refactoring3.
Contact{address='한국 어딘가', email='jk5020kim@naver.com', phone='010-
123-1234'}}

{"name":"김하루","age":38,"gender":"남자","contact":{"address":"한국 어딘
가","email":"jk5020kim@naver.com","phone":"010-123-1234"}}
클래스 이름: User
```

```
=========== 함수 목록 ===========
toString
equals
hashCode
getClass
notify
notifyAll
wait
wait
wait
=========== 필드 목록 ===========
name
age
gender
contact
```

print 함수를 선언하는 Printer 인터페이스를 만들고, 이를 구현하는 NormalPrinter,
JsonPrinter, InfoPrinter 클래스를 생성합니다. 이후 각 클래스는 다형성을 통해 자
신에게 맞는 print 함수를 구현합니다. 그 결과 기존 코드보다 가독성이 크게 개선될
뿐만 아니라, 새로운 printType 기능을 추가할 때 기존 Switch 문에 코드를 계속 추
가하지 않고, Printer 인터페이스를 구현하는 새로운 클래스를 생성하기만 하면 되므
로 깔끔한 구조를 유지할 수 있습니다.

앞서 살펴본 코드는 분기 내부 로직이 비교적 단순해서 리팩터링을 했더라도 큰 변화
를 느끼지 못할 수 있습니다. 그러나 실제 프로젝트에서 분기별 로직이 길거나 복잡한
조건문이 있다면, 이처럼 다형성을 활용한 리팩터링 기법을 적극 고려해 봅시다. 객체
지향 프로그래밍의 다형성을 이용하면 길고 이해하기 어려운 함수를 깔끔하고 이해하
기 쉬운 함수로 개선할 수 있습니다. 그럼 다음 절에서는 또 다른 코드 스멜을 어떻게
제거할 수 있는지 알아보겠습니다.

거대 클래스 나누기

최근 소프트웨어는 점점 통합화가 이루어지면서 다양한 기능을 한꺼번에 제공하는 형태로 진화하고 있습니다. 스마트폰을 예로 들면 음성 통화뿐만 아니라 영상 통화, 인터넷 검색, 각종 앱 실행, 간편 결제 등 정말 다양한 기능을 수행합니다. 심지어 사용자가 미처 알지 못하는 기능도 있을 정도로 스마트폰은 방대한 기능을 담고 있습니다. 이런 상황에서 만약 모든 기능이 모듈화되지 않고 하나의 거대한 클래스로만 구현되어 있다면 어떨까요? 개발자 입장에서 생각만 해도 머리가 아픕니다. **지나치게 많은 변수와 다양한 기능을 가진 클래스**를 거대 클래스^{large class}라고 하며, 이 또한 대표적인 코드 스멜입니다.

거대 클래스가 코드 스멜인 이유를 자세히 알아보겠습니다. 먼저 방대한 기능이 한곳에 몰리면 클래스가 지나치게 장황해져서 이해하기 어려워집니다. 더 큰 문제는 여러 모듈(클래스) 간 결합도가 높아진다는 점입니다. 결합도가 높으면 해당 클래스를 수정하는 작업이 매우 번거롭고 부담스러워집니다.

✦ 결합도가 기억나지 않는다면 19쪽을 참고하세요.

이번 절에서는 거대 클래스를 정리하는 다양한 리팩터링 기법을 살펴보겠습니다. 여기에서 소개하는 3가지 방법으로 거대 클래스를 어떻게 효율적으로 분리하고 유지 보수성을 높일 수 있는지 등을 알아보겠습니다.

타입 변수를 자식 클래스로 변경하기

'타입 변수를 자식 클래스로 변경하기'라는 리팩터링 기법을 먼저 소개한 이유는 앞서 긴 함수를 다형성을 통해 리팩터링했던 방식과 원리가 동일하기 때문입니다. 긴 함수를 리팩터링할 때도 분기의 기준이 되는 타입 변숫값에 따라 자식 클래스의 개수가 정해졌듯이, 여기에서도 타입 변숫값이 많을수록 생성되는 자식 클래스의 개수도 늘어납니다.

이번에는 결제 방식을 주제로 한 예시 코드를 살펴보겠습니다.

코드	Refactoring/GodClass_Before/Refactoring1.java

```java
...
class Payment {
    private final int amount;
    private final String paymentMethod;          // 결제 방식을 나타내는 타입 변수

    private String fingerprintData;
    private String creditCardNumber;             // 모든 결제 방식에 필요한 정보(변수)를
    private String accountNumber;                 // Payment 클래스에 선언
    private String targetAccountNumber;

    public Payment(int amount, String paymentMethod) {
        validatePaymentMethod(paymentMethod);
        this.amount = amount;
        this.paymentMethod = paymentMethod;
    }
...

    public void setTargetAccountNumber(String targetAccountNumber) {
        this.targetAccountNumber = targetAccountNumber;
    }
```

```java
    private void validatePaymentMethod(String paymentMethod) {
        String[] paymentList = {"Card", "SamsungPay", "AccountTransfer"};
         if (Arrays.stream(paymentList).filter(o -> o.equals(paymentMethod)).
count() == 0) {
            throw new IllegalArgumentException(paymentMethod);
        }
    }
...
    void pay() {
        System.out.println("---------------------------------------------");
        System.out.println(this.paymentMethod + "결제 수단으로" + amount + "원을
지불합니다.");
        boolean isPaymentSuccessful = false;
        if (this.paymentMethod.equals("Card")) {
            if (validateCreditCardNumber()) {
                isPaymentSuccessful = true;
            }
        } else if (this.paymentMethod.equals("SamsungPay")) {
            if (validateFingerprintData()) {
                if (validateCreditCardNumber()) {
                    isPaymentSuccessful = true;
                }
            }
        } else if (this.paymentMethod.equals("AccountTransfer")) {
            if (validateAccountNumber()) {
                isPaymentSuccessful = true;
            }
        }
        if (isPaymentSuccessful) {
            System.out.println("결제가 완료됐습니다.");
        } else {
            System.out.println("결제에 실패했습니다.");
        }
    }
}
```


Payment 클래스의 paymentMethod 변수가 결제 방식을 나타내는 타입 변수라는 것을 이름만 보고도 추측할 수 있습니다. 현재 구조를 유지한다면, 결제 방식을 추가하거나 수정할 때마다 pay 함수의 조건문이 복잡해지고, 그에 따라 분기도 많아져 관리하기도 어려워질 것이 분명합니다. 게다가 validatePaymentMethod 함수 역시 paymentList 변수를 최신 결제 방식으로 계속 업데이트해야 하는 번거로움이 생깁

니다. 그 뿐만 아니라 결제 방식마다 필요한 정보를 Payment 클래스에서 선언해 관리해야 한다는 부담도 있습니다.

이러한 문제를 해결하기 위해 타입 변수(paymentMethod)를 자식 클래스로 변경하는 리팩터링을 적용해 보겠습니다.


```java
public class Refactoring1 {
    public static void main(String[] args) {
        Payment card = new Card(500, "1234-56-789");
        card.pay();
        Payment samsungPay = new SamsungPay(700, "XEX-OFE-37F-XTFR", "1234-56-789");
        samsungPay.pay();
        Payment accountTransfer = new AccountTransfer(1500, "123-45-789", "987-654-231");
        accountTransfer.pay();
    }
}


abstract class Payment {
    protected int amount;
    boolean isPaymentSuccessful;
    public Payment(int amount) {
        this.amount = amount;
        this.isPaymentSuccessful = false;
...
class Card extends Payment {
    private String creditCardNumber;
    public Card(int amount, String creditCardNumber) {
        super(amount);
        this.creditCardNumber = creditCardNumber;
    }
...
    @Override
    public void pay() {
        System.out.println("-------------------------------------------");
        System.out.println("신용 카드로 " + amount + "원을 지불합니다.");
        if (validateCreditCardNumber()) {
            isPaymentSuccessful = true;
        }
...
class SamsungPay extends Card {
```

시스템에 존재하지 않는 결제 방식은 객체 생성 자체가 불가

paymentMethod 변수는 Payment 클래스의 멤버 변수에서 삭제

신용 카드 결제 방식에 필요한 변수를 추가

pay 함수에서 신용 카드와 관련된 부분만 가져옴

삼성페이는 신용 카드 결제 방식을 기반으로 동작하므로 Card 클래스를 상속

```java
    private String fingerprintData;    // 삼성페이 결제 방식에 필요한 변수를 추가

@Override
    public void pay() {
        System.out.println("--------------------------------------------");
        System.out.println("삼성페이로 " + amount + "원을 지불합니다.");
        if (validateFingerprintData()) {
            if (validateCreditCardNumber()) {    // pay 함수에서 삼성페이와
                isPaymentSuccessful = true;      //   관련된 부분만 가져옴
            }
...
class AccountTransfer extends Payment {
    private String accountNumber;          // 계좌 이체 결제 방식에 필요
    private String targetAccountNumber;    //   한 변수를 추가
...

    @Override
    public void pay() {
        System.out.println("--------------------------------------------");
        System.out.println("계좌 이체로 " + amount + "원을 지불합니다.");
        if (validateAccountNumber()) {         // pay 함수에서 계좌 이체와
            isPaymentSuccessful = true;        //   관련된 부분만 가져옴
        }
...
```

실행 결과

```
--------------------------------------------
신용 카드로 500원을 지불합니다.
카드 유효성 검사를 수행합니다.
결제가 완료됐습니다.

--------------------------------------------
삼성페이로 700원을 지불합니다.
지문 인증 데이터를 확인합니다.
카드 유효성 검사를 수행합니다.
결제에 실패했습니다.

--------------------------------------------
계좌 이체로 1500원을 지불합니다.
계좌 유효성 검사를 수행합니다.
결제가 완료됐습니다.
```

먼저 Payment 클래스를 부모 클래스로 지정하고, 결제 방식을 나타내는 신용 카드, 삼성페이, 계좌 이체를 각각 자식 클래스로 생성했습니다. Payment 클래스에서는 더 이상 결제 방식을 의미하는 변수인 paymentMethod를 사용하지 않고, 그 대신 추상 메서드인 pay를 선언해 자식 클래스가 자신에게 맞는 결재 로직을 구현하도록 했습니다. 또한 Payment 클래스에 있던 멤버 변수들도 각 결제 방식에서만 사용하도록 자식 클래스로 이동해 주었습니다.

타입 변수를 자식 클래스로 변경함에 따라 기존 Payment 클래스의 구조가 어떻게 변경되었는지 다음 그림으로 확인해 봅시다.

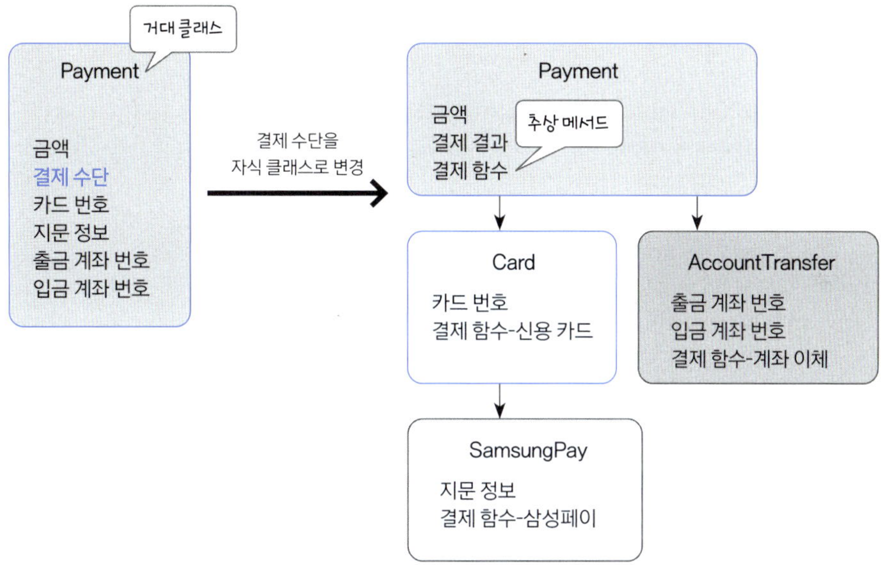

Payment 클래스의 구조 변경

이 그림을 살펴보면, 거대 클래스(Payment)가 담당하던 기능과 변수가 새로 생성된 자식 클래스에 적절히 분배된 것을 확인할 수 있습니다. 이제 결제 방식을 추가하려면 Payment 클래스를 상속받아 새 결제 방식 클래스를 만든 다음, pay 함수를 오버라이딩해 원하는 로직을 구현하기만 하면 됩니다. 기존 결제 방식에 변경 사항이 생겼을 때도 그 결제 방식을 담당하는 자식 클래스에만 집중해서 수정하면 되므로 훨씬 간편합니다.

공통 부분을 상위 클래스로 추출하기

서로 다른 클래스라도 비슷한 필드나 함수를 가지고 있다면, 해당 클래스들을 대표하는 상위 클래스(부모 클래스)를 선언하고 기존 클래스에 이 상위 클래스를 상속하도록

한 뒤 공통 필드나 함수를 상위 클래스로 추출하는 방법을 적용할 수 있습니다. 기존에 비슷한 기법을 사용한 적 있지 않나요? 바로 '함수 올리기' 기법입니다. 이는 중복 코드를 제거할 때도 사용했던 방법인데, 거대 클래스를 리팩터링할 때도 마찬가지로 적용할 수 있습니다. 다만 여기서는 함수뿐만 아니라 필드도 함께 고려해야 합니다.

이번에는 게임 캐릭터를 구현하는 예시 코드를 통해 살펴보겠습니다.

코드   Refactoring/GodClass_Before/Refactoring2.java

```java
...
class NPC {
    String name;
    Location location;

    public NPC(String name, Location location) {
        this.name = name;
        this.location = location;
    }
    void moveForward() {
        location.x++;
        System.out.println(this.name + "가 앞으로 이동합니다.");
    }
    void moveBack() {
        location.x--;
        System.out.println(this.name + "가 뒤로 이동합니다.");
    }
    void jump() {
        System.out.println(this.name + "가 높이 5만큼 점프합니다.");
    }
}

class Player {
    String name;
    String state;
    Location location;
    int HP;
    int MP;

    public Player(String name, Location location) {
        this.name = name;
        this.location = location;
        this.state = "일반";
    }
    public void setState(String state) {
        this.state = state;
```

```java
    }
    void moveForward() {
        location.x++;
        System.out.println(this.name + "가 앞으로 이동합니다.");
    }
    void moveBack() {
        location.x--;
        System.out.println(this.name + "가 뒤로 이동합니다.");
    }
    void jump() {
        if (this.state.equals("슈퍼")) {
            System.out.println(this.name + "가 슈퍼 상태로 높이 10만큼 점프합니다.");
        } else {
            System.out.println(this.name + "가 높이 5만큼 점프합니다.");
        }
...
```

게임 속 NPC와 Player를 각각 클래스로 만들었습니다. 두 클래스 모두 캐릭터의 이름을 저장하는 name 필드와 위치를 저장하는 location 필드를 가지고 있으며, 캐릭터의 움직임을 나타내는 moveForward 함수와 moveBack 함수도 공통으로 가지고 있습니다. jump 함수 역시 두 클래스 모두 가지고 있지만, NPC와 달리 Player는 조건에 따라 동작이 조금 다르게 수행되는 것을 알 수 있습니다. Player 클래스가 일부 속성이나 함수를 더 가지고 있지만 NPC 클래스와 상당 부분이 중복됩니다. 이런 상태에서 계속 관리하다 보면 각 클래스가 곧 거대 클래스가 되는 것은 시간 문제일 것 같습니다. 또한 각 클래스의 공통된 부분을 한 곳에서 관리하면 유지 보수 측면에서 훨씬 더 편리해질 것입니다.

따라서 두 클래스의 공통된 부분을 상위 클래스로 만들어 리팩터링을 진행해 봅시다.


```java
public class Refactoring2 {
    public static void main(String[] args) {
        Location location = new Location(0, 0);
        Character npc = new NPC("하루NPC", location);
        npc.moveForward();
        npc.moveBack();
        npc.jump();

        Character player = new Player("하루플레이어", location);
        player.moveForward();
```

```java
        player.moveBack();
        player.jump();
        ((Player) player).setState("슈퍼");
        player.jump();
    }
}

class Character{
    String name;
    Location location;

    public Character(String name, Location location) {
        this.name = name;
        this.location = location;
    }
    void moveForward() {
        location.x++;
        System.out.println(this.name + "가 앞으로 이동합니다.");
    }
    void moveBack() {
        location.x--;
        System.out.println(this.name + "가 뒤로 이동합니다.");
    }
    void jump() {
        System.out.println(this.name + "가 높이 5만큼 점프합니다.");
    }
}

class NPC extends Character{
    public NPC(String name, Location location) {
        super(name, location);
    }
}

class Player extends Character{
    String state;
    int HP;
    int MP;

    public Player(String name, Location location) {
        super(name, location);
        this.state = "일반";
    }
    public void setState(String state) {
        this.state = state;
```

```java
        }
        @Override
        void jump() {
            if (this.state.equals("슈퍼")) {
                System.out.println(this.name + "가 슈퍼 상태로 높이 10만큼 점프합니다.");
            } else {
                System.out.println(this.name + "가 높이 5만큼 점프합니다.");
            }
...
```

실행 결과

```
하루NPC가 앞으로 이동합니다.
하루NPC가 뒤로 이동합니다.
하루NPC가 높이 5만큼 점프합니다.
하루플레이어가 앞으로 이동합니다.
하루플레이어가 뒤로 이동합니다.
하루플레이어가 높이 5만큼 점프합니다.
하루플레이어가 슈퍼 상태로 높이 10만큼 점프합니다.
```

우선 Character 클래스라는 상위 클래스를 생성하고, 기존 클래스인 NPC, Player가 이 클래스를 상속하도록 합니다. 두 클래스가 공통으로 사용하던 name, location 필드와 moveForward, moveBack, jump 함수를 모두 Character 클래스에 선언하고 구현했습니다. 여기서 Character 클래스의 jump 함수는 이전 NPC와 Player 클래스의 공통된 로직을 활용해 구현됐습니다. 하위 클래스(자식 클래스)에서 Player처럼 자신만의 특징에 맞춰 jump 함수를 수정해야 한다면 오버라이딩으로 구현하면 됩니다.

클래스 추출하기

클래스 추출은 가장 기본적인 리팩터링 기법이지만, 이 절의 마지막에 설명하는 이유는 그만큼 중요하기 때문입니다. 객체 지향 프로그래밍에는 단일 책임의 원칙이라는 것이 있는데, 이는 6-2절에서 자세하게 배우겠지만 말 그대로 한 클래스가 오직 하나의 책임만 가져야 한다는 원칙입니다. 또한 앞서 배운 클린 코드의 원칙 중 함수 안에서 실행되는 코드는 추상화 레벨이 비슷하게 만들어야 이해하기 쉽다고 설명했습니다. 이 원칙은 클래스에도 똑같이 적용됩니다.

만약 클래스가 너무 많은 책임을 가지거나, 현재 클래스 레벨에 비해 추상화 레벨이 맞지 않는 속성이 포함되어 있다면, 클래스 추출을 고려해 볼 수 있습니다.

예시로 스마트폰을 클래스로 표현한 코드를 살펴보겠습니다.


```java
...
class Cellphone{
    String name;
    String color;
    int price;

    // 디스플레이 관련 변수
    String displaySize;
    String resolution;
    String displayType;
    String maxRefreshRate;
    String colorDepth;

    // 배터리 관련 변수
    int batteryCapacity;
    int internetUsageTime;
    int videoPlaybackTime;
    int audioPlaybackTime;
    boolean isReplaceable;
...
}
```

이 코드는 함수를 따로 만들지 않고 변수만 선언했는데, 한눈에 봐도 클린 코드와는 거리가 있다는 것이 느껴질 것입니다. Cellphone 클래스 안에 디스플레이와 배터리 관련 변수가 함께 포함되어 있는데, '스마트폰 안에 디스플레이와 배터리도 포함되는 건 당연하지 않나?'라는 생각이 들 수도 있습니다. 물론 스마트폰 안에 있는 것은 맞지만 추상화 레벨 관점에서 문제가 될 수 있습니다.

예를 들어 Cellphone 클래스가 디스플레이의 해상도나 배터리 최대 사용 시간까지 전부 책임지기에는 그 범위가 너무 큽니다. 따라서 이러한 변수들을 적절히 다른 클래스로 추출해야 합니다.

다음과 같이 리팩터링을 수행해 보겠습니다.


```java
...
class Cellphone{
    String name;
    String color;
    int price;
    CellphoneSpec cellphoneSpec;        // CellPhoneSpec 클래스로 추출
...
}

class CellphoneSpec{
    DisplaySpec displaySpec;            // CellPhoneSpec 클래스에 디스플레이와 배터리
    BatterySpec batterySpec;            // 관련 클래스를 별도로 추출해 관리
...
}

class DisplaySpec{                      // 디스플레이 관련 변수 관리
    String displaySize;
    String resolution;
    String displayType;
    String maxRefreshRate;
    String colorDepth;
...
}

class BatterySpec{                      // 배터리 관련 변수 관리
    int batteryCapacity;
    int internetUsageTime;
    int videoPlaybackTime;
    int audioPlaybackTime;
    boolean isReplaceable;
...
}
```

실행 결과

```
Cellphone{name='갤럭시', color='파란색', price=175, cellphoneSpec=Cellphone
Spec{displaySpec=DisplaySpec{displaySize='173mm', resolution='3088 x 1440
(Quad HD+)', displayType='Dynamic AMOLED 2X', maxRefreshRate='120Hz', color
Depth='16M'}, batterySpec=BatterySpec{batteryCapacity=5000, internetUsage
Time=25, videoPlaybackTime=25, audioPlaybackTime=26, isReplaceable=false}}}
```

추상화 레벨에 맞게 클래스 추출 작업을 진행했습니다. 이전보다 Cellphone 클래스가 훨씬 가벼워진 것을 확인할 수 있습니다.

다음 그림에서 구조가 어떻게 바뀌었는지 살펴봅시다. 기존에 Cellphone 클래스가 전부 가지고 있던 변수를 4개의 클래스로 나누어 배치한 것을 확인할 수 있습니다.

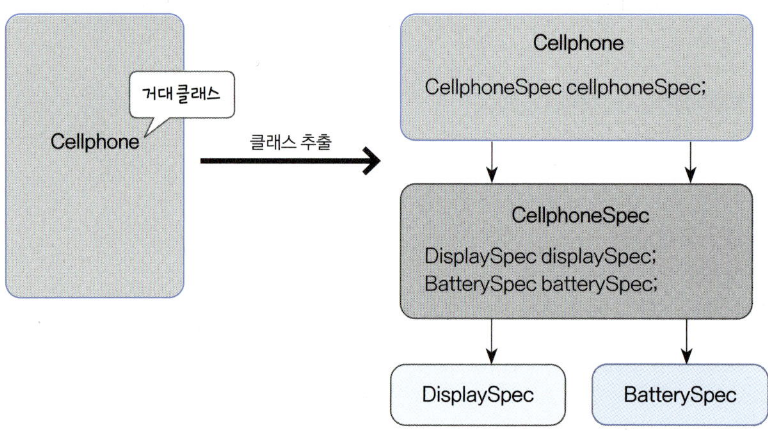

Cellphone 클래스의 구조 변경

클래스 추출의 범위나 기준은 개발자마다 다르지만, 이와 같이 일반적으로 가장 이해하기 쉽고 유지 보수성과 확장성을 고려했을 때 적절한 수준으로 리팩터링하면 됩니다.

지금까지 거대 클래스라는 코드 스멜을 정리하는 다양한 리팩터링 기법을 알아보았습니다. 이제 다음 코드 스멜인 '수정의 산발'을 제거하러 가보겠습니다!

'수정의 산발' 리팩터링하기

시스템을 운영하다 보면 특정 클래스 하나만 자주 수정되는 경우가 있습니다. 이 또한 코드 스멜의 하나로, 수정의 산발divergent change이라고 합니다. 하나의 모듈이나 클래스는 하나의 책임을 가지는 것이 가장 이상적입니다. 그래야 모듈 간의 응집도를 높이고 결합도를 낮춰, 시스템 확장성과 유지 보수를 훨씬 수월하게 만들 수 있기 때문입니다. 이와 반대로 여러 가지 이유로 특정 모듈, 클래스, 함수 등이 자주 변경된다면 이는 책임이 적절히 분리되지 않았다는 반증입니다. 다음 그림은 '수정의 산발'을 보여 줍니다.

서로 다른 문제는 각각 다른 모듈이나 클래스에서 독립적으로 수정할 수 있도록 구성하는 것이 좋습니다. 이 절에서는 하나의 모듈에 다양한 기능이 섞여 있거나 코드 분리가 적절하게 이뤄지지 않아 발생하는 '수정의 산발'을 해결하는 리팩터링 기법을 공부해 보겠습니다.

기능에 따라 코드 분리하기

하나의 모듈 안에 여러 기능이 섞여 있다면, 먼저 기능별로 코드를 적절하게 분리해야
합니다. 이렇게 하면 특정 기능을 변경해야 할 때 수정 범위를 명확히 정할 수 있습니다.
다음은 마트에서 가족이 결제해야 하는 총 금액을 계산하는 코드입니다.


```java
import java.util.ArrayList;

public class Refactoring1 {
    public static void main(String[] args) {
...
        int totalPrice = getTotalPriceForOrders(myFamilyOrders, 1000, true);
        System.out.println("총 결제 금액은 " + totalPrice + "원입니다.");
    }


    static int getTotalPriceForOrders(ArrayList<Order> orders, int deliverD
istance, boolean isVIP){
        int totalPrice = 0;
        for (Order order:orders) {
            totalPrice += order.getProduct().getPrice() * order.getQuantity();
        }
        System.out.println("총 상품 가격은 " + totalPrice + "원입니다.");

        int deliveryPrice = deliverDistance * 10;
        if (totalPrice < 30000) {
            totalPrice += deliveryPrice;
             System.out.println("3만원 미만 주문으로 배송비 " + deliveryPrice + "
원이 추가됩니다.");
        } else {
            System.out.println("3만원 이상 주문으로 배송비는 무료입니다.");
        }

        if (isVIP) {
            totalPrice *= 0.9;
            System.out.println("VIP 등급으로 10% 할인을 받았습니다.");
        }
        return totalPrice;
    }
}
```

앞에서 본 그림을 떠올려 보면, 배송 조건과 VIP 할인율을 각각 다른 영역인데도 여기
서는 두 변경 사항 모두 getTotalPriceForOrders 함수에서 수정해야 한다는 것을
알 수 있습니다. 다시 말하면 getTotalPriceForOrders 함수가 여러 기능을 동시에
책임지고 있다는 의미입니다.

그렇다면 getTotalPriceForOrders 함수를 기능별로 분리해 보겠습니다.


```java
...
    static int getTotalPriceForOrders(ArrayList<Order> orders, int deliver
Distance, boolean isVIP) {
        int totalPrice = getAllOrderPrice(orders);
        int deliveryPrice = getDeliveryPrice(deliverDistance, totalPrice);
        int discountPrice = 0;
        if (isVIP) {
            discountPrice = vipDiscount(totalPrice + deliveryPrice);
        }
        return totalPrice + deliveryPrice - discountPrice;
    }

    private static int getAllOrderPrice(ArrayList<Order> orders) {
        int totalPrice = 0;
        for (Order order : orders) {
            totalPrice += order.getProduct().getPrice() * order.getQuantity();
        }
        System.out.println("총 상품 가격은 " + totalPrice + "원입니다.");
        return totalPrice;
    }

    private static int getDeliveryPrice(int deliverDistance, int totalPrice) {
        int deliveryPrice = 0;
        if (totalPrice < 30000) {
            deliveryPrice += deliverDistance * 10;
            System.out.println("3만원 미만 주문으로 배송비 " + deliveryPrice + "
원이 추가됩니다.");
        } else {
        System.out.println("3만원 이상 주문으로 배송비는 무료입니다.");}
        return deliveryPrice;
    }

    private static int vipDiscount(int price) {
        System.out.println("VIP 등급으로 10% 할인을 받았습니다.");
```

주문 상품 가격을 도출하는 함수로 분리

배송비를 도출하는 함수로 분리

VIP 할인율을 적용하는 함수로 분리

```
        return (int) (price * 0.1);
    }
}
...
```

실행 결과

```
총 상품 가격은 42000원입니다.
3만원 이상 주문으로 배송비는 무료입니다.
VIP 등급으로 10% 할인을 받았습니다.
총 결제 금액은 37800원입니다.
```

기존 getTotalPriceForOrders 함수에 있던 기능을 getAllOrderPrice, getDelivery
Price, vipDiscount로 분리해 책임을 나누었습니다. 이렇게 하면 주문 상품 가격을
도출하는 로직에 변경 사항이 생기면 getAllOrderPrice를, 배송비를 도출하는 로직
에 변경 사항이 생기면 getDeliveryPrice 함수를, VIP 할인율을 적용하는 로직에 변
경 사항이 생기면 vipDiscount 함수를 각각 수정하면 되므로 유지 보수하기가 훨씬
용이해집니다.

함수를 나누는 기준은 공식처럼 정해져 있지 않습니다. 지나치게 작은 함수로 분리하
면 '조각' 코드가 되어 오히려 이해하기 어려워질 수 있으므로, 적당한 크기와 가독성
을 고려해 나누는 것이 중요합니다.

자식 클래스로 책임 분산하기

하나의 클래스에서 변경 사항이 자주 발생한다면, 이는 2-4절에서 만난 거대 클래스
일 가능성이 큽니다. 혹은 1-5절에서 만난 추상화 레벨이 제대로 지켜지지 않은 코드
일 수도 있습니다.

다음 그림을 살펴봅시다. A 컴퓨터는 추상화 레벨이 적절하지 않습니다. 한 클래스 안
에 '모니터 끄기', '마우스 감도 설정', '키보드 한/영 키 전환' 같은 로직을 모두 구현했
습니다.

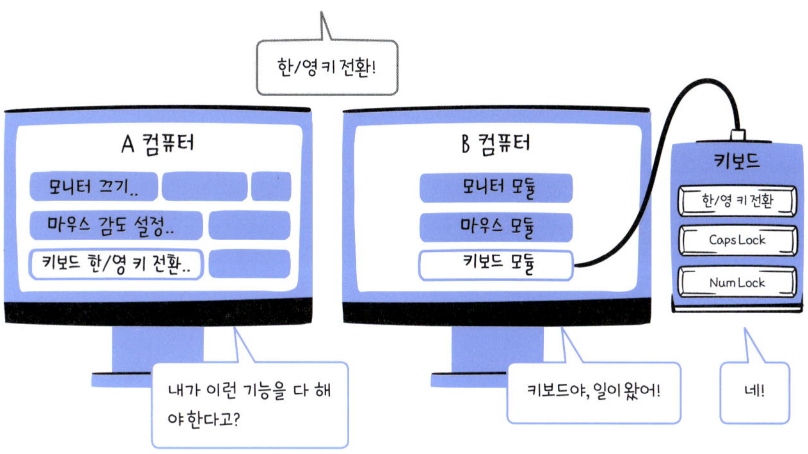

실제로 컴퓨터 하나에 모든 기능이 들어 있는 것이 당연하지만, 클래스 관점에서는 컴퓨터가 키보드, 마우스, 모니터 등 하위 모듈로 분리되어 각각 따로 관리하는 게 낫습니다. 즉, B 컴퓨터처럼 키보드, 마우스, 모니터 모듈을 다루는 정도의 책임만 맡기는 것이 올바른 추상화 레벨이라고 할 수 있습니다. 간단한 예시 코드를 통해 자세히 알아보겠습니다.

◆ 여기서는 편의상 실제 로직 대신 출력문으로 나타냈습니다.

코드   Refactoring/DivergentChange_Before/Refactoring2.java

```java
public class Refactoring2 {
    public static void main(String[] args) {
        Computer computer = new Computer();
        computer.monitorTurnOn();
        computer.checkMouseBattery();
        computer.setKeyboardInputMode();
    }
}

class Computer {
    public void monitorTurnOn() {
        System.out.println("모니터 전원을 켭니다.");
    }
...
    public void setMouseSensitivity() {
        System.out.println("마우스 감도를 설정합니다.");
    }
```

```java
    public void setKeyboardInputMode() {
        System.out.println("키보드 한영 모드를 설정합니다.");
    }
    ...
}
```

코드를 살펴보면, 모니터 전원 관리(monitorTurnOn), 마우스 감도 설정(setMouse
Sensitivity), 키보드 한/영 키 전환(setKeyboardInputMode) 기능을 하는 함수들
이 구현되어 있습니다. 이렇게 되면 Computer 클래스가 너무 많은 기능과 책임을 담
당해서 유지 보수나 관리하기 매우 힘들어집니다.

따라서 적절한 자식 클래스를 만들고, Computer 클래스의 책임을 분산하는 리팩터
링을 진행해 보겠습니다.

<table>
<tr><td>코드</td><td>Refactoring/DivergentChange_After/Refactoring2.java</td></tr>
</table>

```java
public class Refactoring2 {
    public static void main(String[] args) {
        Keyboard keyboard = new Keyboard();
        Monitor monitor = new Monitor();
        Mouse mouse = new Mouse();
        Computer computer = new Computer(keyboard, monitor, mouse);
        computer.getMonitor().TurnOn();
        computer.getMouse().checkBattery();
        computer.getKeyboard().setInputMode();
    }
}

class Computer {
    Monitor monitor;
    Mouse mouse;
    Keyboard keyboard;
    ...
}
class Monitor {
    public void TurnOn() {
        System.out.println("모니터 전원을 켭니다.");
    }
    ...
}
class Mouse {
    public void checkBattery() {
```

```java
        System.out.println("마우스 배터리를 확인합니다.");
...
class Keyboard {
    public void setInputMode() {
        System.out.println("키보드 한영 모드를 설정합니다.");
    }
...
```



```
모니터 전원을 켭니다.
마우스 배터리를 확인합니다.
키보드 한영 모드를 설정합니다.
```

리팩터링한 뒤에 Computer 클래스는 더 이상 모니터, 마우스, 키보드와 같은 구성품의 구체적인 로직을 포함하지 않습니다. 그 대신 각각의 로직을 구현하는 Monitor, Mouse, Keyboard를 멤버 변수로 두어 관리하는 역할만 수행합니다. 이렇게 분산시키면 이전에 Computer 클래스에 과도하게 집중되어 있던 기능과 책임이 적절하게 나뉘어, 이후에 기능을 추가하거나 클라이언트가 수정 요청을 했을 때 훨씬 유연하게 대응할 수 있습니다.

좋은 코드를 작성하려면 선배 개발자들의 경험과 지식을 바탕으로, 스스로의 경험과 고민을 통해 지속적으로 발전시켜 나가는 태도를 가져야 합니다.

'산탄총 수술' 리팩터링하기

프로그래밍을 할 때 새로운 기능을 추가하거나 기존 기능을 수정하는 작업은 필연적으로 발생합니다. 그런데 클라이언트의 요구 사항은 하나인데도 수정해야 할 부분이 여러 군데라면 이는 응집도가 낮고 결합도가 높은 코드입니다. 이처럼 여러 부분을 동시에 고쳐야 하는 상황을 산탄총 수술shotgun surgery이라고 합니다. 이름이 다소 섬뜩하게 들릴 수도 있지만, 산탄총에 맞으면 총알 파편이 사방으로 퍼져 여러 신체 부위에 상처가 나는 것처럼, 코드가 마치 산탄총을 맞은 것처럼 동시에 여러 부분을 수정해야 할 경우를 비유해서 표현한 코드 스멜입니다.

다음 그림을 살펴봅시다.

산탄총 수술이 발생하면 변경 사항을 반영할 때 수정 범위가 늘어나 작업 자체가 어려워질 뿐만 아니라 중요한 변경 사항을 누락할 수도 있습니다. 따라서 이 코드 스멜을 제거하려면 연관된 데이터나 기능은 한 곳으로 모아 응집도를 높이는 방식을 고려해

야 합니다. 이렇게 하면 변경해야 할 부분을 쉽게 파악할 수 있고, 수정이 누락될 가능성도 크게 줄어듭니다. 이와 더불어 각 기능의 책임에 따라 코드를 명확히 분리해 모듈이나 클래스 간의 결합도를 낮추는 리팩터링을 진행해야 합니다. 이렇게 하면 한 모듈이 변경되더라도 다른 모듈에 미치는 영향을 최소화할 수 있습니다.

정리하면 응집도를 높이고 결합도를 낮추는 것은 클린 코드의 핵심 원칙이며, 산탄총 수술 리팩터링에서도 가장 중요한 규칙입니다. 이제 산탄총 수술을 어떻게 해결할 수 있는지 자세히 알아봅시다.

변경이 필요한 함수와 속성을 한 클래스로 모으기

실제로 프로젝트를 진행하다 보면, 여러 클래스에서 공통으로 필요한 함수를 모아 두기 위해 Util과 같은 이름으로 클래스를 생성하고 이를 다른 클래스에서 사용하는 경우가 자주 있습니다. 예를 들면 토큰 인증 로직이 필요한 곳이 많다면, 토큰 인증 모듈을 별도로 만들고 각 클래스에서 가져다 쓰는 식입니다. 그러나 실제 개발 환경에서는 이러한 공통 모듈을 사용하는 방식이 제대로 지켜지지 않거나, 각 클래스에서 중구난방으로 구현되어 클래스 구조가 뒤엉키는 일이 자주 발생합니다.

다음은 다소 극단적으로 로그를 출력하는 함수가 있는 예시 코드입니다.

코드	Refactoring/ShotgunSurgery_Before/Refactoring1.java

```java
...
class Car {
    public Car() {
        printLog("자동차가 생성되었습니다.");
    }
    void printLog(String msg) {
        System.out.println(msg);
    }
}
class Ship {
    public Ship() {
        printLog("배가 생성되었습니다.");
    }
    void printLog(String msg) {
        System.out.println(msg);
    }
}
class Airplane {
```

```java
    public Airplane() {
        printLog("비행기가 생성되었습니다.");
    }
    void printLog(String msg) {
        System.out.println(msg);
    }
}
```

이 코드를 보면 Car, Ship, Airplane 클래스 각각에 printLog라는 로그 출력 함수
가 있습니다. 겉보기에는 클래스마다 다른 로직을 구현할 수도 있으니 문제가 없어 보
일 수 있지만, 숙련된 개발자라면 '클래스마다 로그 출력 로직이 꼭 달라야 하는가? 아
니면 공통 모듈로 분리해 사용하는 것이 더 합리적인가?'라는 의문을 갖고 고민해야
합니다. 일반적으로 로그, 보안(토큰 검증), 세션 관리 같은 기능은 공통 모듈로 관리하
는 편이 효율적입니다.

✦ 사실 이 예시 코드는 개발자가 판단하기 어렵지 않지만 실제 프로젝트에서는 여러 상황을 고려해 신중히 판단해야 한
   다는 점을 기억해 둡시다.

여기에서는 printLog 함수를 하나의 모듈로 이동시키는 리팩터링을 적용해 보겠습니
다. 이유는 간단합니다. 로그를 출력하는 로직에 변경이 생길 때마다 모든 클래스에 정
의된 로그 함수를 수정하는 것이 매우 비효율적이기 때문입니다. 다음 코드를 살펴봅
시다.

코드   📄 Refactoring/ShotgunSurgery_after/Refactoring1.java

```java
public class Refactoring1 {
    public static void main(String[] args) {
        Car car = new Car();
        Ship ship = new Ship();
        Airplane airplane = new Airplane();
    }
}
class Car {
    Logger logger = new Logger();
    public Car() {
        logger.printLog("자동차가 생성되었습니다.");
    }
}
...
```

```java
class Logger {
    void printLog(String msg) {
        System.out.println(msg);
    }
}
```



```
자동차가 생성되었습니다.
배가 생성되었습니다.
비행기가 생성되었습니다.
```

Logger 클래스를 만들어 로그 출력을 일원화하고, 필요한 클래스에서는 Logger 클래스를 멤버 변수로 선언해 사용하도록 코드를 수정했습니다. 이렇게 하면 추후 로그와 관련된 수정이나 기능 추가가 있을 경우, Logger 클래스만 고치면 되므로 유지 보수하기가 훨씬 수월합니다.

함수 및 클래스 인라인하기

인라인^{inline}은 추출과 반대되는 리팩터링 기법으로, 함수나 클래스의 내용을 다른 함수나 클래스 안으로 이동시키는 것을 뜻합니다. 지금까지 우리는 주로 코드 스멜을 제거하기 위해 주로 함수나 클래스를 추출하는 방법을 공부했습니다. 하지만 리팩터링을 여러 번 수행하다 보면, 클래스나 함수가 너무 작은 단위로 쪼개지거나 독립적으로 의미 있는 기능을 하지 않는 경우가 있습니다. 이럴 때는 인라인 기법을 고려해 볼 수 있습니다.

✦ 개발 초기에 함수나 클래스를 인라인해야 하는 경우가 잘 발생하지 않습니다.

다음과 같이 티켓 가격을 계산하는 코드를 살펴봅시다.


```java
public class Refactoring2 {
    public static void main(String[] args) {
        UserInfo userInfo = new UserInfo("김하루", 20, "남", "jk5020kim@naver.com", "010-123-1234");
        User user = new User(userInfo);
        int ticketPrice = getMovieTicketPrice(user.getUserInfo().getAge());
```

```java
        System.out.println(user.getUserInfo().getName() + " 님의 티켓 가격은 " +
ticketPrice + "원입니다.");
    }

    private static int getMovieTicketPrice(int age) {
        if (olderNineteenYear(age)) {
            return 15000;
        }
        return 9000;
    }

    private static boolean olderNineteenYear(int age) {
        return age > 19;
    }
}

class User {
    UserInfo userInfo;
    public User(UserInfo userInfo) {
        this.userInfo = userInfo;
    }
    public UserInfo getUserInfo() {
        return userInfo;
    }
}
class UserInfo {
    private String name;
    private int age;
    private String gender;
    private String email;
    private String phoneNumber;
...
}
```

먼저 살펴볼 코드는 olderNineteenYear 함수입니다. 이 함수는 age값이 19보다 큰
지 판단하는 역할을 하며, getMovieTicketPrice 함수에서 티켓 가격을 정할 때 사
용합니다. 물론 조건식이 복잡하다면 별도의 함수로 추출해 리팩터링하는 것이 좋지
만, olderNineteenYear 함수는 내용이 짧고 가독성이 좋아 굳이 함수로 분리하지
않아도 됩니다. 오히려 19라는 숫자를 의미 있는 상수로 변경하는 것이 더 바람직할
수 있습니다. ✦ 상수화는 2-9절에서 자세히 설명합니다.

다음으로 살펴볼 것은 User 클래스입니다. 이 클래스는 UserInfo 변수를 비롯해 생성자와 UserInfo 정보를 반환하는 함수를 가지고 있습니다. 현재 상태에서는 User 클래스가 어떤 책임과 기능을 수행하는지 명확하지 않아, 불필요하게 존재한다고 볼 수 있습니다. 실제 현장에서 개발자들이 '미래의 확장'까지 고려해 구조를 미리 복잡하게 만드는 경우가 종종 있습니다. 예를 들어 지금은 User 클래스에 UserInfo만 있을 수 있는데, 나중에는 WatchInfo나 다른 변수가 추가될 수 있다고 가정해 클래스를 미리 분리하는 경우가 그러합니다. 그러나 막연한 미래를 상상해 구조를 복잡하게 만들 필요는 없습니다.

지금까지 검토한 내용을 바탕으로 리팩터링을 수행해 봅시다.

<table>
<tr><td>코드</td><td>Refactoring/ShotgunSurgery_after/Refactoring2.java</td></tr>
</table>

```java
public class Refactoring2 {
    public static void main(String[] args) {
        User user = new User("김하루", 20, "남", "jk5020kim@naver.com", "010-
123-1234");
        int ticketPrice = getMovieTicketPrice(user.getAge());
        System.out.println(user.getName() + " 님의 티켓 가격은 " + ticketPrice +
"원입니다.");
    }
    private static int getMovieTicketPrice(int age) {
        if (age > 19) { // 상수화하는 것을 추천
            return 15000;
        }
        return 9000;
    }
}

class User {
    private String name;
    private int age;
    private String gender;
    private String email;
    private String phoneNumber;
    public User(String name, int age, String gender, String email, String
phoneNumber) {
        this.name = name;
        this.age = age;
        this.gender = gender;
        this.email = email;
```

```
        this.phoneNumber = phoneNumber;
    }
...
}
```


김하루 님의 티켓 가격은 15000원입니다.

기존 olderNineteenYear 함수를 getMovieTicketPrice 함수 내부로 인라인하여
제거하고, 기존에 별도로 존재하던 UserInfo 클래스를 User 클래스 안으로 가지고
왔습니다. 이렇게 인라인화해도 가독성이 떨어지지 않으며, 함수와 클래스가 너무 빈
약하지 않게 재정립된 것을 확인할 수 있습니다.

이러한 리팩터링 기법을 적용한 뒤, 클래스나 함수가 다시 여러 책임을 맡거나 거대해
진다고 판단되면 먼저 코드를 가독성 있게 정리하고 다시 함수나 클래스를 추출하는
리팩터링을 수행할 수 있습니다.

기능 편애 제거하기

특정 모듈에 있는 함수가 자신이 속한 모듈의 데이터나 함수를 사용하기보다는, 다른 모듈에 있는 요소들을 과도하게 참조하는 경우를 기능 편애[feature envy]라고 합니다. 이러한 상황은 함수가 동작할 때 같은 모듈(클래스)의 변수나 함수를 활용하지 않고 다른 모듈의 요소들을 많이 참조하게 되어 응집도가 낮아지고 결합도가 높아지는 코드 스멜로 이어집니다. 결과적으로, 유지 보수나 확장이 어려워지죠. 이러한 기능 편애를 어떻게 제거할 수 있는지 알아보겠습니다.

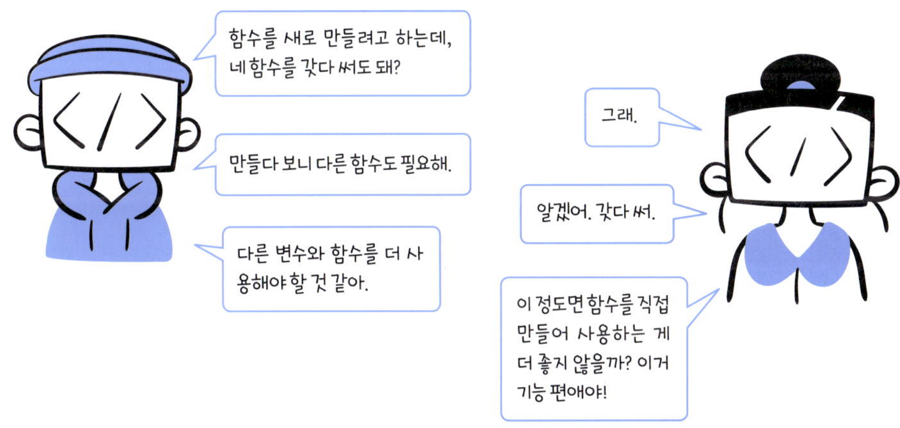

참조 부분 단순화하기

'기능 편애'를 제거하는 방법은 두 가지입니다. 첫 번째 방법은 다른 클래스의 필드나 함수를 참조하는 부분을 단순화해 참조 횟수를 줄이는 것이고, 두 번째 방법은 참조 대상 필드나 함수를 해당 요소를 소유한 모듈(클래스)로 아예 이동시키는 것입니다. 단, 후자의 경우 해당 필드나 함수를 다른 모듈에서도 참조할 수 있도록 해야 하므로 리팩터링 과정에서 사이드 이펙트가 발생할 수 있습니다. 그러므로 일반적으로는 참조 부분을 단순화하여 다른 모듈(클래스)의 사용 횟수를 최소화하는 방법을 많이 사용합니다.

다음 가계부를 주제로 한 예시 코드를 살펴봅시다.

코드   Refactoring/FeatureEnvy_Before/Refactoring1.java

```java
public class Refactoring1 {
    public static void main(String[] args) {
        CommonExpenses commonExpenses = new CommonExpenses(185,50,20,150);
        ChildrenExpense childrenExpense = new ChildrenExpense(10,50);
        HouseholdBook householdBook = new HouseholdBook(commonExpenses,
childrenExpense);
        System.out.println("이번 달 총 소비 금액은 " + householdBook.getTotalPrice()
+ "만 원입니다.");
    }
}

class HouseholdBook {
    CommonExpenses commonExpenses;
    ChildrenExpense childrenExpense;
...
    public int getTotalPrice() {
    return commonExpenses.getHouseRent() + commonExpenses.getTax() +
            commonExpenses.getCarGas() + commonExpenses.getFood() +
            childrenExpense.getEducation() + childrenExpense.getPocket
Money();
    }
}

class CommonExpenses {
    private int houseRent;
    private int tax;
    private int carGas;
```

```java
    private int food;
...
}

class ChildrenExpense {
    private int education;
    private int pocketMoney;
...
}
```

여기에서 주목할 부분은 getTotalPrice 함수입니다. 이 함수는 총 금액을 계산하는 기능을 하는데, CommonExpenses, ChildrenExpense 클래스의 필드값을 각각 get 함수로 가져와 더하는 로직으로 구현되어 있습니다. 이 경우 속성마다 별도의 참조가 발생하여 코드가 복잡해집니다.

따라서 이 부분을 적절하게 가공해 참조를 최소화하는 리팩터링을 수행해 보겠습니다.


```java
public class Refactoring1 {
    public static void main(String[] args) {
        CommonExpenses commonExpenses = new CommonExpenses(185,50,20,150);
        ChildrenExpense childrenExpense = new ChildrenExpense(10,50);
        HouseholdBook householdBook = new HouseholdBook(commonExpenses,
childrenExpense);
        System.out.println("이번 달 총 소비 금액은 "+ householdBook.getTotalPrice()
+ "만 원입니다.");
    }
}

class HouseholdBook {
    CommonExpenses commonExpenses;
    ChildrenExpense childrenExpense;
...
    public int getTotalPrice() {
        return commonExpenses.getCommonExpensesPrice() +
                childrenExpense.getChildrenExpensePrice();
    }
}

class CommonExpenses {
    private int houseRent;
```

```java
    private int tax;
    private int carGas;
    private int food;
    ...
    public int getCommonExpensesPrice(){
        return houseRent + tax + carGas + food;
    }
}

class ChildrenExpense {
    private int education;
    private int pocketMoney;
...
    public int getChildrenExpensePrice(){
        return education + pocketMoney;
    }
}
```


이번 달 총 소비 금액은 465만 원입니다.

기존 getTotalPrice 함수에서는 CommonExpenses과 ChildrenExpense 클래스의 모든 필드값을 참조했습니다. 그리고 가져온 값을 모두 더한 값으로 반환했습니다. 하지만 여기서는 CommonExpense와 ChildrenExpense 클래스에 각각 자신의 필드값을 모두 더해 반환하는 함수인 getCommonExpensesPrice와 getChildrenExpensePrice를 새로 생성했습니다. 그리고 getTotalPrice 함수에서는 모든 필드값을 하나하나 가져와 참조하는 것이 아니라, 이 두 함수만 호출해 합산하도록 변경했습니다. 이로써 기존에는 6개의 get 함수를 사용했던 것이 각 클래스당 1개의 함수로 대체되어 HouseholdBook 클래스의 응집도가 높아지고 결합도가 줄어들었습니다.

과다한 매개변수 줄이기

함수의 매개변수가 많으면 함수의 역할이 모호해지고 매개변수 간의 관계나 필요성이 불분명해져 전체 기능을 이해하기 어렵습니다. 또한 매개변수가 많을수록 함수가 여러 기능을 동시에 수행할 가능성이 커지며, 중복되거나 불필요한 매개변수가 포함될 위험도 있습니다. 이러한 문제는 과다한 매개변수long parameter list라는 코드 스멜로 볼 수 있습니다.

이러한 코드 스멜을 제거해 이해하기 쉬운 코드를 만들고, 하나의 기능만 수행하는 함수를 구현하기 위해 리팩터링을 적용해야 합니다. 앞으로 익힐 대표적인 리팩터링 방법은 세 가지입니다. 하나하나 살펴봅시다.

중복된 매개변수 제거하기

함수를 살펴보면 동일한 정보를 담은 매개변수가 중복돼 사용하는 경우가 종종 있습니다. 다음과 같이 상품을 계산하는 코드로 이 내용을 확인해 봅시다.


```java
class DeliverySystem {
    private int quantity;
    private int productPrice;
    private int kg;
...
    public double getTotalPrice() {
        int totalProductPrice = productPrice * quantity;
        int discountLevel = 0;
        if (totalProductPrice > 100000) discountLevel = 3;
        else if (totalProductPrice > 50000 && kg < 10) discountLevel = 2;
        else if (totalProductPrice > 50000) discountLevel = 1;
        return applyDiscountForTotalPrice(totalProductPrice, discountLevel);
    }

    private double applyDiscountForTotalPrice(int totalProductPrice, int
discountLevel) {
        if (discountLevel == 3) return totalProductPrice * 0.8;
        else if (discountLevel == 2) return totalProductPrice * 0.9;
        else if (discountLevel == 1) return totalProductPrice * 0.95;
        else return totalProductPrice;
    }
}
```


이 코드에서 applyDiscountForTotalPrice 함수를 살펴보면, 이 함수의 매개변수인 discountLevel은 이미 getTotalPrice 함수 영역에서 계산되었지만 실제로는 Delivery System 클래스 내부의 kg 필드와 이미 매개변수로 처리된 totalProductPrice를 통해 충분히 구할 수 있습니다. 따라서 굳이 별도의 매개변수로 전달할 필요가 없습니다. 이를 해결하기 위해 discountLevel값을 별도의 함수인 getDiscountLevel을 통해 계산하도록 리팩터링합니다. 그리고 discountLevel값에 따라 할인 비율을 적용하는 applyDiscountForTotalPrice 함수의 가독성 또한 떨어지므로 할인과 관련된 변수를 선언해 조금 더 깔끔하게 코드를 수정해 보겠습니다.

```java
public class Refactoring1 {
    public static void main(String[] args) {
        DeliverySystem deliverySystem = new DeliverySystem(10,6000,8);
        double totalPrice = deliverySystem.getTotalPrice();
        System.out.println("총 금액은 " + totalPrice + "원입니다.");
    }
}
class DeliverySystem {
...
    private final double discountRateForLevel[] = {1.0, 0.95, 0.9, 0.8};
...
    public double getTotalPrice() {
        int totalProductPrice = productPrice * quantity;
        return applyDiscountForTotalPrice(totalProductPrice);
    }

    private int getDiscountLevel(int totalProductPrice) {
        int discountLevel = 0;
        if (totalProductPrice > 100000) discountLevel = 3;
        else if (totalProductPrice > 50000 && kg < 10) discountLevel = 2;
        else if (totalProductPrice > 50000) discountLevel = 1;
        return discountLevel;
    }

    private double applyDiscountForTotalPrice(int totalProductPrice) {
        int discountLevel = getDiscountLevel(totalProductPrice);
        return totalProductPrice * discountRateForLevel[discountLevel];
    }
}
```


실행 결과

총 금액은 54000.0원입니다.

applyDiscountForTotalPrice 함수에서 먼저 discountLevel 매개변수를 제거했습니다. 그 대신 totalProductPrice값만 있으면 내부 필드인 kg과 조합하여 discountLevel값을 구할 수 있으므로, 새로운 함수인 getDiscountLevel를 생성했습니다. 이 함수는 applyDiscountForTotalPrice 내부에서 호출되어 필요한 discountLevel

값을 제공하게 됩니다. 마지막으로 discountRateForLevel이라는 할인율 관련 배열을 도입해 코드를 보다 깔끔하게 정리했습니다.

플래그용 매개변수 제거하기

플래그용 매개변수는 특정 조건에 따라 도출된 값이 true인지 false인지를 저장합니다. 경우의 수가 두 가지이므로 상대적으로 명확해 보일 수 있으나, 플래그용 매개변수를 사용하는 경우 함수의 호출부에서 가독성이 떨어진다는 문제가 있습니다. 보통 boolean 변수로 표현되기 때문에 호출부에서는 단순히 true나 false만 보이고, 그 값이 어떤 의미인지는 구현부를 참고하기 전까지 알기 어렵습니다. 다음 코드를 살펴보면서 이 문제를 이해해 봅시다.

다음은 비행기 서비스 제공 목록을 출력하는 코드입니다.

코드   Refactoring/LongParameterList_Before/Refactoring2.java

```java
public class Refactoring2 {
    public static void main(String[] args) {
        AirplaneSystem airplaneSystem = new AirplaneSystem();
        airplaneSystem.providedService(false);            // 호출부에서는 false의 의미를
        System.out.println("------------------------");    // 직관적으로 이해하기 어렵다.
        airplaneSystem.providedService(true);
    }
}


class AirplaneSystem {
    public void providedService(boolean isFirstClass) {
        System.out.println("사전 좌석 지정 서비스");
        System.out.println("기내식 서비스");
        if (isFirstClass) {
            System.out.println("전용 라운지 이용 서비스");
            System.out.println("마일리지 200% 적립 서비스");
        }
    }
}
```

AirplaneSystem 클래스 안에 정의된 providedService 함수의 매개변수는 isFirst Class로, 이름에서 FirstClass 여부를 판단하는 용도임을 알 수 있습니다.

하지만 문제는 이 함수의 호출부, 즉 main 함수입니다. main 함수에서 provided
Service 함수를 호출할 때 단순히 false나 true값을 전달하므로, 이 값이 무엇을 뜻
하는지 직관적으로 파악하기 어렵습니다.

이러한 경우에는 플래그용 매개변수를 별도의 함수로 분리하는 것이 가독성 면에서
더 좋습니다. 이에 따라 수정해 봅시다.


```java
public class Refactoring2 {
    public static void main(String[] args) {
        AirplaneSystem airplaneSystem = new AirplaneSystem();
        airplaneSystem.providedServiceForNormal();
        System.out.println("------------------------");
        airplaneSystem.providedServiceForFirstClass();
    }
}
class AirplaneSystem {
    public void providedServiceForNormal(){
        System.out.println("사전 좌석 지정 서비스");
        System.out.println("기내식 서비스");
    }
    public void providedServiceForFirstClass() {
        providedServiceForNormal();
        System.out.println("전용 라운지 이용 서비스");
        System.out.println("마일리지 200% 적립 서비스");
    }
}
```

실행 결과

```
사전 좌석 지정 서비스
기내식 서비스
------------------------
사전 좌석 지정 서비스
기내식 서비스
전용 라운지 이용 서비스
마일리지 200% 적립 서비스
```

providedService 함수를 플래그용 매개변수의 의미에 맞게 두 함수 provided
ServiceForNormal과 providedServiceForFirstClass로 나눠 구현했습니다. 이
렇게 하면 함수의 구현부뿐만 아니라 호출부에서도 함수가 무슨 일을 하는지 명확하
게 드러나, 코드를 이해하기가 훨씬 쉬워집니다.

매개변수 객체화하기

함수에서 사용하는 매개변수가 특정 객체에서 이미 구할 수 있는 값이라면, 해당 객체
를 통째로 전달하여 매개변수의 개수를 줄일 수 있습니다. 다만 매개변수를 객체화해
넘기면 함수가 그 객체에 대한 의존성이 생겨 범용성이 떨어질 수도 있으므로, 이러한
점을 고려해야 합니다.

다음은 여행 경비를 계산하여 출력하는 코드입니다.

코드	Refactoring/LongParameterList_Before/Refactoring3.java

```java
public class Refactoring3 {
    public static void main(String[] args) {
        int totalPrice = getTravelExpenses(10, 3, 100, 15, 2);
        System.out.println("총 여행 경비는 " + totalPrice + "입니다.");
    }
    static int getTravelExpenses(int period, int peopleNumber, int airTicket,
int accommodationFee, int mealCostAvg){
        int totalPrice = 0;
        totalPrice += airTicket * peopleNumber;
        totalPrice += accommodationFee * period;
        totalPrice += mealCostAvg * 3 * period * peopleNumber;
        return totalPrice;
    }
}
```

기존의 getTravelExpenses 함수는 여행 정보와 관련된 매개변수 5개를 사용해서
다소 길어 보입니다.

이를 개선하기 위해 여행 정보 관련 매개변수를 하나의 객체로 만들어 전달하는 리팩
터링을 적용해 보겠습니다. 먼저 TravelInfo라는 클래스를 생성하고, 기존 getTravel
Expenses 함수에서 사용한 매개변수를 TravelInfo 클래스의 멤버 변수로 선언합니다.

> ✦ 다음 코드에서는 TravelInfo 클래스를 getTravelExpenses 함수의 매개변수로 사용하기 위한 중간 과정을 살펴볼 수
> 있습니다.

```java
public class Refactoring3 {
    public static void main(String[] args) {
        TravelInfo travelInfo = new TravelInfo(10, 3, 100, 15, 2);
        int totalPrice = getTravelExpenses(travelInfo);
        System.out.println("총 여행 경비는 "+totalPrice+"입니다.");
    }

    static int getTravelExpenses(TravelInfo travelInfo){
        int totalPrice = 0;
        totalPrice += travelInfo.airTicket * travelInfo.peopleNumber;
        totalPrice += travelInfo.accommodationFee * travelInfo.period;
        totalPrice += travelInfo.mealCostAvg * 3 * travelInfo.period *
travelInfo.peopleNumber;
        return totalPrice;
    }
}

class TravelInfo {
    int period;
    int peopleNumber;
    int airTicket;
    int accommodationFee;
    int mealCostAvg;
...
}
```

먼저 TravelInfo라는 클래스를 만들었고, 기존 getTravelExpenses 함수의 매개변수를 TravelInfo 클래스의 멤버 변수로 선언했습니다. 하지만 이 경우에도 getTravelExpenses 함수 내 로직에서 TravelInfo 객체의 여러 필드를 직접 참조하고 있어, 2-7절에서 살펴본 기능 편애가 발생할 수 있습니다. 심지어 모든 매개변수가 TravelInfo 객체에 포함되므로 함수의 위치나 책임 분담을 재고해야 합니다.

따라서 getTravelExpenses 함수 자체를 TravelInfo 클래스 안으로 가져와, 해당 클래스가 자신의 정보를 기반으로 여행 경비를 계산하도록 리팩터링합니다.

```java
public class Refactoring3 {
    public static void main(String[] args) {
        TravelInfo travelInfo = new TravelInfo(10, 3, 100, 15, 2);
        int totalPrice = travelInfo.getTravelExpenses();
        System.out.println("총 여행 경비는 " + totalPrice + "입니다.");
    }
}

class TravelInfo {
    int period;
    int peopleNumber;
    int airTicket;
    int accommodationFee;
    int mealCostAvg;
...
    int getTravelExpenses() {
        int totalPrice = 0;
        totalPrice += airTicket * peopleNumber;
        totalPrice += accommodationFee * period;
        totalPrice += mealCostAvg * 3 * period * peopleNumber;
        return totalPrice;
    }
}
```

실행 결과

총 여행 경비는 630입니다.

✦ 이 코드에서 숫자 3은 매직 넘버로 상수화가 필요합니다.
'매직 넘버 제거하기'는 2-9절에서 자세히 살펴봅시다.

코드가 훨씬 '클린해' 보입니다. 이렇게 리팩터링하면 코드가 훨씬 깔끔해질 뿐만 아니라 각 클래스의 책임이 명확해집니다.

사실 여기에서도 어떤 사람은 의문을 가질 수 있습니다. '1-6절에서 생성자의 가독성을 높이는 법을 배웠는데 TravelInfo 생성자를 그냥 사용하는 것이 맞을까? 정적 팩토리 메서드나 빌더 패턴을 사용하는 게 맞지 않나?'라고 생각할 수 있습니다. 하지만 사실 정답은 없습니다. TravelInfo 클래스의 모든 멤버 변수가 객체를 생성할 때 항상 필수적인 값이라면, 정적 팩토리 메서드나 빌더 패턴을 도입할 필요가 없을 수도 있습니다. 오히려 빌더 패턴을 사용하면 시스템 복잡도가 증가할 수도 있으므로, 실제 프로젝트에서는 개발자의 경험과 상황에 따라 적절히 판단하여 적용하는 것이 바람직합니다.

매직 넘버 제거하기

프로그래밍에서 매직 넘버^{magic number}는 소스 코드 내에 특정 숫자를 그대로 표현한 것, 즉 하드 코딩한 것을 이야기합니다. 매직 넘버가 코드 스멜로 간주되는 이유는 무엇일까요?

다음 그림과 같이 클라이언트가 닉네임의 길이를 3 이상 20 이하로 제한하도록 요구하는 상황이 있다고 가정해 봅시다.

클라이언트가 닉네임의 길이를 3자 이상 20자 이하로 제한하도록 요구하고 있습니다. 만약 개발자가 이 요구 사항에 따라 3과 20이라는 값을 코드에 하드 코딩한다면, 이 숫자들이 코드에 그대로 노출되어 있어 다른 개발자가 코드를 분석하거나 나중에 원래 작성한 개발자가 수정할 때조차 그 의미를 직관적으로 파악하기 어려울 수 있습니다.

또한 매직 넘버가 여러 곳에 중복되어 선언되거나, 동일한 값이더라도 서로 다른 의미로 사용된 경우라면 수정 작업이 매우 복잡해질 수 있습니다. 그러므로 이러한 매직 넘버는 상수화하여 리팩터링하는 것이 바람직합니다.

상수화하기

'상수화하기'는 소스 코드에서 하드 코딩된 특정 숫자(매직 넘버)에 의미 있는 이름을 붙여 상수로 선언하는 것을 리팩터링 기법입니다. 비교적 간단한 기법이므로 가볍게 코드를 통해 알아보겠습니다.

Refactoring/MagicNumber_Before/Refactoring1.java

```java
public class Refactoring1 {
...
    static boolean isValidNickName(String nickName) {
        if (nickName.length() <= 20 && nickName.length() >= 3) {
            return true;
        }
        return false;
    }
}
```

조건문에 그대로 작성된 숫자 20과 3을 주목해 보세요. 이 코드를 작성한 개발자는 20과 3의 의미를 명확히 알겠지만, 다른 개발자들은 추측해야 합니다. 그러므로 20과 3 같은 매직 넘버는 상수화하여 코드의 의미를 분명히 하는 것이 좋습니다. 다음과 같이 리팩터링해 봅시다.

Refactoring/MagicNumber_after/Refactoring1.java

```java
public class Refactoring1 {
    public static final int MIN_NICKNAME_LENGTH = 3;
    public static final int MAX_NICKNAME_LENGTH = 20;
    public static void main(String[] args) {
        String nickName = "TodayCoding";
        if (isValidNickName(nickName)) {
            System.out.println("사용할 수 있는 닉네임입니다.");
        } else {
            System.out.println("사용할 수 없습니다");
        }
```

```java
    }
    static boolean verificationNickName(String nickName) {
        if (nickName.length() <= MAX_NICKNAME_LENGTH && nickName.length() >=
MIN_NICKNAME_LENGTH) {
            return true;
        }
        return false;
    }
}
```

실행 결과

사용할 수 있는 닉네임입니다.

여기서는 3과 20을 MIN_NICKNAME_LENGTH와 MAX_NICKNAME_LENGTH 라는 상수로 선언하여 조건문의 의미를 명확하게 표현했습니다. 만약 닉네임의 최소 길이를 4로 변경해야 한다면, 이미 상수화된 MIN_NICKNAME_LENGTH의 값을 4로 수정하면 되므로 수정 작업이 간단해집니다. 반면 매직 넘버를 그대로 사용했다면, 코드 전체에서 '3'으로 작성된 부분을 모두 찾아 수정해야 하는 번거로움이 발생했을 것입니다. 매직 넘버는 대부분 예외 없이 리팩터링을 적용해야 합니다.

## 3장

클린 코드 관점의 테스트 코드

코드는 요구 사항에 따라 지속적으로 추가하고 수정합니다. 그리고 이 과정에서 기능 오작동과 같은 버그가 발생할 수 있습니다. 이번 장에서는 새로 작성하거나 수정한 코드의 기능과 동작을 테스트하여 다양한 버그를 사전에 방지할 수 있도록 테스트 코드 작성법을 알아보겠습니다.

3-1 테스트 코드 작성이 필수인 이유

3-2 JUnit 맛보기

3-3 테스트 코드도 클린 코드로 작성하기

3-4 커버리지를 고려한 테스트 코드 작성하기

3-5 잘 동작하는 테스트 코드 작성하기

3-6 CI/CD 환경에서 테스트 코드 활용하기

3-1

테스트 코드 작성이 필수인 이유

테스트 코드는 소프트웨어 개발에서 빠질 수 없는 요소입니다. 테스트 주도 개발^{Test} Driven Development, TDD 방법론이나 효과적인 테스트 코드 작성법 등, 이 주제를 다루는 IT 서적이 다수 출간될 만큼 방대한 자료와 지식이 이미 공유되고 있습니다. 이는 테스트 코드가 그만큼 소프트웨어 개발에서 매우 중요한 역할을 하며, 다양한 기능을 수행하고 있음을 증명합니다. 이번 장에서는 클린 코드를 유지하기 위한 리팩터링 관점에서 테스트 코드를 다뤄 보고자 합니다. 사실 이 내용을 2장 뒤에 배치한 이유도 바로 여기에 있습니다.

필자는 테스트 코드의 가장 중요한 역할은 리팩터링한 후에도 코드의 기능이 변함없이 정상적으로 동작하는지를 검증하는 것이라고 생각합니다.

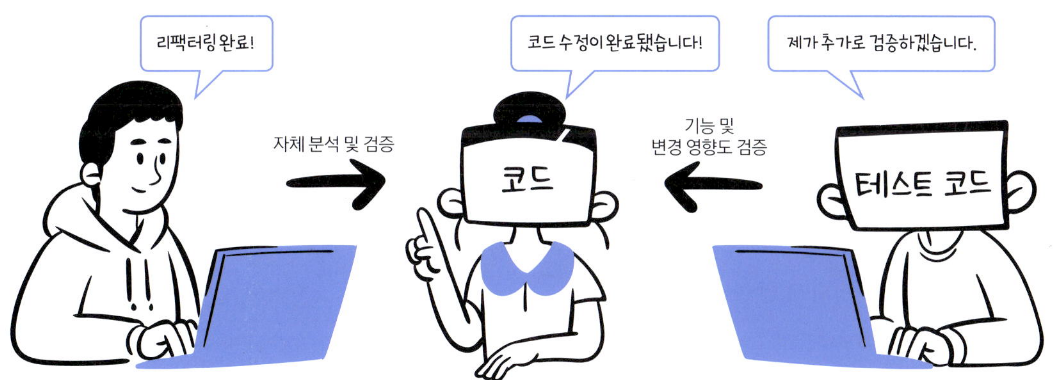

프로그래밍에 처음 흥미를 갖고 20대 초반에 열심히 코딩하던 시절, 제가 작성한 코드가 분명 정상적으로 동작할 줄 알았는데 원인을 알 수 없는 오류가 발생해 쩔쩔맸던 적이 있습니다. 몇 시간 동안 디버깅해도 이유를 못 찾고, 답답한 마음에 '컴퓨터 천재'라 불리던 친구에게 '컴퓨터가 이상해. 미친 거 같아! 틀린 곳이 없는데 왜 동작하지 않지?'라며 하소연했던 기억이 있습니다. 그때 친구가 대수롭지 않게 했던 말이 아직도 생생합니다.

"컴퓨터는 거짓말하지 않아. 네가 틀린 거겠지."

그 당시에는 인정하기 싫었지만, 오랜 개발자 생활을 하면서 그 말의 진실을 깨달았습니다. 컴퓨터는 거짓말을 하지 않으며, 컴퓨터가 잘못 동작할 확률보다 개발자가 잘못 코딩할 확률이 100배는 높다는 사실을 경험했기 때문입니다. 그리고 이 이야기를 하는 이유는 테스트 코드가 클린 코드를 유지하기 위한 리팩터링 작업을 검증하는 데 왜 필수인지를 간접적으로 알려 주기 위함입니다.

개발자는 작성한 코드의 기능이 외부 요인에 의해 변함없이 유지되도록 분석 및 설계하고, 코드를 수정할 때에도 다양한 검증을 거쳐 리팩터링을 진행합니다. 이렇게 최대한 신경 써서 리팩터링을 마치더라도 결과물이 리팩터링하기 전과 100% 동일하게 기능이 동작하고 다른 모듈의 영향을 주지 않고 버그가 없는 완벽한 코드라고 보장할 수 있을까요? 리팩터링을 수행한 개발자에게 이 질문을 던진다면, '최선을 다했지만 확신할 수는 없다'라고 대답할 가능성이 큽니다.

그리고 리팩터링 과정에서 발생할 수 있는 버그나 다른 모듈에 영향을 주는 사이드 이펙트로 인해 개발자는 기존 코드를 수정하거나 새로운 코드를 추가하는 것을 두려워하게 되고, 코드를 완성해도 찜찜한 느낌을 받게 됩니다. 이러한 상황은 코드 수정에 대한 막연한 두려움과 방어적인 태도를 유발하여, 클린 코드를 유지하는데 필요한 지속적 개선을 어렵게 만들 수 있습니다.

이를 방지하려면 어떻게 해야 할까요? 바로 테스트 코드를 작성하면 됩니다. 잘 작성된 테스트 코드는 코드 수정에 대한 두려움을 가장 효과적으로 제거할 수 있습니다. 신규 기능 추가나 변경으로 코드를 수정해야 하는 경우, 충분히 잘 갖춘 테스트 코드가 있다면 테스트 실행 결과를 통해 버그나 오류를 빠르게 발견하고 수정할 수 있습니다. 그리고 테스트 코드를 통과한 코드들은 개발자들에게 적어도 수정 또는 추가로 발생하는 기능 문제가 없다는 확신을 줄 수 있습니다. 게다가 기존 코드의 기능을 검증하는 테스트 코드를 지속적으로 작성하면, 소프트웨어 전반의 테스트 커버리지가 높아져 안정성을 강화할 수 있습니다.

✦ 테스트 커버리지는 테스트 코드를 통해 소프트웨어의 기능이 얼마나 포괄적으로 검증되는지를 나타내는 지표입니다.

잘 작성된 테스트 코드는 리팩터링 과정에서 발생할 수 있는 오류나 버그에 대한 두려움을 해소해 줍니다. 이 덕분에 개발자들은 보다 적극적으로 리팩터링 작업을 수행할 수 있으며, 지속적인 리팩터링을 통해 프로젝트의 모든 코드를 클린 코드 상태로 유지하는 밑거름이 마련됩니다. 이제 잘 작성된 테스트 코드가 구체적으로 어떤 모습이어야 하는지 차근차근 살펴보겠습니다.

3-2

JUnit 맛보기

소프트웨어 개발에서 테스트 코드의 중요도가 커지면서, 개발 언어별로 테스트 코드 작성을 지원하는 다양한 도구와 프레임워크가 등장했습니다. 그 중 JUnit은 자바의 단위 테스트를 지원하는 프레임워크로, 가장 많이 사용하는 단위 테스트 도구입니다. 따라서 테스트 코드를 이야기하기 전에, 먼저 JUnit 5를 알아봅시다.

인텔리제이에서 JUnit 사용하기

자바 프로그래밍할 때 가장 많이 사용하는 통합 개발 환경^{IDE}으로는 인텔리제이^{IntelliJ}가 있습니다. 물론 비주얼 스튜디오 코드$^{Visual\ Studio\ Code}$, 파이참^{PyCharm}, 이클립스^{Eclipse} 등 다양한 IDE가 있지만, 이 책에서는 주로 자바를 다루므로 자바 개발자들이 많이 사용하는 인텔리제이를 활용해 보겠습니다.

✦ 이 책은 프로그래밍 방법론을 다루므로 인텔리제이가 아닌 다른 통합 개발 환경을 사용해도 큰 어려움은 없을 것입니다.

그리고 인텔리제이 환경에서 JUnit을 이용해 간단한 테스트 코드를 작성해 보겠습니다. 다음 단계에 따라 두 수의 합을 구하는 코드가 올바르게 동작하는지 테스트해 봅시다.

✦ 인텔리제이 설치 및 환경 설정과 관련된 자세한 내용은 이 책에서 다루지 않았습니다. 필요하다면 《Do it! 자바 프로그래밍 입문》을 참고하세요.

기본 프로젝트 생성하기

1. 인텔리제이 메뉴에서 [File → New → Project...]를 차례로 클릭합니다.

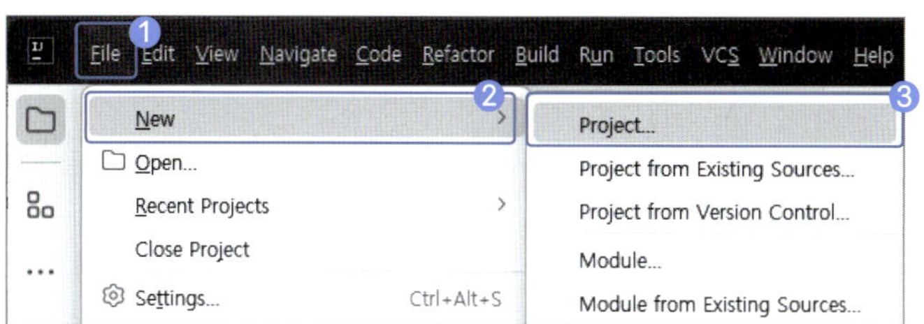

2. New Project 창이 나타나면 왼쪽에서 [Java]를 선택한 뒤, 프로젝트 이름을 기입하고 'Build system'으로 [IntelliJ]를 선택합니다. JDK 버전까지 선택한 뒤, [Create] 버튼을 누릅니다.

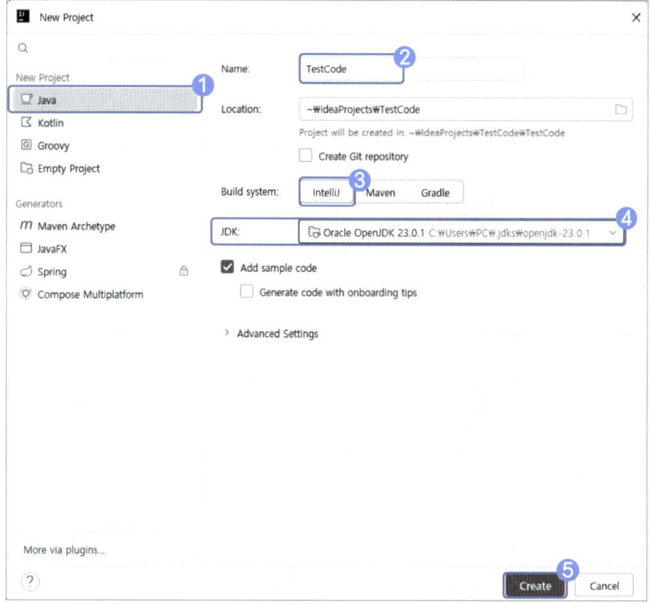

✦ Build System으로 [Maven] 또는 [Gradle]을 선택하면 Dependency에 JUnit을 추가해 사용할 수 있습니다. Dependency에 관련된 자세한 내용은 JUnit 공식 홈페이지(https://junit.org/junit5/docs/current/user-guide/#running-tests-ide-intellij-idea)를 참고하세요.

✦ 이 책을 집필하는 시점에 JUnit의 최신 버전은 JUnit 5이고, JDK 버전은 Java 8 이상을 지원합니다.

테스트 폴더 설정하기

1. 생성한 프로젝트에서 마우스 오른쪽 버튼을 눌러 [New → Directory]를 클릭해 test 폴더를 생성합니다.

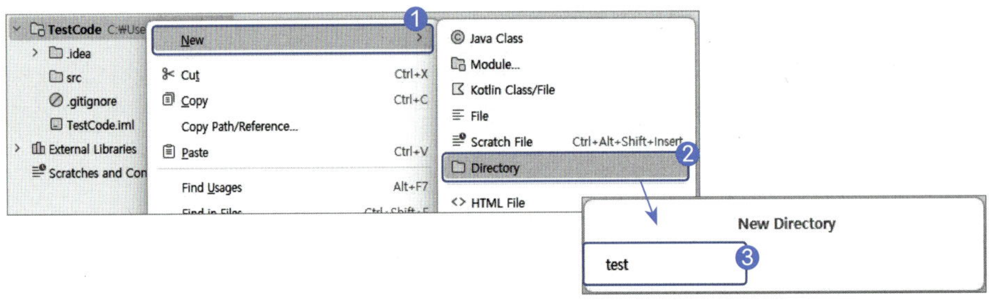

2. 'TestCode' 프로젝트에서 마우스 오른쪽 버튼을 눌러 [Open Module Settings]를 클릭합니다.

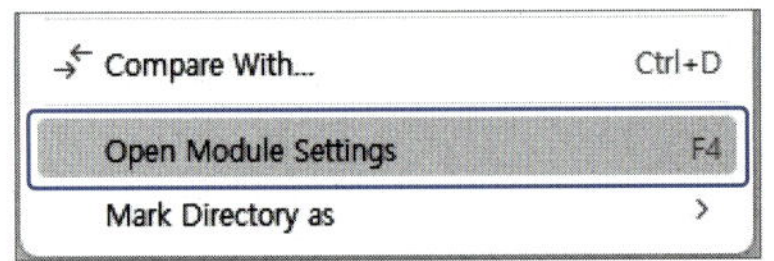

3. 다음과 같이 프로젝트 설정을 변경하는 Project Structure 창이 등장합니다. 앞에서 생성한 test 폴더를 클릭하고 'Mark as'의 [Tests]를 선택합니다.

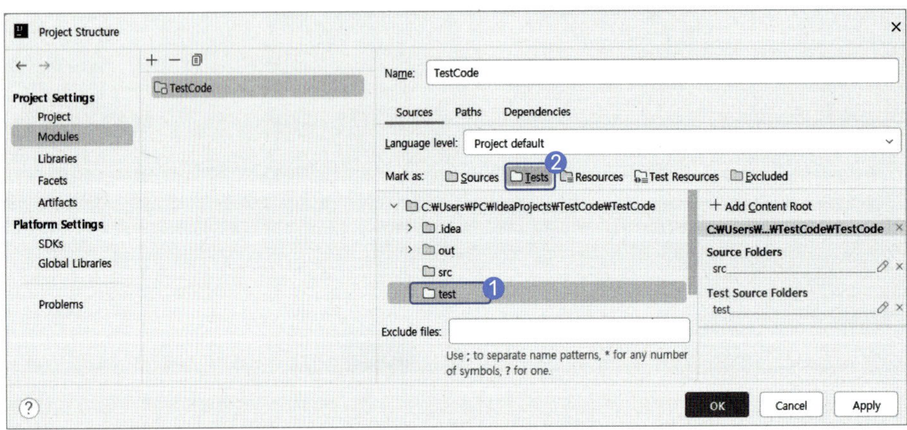

4. 오른쪽에 Test Source Folders가 추가된 것을 확인할 수 있습니다. [OK] 버튼을
클릭해 설정을 마무리합니다.

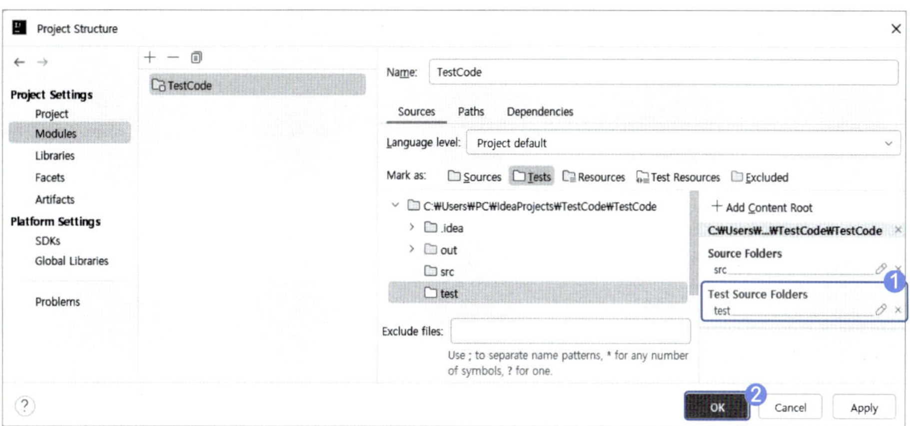

이제 두 수를 더하는 간단한 함수를 작성하고, 이를 테스트하는 코드를 만들어 보겠
습니다.

테스트 코드 작성하기

1. 테스트할 함수를 작성해 봅시다. 앞서 말한 대로 두 수를 더하는 함수를 구현하겠
습니다. 이 함수는 입력받은 두 수를 더해 그 결과를 반환합니다.

코드	TestCode/src/Calculator.java

```java
public class Calculator {
    public int addTwoNumbers(int number1, int number2) {
        return number1 + number2;
    }
}
```

2. 함수를 작성했으니 이제 테스트 코드를 작성해 봅시다. test 폴더에 파일을 직접 생
성해 테스트 코드를 작성할 수도 있지만, 이번에는 IDE 도구를 활용해 보겠습니다. 물
론 항상 이렇게 해야 하는 것은 아닙니다. 테스트 코드는 개발자의 스타일에 따라 다
양한 방법으로 작성할 수 있습니다. 여기서는 테스트 코드를 처음 작성해 본다는 전제
하에 쉽고 간단한 방법으로 안내하겠습니다.

작성한 코드에서 마우스 오른쪽 버튼을 누른 뒤, [Go To → Test]를 클릭합니다.

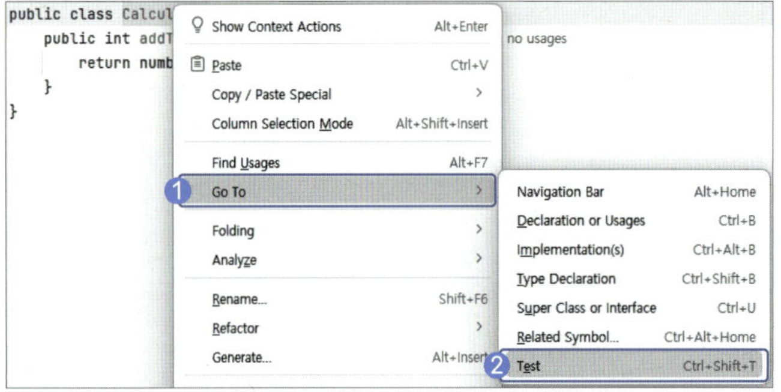

3. 다음과 같은 창에서 [Create New Test…]를 클릭합니다.

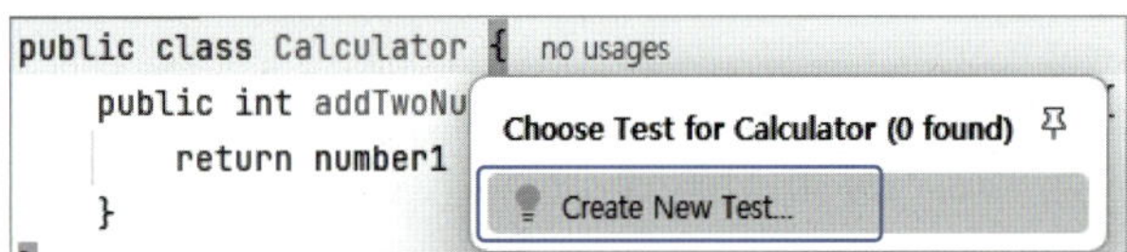

4. Create Test 창에 'JUnit5 library not found in the module' 문구가 있다면 아직 JUnit5 lib이 모듈에 적용되지 않았다는 의미입니다. 먼저 [Fix] 버튼을 클릭합니다.

✦ 이미 JUnit5 lib이 모듈에 적용되어 있다면 6번 실습으로 넘어가세요.

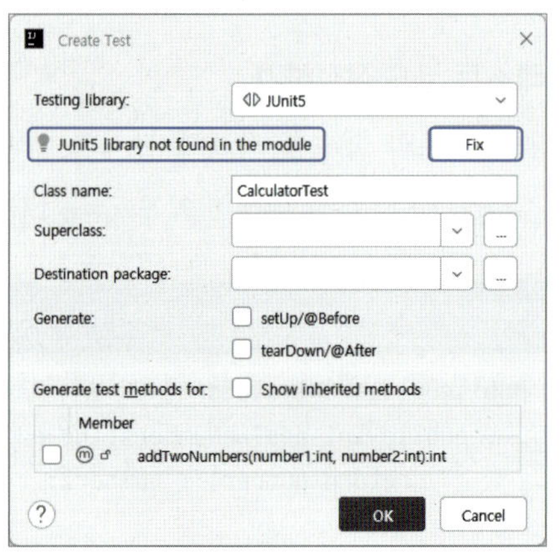

5. 다음과 같이 [org.junit.jupiter:junit-jupiter:5.8.1]을 선택하고 [OK] 버튼을 클릭해 내려받으면 JUnit을 자동으로 설치합니다.

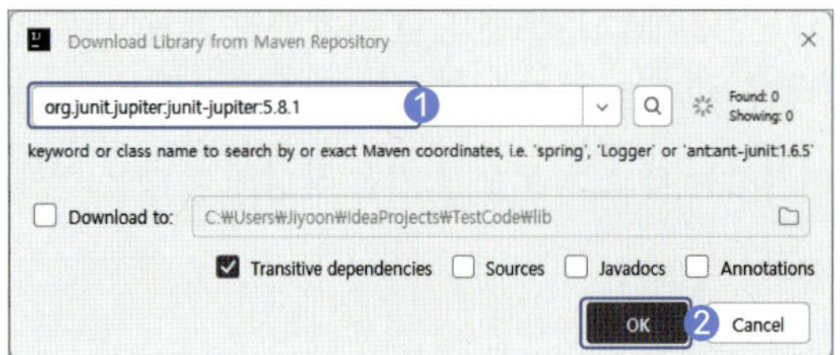

6. 테스트 대상인 함수를 선택하고 [OK] 버튼을 클릭합니다.

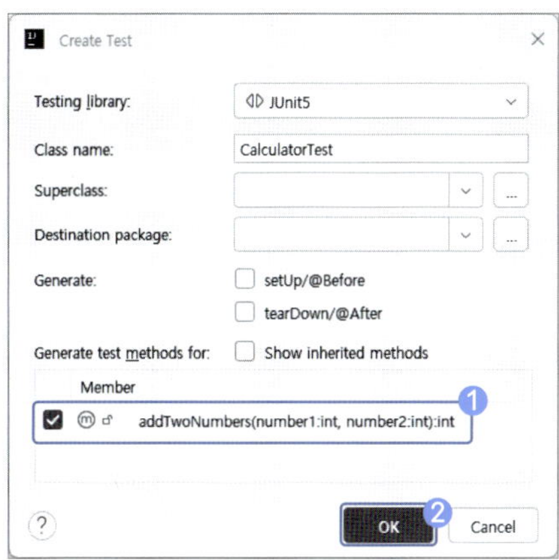

7. 다음과 같이 test 폴더 안에 기본 테스트 파일이 생성된 것을 확인할 수 있습니다. 이와 같이 기본 구조를 인텔리제이에서 생성해 줍니다. 처음에는 다음과 같은 형태로 코드가 생성됩니다.

코드 TestCode/test/CalculatorTest.java

```java
import static org.junit.jupiter.api.Assertions.*;

class CalculatorTest {
    @org.junit.jupiter.api.Test
    void addTwoNumbers() {
    }
}
```

애너테이션이 길어서 가독성을 위해 @Test 로 수정하고 import 문을 추가

원본 코드를 수정하면 다음과 같은 형태가 됩니다.

코드 TestCode/test/CalculatorTest.java

```java
import org.junit.jupiter.api.Test;
import static org.junit.jupiter.api.Assertions.*;

class CalculatorTest {
    @Test
    void addTwoNumbers() {
    }
}
```

8. 이제 본격적으로 테스트 코드를 작성해 봅시다.


```java
...
class CalculatorTest {
    @Test
    void successAddTwoNumbers() {
        Calculator calculator = new Calculator();
        int result = calculator.addTwoNumbers(5, 5);
        assertEquals(10, result);
    }

    @Test
    void failAddTwoNumbers() {
        Calculator calculator = new Calculator();
        int result = calculator.addTwoNumbers(5, 5);
        assertEquals(12, result);
    }
}
```

이와 같이 테스트 코드는 2개로 만들어 보았습니다. 첫 번째 함수는 테스트 코드가 성공하도록, 두 번째 함수는 실패하도록 설정했습니다. 두 번째 테스트에서 assertEquals는 두 값이 동일할 것을 기대하지만, 실제로 5+5의 결괏값은 10이고, 기댓값은 12이므로 테스트에서 실패합니다.

9. 화면 상단에 있는 ▷(run 'CalculatorTest')를 클릭해 해당 테스트 코드를 실행한 결과를 살펴보겠습니다.

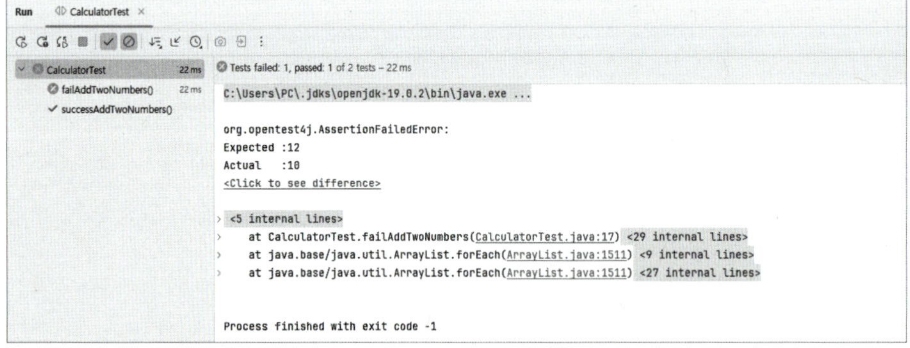

이와 같이 JUnit은 친절하고 이해하기 쉽게 테스트 결과를 보여 줍니다. 결과를 살펴보면 failAddTwoNumbers 테스트 함수(테스트 코드의 함수)가 실패한 이유를 결과 창에서 바로 확인할 수 있는데, 기대한 값은 12였지만 실제 결괏값이 10이어서 실패했다고 명확히 알려줍니다.

지금까지 테스트 코드의 기본 샘플을 작성해 보았습니다. 이해가 되셨나요? 이제부터 테스트 코드를 잘 작성할 수 있도록 기본 문법을 알아보겠습니다.

JUnit 기본 문법

애너테이션annotation은 코드에 영향을 직접 주지 않지만, 미리 약속된 부가 정보를 제공하여 개발자가 의도한 대로 코드가 실행되도록 유도하는 기능입니다.

✦ 앞서 만난 @Override는 해당 함수가 상위 클래스의 함수를 재정의한다는 것을 컴파일러에게 알리는 대표적인 애너테이션입니다.

Assertions은 예상값과 실젯값을 비교하여 테스트 코드의 성공 여부를 판단할 때 사용하는 함수들을 모아놓은 클래스입니다. 이 두 가지를 기반으로 Junit 기본 문법을 알아보겠습니다.

애너테이션

애너테이션은 특별한 의미를 부여한 주석이라고 할 수 있습니다. 일반적인 주석은 단순한 정보 전달에 머무르는 반면, 애너테이션은 정보 전달뿐만 아니라 선언한 함수가 특정 기능을 수행하도록 설정하는 역할까지 수행합니다. JUnit에서 사용하는 애너테이션의 종류는 매우 다양하지만, 그중에서도 가장 많이 사용되고 핵심적인 애너테이션을 알아보겠습니다.

테스트 애너테이션은 테스트를 수행할 함수를 지정합니다. @Test는 해당 함수가 단위 테스트를 수행함을 나타냅니다. 가장 기본적인 애너테이션으로, 코드를 실행하면 테스트 성공 또는 실패 여부를 결과 화면으로 반환합니다. 다음은 앞서 살펴본 @Test를 사용한 예시 코드입니다.

```java
@Test
void normalTest() {
    Calculator calculator = new Calculator();
    int result = calculator.addTwoNumbers(5, 5);
    assertEquals(10, result);
}
```

이어서 @ParameterizedTest는 매개변수로 다양한 입력값에 따라 테스트를 진행하고 싶을 때 사용합니다. 특히 하나의 테스트 함수로 여러 개의 입력값과 예상 결과를 검증할 수 있어, 테스트 함수의 재사용성을 높이고 비슷한 테스트 로직의 중복 생성을 막아 줍니다. @ParameterizedTest는 여러 형태로 매개변수를 추가할 수 있으니, 다음 표를 참고해 주세요.

테스트 애너테이션의 종류

애너테이션	설명
@ValueSource	단일 매개변수를 사용합니다.
@CsvSource	여러 개의 매개변수를 사용합니다.
@MethodSource	복잡한 객체를 매개변수로 사용합니다.
@EnumSource	열거형 매개 변수를 사용합니다.
@CsvFileSource	외부 CSV 파일을 매개변수로 사용합니다.

다음 코드에서는 CsvSource 애너테이션을 이용해 여러 값을 매개변수로 전달했습니다.


```java
@ParameterizedTest
@CsvSource(value = {"5, 5, 10", "4, 10, 14", "3, 6, 10"})
void parameterTest(int number1, int number2, int expected) {
    Calculator calculator = new Calculator();
    int result = calculator.addTwoNumbers(number1, number2);
    assertEquals(expected, result);
}
```

그리고 해당 함수를 실행하면 다음과 같이 각 입력값의 결과가 출력되는 것을 확인할
수 있습니다.

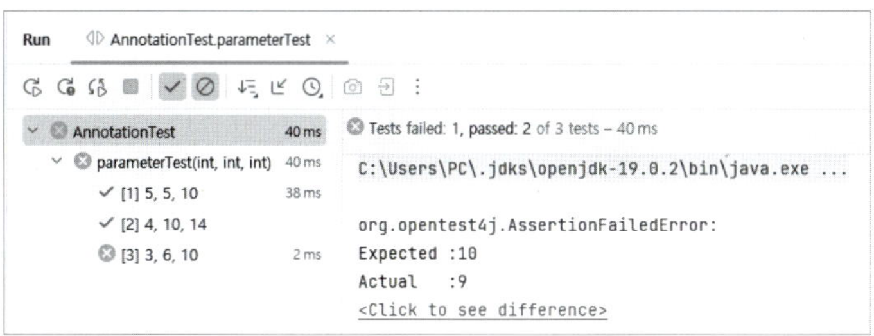

@RepeatedTest는 특정 함수의 테스트를 여러 번 반복하여 수행하고 싶을 경우 결과
의 일관성을 확인하거나, 코드가 불안정한 경우 간헐적인 오작동을 검증하는 데 유용
합니다. 반복 테스트한 결과는 RepetitionInfo 객체에 저장되며, 이를 출력해 각 테
스트 반복의 성공 여부를 확인할 수 있습니다.

지금은 다음 예제로 기본 사용법만 익혀 보겠습니다.

코드   3번 실행하도록 설정   TestCode/test/AnnotationTest.java

```java
@RepeatedTest(3)
void RepeatedTest(RepetitionInfo repetitionInfo) {
    Calculator calculator = new Calculator();
    int result = calculator.addTwoNumbers(5, 5);
    assertEquals(10, result);
    System.out.println("테스트 " + repetitionInfo.getCurrentRepetition() + "/"
+ repetitionInfo.getTotalRepetitions());
}
```

실행 결과

```
테스트 1/3
테스트 2/3
테스트 3/3
```

✦ @RepeatedTest는 특히 멀티 스레드 환경에서 결괏값이 의도한 대로 동작하는지 검증하는 데 효과적입니다. 멀티 스
레드 환경은 여러 스레드가 동시에 실행되며 자원을 공유되므로 이러한 특성을 고려하지 않고 설계하면 종종 의도한
것과 다르게 동작할 수 있습니다.

전처리 및 후처리 애너테이션은 테스트를 실행하기 전후에 특정 작업을 자동으로 수행하도록 합니다. 먼저 다음 그림에서 전처리와 후처리 애너테이션의 실행 순서를 살펴봅시다.

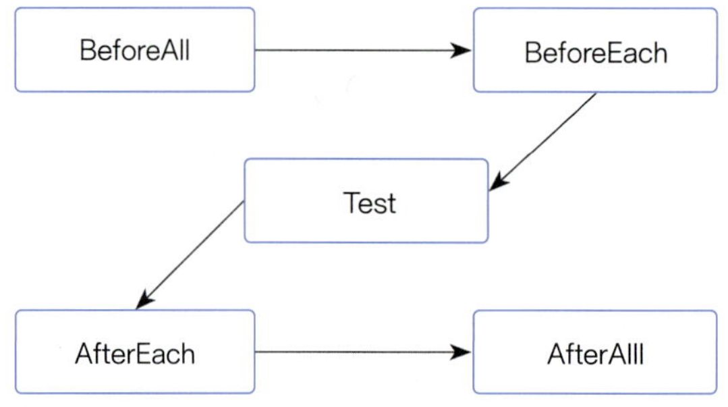

전처리 및 후처리 애너테이션의 종류

애너테이션	설명
@BeforeAll	테스트 코드가 실행되기 전에 딱 한 번 실행되는 함수를 지정합니다. 이 함수는 반드시 static으로 선언해야 합니다.
@BeforeEach	각 테스트 함수가 시작되기 전에 실행되는 함수를 지정합니다.
@AfterEach	각 테스트 함수가 수행된 뒤에 실행되는 함수를 지정합니다.
@AfterAll	모든 테스트 함수의 실행이 완료된 뒤 딱 한 번 실행되는 함수를 지정합니다. 이 함수 역시 static으로 선언해야 합니다.

전처리 애너테이션은 테스트 코드를 실행하기 전에 초기 데이터나 객체를 생성하는 역할을 하고, 후처리 애너테이션은 테스트 코드를 실행한 후에 임의로 생성된 데이터를 정리하는 역할을 합니다. 각 애너테이션의 실행 시점을 조금 더 명확히 이해하기 위해 다음 코드를 살펴보고 출력 결과를 확인해 봅시다.

코드   TestCode/test/LifeCycleTest.java

```java
...
public class LifeCycleTest {
    @BeforeAll
    static void setUp() {
        System.out.println("BeforeAll");
    }
    @AfterAll
    static void finishAllTasks() {
        System.out.println("AfterAll");
    }
    @BeforeEach
```

```java
    void setUpEachTest() {
        System.out.print("BeforeEach -> ");
    }
    @AfterEach
    void finishAfterEach() {
        System.out.println("-> AfterEach");
    }
    @Test
    void test() {
        System.out.print("test");
    }
    @ParameterizedTest
    @CsvSource(value = {"5, 5, 10"})
    void parameterTest(int number1, int number2, int expected) {
        System.out.print("parameterTest");
    }
    @RepeatedTest(2)
    void RepeatedTest() {
        System.out.print("RepeatedTest");
    }
}
```

실행 결과

```
BeforeAll
BeforeEach -> RepeatedTest -> AfterEach
BeforeEach -> RepeatedTest -> AfterEach
BeforeEach -> parameterTest -> AfterEach
BeforeEach -> test -> AfterEach
AfterAll
```

앞서 설명한 것 외에도 자주 사용하는 것을 다음과 같이 기타 애너테이션으로 정리했습니다.

기타 애너테이션의 종류

애너테이션	설명
@DisplayName	테스트 함수에 사용자 지정 이름을 설정하고 싶을 때 사용합니다.
@Timeout	테스트 실행 시간을 설정하여, 지정된 시간이 초과하면 테스트가 실패하도록 할 때 사용합니다.
@Disabled	특정 테스트 함수가 전체 테스트 수행에서 실행되지 않도록 비활성화할 때 사용합니다.

앞서 설명한 기타 애너테이션들이 어떻게 동작하는지 다음 코드로 살펴보겠습니다.


```java
...
@DisplayNameGeneration(DisplayNameGenerator.ReplaceUnderscores.class)
public class EtcTest {
    @Test
    @Disabled
    void test() {
        System.out.println("test");
    }
    @Test
    @DisplayName("두 수 더하기 테스트")
    void successAddTwoNumbers() {
        Calculator calculator = new Calculator();
        int result = calculator.addTwoNumbers(5, 5);
        assertEquals(10, result);
    }
    @Test
    void 두_수_더하기_테스트2() {
        Calculator calculator = new Calculator();
        int result = calculator.addTwoNumbers(5, 5);
        assertEquals(10, result);
    }
    @Test
    @Timeout(1)
    void timeoutTest() throws InterruptedException {
        TimeUnit.SECONDS.sleep(2);
    }
}
```

다음 실행 결과를 보면 모든 애너테이션이 의도한 대로 잘 동작한 것을 확인할 수 있습니다.

먼저 @Disabled 애너테이션이 선언된 테스트 함수는 실행되지 않은 것을 확인할 수 있습니다. 그리고 @Timeout 애너테이션으로 1초 제한을 설명한 테스트 함수는 sleep을 2초간 수행하므로 실패 처리됐습니다. 마지막으로, 테스트 코드에서 success AddTwoNumbers 함수에 @DisplayName을 선언하고 사용자 지정 이름을 '두 수 더하기 테스트'로 설정했으므로 테스트 결과에는 이 이름이 출력됩니다.

또한 클래스에 @DisplayNameGeneration(DisplayNameGenerator.Replace Underscores.class)를 선언하여, 테스트 함수명에 포함된 _(언더바)를 공백으로 치환해 보다 깔끔하게 표시되도록 했습니다. 실제 출력 창에는 언더바가 공백으로 변환되어 깔끔하게 보입니다.

✦ 애너테이션의 종류는 여기서 설명한 것 외에도 다양합니다. 더 자세히 알고 싶다면 공식 문서(https://junit.org/junit5/docs/current/user-guide/#writing-tests-annotations)를 참고하세요.

Assertions

JUnit 테스트 코드의 결과가 개발자가 의도한 대로 반환되는지 확인하기 위해, Assertions 함수를 활용합니다. 이 함수에는 어떤 종류가 있는지 자세히 알아보겠습니다.

✦ 다음 표에서 강조한 함수는 자주 사용하므로 꼭 기억해 둡시다.

Assertions 함수의 종류

함수	설명
assertEquals	두 값이 같으면 성공으로 판단합니다.
assertArrayEquals	두 배열의 값이 같으면 성공으로 판단합니다.
assertIterableEquals	두 리스트 또는 컬렉션의 데이터가 순서에 맞게 일치하면 성공으로 판단합니다.
assertLinesMatch	두 문자열 목록 또는 스트림이 일치하면 성공으로 판단합니다. 정규식 표현을 이용해 비교할 수 있습니다.
assertSame	두 객체가 같으면 성공으로 판단합니다.
assertNotEquals	두 값이 다르면 성공으로 판단합니다.
assertNotSame	두 객체가 다르면 성공으로 판단합니다.
assertTrue	해당 값이 true이면 성공으로 판단합니다.
assertFalse	해당 값이 false이면 성공으로 판단합니다.
assertNull	해당 값이 null이면 성공으로 판단합니다.
assertNotNull	해당 값이 null이 아니면 성공으로 판단합니다.
assertAll	내부에 포함된 모든 Assertion이 성공하면, 최종 테스트 결과는 성공으로 간주합니다.
assertThrows	예외가 발생하면 성공으로 판단합니다.
assertTimeout	지정한 시간 내에 수행을 완료하면 성공으로 판단합니다. 단, 수행 시간을 넘겨도 이후 작업을 완료합니다.
assertTimeoutPreemptively	지정한 시간 내에 수행을 완료하면 성공으로 판단합니다. 단, 수행 시간을 넘기면 이후 작업을 수행하지 않습니다.
fail	무조건 실패로 판단합니다.

Assertions 함수를 사용하는 코드를 살펴보겠습니다.

코드	TestCode/test/AssertionsTest.java

```java
assertEquals(1, 1);

int[] A = {1, 2, 3};
int[] B = {1, 2, 3};
assertArrayEquals(A, B);

Iterable<String> arrayList = new ArrayList<>(asList("A", "B", "C"));
Iterable<String> linkedList = new LinkedList<>(asList("A", "B", "C"));
```

```java
assertIterableEquals(arrayList, linkedList);

List<String> expected = asList("Java", "\\d+", "JUnit");
List<String> actual = asList("Java", "1234", "JUnit");
assertLinesMatch(expected, actual);

String A = "TEST";
String B = "TEST";
assertSame(A, B);

assertNotEquals(1, 2);

String A = "TEST";
String B = "TEST2";
assertNotSame(A, B);

assertTrue(true);
assertFalse(false);
assertNull(null);
assertNotNull(new Object());

assertAll(
        "SET",
        () -> assertEquals(2, 1 + 1),
        () -> assertNull(null),
        () -> assertTrue(true)
);
assertThrows(
        Exception.class,
        () -> {
            throw new Exception("Exception message");
        }
);
        assertTimeout(Duration.ofMillis(200), () -> {
        Thread.sleep(300);
        System.out.println("오래 걸려도 출력합니다.");
});

        assertTimeoutPreemptively(Duration.ofMillis(200), () -> {
        Thread.sleep(300);
        System.out.println("오래 걸리면 출력하지 않습니다.");
});
fail();
```


✦ 여기서는 지면상의 이유로 함수를 사용한 부분만 담았습니다.

assertTimeout, assertTimeoutPreemptively의 차이를 명확히 보여 주기 위해 두 함수를 일부러 실패하도록 구성했습니다. 두 함수의 실행 결과를 비교해 봅시다.

실행 결과 | assertTimeout 함수

```
오래 걸려도 출력합니다.
org.opentest4j.AssertionFailedError: execution exceeded timeout of 200 ms by
111 ms
```

실행 결과 | assertTimeoutPreemptively 함수

```
org.opentest4j.AssertionFailedError: execution timed out after 200 ms
```

assertTimeout은 설정한 시간이 초과되어 테스트가 실패하더라도 내부 로직을 끝까지 실행합니다. 반면 assertTimeoutPreemptively는 설정 시간이 지나면 내부 로직을 즉시 종료합니다. 이 차이는 실행 결과에서 System.out.println의 출력 여부로 확인할 수 있습니다.

지금까지 자바에서 테스트 코드를 작성할 때 가장 많이 사용되는 JUnit의 사용법과 관련한 기초 문법을 학습했습니다. 다음 절에서는 지금까지 학습한 내용을 기반으로 테스트 코드를 '클린하게' 작성하는 방법을 다루어 보겠습니다.

테스트 코드도
클린 코드로 작성하기

시스템을 유지 보수하거나 시스템에 기능을 추가할 때에는 테스트 코드도 함께 수정해야 합니다. 그런데 만약 테스트 코드에 코드 스멜이 많고 이해하기 어렵게 작성되어 있다면, 이를 수정하는 부담이 커질 것입니다. 테스트 코드는 프로그램의 결함을 발견하고 개발자가 안전하게 리팩터링할 수 있도록 돕는 중요한 요소이므로 작성하지 않을 수는 없습니다. 따라서 구현 코드와 마찬가지로 테스트 코드 역시 클린 코드를 유지할 수 있도록 노력해야 합니다.

테스트 코드도 하나의 코드이므로 클린 코드의 기본 원칙을 준수해야 하며, 특히 가독성이 매우 중요합니다. 테스트 코드가 어떤 기능을 수행하는지, 어떤 방식으로 검증하는지 쉽게 이해할 수 있어야 합니다. 이번 절에서는 테스트 코드를 클린 코드로 유지하는 방법을 학습해 보겠습니다.

의도가 명확하게 드러나는 이름 짓기

의도가 명확하게 드러나는 이름을 짓는 것은 테스트 코드의 가독성을 높이는 가장 기본적이고 효과적인 방법입니다. 여기에서 설명할 이름은 파일명, 함수명 등 모든 이름을 포함합니다. 이름 짓기는 중요하지만 동시에 개발자들에게 가장 어려운 부분이기도 합니다. 이름 짓기에는 여러 가지 가이드라인이 있지만 무조건 옳은 방식은 없습니다. 여러 번 고민하여 현재 시스템에 가장 적합하고 누구나 이해하기 쉬우면서도 가독성이 높은 이름으로 정하는 것이 바람직합니다.

먼저 파일명 짓기를 살펴봅시다. 일반적인 테스트 코드의 파일명은 다음과 같습니다.

테스트 대상 파일 이름 + Test.java

3-2절에서 인텔리제이가 Calculator.java의 테스트 파일로 CalculatorTest.java와 같이 이름을 지정하는 것을 확인할 수 있습니다. 비록 이 규칙이 절대적인 것은 아니지만, 이 방식으로 파일명을 작성하면 테스트 코드의 파일 구조가 구현 파일과 동일해져 구조를 별도로 파악할 필요 없이 직관적으로 이해할 수 있습니다.

다음으로 테스트 코드의 함수명 짓기를 설명하겠습니다. 예를 들어 구현 코드에 UserMgmtSystem이라는 클래스가 있다고 가정해 봅니다. 이름에서 알 수 있듯이, 이 클래스는 User(사용자)를 관리하는 기능을 수행하는 것으로 보입니다.

✦ 여기에서는 테스트 코드를 중심으로 학습하므로 구현 코드에 포함된 클래스의 변수와 함수를 일일이 자세하게 살펴보지는 않겠습니다.

다음 예시 코드를 살펴보면 테스트 코드에 userTest 함수가 있습니다.

코드 TestCode/test/UserMgmtSystemTest.java

```java
...
@Test
void userTest() {
    User user = new User(1,"test", "Kim", "M", 29, true);
    boolean result = userMgmtSystem.registerUser(user);
    assertEquals(true, result);
}
...
```

함수명 userTest는 잘 지었다고 볼 수 있을까요? 그렇지 않습니다. 함수명만으로는 해당 함수가 구체적으로 어떤 부분을 테스트하는지, 작성 의도가 무엇인지 명확하게 파악하기 어렵기 때문입니다. 물론 내부 로직을 분석하면 의도를 이해할 수 있지만, 내부 로직을 보지 않아도 함수의 기능과 의도를 전달할 수 있어야 좋은 이름입니다.

다음 코드에서 내부 로직은 동일하지만 함수명만 다르게 바꿔 본 두 가지 방법을 살펴보겠습니다.

코드   📄 TestCode/test/UserMgmtSystemTest.java

```java
...
// 첫 번째 함수명 변경 예
@Test
void successRegisterUserWhenGivenAllParam() {
    User user = new User(1,"test", "Kim", "M", 29, true);
    boolean result = userMgmtSystem.registerUser(user);
    assertEquals(true, result);
}

// 두 번째 함수명 변경 예
@Test
void 성공_활성화계정생성_모든속성포함() {
    User user = new User(1,"test", "Kim", "M", 29, true);
    boolean result = userMgmtSystem.registerUser(user);
    assertEquals(true, result);
}
...
```

이 코드가 반드시 정답이라고 할 수는 없지만, 함수명이 함수의 역할과 작성 의도를 충분히 드러냈다는 것을 알 수 있습니다. '함수명이 너무 길지 않나?', '함수명에 한글을 써도 되나?'라는 의문이 들 수 있습니다. 이러한 부분은 코드를 작성하는 개발자가 고민하여 정하면 됩니다. 클린 코드란 읽는 사람이 이해하기 쉽고 편해야 하듯이, 테스트 코드 역시 클린 코드의 원칙을 따르되, 특히 가독성이 매우 중요합니다. 따라서 한글 함수명을 사용하거나 함수명이 다소 길더라도 작성한 의도를 명확하게 전달할 수 있다면 사용해도 무방합니다(단, 함수명이 너무 길면 가독성이 떨어질 수 있습니다.). 요약하자면, 테스트 코드의 함수명은 그 함수가 수행하는 역할과 작성 의도를 명확히 표현해야 하며, 다른 함수명의 일관성을 유지하는 것이 중요합니다.

Given-When-Then 구조로 작성하기

많은 개발자들이 테스트 코드의 가독성을 높이기 위해 코드 구조를 일정한 공식처럼 만들어 사용합니다. 이를 Given-When-Then 구조라고 하는데, 각 단계에서 하는 일은 다음과 같습니다.

- Given: 테스트를 시작하기 전에 필요한 조건과 초기 상태를 설정하는 단계입니다. 테스트에 필요한 데이터도 이 단계에서 준비합니다.
- When: 테스트 대상 함수를 실제로 실행하는 단계입니다.
- Then: 함수를 실행한 후, 예상값과 실제 결괏값을 비교하여 테스트의 성공 여부를 검증하는 단계입니다.

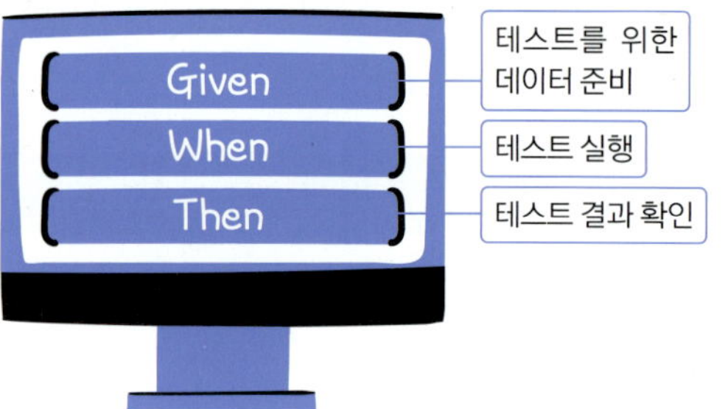

✦ 다른 말로 Build-Operate-Check 구조라고도 하지만, 이 책에서는 Given-When-Then 구조를 사용하겠습니다.

실제 코드에서 Given-When-Then 구조가 어떻게 적용되는지 다음 코드로 확인해 봅시다.

<table>
<tr><td>코드</td><td>📄 TestCode/test/UserMgmtSystemTest.java</td></tr>
</table>

```java
...
@Test
void successRegisterInactiveUserWhenGivenAllParam() {
    User user = new User(1,"test", "Kim", "M", 29, false);   // Given
    boolean result = userMgmtSystem.registerUser(user);      // When
    assertEquals(true, result);                              // Then
}
...
```

이 코드는 비활성된 User를 생성하는 단계(Given), registerUser 함수를 사용해 해당 User를 등록하는 단계(When), 그리고 실행 결과를 확인하는 단계(Then)로 구성됩니다. 이러한 구조 덕분에 코드를 읽는 데 큰 불편함이 없습니다.

이번에는 주석을 추가하여 각 단계의 구분을 명확하게 한 코드를 살펴보겠습니다.


```java
...
@Test
void successRegisterInactiveUserWhenGivenAllParam() {
    // Given
    User user = normalUser;
    user.setActive(false);

    // When
    boolean result = userMgmtSystem.registerUser(user);

    // Then
    assertEquals(true, result);
}
...
```

이전 코드와 비교했을 때 가독성이 크게 개선됐습니다. 주석으로 Given, When, Then 영역을 구분해 표시하면서 각 단계에서 수행하는 코드의 목적을 쉽게 파악할 수 있습니다.

물론, 일부 개발자는 추가한 주석과 더 길어진 코드 때문에 이전 코드가 더 낫다고 생각할 수도 있습니다. 하지만 테스트 코드에서는 가독성이 매우 중요하므로, 함수의 내용이 다소 길어지더라도 명확한 구조를 갖춘 테스트 코드가 더 좋습니다.

하나의 검증 목표를 갖고 Assertions 함수 최소로 사용하기

우리는 1장 '클린 코드의 원칙'에서 함수는 하나의 기능만 수행한다고 배웠습니다. 이 원칙은 테스트 코드에도 그대로 적용되어, 테스트 코드는 하나의 검증 목표만 가져야 합니다. 만약 테스트 함수가 여러 검증 목표를 가진다면, 다른 개발자들이 해당 테스트가 어떤 구현 코드와 함수를 검증하려는지 정확히 파악하기 어려워집니다. 또한 여러 기능을 검증하기 위해 여러 구현 함수를 동시에 호출하면, 그 함수들과의 결합도가 높아져 유지 보수가 어려워질 수 있습니다. 그러므로 테스트 코드 역시 하나의 기능을 검증하는 것을 목표로 작성합니다.

이와 더불어 Assertions 함수를 최소한으로 사용하는 것도 중요합니다. 보통 한 가지 검증 목표에 대해 Assertions 함수를 1개 정도 사용합니다. 물론 검증해야 할 결괏값이 여러 개 필요하다면 Assertions 함수를 두 개 이상 사용할 수도 있지만, 이 경우 개발자가 의도한 검증 외에 다른 기능도 테스트할 가능성이 높으므로 가능하면 Assertions 함수를 최소로 사용하는 것을 권장합니다.

다음 예시 코드를 살펴보겠습니다.

코드   📄 TestCode/test/UserMgmtSystemTest.java

```java
...
@Test
void successCheckInformationForInactiveUserWhenGivenLogin() {
    // Given
    User user = normalUser;

    // When
    normalUser.setActive(false);
    boolean result = userMgmtSystem.registerUser(user);

    // Then
    assertEquals(true, result);
    if (result) {  // Given
        // When
        User resultUser = userMgmtSystem.getUserByLogin(user.login);
        // Then
        assertEquals(resultUser.isActive(), false);
        assertEquals(resultUser.getLogin(), user.login);
    }
...
```

이 테스트 코드의 함수명으로 작성 의도를 파악해 보면, 비활성화된 User 정보가 login값으로 조회되는지 검증하는 테스트를 수행하는 것으로 보입니다. 실제 테스트 코드 로직도 비활성화된 계정을 조회하고 확인하는 방식으로 작성되어, 함수명이 의도를 잘 반영하고 있습니다. 그러나 이 테스트 함수는 login값 조회뿐 아니라 비활성화된 User 등록 여부까지 함께 검증하고 있다는 점이 아쉽습니다. 한 함수에서 여러 내용을 검증하면, 테스트가 실패할 경우 어떤 부분에서 문제가 발생했는지 추가로 분

석해야 합니다. 또한 결합도 측면에서 successCheckInformationForInactiveUser
WhenGivenLogin 함수가 주로 조회 기능을 테스트하는데도 회원 등록 관련 코드
에 수정이 발생하면 이 테스트 함수도 수정할 대상이 되어야 한다는 단점이 있습니다.
이로 인해 비활성화된 계정을 조회하는 기능을 검증하기 위해 먼저 비활성화된 계정
이 등록된 환경이 필요하다면, 3-2절에서 소개한 @BeforeAll 애너테이션을 활용하
는 것이 좋습니다. 이제 수정한 코드를 확인해 봅시다.

코드   📄 TestCode/test/UserMgmtSystemTest.java

```java
...
@BeforeAll
static void SetUp() {
    userMgmtSystem = new UserMgmtSystem();
    inactiveUser = new User(101,"1234", INACTIVE_USER_LOGIN, "M", 29, false);
    userMgmtSystem.registerUser(inactiveUser);
}
...
@Test
void successCheckInformationForInactiveUserWhenGivenLogin() {
    // Given
    String login = INACTIVE_USER_LOGIN;
    // When
    User resultUser = userMgmtSystem.getUserByLogin(login);
    // Then
    assertEquals(resultUser, inactiveUser);
}
...
```

@BeforeAll을 이용해 테스트하기 전에 login값으로 User 정보를 확인하기 위해 비활
성화된 계정을 생성하고 등록하는 작업을 선행했습니다. 이후 @Test로 지정된 success
CheckInformationForInactiveUserWhenGivenLogin 함수에서는 getUser
ByLogin 함수를 통해 User 정보를 login값으로 조회하는 부분만 테스트하도록 수
정했습니다.

이렇게 변경하면 가독성이 향상되고 테스트 범위가 명확해집니다. 이와 더불어
assertEquals를 사용하여 객체의 값을 하나하나 체크하는 대신 User 객체 전체를
한 번에 비교함으로써 Assertions 함수의 사용을 최소화할 수 있습니다.

3-4

커버리지를 고려한
테스트 코드 작성하기

테스트 코드는 코드를 리팩터링해서 기능을 검증하는 중요한 역할을 한다고 앞서 설명했습니다. 이를 위해서는 테스트 코드의 커버리지가 높아야 합니다. 커버리지coverage는 작성한 테스트 코드가 실제로 구현 코드를 얼마나 실행하는지를 백분율로 나타내는 지표로, 테스트 코드가 구현 코드의 기능을 얼마나 검증했는지를 의미합니다.

테스트 코드는 종종 단순히 구현 코드가 정상으로 동작하는지 검증하는 데 그치지만, 이상적인 테스트 코드는 정상 케이스뿐만 아니라 실패나 예외 케이스 등 시스템에서 발생할 수 있는 모든 상황을 고려해야 합니다. 다양한 동작 케이스를 포괄하는 테스트 코드를 작성하면, 테스트에서 실행된 구현 코드의 라인 수와 전체 구현 코드의 라인 수의 비율인 라인 커버리지도 자연스럽게 높아집니다.

이번 절에서는 커버리지에 초점을 맞춰, 테스트 코드를 어떻게 효과적으로 작성할 수 있는지를 학습해 보겠습니다.

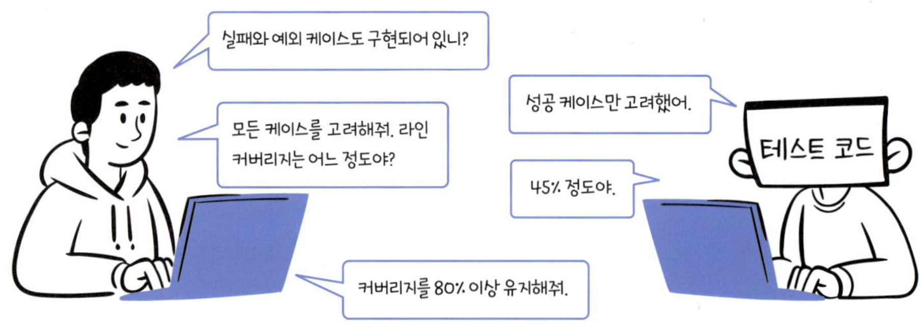

다양한 케이스를 고려해 작성하기

실제 시스템에서 한 함수가 동작할 때, 여러 예외 케이스가 존재하거나 예상치 못한 인 풋값이 들어올 수도 있습니다. 이러한 다양한 상황을 대비하여 개발자는 발생할 가능 성이 있는 모든 케이스를 고려해 로직을 구현해야 합니다.

예를 들어 회원 가입 기능을 생각해 봅시다. 회원 가입을 하려면 사용자의 이름, 이메 일, 전화번호 등의 정보가 필요합니다. 이때 전화번호는 숫자만 입력되어야 하는데, 사 용자가 영어 문자나 특수 기호를 입력할 수 있습니다. 이를 방지하기 위해 입력 창에는 숫자만 입력되도록 조건을 설정할 수 있습니다. 또한 시스템에 회원 가입을 할 때 Login과 PW가 필수라는 조건이 있다면, 회원 정보 테이블의 Login과 PW 컬럼을 필 숫값으로 설정하여 입력하지 않으면 오류로 처리할 수 있습니다.

그뿐만 아니라 회원 가입에 성공하는 정상 케이스 외에도 14살 미만 어린이가 가입을 시도하거나, 네트워크 오류로 가입이 실패하거나, 생년월일을 미래로 입력하는 등 예상 치 못한 다양한 케이스를 고려해야 합니다. 이것은 시스템 안정성이나 운영면에서 매 우 중요합니다. 이러한 상황을 모두 처리하지 않으면 시스템이 멈추거나 오류 팝업, 로 딩 페이지 등으로 사용자 경험에 영향을 미칠 수 있습니다.

그러면 개발자가 의도한 모든 케이스를 어떻게 빠짐없이 구현할 수 있을까요? 바로 테 스트 코드를 잘 작성하는 것에서 시작합니다. 발생할 수 있는 다양한 케이스를 충분히 고 려한 테스트 코드를 작성하면, 개발자가 구현한 로직이 정상 케이스뿐만 아니라 예외 케이스까지 올바르게 동작하는지 검증할 수 있습니다.

최근에는 고객이나 사용자의 요구 사항에 따라 테스트 코드를 먼저 작성한 뒤, 프로그 램의 기능을 구현하는 TDD 개발 방법론을 적용하기도 합니다. 구현 코드와 테스트 코 드 중 어느 것을 먼저 구현해야 더 좋은지는 마치 닭이 먼저냐 달걀이 먼저냐를 따지는 문제와 같습니다. 저 역시 실무에서는 이 두 코드의 작성 순서는 그리 중요하지 않다고 생각합니다. 기능을 수행하는 구현 코드와 그 기능을 검증하는 테스트 코드는 서로 상 호 보완적이며, 두 코드의 관계를 잘 이해하고 적절히 활용하는 것이 더 중요합니다.

이번에는 테스트 코드가 다양한 케이스를 잘 반영할 때, 구현 코드를 어떻게 보완할 수 있는지 살펴보겠습니다. 예를 들어 회원 가입 모듈에는 다음과 같은 제약 조건이 있습니다.

> 회원 가입 시 Login과 PW 입력은 필수다.

이 제약 조건을 반영하기 위해, 테스트 코드에 Login이나 PW값이 null일 경우 예외가 발생해야 한다는 테스트 함수를 추가해 봅시다.

코드   📄 TestCode/test/UserMgmtSystemTest.java

```java
...
@Test
void 실패_계정생성_Login값이없는경우() {
    // Given
    User user = new User(100,"1234", null, "M", 29, true);

    // When & Then
    Exception exception = assertThrows(Exception.class, () -> {
        userMgmtSystem.registerUser(user);
    });
    System.out.println(exception.getMessage());
}

@Test
void 실패_계정생성_PW가없는경우() {
    // Given
    User user = new User(100, null, ACTIVE_USER_LOGIN, "M", 29, true);

    // When & Then
    Exception exception = assertThrows(Exception.class, () -> {
        userMgmtSystem.registerUser(user);
    });
    System.out.println(exception.getMessage());
}
...
```

Login값과 PW값은 필수로 입력되어야 하므로 이 값들이 null로 입력되면 예외가 발생합니다.

한편 구현 코드의 계정 생성 함수는 다음과 같이 구현합니다.


```java
...
boolean registerUser(User user) {
    return users.add(user);
}
...
```

테스트 코드를 실행하면 어떤 결과가 나올까요? 당연히 테스트에 실패하게 됩니다. 현재 구현 코드의 계정 생성 함수는 Login값이나 PW값이 없더라도 예외를 발생시키지 않으므로 테스트 코드를 실행하면 실패하게 됩니다. 더 자세히 설명하면, 테스트 코드는 Login이나 PW가 없는 경우에 예외가 발생해야 한다고 기대하는 반면, 구현 코드에서 그 로직이 포함되어 있지 않아 실패하게 됩니다.

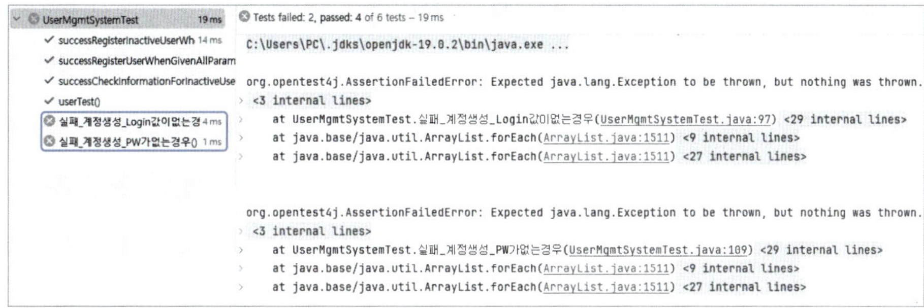

이러한 제약 조건을 만족하려면 테스트 코드를 실행했을 때 실패한 원인을 찾아내고 구현 코드를 수정해 테스트를 성공하도록 해야 합니다. 이러한 과정은 TDD 개발 과정과 유사합니다. 계정 생성 함수에 제약 조건을 반영한 로직을 추가해 봅시다.


```java
...
boolean registerUser(User user) {
if (user.login == null || user.login.isBlank() || user.pw == null || user.
pw.isBlank()) {
        throw new NullPointerException("Login값 또는 PW값 누락");
    }
    return users.add(user);
}
...
```

이 상태에서도 테스트 코드가 성공하고 각 예외 메시지가 올바르게 출력될 것입니다. 여기에서는 설명을 위해 해당 로직을 함수에 그대로 작성했지만, '하나의 함수는 하나의 기능만 수행한다'라는 원칙에 따라 별도의 함수로 분리해 리팩터링하면 다음과 같이 작성할 수 있습니다.


```java
...
boolean registerUser(User user) {
    verificationUserInfo(user);
    return users.add(user);
}

private static void verificationUserInfo(User user) {
    if (user.login == null || user.login.isBlank() || user.pw == null ||
user.pw.isBlank()) {
        throw new NullPointerException("Login값 또는 PW값 누락");
    }
}
...
```

다시 실행하면 구현 코드의 수정 사항이 올바르게 반영되었음을 확인할 수 있습니다. 다음 출력 화면을 통해 테스트가 성공하고 예외 메시지도 잘 출력하는 것을 확인해 봅시다.

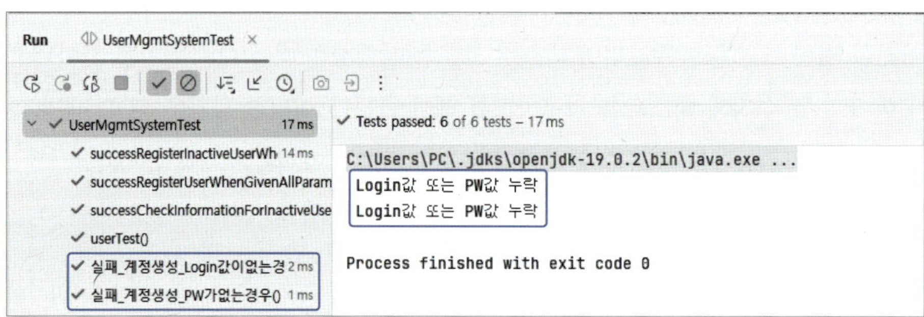

앞선 코드를 통해 로직이 구현되지 않았을 때 테스트 코드를 활용해 기능을 구현하는 과정을 설명했습니다. 만약 성공, 실패, 예외 상황 등 다양한 케이스를 충분히 고려해 작성했다면 해당 테스트 코드를 통해 리팩터링한 구현 코드에 문제가 없는지 검증할

수 있습니다. 만약 리팩터링 과정에서 문제가 발생하면, 테스트 코드는 문제의 원인을 발견하고 수정할 수 있도록 도와줍니다.

라인 커버리지로 시스템 커버 비율 확인하기

앞서 테스트 코드와 구현 코드는 상호 보완적이라고 했습니다. 테스트 코드의 도움으로 구현 코드를 클린하게 만들거나 보완하는 사례를 살펴보았는데, 이번에는 반대로 구현 코드를 활용해 테스트 코드를 보다 고품질로 만드는 경우를 살펴보고자 합니다. 이때 가장 유용하게 사용할 수 있는 개념이 바로 라인 커버리지입니다. 라인 커버리지는 앞서 언급했지만 테스트를 실행할 때 실제로 실행된 구현 코드의 라인 수와 전체 구현 코드의 라인 수를 나눈 비율로 나타내며, 테스트가 얼마나 많은 부분을 검증하고 있는지를 보여 줍니다.

예를 들어 기존에 작성한 회원 가입 시스템을 성인만 이용하도록 수정해야 한다면, 회원 가입에서 19세 미만은 가입할 수 없다는 조건을 추가해야 합니다. 기존의 함수를 다음과 같이 수정할 수 있습니다.

<table>
<tr><td>코드</td><td>TestCode/src/UserMgmtSystem.java</td></tr>
</table>

```java
...
private static void verificationUserInfo(User user) {
    if (user.login == null || user.login.isBlank() || user.pw == null ||
user.pw.isBlank()) {
        throw new NullPointerException("Login값 또는 PW값 누락");
    }
    if (user.age < MINIMUM_ADULT_AGE) {
        throw new IllegalArgumentException(MINIMUM_ADULT_AGE+"세 미만은 가입 불가");
    }
}
...
```

이와 같이 구현 코드를 수정한 후, 라인 커버리지 수치를 확인하면 테스트 코드가 새로운 조건과 변경 사항을 충분히 검증했는지 평가할 수 있습니다.

그러기 위해 인텔리제이 메뉴에
서 [Run → Run '(테스트 코드 파
일명)' with Coverage]를 클릭
해 실행합니다.

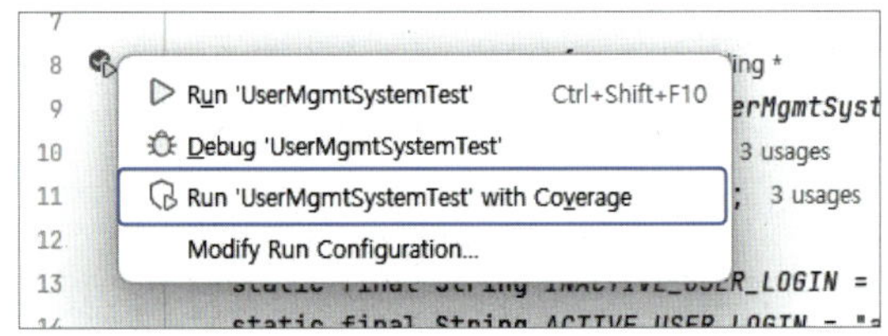

다음 실행 결과를 보면 테스트 코드에는 변경이 없으므로 모든 테스트에서 성공합니
다. 여기서 주목할 점은 단순히 성공 여부가 아니라, 테스트를 통해 실행된 구현 코드
의 라인 커버리지 수치입니다.

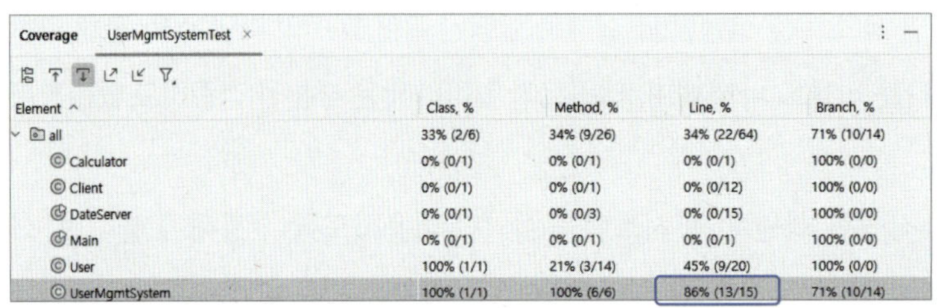

UserMgmtSystemTest.java를 실행한 결과, 테스트 대상 파일인 UserMgmtSystem이
86%의 라인 커버리지를 기록한 것을 확인할 수 있습니다. 일반적으로 라인 커버리지
는 80% 이상을 권장하므로, 이 정도면 준수한 수준이라고 할 수 있습니다.

[Run '(테스트 코드 파일명)' with Coverage] 옵션으로 테스트를 실행하면, 시스템
커버 여부를 상세히 보여 줍니다.

✦ 깃허브에서 제공하는 테스트 코드의 라인 커버리지의 경우, 코드에 따라 달라질 수 있습니다. 여기서는 커버리지의 누
락 구간을 식별하고, 이를 개선하는 방법에 집중합니다.

```java
private static void verificationUserInfo(User user) {  1 usage  ≜ todayCoding *
    if (user.login == null || user.login.isBlank() || user.pw == null || user.pw.isBlank()) {
        throw new NullPointerException("Login값 또는 PW값 누락");
    }

    if (user.age < MINIMUM_ADULT_AGE) {
        throw new IllegalArgumentException(MINIMUM_ADULT_AGE+"세 미만은 가입 불가");
    }
}
```


이와 같이 왼쪽에 표시된 녹색 바bar는 테스트 코드로 실행된 구현 코드의 부분을, 빨
간색 바는 실행되지 않은 부분을 나타냅니다. 예를 들어 실제 19세 미만이 가입을 시
도할 때 테스트 코드에 이에 대한 예외 처리 코드가 없어서 빨간색으로 표시된 것을
확인할 수 있습니다.

이번에는 테스트 코드를 보충해 커버리지를 높여 보겠습니다.

코드 — TestCode/test/UserMgmtSystemTest.java

```java
...
@Test
void 실패_계정생성_19세미만인경우() {
    // Given
    User user = new User(100, "1234", ACTIVE_USER_LOGIN, "M", UNDER_ADULT_AGE,
true);
    // When & Then
    Exception exception = assertThrows(Exception.class, () -> {
        userMgmtSystem.registerUser(user);
    });
    System.out.println(exception.getMessage());
}
...
```

나이와 관련된 테스트 함수를 추가했습니다. 이전과 같은 방법으로 테스트 코드를 실행해 커버리지를 확인해 봅시다.

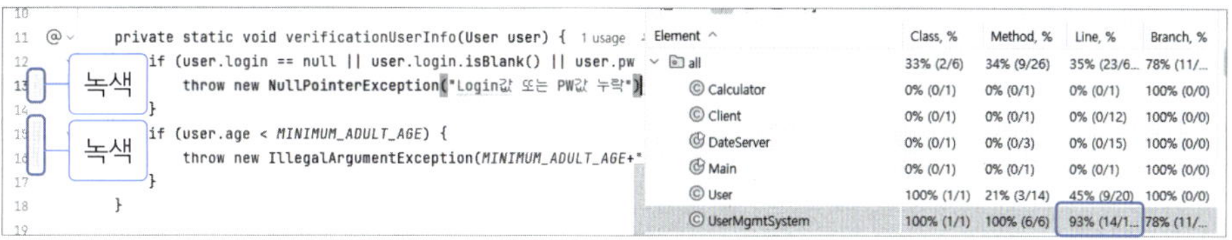

19세 미만이 가입하면 예외 처리가 되는 부분에 녹색 바가 표시되어 해당 로직이 테스트해 실행된다는 것을 확인할 수 있으며, 전체 라인 커버리지 역시 86%에서 93%로 상승한 것을 볼 수 있습니다.

라인 커버리지는 테스트 코드가 실제로 구현 코드를 얼마나 실행하고 있는지를 수치로 나타내어, 테스트 코드의 품질을 평가하는 중요한 기준이 됩니다. 또한 테스트 코드에서 부족한 부분을 쉽게 파악할 수 있어 개발자에게 매우 유용한 기능입니다. 앞으로 여러분도 라인 커버리지를 활용해 테스트 코드의 품질을 높여 보기 바랍니다.

잘 동작하는 테스트 코드 작성하기

테스트 코드도 하나의 코드이므로 클린 코드로 유지해야 합니다. 이번에는 테스트 코드의 클린 코드를 위해 특히 지켜야 할 코드 특성을 이야기하고자 합니다. 바로 잘 동작하는 테스트 코드입니다. 잘 동작하는 테스트 코드란 테스트를 독립적으로 수행할 수 있으며, 항상 동일한 테스트 결과를 보장하는 코드를 말합니다. '너무 당연한 이야기 아니야?'라고 생각할 수도 있지만, 복잡한 시스템의 테스트 코드를 작성하다 보면 이러한 원칙을 지키기란 의외로 어렵습니다.

독립적으로 수행할 수 있는 코드 작성하기

테스트 코드의 함수가 독립적으로 수행되는 것은 당연한 원칙입니다. JUnit도 각 테스트 함수가 서로 영향을 주지 않고 독립적으로 실행되도록 설계되어 있으며, 이를 위한 문법과 구조를 제공합니다. 다음 그림을 살펴봅시다.

인텔리제이와 같은 개발 환경에서 테스트 코드는 함수 단위로 각각 독립해서 실행되도록 설계되어 있습니다. 그렇다면 모든 테스트 함수는 당연히 독립적으로 실행된다고 생각할 수 있지만, 실제로는 그렇지 않습니다. 오히려 독립성이 당연해 보이기 때문에 문제가 생겼을 때 그 원인을 찾기 어려울 수 있으므로 주의해야 합니다.

다음 테스트 코드를 살펴봅시다.

코드　　　　　　　　📄 TestCode/test/UserMgmtSystemTestForWorkWell.java

```java
...
@Test
void successCheckInformationForActiveUserWhenGivenLogin() {
    // Given
    String login = ACTIVE_USER_LOGIN;
    // When
    User user = userMgmtSystem.getUserByLogin(login);
    // Then
    assertNotEquals(null, user);
}

@Test
void successRegisterUserWhenGivenAllParam() {
    // Given
    normalUser = new User(100,"1234", ACTIVE_USER_LOGIN, "M", 29, true);
    // When
    boolean result = userMgmtSystem.registerUser(normalUser);
    // Then
    assertEquals(true, result);
}
...
```

Login값을 통한 User 조회와 User 가입 기능을 검증하는 테스트 코드를 추가했습니다. 다음과 같이 테스트를 실행해 봅시다.

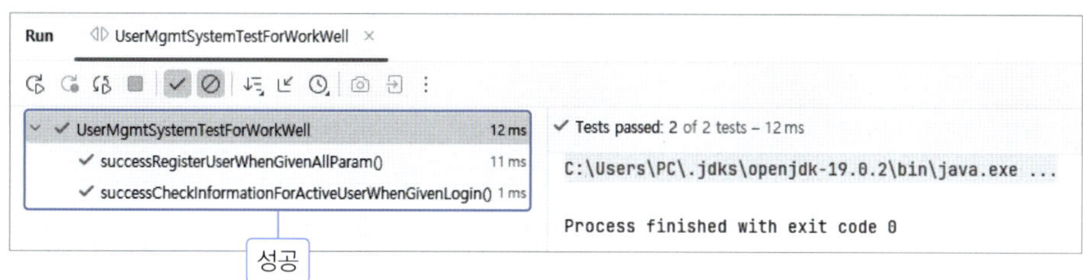

전체 테스트를 실행하면 모든 테스트가 깔끔하게 성공하는 것을 확인할 수 있습니다. 이 때문에 개발자는 테스트 코드가 성공했으므로 문제가 있다는 것을 의심하기 어렵습니다. 그러나 작성된 코드에는 문제가 있습니다. 테스트 함수를 개별로 실행해 보면, 기존에 문제가 없어 보였던 함수가 실패하는 경우가 발생합니다.

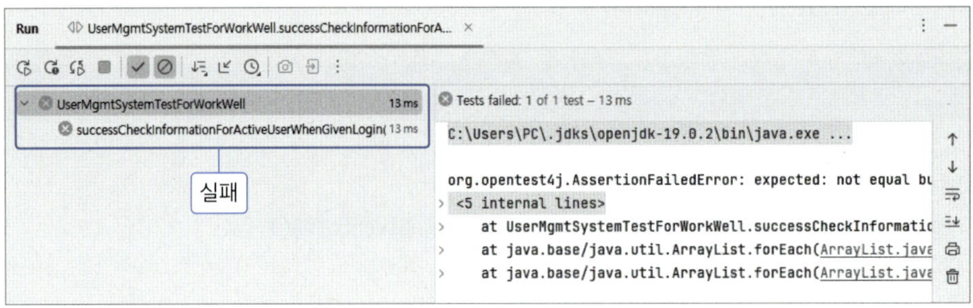

왜 그럴까요? 그 이유는 테스트 함수들이 독립적으로 수행되지 않았기 때문입니다. 예를 들어 활성화된 계정이 미리 등록되어 있어야 Login값을 이용해 계정 정보를 조회하는 successCheckInformationForActiveUserWhenGivenLogin 테스트 함수가 올바르게 실행될 수 있습니다. 이러한 이유로 successRegisterUserWhenGiven AllParam 함수가 먼저 실행되어 활성화된 계정을 등록해야만 성공합니다. 즉, 두 테스트 함수 간의 실행 순서에 의존하고 있으므로 이는 잘못된 테스트 코드 구조입니다.

테스트 함수는 원칙상 독립적으로 수행되어야 하며, 순서를 지정되지 않으면 무작위로 실행됩니다. 그런데 앞서 전체 테스트 코드를 실행했을 때는 우연히 계정 등록 함수가 먼저 실행되어 테스트가 성공할 수 있지만, 개별로 실행하면 그렇지 않을 수 있습니다. 이러한 오류를 미연에 방지하기 위해 보통 @BeforeAll과 같은 애너테이션을 활용해 테스트를 시작하기 전에 계정을 먼저 등록하고, 계정 정보를 조회하는 함수에서는 등록된 계정을 이용하도록 합니다. 이렇게 하면 계정 생성과 조회 기능을 검증하는 두 테스트 함수들이 서로 독립적으로 실행될 수 있습니다.

다음 예시 코드를 살펴보겠습니다.

<table>
<tr><td>코드</td><td>📄 TestCode/test/UserMgmtSystemTestForWorkWell2.java</td></tr>
</table>

```java
...
@BeforeAll
static void SetUp() {
    userMgmtSystem = new UserMgmtSystem();
```

```java
        normalUser = new User(100,"1234", ACTIVE_USER_LOGIN, "M", 29, true);
        userMgmtSystem.registerUser(normalUser);
}

@Test
void successUpdateUserAsInActive() {
    // Given
    User user = normalUser;
    user.setActive(false);

    // When
    User updateUser = userMgmtSystem.updateUserActiveState(user);

    // Then
    assertEquals(false, updateUser.isActive());
}

@Test
void successCheckInformationForActiveUserWhenGivenLogin() {
    // Given
    String login = ACTIVE_USER_LOGIN;
    // When
    User user = userMgmtSystem.getUserByLogin(login);
    // Then
    assertEquals(true, normalUser.isActive());
}
...
```

설명한 대로 @BeforeAll을 사용해 선행 작업으로 계정 하나를 등록한 후, 계정 정보
를 업데이트하거나 확인할 때 사용할 테스트 함수를 작성했습니다. 그런데 여기에도
문제가 있습니다. 여러 테스트 함수에서 동일한 계정 데이터를 공유하는 상황에서 계
정 비활성화 기능을 검증하는 successUpdateUserAsInActive 함수가 먼저 수행되고
@BeforeAll로 등록한 계정이 비활성화되어 다른 테스트 함수에 영향을 미칠 수 있습
니다. 예를 들어 Login값을 이용해 활성화된 계정 정보를 조회하는 기능을 검증하는
successCheckInformationForActiveUserWhenGivenLogin 함수는 @BeforeAll
에서 활성화된 계정을 등록했기 때문에 조회가 성공할 것으로 예상합니다.

하지만 successUpdateUserAsInActive가 먼저 실행되어 계정이 비활성화되면 다
음과 같이 테스트에 실패합니다.

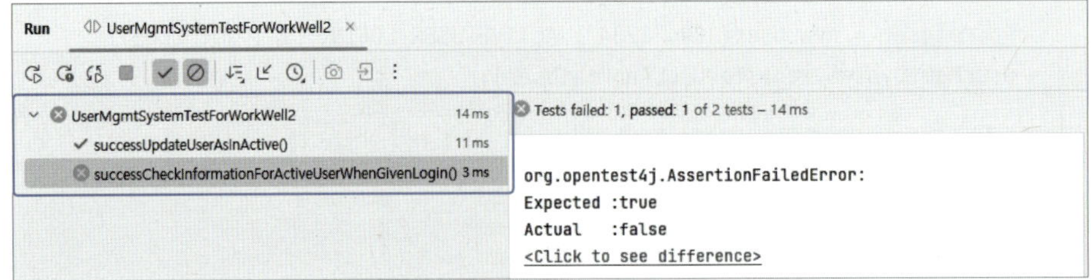

즉, 데이터 조회가 아닌 객체의 데이터를 변경하거나 삭제하는 경우 동일한 객체를 여러 테스트 함수에 공유하면 매우 위험할 수 있습니다.

항상 같은 결과를 보장하는 코드 작성하기

테스트 코드는 항상 같은 결과를 내는 것이 이상적입니다. 당연한 이야기처럼 들릴 수 있지만, 실제로 네트워크 환경이나 시간처럼 외부 요인에 따라 값이 달라지는 경우가 있습니다. 다음 테스트 코드로 자세히 살펴보겠습니다.

코드   TestCode/test/UserMgmtSystemTestForWorkWell3.java

```java
class UserMgmtSystemTestForWorkWell3 {
    ...
    static final String CHILDREN_BIRTHDAY = "2006-05-12";
    ...
    @BeforeAll
    static void SetUp() {
        userMgmtSystem = new UserMgmtSystem();
        client = new Client();
        today = client.receiveDateFromServer();
        LocalDate now = LocalDate.parse(today, DateTimeFormatter.ISO_DATE);
        LocalDate since = LocalDate.parse(CHILDREN_BIRTHDAY, DateTimeFormat
ter.ISO_DATE);
        Period period = Period.between(since, now);
        UNDER_ADULT_AGE = period.getYears();
    }

    @Test
    void 실패_계정생성_19세미만인경우() {
        User user = new User(100, "1234", ACTIVE_USER_LOGIN, "M", UNDER_
ADULT_AGE, true);
        Exception exception = assertThrows(Exception.class, () -> {
            userMgmtSystem.registerUser(user);
        });
        System.out.println(exception.getMessage());
    }
}
```

SetUp 함수에서는 서버로부터 오늘 날짜를 받아 한 어린이의 생일과 비교해 계정 User의 나이를 생성합니다. 이 코드는 이해를 돕기 위해 다소 극단적인 버그가 있는 로직으로 작성했습니다.

먼저 SetUp 함수에서 서버로부터 날짜를 가져오는 기능을 수행하는 receiveDate FromServer 함수가 실제로 클라이언트 객체에서 실행되는 것을 확인합니다. 테스트를 위해 클라이언트가 사용할 서버가 src/DataServer.java에 작성되어 있으며 이 파일을 다음과 같이 먼저 실행시킵니다.

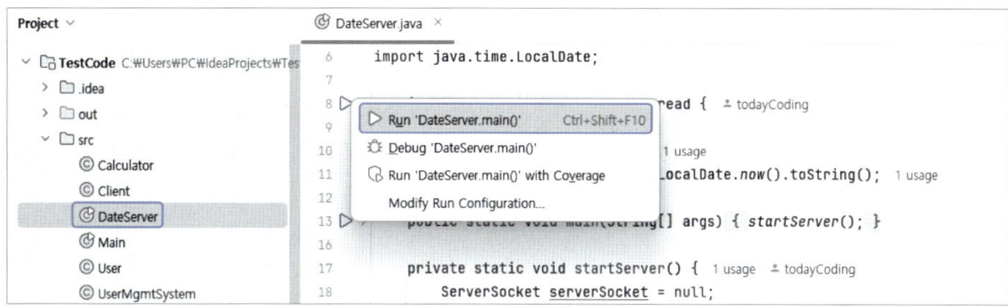

다시 테스트 코드로 돌아와 SetUp 함수의 마지막 라인에 중단점^{break point}를 지정하고, 클래스 왼쪽의 실행 아이콘을 클릭한 뒤 Debug 모드를 실행합니다.

디버깅한 결과를 보면 서버로부터 오늘 날짜를 제대로 받았으며, 이를 통해 생일과 비교하여 User의 나이를 18살로 정확히 판단하는 것을 확인할 수 있습니다. 또한 19세 미만인 User를 처리하는 테스트 결과도 다음과 같이 성공적으로 수행된 것을 볼 수 있습니다.

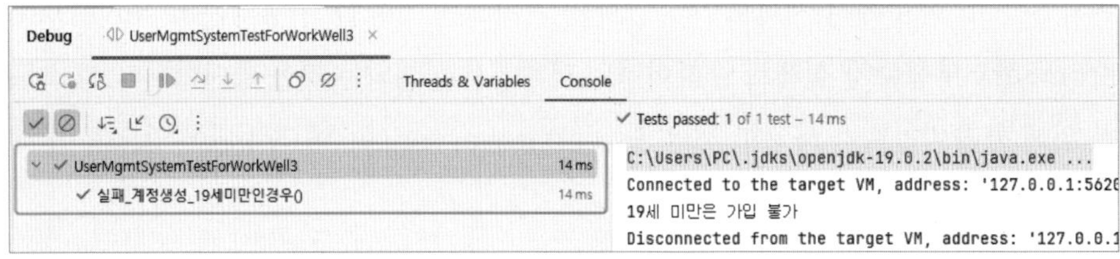

그런데 이 테스트 코드에는 문제가 있습니다. 먼저 src/DataServer.java 파일로 실행 중인 서버를 중지한 후 테스트 코드를 다시 수행해 봅시다.

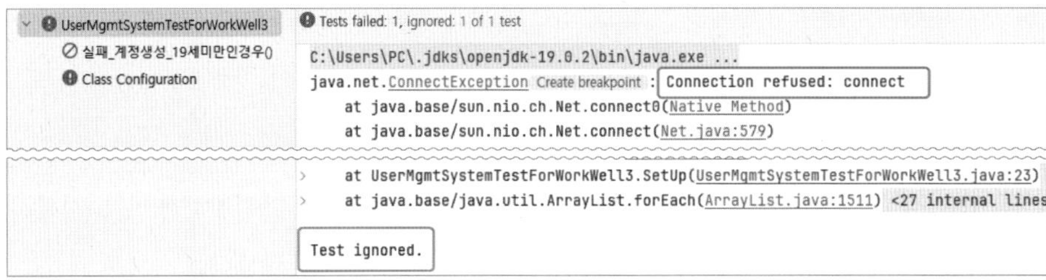

@BeforeAll 내부에 있는 client.receiveDateFromServer를 호출하기 때문에 테스트 함수를 실행하기 전에 오류가 발생합니다. 서버에 접속하려면 서버가 항상 활성화되어 있어야 하기 때문입니다. 학습 목적으로 로컬 서버를 사용했지만, 실제로는 네트워크를 통해 외부 서비스나 DB를 연동하게 됩니다. 결과적으로, 온라인 통신을 할 수 있는 경우에만 테스트가 정상으로 수행될 수 있습니다.

또한 이 테스트 함수는 특정 날짜(예를 들어 2025-05-12) 이후부터는 실패할 위험이 있습니다. 시간이 계속 흐르면서 오늘 날짜와 생일을 비교해 나이를 계산하면, 결국 해당 User가 성인이 되는 날이 도래하기 때문입니다. 예가 다소 극단적이지만, 인증 토큰 값처럼 시간이 지나면 만료되어 테스트가 모두 실패하는 경우도 종종 있습니다.

이러한 문제점을 해결하기 위해 테스트 코드에서는 Mock, Stub, Spy, Fake Object 등의 개념을 활용합니다. 여기서는 가장 많이 사용하는 Mock을 이용해 간단히 수정해 보겠습니다. Mock은 함수를 호출할 때 사전에 정의한 결괏값을 반환하는 가짜 객체라고 할 수 있습니다.

Mock을 사용하려면 다음 내용을 작성해 필요한 라이브러리를 임포트[import] 해야 합니다.

```java
import static org.mockito.Mockito.*;
```

라이브러리를 임포트하고 코드를 변경했습니다.


```java
...
@BeforeAll
    static void SetUp() {
        userMgmtSystem = new UserMgmtSystem();
        // Create mock
        client = mock(Client.class);
        // mock -> when -> then
        when(client.receiveDateFromServer()).thenReturn("2024-08-28");
        today = client.receiveDateFromServer();
...
```

변경한 코드에서는 client 객체의 receiveDateFromServer 함수가 실행될 때, 실제 서버로부터 값을 받아오지 않고 '2024-08-28'이라는 고정된 값을 반환하도록 설정합니다. 이렇게 Client 클래스를 Mock 객체로 설정하면 서버 활성화 여부와 관계없이 테스트가 실행되며, today 변숫값이 2024-08-28으로 고정되어 테스트 함수의 결과가 시간의 흐름에 따라 바뀌지 않도록 보장할 수 있습니다.

```java
19    @BeforeAll   ≛ todayCoding
20    static void SetUp(){
21        userMgmtSystem = new UserMgmtSystem();
22        //Create mock
23        client = mock(Client.class);
24        // mock -> when -> then
25        when(client.receiveDateFromServer()).thenReturn( t "2024-08-28");
26        today = client.receiveDateFromServer();
27        Loc          e.parse(today, DateTimeFormatter.ISO_DATE);
                 > "2024-08-28"        ⓘ
28        Loc          ate.parse(CHILDREN_BIRTHDAY, DateTimeFormatter.ISO_DATE);
29        Period period = Period.between(since, now);
30        UNDER_ADULT_AGE = period.getYears();
31    }
```

✦ 여기에서는 today 변숫값을 확인하기 위해 변숫값이 설정되는 바로 다음 라인에 중단점을 설정했습니다.

이처럼 테스트 코드가 환경과 시간에 구애받지 않고 안정적으로 동작되도록 구성하는 것은 매우 중요합니다.

CI/CD 환경에서 테스트 코드 활용하기

최근 소프트웨어 개발 분야에서 널리 사용하는 개념인 CI/CD는 Continuous Integration & Continuous Delivery/Deployment의 줄임말로, 지속적인 코드 통합과 배포로 개발 속도를 높이고 요구 사항과 변경 사항에 빠르게 대응하는 것을 목표로 합니다. CI/CD 환경에서도 테스트 코드는 핵심 역할을 담당합니다.

다음 그림으로 일반적인 CI/CD 환경을 살펴봅시다. 코드 형상 관리 영역(깃^{git})에서 변경 이벤트가 발생하면 CI/CD 도구가 해당 소스 코드를 가져와 빌드, 테스트, 배포를 순차로 실행합니다.

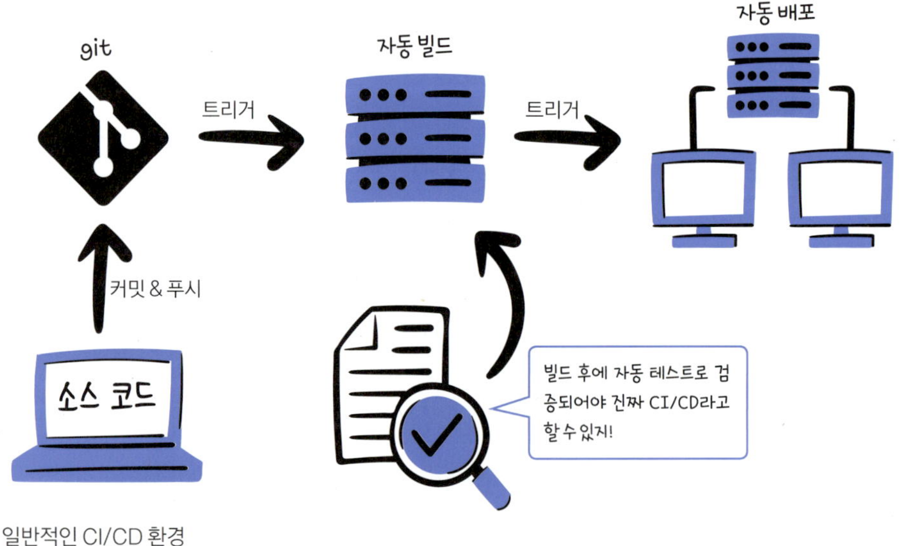

일반적인 CI/CD 환경

최근에는 워크플로를 시각화하고 설정이나 제어를 손쉽게 할 수 있는 다양한 CI/CD 도구가 등장했습니다. 이러한 도구를 활용하면 특정 이벤트가 발생할 때 개발자가 개입하지 않아도 빌드부터 배포까지 자동으로 진행할 수 있습니다.

✦ CI/CD를 위한 대표적인 도구로는 코드 형상 관리를 위한 깃허브GitHub 외에 빌드 및 배포를 위한 젠킨스Jenkins가 있습니다. 최근에는 깃허브 내에서 빌드와 배포까지 한 번에 수행할 수 있는 깃허브 액션GitHub Action 기능도 널리 사용되고 있습니다.

테스트 코드는 자동으로 빌드나 배포하는 과정에서 발생하는 장애나 버그를 최소화하는 데 중요한 역할을 합니다. 테스트 코드를 포함한 워크플로를 구성하면, 테스트 결과에 따라 이후 작업의 진행 여부를 결정할 수 있으며, 배포하기 전에 장애 가능성이 있는 코드를 미리 발견하고 수정할 수 있습니다.

한마디로, CI/CD 환경에서 잘 작성된 테스트 코드는 개발자들에게 최후의 보루이자 듬직한 검사원과 같습니다.

협업 가능한 개발자 되기

효과적인 코드 리뷰, 이렇게 수행하자!

4장 코드 리뷰 이해하기

5장 코드 리뷰를 잘 하는 방법

최근 소프트웨어 개발에서 코드 리뷰의 중요성이 더욱 대두되고 있습니다. 여러분은 코드 리뷰를 어떻게 생각하나요? 대부분의 개발자들은 코드 리뷰를 개발 과정의 한 프로세스로 생각할 것입니다. 틀린 말은 아닙니다. 실제로 코드 리뷰는 개발자가 작성한 코드를 동료가 다른 시각으로 검토하여, 작성자가 미처 발견하지 못한 오류나 코드 스멜 등을 찾아내는 개발 프로세스입니다. 이러한 코드 리뷰는 코드의 품질 향상에 큰 도움을 줍니다.

사실 개발자들은 대부분 이러한 코드 리뷰를 부담스러워합니다. 필자 역시 훌륭한 코드 리뷰를 수행하는 게 쉽지 않습니다. 빠듯한 일정과 개발 업무만으로도 이미 벅찬 상황에서 추가로 하는 코드 리뷰는 번거롭고 피로감을 주는 작업으로 느껴지기 때문입니다. 그래서인지 개발 과정에서 코드 리뷰는 '미운 오리 새끼' 같은 존재로 취급받기도 합니다. 그럼에도 불구하고 코드 리뷰는 점차 개발자들이 반드시 수행해야 하는 필수 과정으로 자리 잡아 가고 있습니다. 그 이유는 무엇일까요? 코드 리뷰를 단순한 프로세스가 아닌 개발 문화의 측면에서 생각해 봅시다.

새로운 문화를 수용할 때 초기에는 여러 부작용과 피로감이 따르지만, 문화가 자리 잡으면 자연스럽게 초반의 귀찮음이나 부작용은 줄어들고 오히려 더 많은 이점을 제공하게 됩니다. 코드 리뷰도 마찬가지입니다. 코드 리뷰 문화가 정착되면 개발자 간 피드백으로 역량이 향상되고 지식을 공유할 기회를 얻게 됩니다. 이러한 과정은 코드 품질을 높일 뿐 아니라 미처 깨닫지 못했던 다양한 이점도 제공합니다.

넷째 마당에서는 코드 리뷰가 개발자에게 가져다주는 이점과 필요성은 물론, 코드 리뷰를 진행하면서 겪게 될 어려움도 살펴보겠습니다. 더불어 이를 효율적으로 수행하는 방법에는 무엇이 있는지 알아보겠습니다.

코드 리뷰 이해하기

코드 리뷰는 개발자와 리뷰어 간의 대화입니다. 이 대화는 단순한 정보 전달보다 설득의 성격이 강합니다. 사람 사이의 대화에는 감정이 크게 작용하기 때문에 기계적으로 처리하기가 어렵습니다. 따라서 코드 리뷰를 논의할 때는 단순히 코드 품질을 향상하는 것뿐만 아니라 프로젝트에 참여한 동료들과의 관계와 프로젝트의 만족감 등 다양한 요소를 고려해야 합니다.

5장에서 구체적인 코드 리뷰 방법을 다루기 전에, 이 장에서는 개발 프로젝트에서 코드 리뷰 문화가 필수적인 이유 그리고 지속 가능한 코드 리뷰와 그 문화를 정착시키는 방안은 무엇인지 살펴보겠습니다.

4-1 코드 리뷰가 필요한 이유
4-2 코드 리뷰를 의미 있게 유지하기 어려운 이유

코드 리뷰가 필요한 이유

개발자들은 테스트 코드를 작성하는 것만큼이나 코드 리뷰 역시 중요하다는 사실을 잘 알고 있지만, 상황에 따라 코드 리뷰를 부정적으로 여기는 경우도 있습니다. 필자 역시 한때 그렇게 생각했습니다.

"내 코드를 개발하기도 바쁜데, 언제 리뷰를 받아서 적용하라는 거야?"
"내 코드를 수정할 시간도 부족한데, 다른 사람의 코드를 어떻게 리뷰하라는 거야?"

사실 주 업무인 개발을 진행하면서 테스트 코드를 작성하거나 다른 사람의 코드를 리뷰하는 일은 매우 어렵습니다. 그렇지만 소프트웨어 개발 과정에서 실질적으로 도움을 주는 것이 바로 코드 리뷰 문화입니다.

코드 리뷰의 장점은 다음과 같습니다.

장점		기대 효과
• 코드의 기능이 수행되는지 확인해 정확성을 높인다. • 변경된 코드를 동료가 쉽게 이해할 수 있다. • 코드 베이스가 일관되게 관리된다. • 동료와 지식을 공유할 수 있다. • 프로젝트 히스토리를 저장해서 추후 활용할 수 있다.		★ 버그를 조기에 발견해 시스템 장애를 예방할 수 있다. ★ 중복 코드를 방지하고 모듈 재사용성 증가 등으로 코드 품질을 향상할 수 있다. ★ 지식 공유 등으로 개인과 팀의 역량을 증대시킬 수 있다.

코드 리뷰는 시간이 많이 걸리고 귀찮은 작업일 수 있지만 그만큼 장점도 많습니다. 그 중 필자가 가장 강조하고 싶은 점은 바로 소스 코드의 공동화입니다. 소스 코드의 공동화란 한 개발자가 작성한 개별 코드가 코드 리뷰 과정을 거치면서 프로젝트에 참여한 모든 사람이 함께 수정하고 발전시켜 나가는 과정을 말합니다.

앞서 언급한 것처럼, 개발자들은 '내 코드'라는 표현에 집착하기 쉽습니다. 내가 만든 코드이니 당연히 '내 코드'라 생각하는 것은 자연스러운 일이지만, 누구나 실수할 수 있으며 자신이 작성한 코드가 완벽하다고 주장하기는 어려울 것입니다. 코드 리뷰를 통해 작성자가 미처 발견하지 못한 버그를 다른 개발자들이 찾아내거나 클린 코드에 좀 더 가까운 수정안을 제시해 줄 수 있습니다.

코드 리뷰는 코드가 한 개발자의 소유가 아니라 협업해서 만든 공동 소유물이라는 것을 개발자에게 인식시켜 줄 수 있습니다. 더 나아가 코드 리뷰는 참여한 사람 모두가 결과물에 주인 의식과 책임감을 갖도록 하는 데 기여합니다.

코드 리뷰를 의미 있게
유지하기 어려운 이유

앞서 코드 리뷰의 장점과 필요성을 이야기했습니다. 그렇다면 어떻게 해야 코드 리뷰를 의미 있게 지속할 수 있을까요? 여러 가이드에서는 공통으로 친절하게를 강조합니다. 다시 말해 무례하지 않고, 부드럽고 매너 있게라는 의미로 해석할 수 있습니다. 이러한 부분이 중요한 이유는 무엇일까요?

코드 리뷰는 코드 품질을 높이기 위해 여러 사람이 토론하고 의견을 공유하는 문화입니다. 코드 리뷰의 본질이 대화이므로 기본적인 대화 매너를 당연히 지켜야 합니다. 그런데 일반적인 대화보다 친절, 예의, 매너를 더욱 강조하는 이유는 무엇일까요?

그 이유는 코드 리뷰에서 토론의 대상인 소스 코드에 대해 개발자와 리뷰어의 입장이 종종 대립하기 때문입니다.

개발자는 자신이 열심히 작성한 코드에 큰 애정을 가지기 쉽습니다. 따라서 리뷰를 거쳐 변경 요청이 들어오면 옳은 지적일지라도 기분이 상하고 '내' 코드에 대한 비판을 곧 자신을 비판하는 것처럼 느낄 수 있습니다.

반면에 같은 프로젝트를 수행하는 동료인 리뷰어는 리뷰 결과가 '우리' 프로젝트를 구성하는 코드로 반영되고, 향후 문제가 발생하지 않아야 된다는 책임감에서 냉철하고 비판적인 시각으로 코드를 검토합니다. 이처럼 리뷰는 서로 다른 시각 때문에 대립하고 감정이 상하는 경우가 종종 발생합니다.

이러한 입장 차이로 개발자와 리뷰어 사이에 대립이 생기고 서로 감정이 상하면, 코드 리뷰는 문화가 아닌 단순한 형식적인 프로세스로 전락하며 기대 효과는 크게 떨어집니다. 결국 코드 리뷰를 의미 있게 지속하는 것이 매우 어려운 과제가 됩니다. 이어지는 5장에서는 개발자와 리뷰어가 서로 감정을 상하지 않고 코드 리뷰를 효과적으로 지속할 수 있는 방법을 살펴보겠습니다.

5장

코드 리뷰를
잘 하는 방법

효과적인 코드 리뷰 방법을 이야기할 때, 보통 리뷰 수행에만 초점을 맞추는 경우가 많습니다. 그러나 앞 장에서 언급했듯이, 코드 리뷰는 개발자와 리뷰어 간의 대화와 토론에 가까운 과정이므로, 이를 긍정적인 문화로 정착하려면 리뷰 요청 단계부터 여러 가지를 신중히 고려해야 합니다. 이 장에서는 상대방의 감정을 상하지 않도록 하면서 코드 리뷰를 효과적으로 요청하고 수행하는 방법을 설명하고, 코드 리뷰에서 자주 사용하는 형상 관리 도구인 깃허브의 다양한 기능도 함께 알아보겠습니다.

5-1 클린하게 코드 리뷰 요청하기

5-2 효과적인 코드 리뷰 수행하기

5-3 코드 리뷰에 유용한 깃허브의 기능

5-1

클린하게 코드 리뷰 요청하기

클린 코드의 목적은 코드를 읽기 쉽고, 빠르게 이해할 수 있도록 만드는 데 있습니다. 이와 마찬가지로 코드 리뷰에서도 **클린하게 요청한다**는 것은 **리뷰어가 읽기 쉽고 이해하기 편한 형태로 리뷰**를 요청한다는 뜻입니다. 보통 리뷰어는 코드를 꼼꼼하게 확인해서 좀 더 의미 있는 피드백을 제공하는 데 중점을 두지만, 효과적인 리뷰를 하려면 우선 리뷰 요청 단계에서 환경을 잘 만드는 것을 선행해야 합니다.

즉, 개발자가 코드 리뷰를 요청할 때는 '클린한' 방식으로 요청해야 합니다. 리뷰 요청을 짧은 보고서나 책을 쓴다고 생각하면서, 읽는 사람이 어떻게 하면 내용을 쉽게 파악할 수 있을지 이어지는 내용을 살펴보며 구체적으로 고민해 봅니다.

PR과 커밋 메시지는 의미 있게 작성하기

리뷰 요청을 책 쓰는 일에 비유하면, PR은 책 제목과 소개, 커밋commit은 목차, 그리고 리뷰 대상인 코드는 본문이라 할 수 있습니다. 커밋 메시지commit message는 코드의 변경 사항을 기록한 기본 단위인 커밋을 생성할 때 작성하며, 이러한 커밋들을 모아 다른 브랜치branch에 병합하기 전에 팀원들에게 코드 리뷰를 요청하는 것을 PR Pull Request이라고 합니다. 이때 리뷰 요청자는 PR 제목과 PR 메시지 등을 작성합니다.

✦ 브랜치는 코드 저장소, 즉 리포지터리 내에서 독립적으로 개발할 수 있는 공간입니다. 브랜치 기능을 활용하면 메인 코드 베이스에 영향을 주지 않고 개발과 수정을 수행할 수 있습니다.

다음 그림과 같이 어떤 책의 제목과 목차 없이 책 내용만 전달된다면 어떨까요? 독자
는 책의 전체 구조나 핵심 내용을 파악하기 어려울 것입니다.

깃허브에서도 마찬가지입니다. 다음 깃허브 화면과 같이 PR과 커밋 메시지 없이 리뷰
요청을 한다면, 리뷰어는 전체 맥락을 이해하기 어렵습니다.

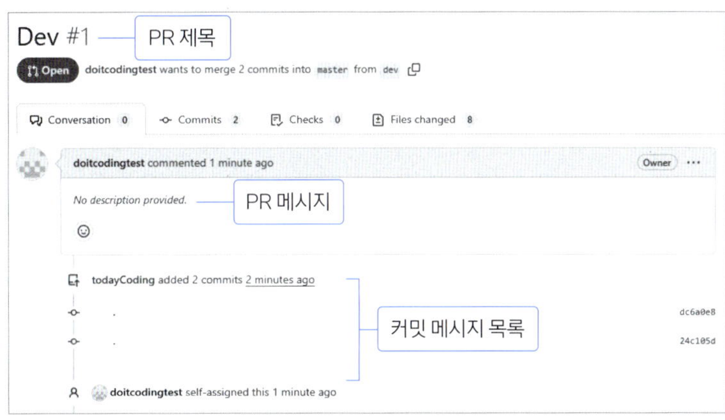

성의 없는 리뷰 요청 예

이렇게 PR 제목이나 메시지를 작성하지 않거나 커밋 메시지를 무의미하게 작성한 채
리뷰를 요청하면 리뷰어는 리뷰에 소홀해질 수 있고, 결국 의미 없는 코드 리뷰로 이어
질 위험이 큽니다.

다음 깃허브 화면을 살펴봅시다.

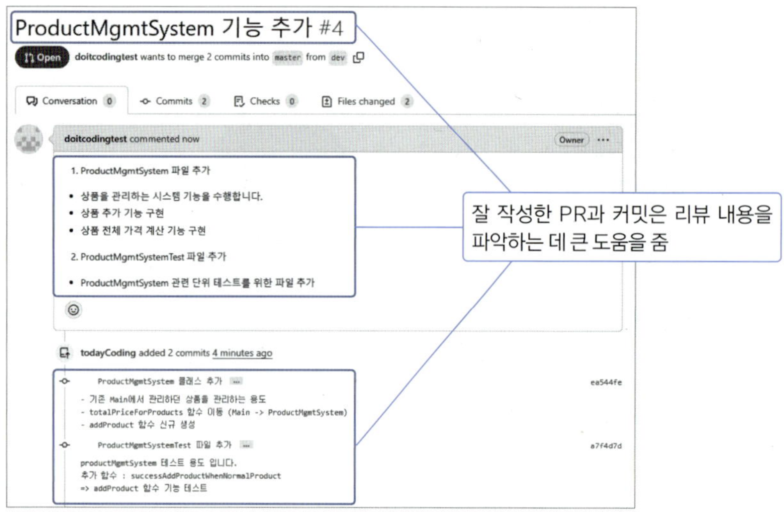

PR과 커밋 메시지가 잘 작성된 리뷰 요청 예

이 사례를 보면, 이전과 달리 PR과 커밋 메시지에 주요 개발 내용이 잘 작성되어 있습니다. 그래서 리뷰어가 리뷰를 시작할 때 개발 내용을 명확하게 파악할 수 있습니다. 또한 리뷰어는 이를 토대로 리뷰 대상인 코드도 빠르게 이해할 수 있습니다. 이처럼 리뷰를 요청할 때는 개발한 코드의 주요 내용을 반드시 PR과 커밋 메시지에 의미 있게 담아야 합니다.

리뷰하기 좋은 크기로 PR 생성하기

책을 고를 때 두껍고 페이지가 많으면 거부감이 드는 것처럼, 코드 리뷰에서도 PR의 크기가 너무 크면 리뷰어에게 부담으로 다가옵니다. 리뷰어 역시 다른 업무를 수행하고 있는 동료이므로 많은 시간을 할애하기 어렵습니다. PR이 지나치게 크면 다음 그림처럼 리뷰어가 PR 크기 축소를 요청할 수도 있습니다.

리뷰할 코드가 지나치게 많아 작업 시간이 오래 걸린다면 어떻게 될까요? 리뷰어는 코드의 세부 사항을 충분히 검토하지 못할 가능성이 높아지고, 리뷰의 질도 떨어질 수 있습니다. 그러므로 리뷰의 효율과 품질을 높이려면, 요청할 때 리뷰어가 감당하고 집중할 수 있는 적절한 크기로 코드를 분할하고 정리하는 과정이 반드시 필요합니다.

깃허브에서는 PR의 크기를 화면 오른쪽 상단에 표시된 숫자로 확인할 수 있습니다. 여기서 +(숫자)는 새로 추가된 코드의 라인 수를, -(숫자)는 삭제된 코드의 라인 수를 의미합니다. 리뷰어는 이 숫자들을 통해 리뷰 대상 코드의 규모를 파악할 수 있습니다.

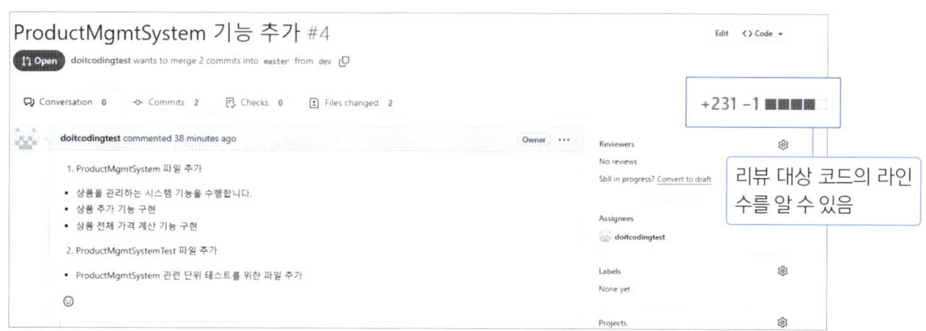

PR의 크기 확인

리뷰에 적극적으로 반응하기

코드 리뷰는 개발자가 리뷰어에게 코드 리뷰를 요청해서 받은 피드백을 확인한 뒤, 이를 반영해 코드^{merge}를 머지하는 순서로 진행됩니다.

✦ 머지는 서로 다른 브랜치의 변경 사항을 하나로 합치는 작업을 뜻합니다. 머지는 분산된 작업 내역을 결합해 일관된 베이스 코드를 유지할 수 있도록 돕습니다. 또한 코드 리뷰를 완료한 후, 개인 feature 브랜치를 main 브랜치로 통합하는 과정을 의미하기도 합니다.

이때 중요한 점은, 개발자가 리뷰어의 피드백에 적극적으로 반응해야 한다는 것입니다. 리뷰어는 어쩌면 다음 그림과 같은 의문을 가질 수도 있습니다.

이처럼 코드를 분석하고 수정 사항이나 개선 방향 등을 제시했을 때, 개발자(리뷰 요청자)가 그 의견에 따라 코드를 수정했는지 또는 반영하지 않았다면 그 이유를 명확히 알려 주는 피드백을 제공하는 것도 코드 리뷰에서 매우 중요한 과정입니다. 이러한 피드백은 리뷰어에게 자신의 의견이 코드 품질 개선에 기여했다는 확신을 주고 리뷰 활동에 보람을 느끼며, 자신의 코드를 작성할 때에도 도움이 됩니다.

다음은 리뷰어 의견을 반영한 예를 보여 줍니다.

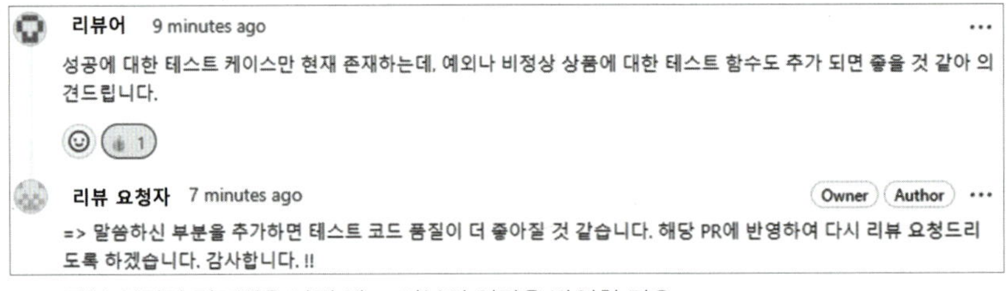

코드 리뷰 의견과 피드백을 남긴 예 ― 리뷰어 의견을 반영한 경우

이 깃허브 화면처럼 개발자가 리뷰어의 의견을 받고 앞으로 어떻게 처리할 것인지 알려 주면 리뷰어는 자신의 피드백이 긍정적인 영향을 미쳤다는 사실을 자연스럽게 인식하고, 다음에도 열정을 갖고 리뷰하는 원동력을 얻기도 합니다.

설령 리뷰 의견을 모두 반영하지 않더라도, 그 이유를 설명하는 피드백은 남기는 것이 좋습니다. 이러한 피드백은 개발자가 처리한 결과를 리뷰어에게 알려 줄 뿐만 아니라 추후 코드 리뷰 의견을 작성할 때에도 참고하고 활용할 수 있도록 도움을 줍니다.

이번에는 리뷰어 의견을 반영하지 않은 예를 살펴봅시다.

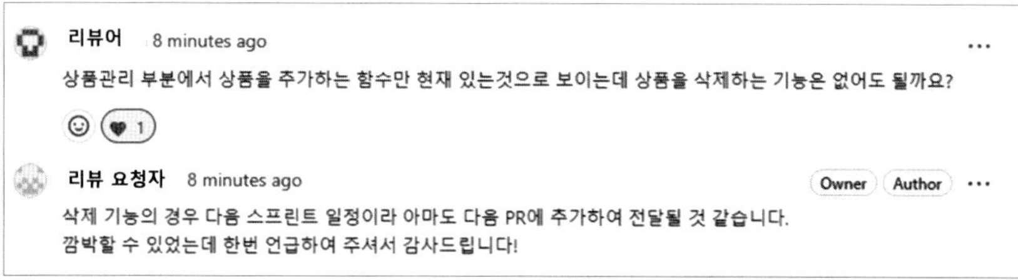

코드 리뷰 의견과 피드백을 남긴 예 — 의견을 반영하지 않은 경우

이와 같이 의견을 반영하지 않아도 반영하지 않는 이유를 설명하는 피드백을 남기는 것이 좋습니다. 이러한 피드백은 처리 결과를 알릴 뿐만 아니라 추후 리뷰에도 활용할 수 있습니다.

만약 리뷰어의 의견을 반영하지 않았다는 피드백조차 없다면, 리뷰어 입장에서는 자신의 리뷰가 쓸모 없다고 느끼거나 오해를 불러일으킬 수 있습니다. 그러므로 개발자는 리뷰 내용을 성실하게 검토하고 피드백을 제공해야 합니다. 이처럼 리뷰 피드백은 효과적인 코드 리뷰를 지속하게 해주는 필수 요소입니다.

지금까지 코드 리뷰를 요청할 때 개발자가 고려해야 할 사항을 살펴보았습니다. 이제 리뷰어가 코드 리뷰를 수행할 때 효과적으로 할 수 있는 방법을 자세히 알아보겠습니다.

효과적인 코드 리뷰 수행하기

리뷰어 입장에서 효과적인 코드 리뷰의 기준은 무엇일까요? **'리뷰를 요청한 개발자에게 얼마나 도움이 되었는가?'** 가 아닐까 싶습니다. 리뷰를 수행할 때 '어떻게 하면 개발자에게 도움되는 의견을 줄 수 있을까?'라는 관점에서 접근한다면, 그 리뷰어는 매우 우수한 리뷰를 수행할 것입니다. 이러한 마인드셋을 바탕으로 더 좋은 리뷰어가 되는 효과적인 코드 리뷰 방법 4가지를 알아봅시다.

친절하게 리뷰 수행하기

코드 리뷰는 개발자와 리뷰어가 의견을 나누는 토론의 장입니다. 그러나 이러한 의사소통 과정에서 때로는 뜻하지 않은 오해와 갈등이 발생하기 마련입니다. 특히 코드 리뷰는 문자로만 소통하기 때문에, 그 내용만으로 상대의 의도를 파악해야 하므로 오해할 소지가 큽니다. 얼굴을 맞대고 대화하면 내용뿐만 아니라 목소리 톤, 표정, 제스처 등 다양한 요소가 함께 전달되어 오해가 줄어드는 반면, 문자 기반의 커뮤니케이션에서는 그런 요소들이 빠지기 때문에 그렇습니다.

앞서 말했듯이 리뷰를 요청한 개발자는 자신의 코드에 애정을 가지고 있어서 리뷰 의견에 민감할 수 있습니다. 그래서 리뷰를 수행할 때는 최대한 친절하게 의견을 전달하는 것이 좋습니다. 부드러운 문체를 사용하고, 수정이나 개선 의견을 제시할 때 강압적이지 않도록 청유형 문장으로 작성하는 것을 추천합니다. 또한 코드 리뷰는 공식 문서가 아니므로 딱딱한 분위기를 완화할 수 있도록 이모티콘을 활용하는 방법도 추천합니다.

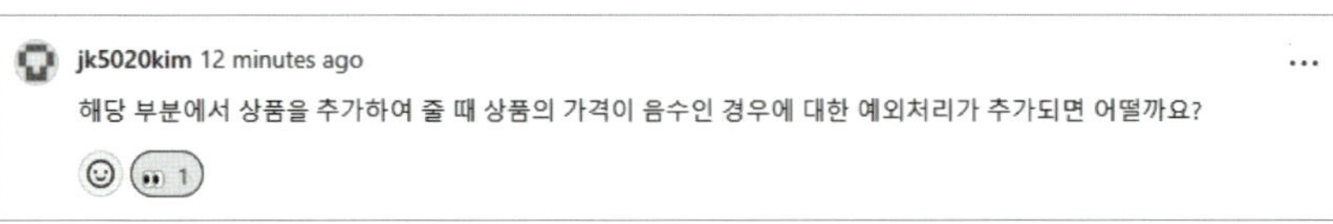

친절한 리뷰 작성의 예

코드 리뷰에서 개발자들이 가장 불편하게 느끼는 부분은 자신이 작성한 코드를 평가받는 느낌을 받는다는 것이라고 합니다. 그러므로 코드 리뷰에서는 이런 감정적인 요소를 고려해 친절한 문체를 사용하는 것이 가장 기본적인 스킬입니다. 리뷰 의견이 아무리 옳다고 하더라도, 개발자에게 상처를 주거나 불쾌하게 한다면 효과적인 리뷰라고 할 수 없습니다.

레벨을 표시해 의견 제시하기

리뷰를 친절하게 작성하려다 보면, 때로 의견을 다소 모호하게 남기는 경우가 있습니다. 이를 방지하는 방법으로 리뷰 의견을 레벨로 구분해 제시하면 좋습니다. 시스템을 운영할 때 로그 기록을 참고하는데, 로그에는 심각한 오류나 참고용 정보 등의 내용을 담은 레벨이 표시되어 있습니다.

마찬가지로, 리뷰 의견에도 레벨을 함께 표시하면 개발자가 직관적으로 이해하고 참고하기도 훨씬 수월해집니다. 실제로 이 방법은 여러 IT 회사에서 사용하고 있으며, 회사나 도구에 따라 차이는 있지만 기본 맥락은 동일합니다.

여기서는 깃허브를 기준으로 설명하겠습니다. 다음 깃허브 화면에서 알 수 있듯, 리뷰를 남길 때는 다음과 같이 레벨을 함께 표시합니다.

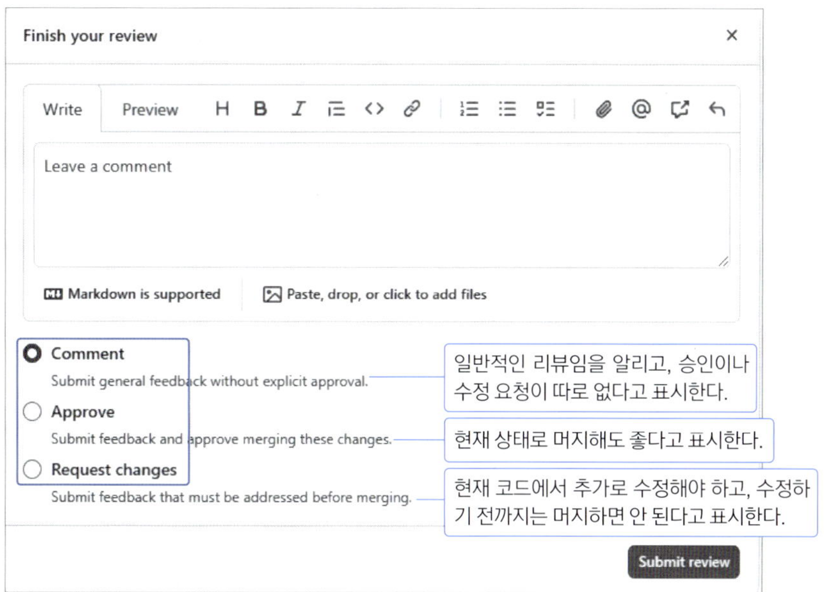

코드 리뷰 레벨 선택

이처럼 깃허브에서는 리뷰를 기록할 때 Request changes, Comment, Approve 중에서 선택해 레벨을 함께 표시하여 리뷰어의 종합 의견을 표현합니다.

✦ Request changes는 리뷰어가 코드 수정에 관한 구체적인 피드백을 작성해, PR 내 수정 사항이 해결되기 전까지 머지를 하지 못하도록 합니다. 이는 코드 품질을 높이고 버그나 장애를 예방하는 데 중요한 역할을 합니다.

이렇게 리뷰와 함께 레벨을 선택하는 방법도 좋지만, 다음과 같이 변경된 소스 코드를 보면서 특정 코드에 인라인 리뷰^{inline review}를 수행할 때 레벨을 함께 기재하는 방법도 있습니다. 인라인 리뷰란 변경된 소스 코드 내 특정 부분에서 해당 코드 라인 옆이나 근처에 피드백을 직접 남기는 리뷰 방식입니다.

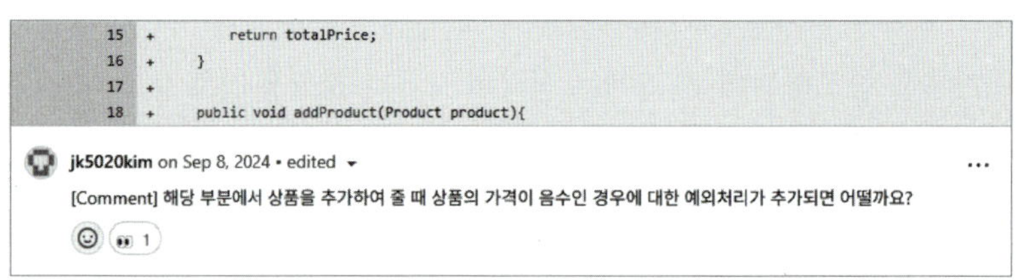

인라인 리뷰 예

실제 현업에서는 깃허브에서 최종 의견을 남길 때 전체 리뷰 내역을 요약하는 형태로 작성하고, 변경된 코드에 대한 구체적인 리뷰는 인라인 리뷰로 수행하는 것을 선호합니다. 인라인 리뷰는 변경할 부분에 각각 다른 레벨로 의견을 구분하여 작성할 수 있기 때문입니다. 또한 인라인 리뷰를 진행할 때, 여기에서 보여 준 레벨 3개 외에 필요에 따라 더 많은 레벨을 프로젝트의 특성에 맞게 구성해 사용할 수도 있습니다.

참고 자료 또는 해결 방안과 함께 의견 제시하기

코드 리뷰 작성에서 꼭 개선해야 하는 부분에 의견을 제시할 때는 참고 자료나 해결 방안을 함께 기재하는 것이 좋습니다. 이렇게 하는 이유는 크게 두 가지입니다.

첫째, 공신력 있는 참고 자료를 포함하면 개발자가 부족했던 부분을 쉽게 인식하고 개선할 수 있습니다. 둘째, 개선 의견을 제시한 부분은 보통 개발자가 잘 모르거나 잘못 알고 있을 가능성이 크므로, 구체적인 해결 방법을 함께 작성하면 수정 작업을 하기가 훨씬 수월해집니다. 즉, 리뷰어가 코드 개선 의견을 제시했다면 개발자보다 해결 방안을 더 잘 알고 있을 확률이 높으므로 코드 수정이나 품질 개선 방법을 함께 제시하면 개발자에게 큰 도움이 됩니다.

다음은 깃허브에 참고 자료나 해결 방안을 함께 남긴 리뷰 예입니다.

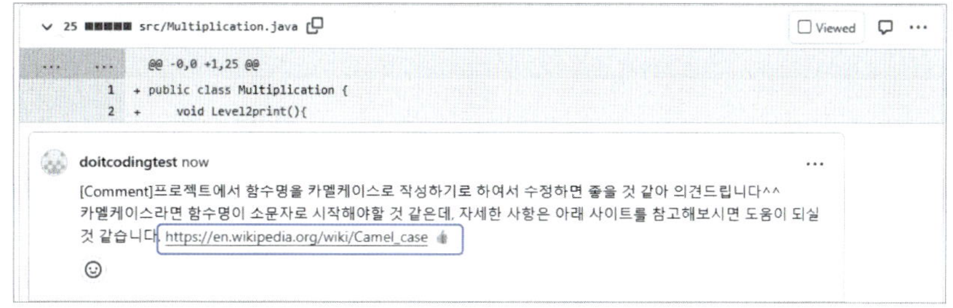

참고 자료를 제공한 리뷰 예

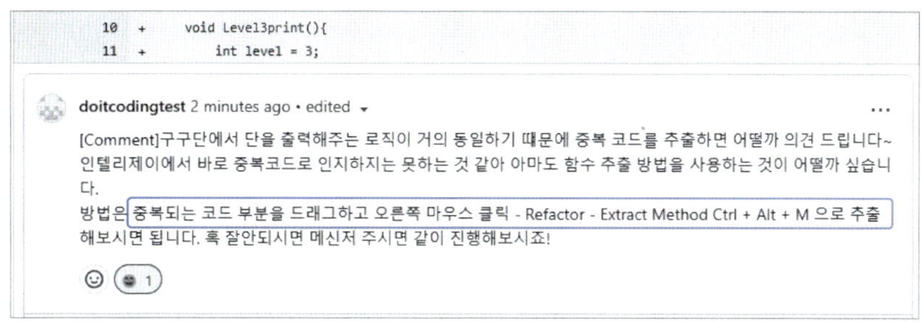

해결 방안을 제시한 리뷰 예

코드 리뷰의 궁극적인 목적은 현재 개발하는 코드의 품질을 높이는 것이지만, 앞서
4-1절에서 설명한 바와 같이 이러한 리뷰 과정은 개발자의 역량 향상에도 기여합니다.
이 예에서는 카멜 케이스 사용법과 리팩터링 방법을 공유했는데, 개발자는 이 피드백
을 학습함으로써 프로그래밍 실력을 높일 수 있습니다. 결국, 좋은 코드 리뷰를 지속하
면 따로 학습할 시간을 내지 않아도 프로젝트에 필요한 역량을 획득할 수 있습니다.

구체적인 칭찬은 개발자를 춤추게 한다

'칭찬은 고래도 춤추게 한다'는 말이 있을 정도로 칭찬은 강력한 효과를 발휘합니다.
코드 리뷰에서도 마찬가지입니다. 수정할 내용이나 개선 방향을 제시하는 것뿐만 아
니라 칭찬을 구체적으로 남기는 것도 매우 좋습니다. 단순하게 칭찬하는 것보다 무엇이
좋았는지, 어떤 점이 뛰어났는지를 명확히 언급해야 합니다.

다음 깃허브 화면을 살펴봅시다. 여러분도 아마 이와 유사한 리뷰를 작성해 왔을 것입니다.

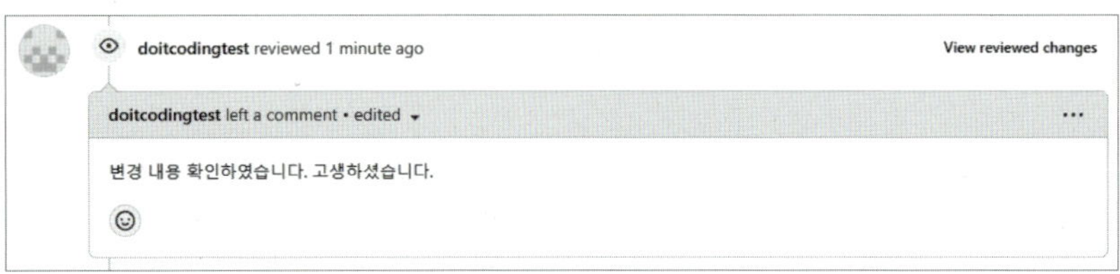

일반적인 리뷰 예

이와 같은 예가 잘못된 것은 아니지만 다음과 같이 구체적으로 칭찬한다면 개발자에게 더욱 큰 동기 부여를 할 수 있습니다.

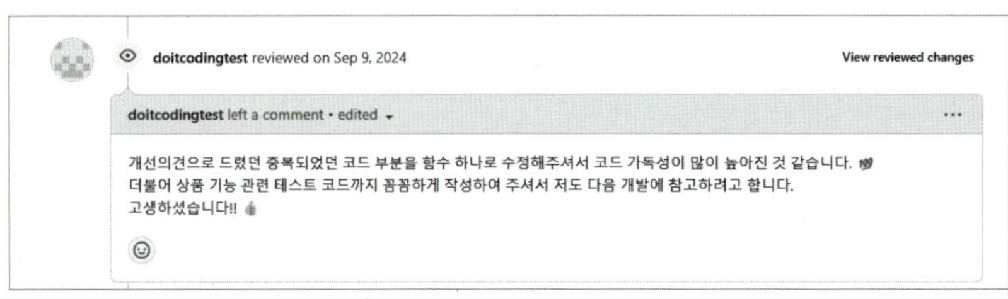

구체적으로 칭찬한 리뷰 예

칭찬하는 리뷰는 이 정도 수준으로 구체적으로 작성하면 됩니다. 구체적인 칭찬은 다른 리뷰 방법에 비해 공수가 덜 들지만 파급 효과는 매우 큽니다. 대부분의 개발자는 리뷰를 받을 때 자신이 작성한 코드를 평가받는 것 같아 불편해하지만, 구체적인 칭찬은 이러한 느낌을 줄여 주어 효과적인 코드 리뷰를 지속할 수 있는 원동력으로 작용합니다.

또한 구체적인 칭찬은 리뷰어가 개발 내용을 꼼꼼하고 성실하게 검토했다는 인상을 주어, 개발자가 자신의 노력을 인정받았다는 느낌을 받게 합니다. 개발자가 구체적으로 칭찬 리뷰를 받는다면 큰 기쁨을 얻고 리뷰어에게 감사할 것입니다.

지금까지 코드 리뷰를 잘 요청하고 수행하는 방법을 살펴보았습니다. 여기에서 소개한 7가지 방법은 '리뷰어가 어떻게 하면 효과적으로 리뷰할 수 있을까?'와 '리뷰 요청자(개발자)가 어떻게 하면 리뷰 의견을 잘 받아들이고 코드 품질을 높일 수 있을까?'라는 관점에서 비롯했습니다. 이 책을 읽는 여러분도 상대방의 입장을 고려하고 배려하는 마음으로 코드 리뷰를 진행하길 바랍니다.

코드 리뷰에 유용한 깃허브의 기능

형상 관리 도구의 종류는 다양합니다. 대표적으로 퍼포스^{Perforce}, SVN, 깃랩^{GitLab}, 깃허브^{Github} 등이 있습니다. 시대와 트렌드에 따라 개발자들이 사용하는 도구가 달라지지만, 현재는 깃허브가 깃허브 액션^{Github Action}이나 깃허브 코파일럿^{Github Copilot} 등의 기능으로 단순한 형상 관리를 넘어 CI/CD와 AI를 활용한 개발 지원 영역까지 확장하면서 시장을 주도하고 있습니다. 이처럼 다양한 기능을 제공하는 깃허브에는 코드 리뷰에 유용한 기능도 포함되어 있습니다. 이제 이러한 깃허브의 여러 기능을 살펴보고, 코드 리뷰에 어떻게 효과적으로 활용할 수 있는지 알아봅시다.

자동으로 리뷰어 지정하기

프로젝트를 진행하다 보면 수많은 PR이 생성되는데, 매번 코드 리뷰어를 수동으로 지정하려면 매우 번거롭습니다. 이 문제를 해결하기 위해 깃허브에서는 CODEOWNERS 파일을 이용해 자동으로 리뷰어를 지정할 수 있습니다.

1. 깃허브에서 프로젝트의 최상위 경로, docs/, .github/ 세 개 중 원하는 위치에 CODEOWNERS 파일을 생성합니다. 여기서는 최상위 경로에 CODEOWNERS 파일을 생성해 보겠습니다. 다음과 같이 최상위 위치에서 [Create new file]을 클릭합니다.

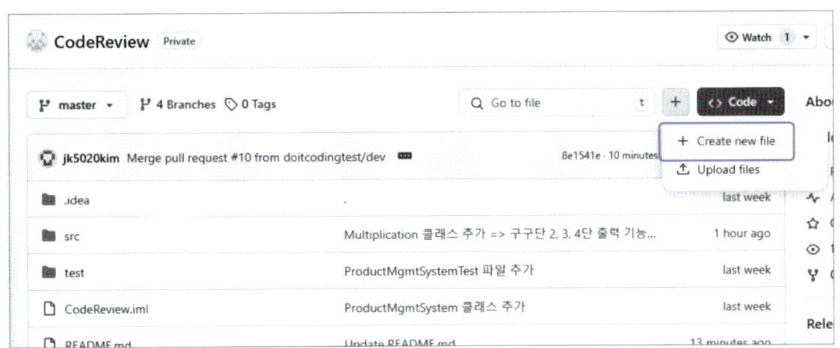

2. 생성한 CODEOWNERS 파일에 내용을 작성해 봅시다. 작성 내용에는 리뷰 대상을 정의하고 리뷰어를 설정합니다. 다음 샘플 파일을 참고하세요. 이 샘플 파일은 주석 (#)으로 각 코드의 의미를 설명합니다.

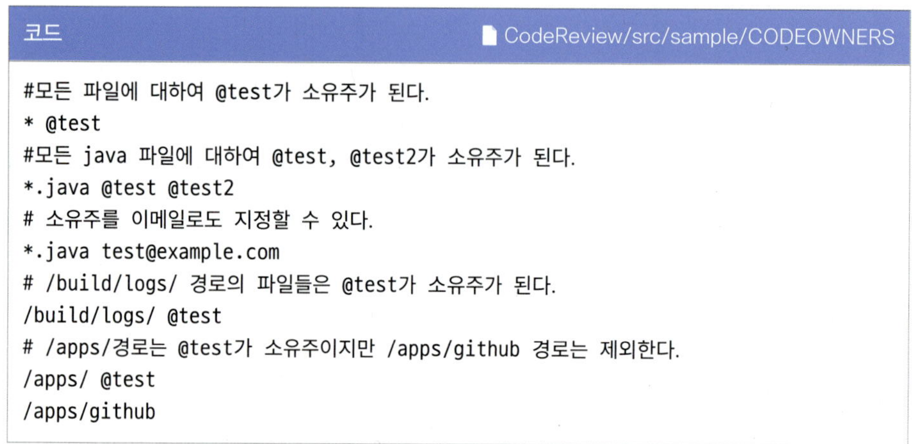


```
#모든 파일에 대하여 @test가 소유주가 된다.
* @test
#모든 java 파일에 대하여 @test, @test2가 소유주가 된다.
*.java @test @test2
# 소유주를 이메일로도 지정할 수 있다.
*.java test@example.com
# /build/logs/ 경로의 파일들은 @test가 소유주가 된다.
/build/logs/ @test
# /apps/경로는 @test가 소유주이지만 /apps/github 경로는 제외한다.
/apps/ @test
/apps/github
```

3. 샘플을 응용해 다음과 같이 모든 파일에 doitcodingtest와 jk5020kim을 소유자로 지정하도록 파일 내용을 작성해 봅시다.

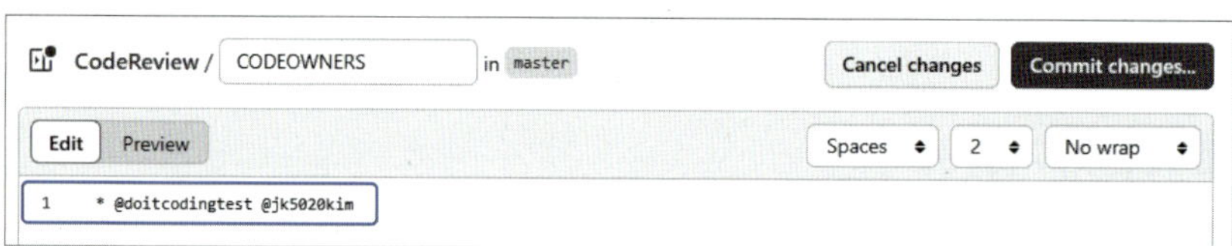

4. 이후 다음과 같이 doitcodingtest 계정으로 PR을 생성하면, 자동으로 jk5020kim 계정이 리뷰어로 지정됩니다. 리뷰어 지정은 모든 소유주를 대상으로 하며, 이때 리뷰어로 요청자 자신은 제외됩니다.

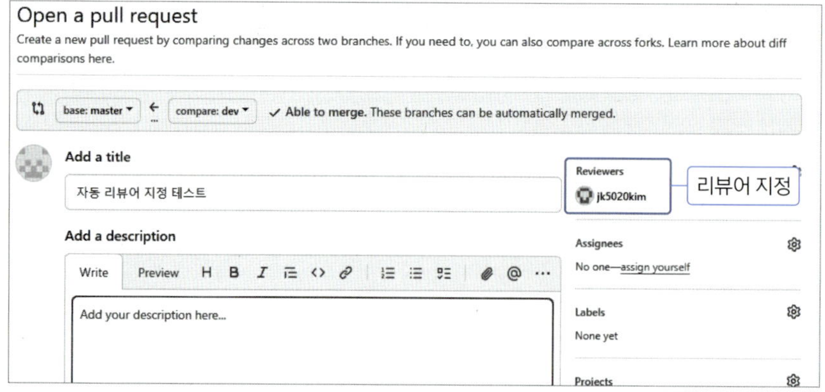

최소 리뷰 승인 수 설정하기

PR을 머지할 때 최소 리뷰 승인 수를 설정하지 않으면, 리뷰 없이도 PR을 머지할 수 있습니다. 리뷰 없이 머지된 PR은 동료가 코드를 검증하지 않은 채 운영 시스템에 바로 반영되어, 결국 시스템 장애와 같은 큰 문제를 일으킬 수 있습니다. 그러므로 현장에서는 리뷰 승인 수를 최소한으로 요구하여 코드 리뷰를 반드시 수행하도록 유도하는 것이 좋습니다.

깃허브에서는 PR 머지를 위해 최소 리뷰 승인 수를 설정할 수 있도록 하여 코드 리뷰 활성화를 돕습니다. 최소 리뷰 승인 수를 실제로 적용하는 방법을 살펴보겠습니다.

1. 먼저 최소 리뷰 승인 수를 필수로 설정하지 않은 상태에서 PR을 생성해 봅시다.

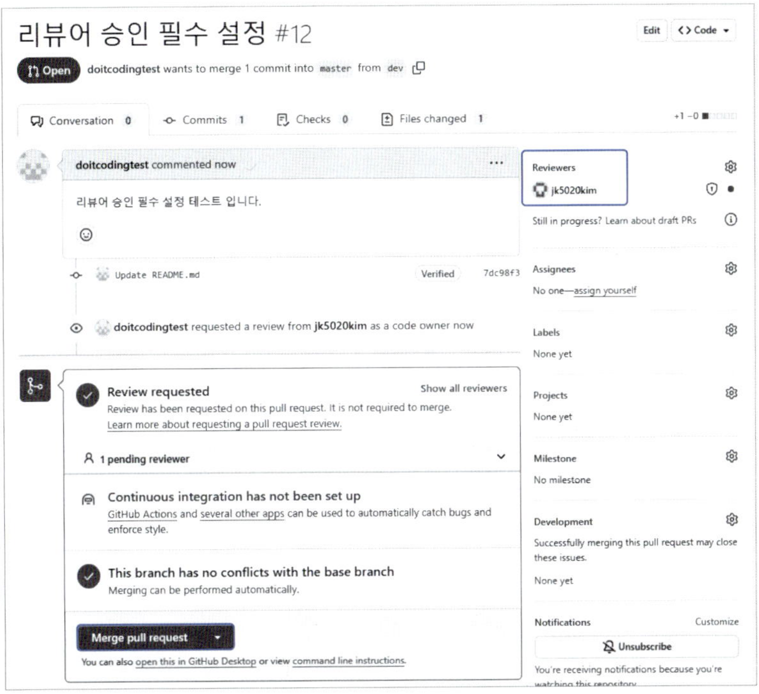

다음과 같이 리뷰어가 자동으로 지정되어 jk5020kim이 할당된 것을 확인할 수 있습니다. 하지만 리뷰 승인은 필수가 아니므로, 리뷰어가 리뷰를 하지 않아도 [Merge pull request] 버튼이 활성화된 것을 확인할 수 있습니다. 즉, 리뷰가 없어도 머지할 수 있는 상태인 것입니다.

2. 리뷰가 없으면 머지가 되지 않도록 최소한의 리뷰 승인 수를 필수로 설정해 봅시다. 다음과 같이 리포지터리 오른쪽 상단 메뉴에서 [Settings]를 클릭한 뒤, 왼쪽 메뉴에서 [Branches]를 선택합니다. 이후 [Add branch reuleset] 버튼을 클릭합니다. 이 버튼을 누르면 브랜치마다 다양한 룰을 지정할 수 있습니다. 여기서는 최소 리뷰 승인 개수를 설정하는 것이 목표입니다.

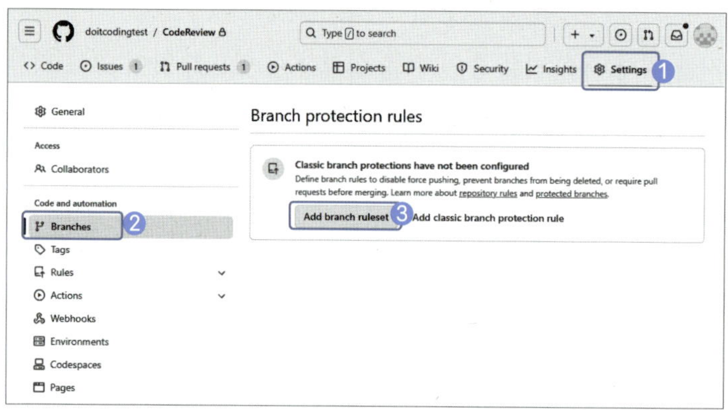

3. 다음 화면에서 룰셋ruleset 이름을 입력하고, 생성할 룰셋의 상태를 [Active]로 변경합니다. 룰셋 이름으로 해당 룰셋이 어떤 규칙rule에 관한 것인지 쉽게 파악할 수 있으며, 상태(Active 또는 Disabled)에 따라 활성화 여부를 판단할 수 있습니다. Active이면 현재 활성화돼 동작하고 있는 상태이고, Disabled이면 현재 비활성화돼 동작하지 않는 상태입니다. 상탯값은 나중에 변경할 수 있습니다.

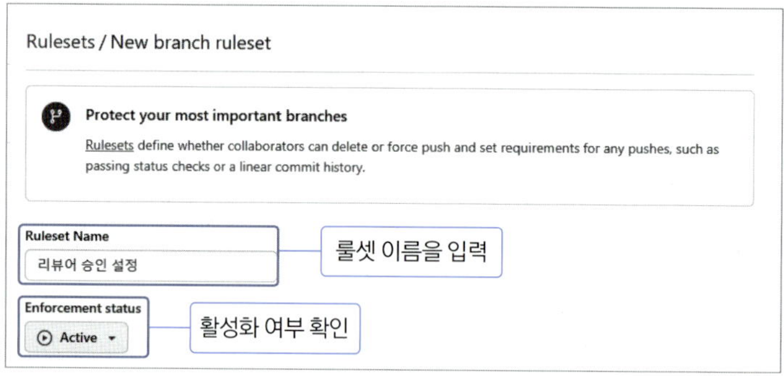

4. 이후 룰셋을 적용할 브랜치를 설정합니다. 실습에서는 기본 브랜치^{default brance}를 추가하고, [Include by pattern]을 클릭해 dev 브랜치를 추가했습니다. 이렇게 추가한 브랜치 목록에 룰셋이 적용됩니다.

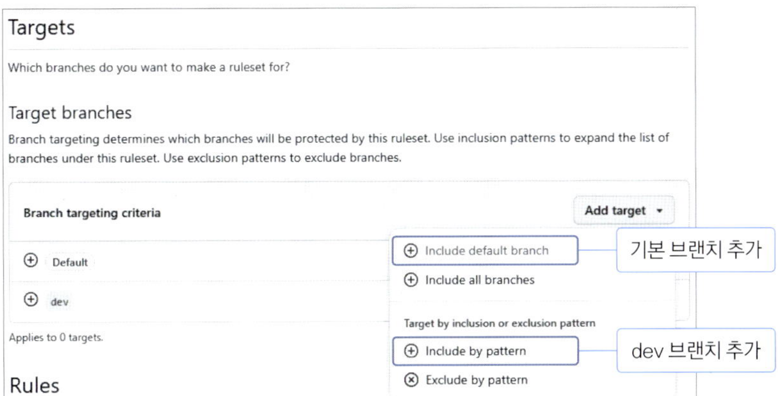

5. 룰(Rules) 메뉴에서는 'Require a pull request before merging(PR 머지 전 필요한 승인 개수)'에 체크한 뒤, 리뷰 승인 개수를 선택합니다. 여기서는 소개를 위해 1명으로 설정한 뒤, [Create] 버튼을 클릭합니다.

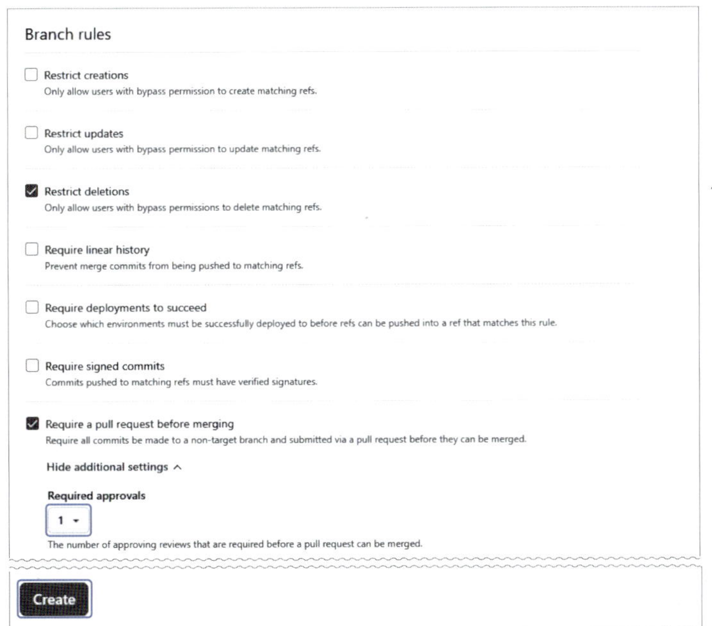

6. 다시 생성한 PR 화면으로 돌아가면, 이전과 다르게 머지 버튼이 비활성화되고 1명의 승인이 필요하다는 메시지가 등장합니다.

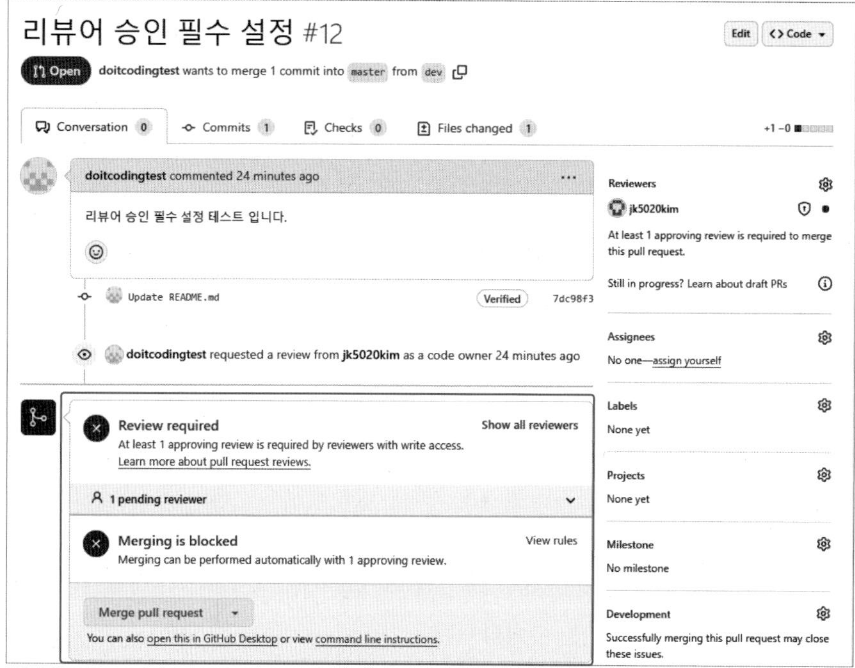

7. 리뷰어 1명이 리뷰 승인을 완료하면, [Merge pull request] 버튼이 활성화되어 해당 PR이 머지를 할 수 있는 상태로 변경됩니다.

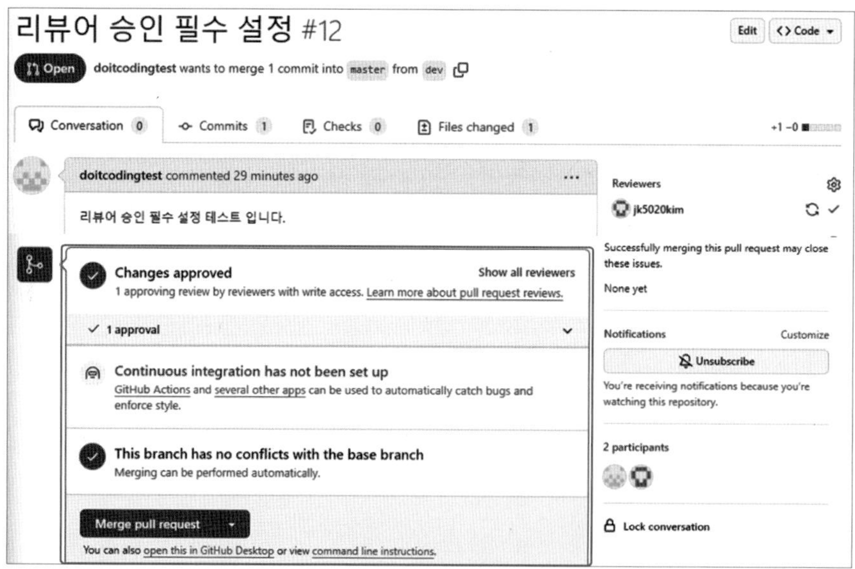

이처럼 리뷰 승인 수를 설정하면 코드 리뷰 수행을 최소한으로 PR이 머지되므로, 코드 리뷰를 유도하고 활성화할 수 있습니다.

1장부터 5장까지 더 좋은 코드를 만드는 데 초점을 맞췄다면, 6장부터는 아키텍처까지 생각하는 개발자로 성장하기 위한 학습을 시작해 보겠습니다. 소프트웨어 개발에서 클린 코드를 작성하는 것은 매우 중요하지만, 소프트웨어의 구조를 올바르게 설계하는 능력 또한 필수입니다. 6장부터 다룰 클린 아키텍처 관련 내용은 협업하기 쉽고 유지 보수와 유연한 테스트를 보장해 주는 소프트웨어 구조로 설계할 수 있도록 여러분의 능력을 키워줄 것입니다.

상호 작용
상호 작용
객체
객체
객체
상호 작용

좋은 구조를 만드는 개발자 되기

객체 지향과 디자인 패턴에 능숙해지자!

6장 객체 지향 프로그래밍 이해하기

7장 효과적인 디자인 패턴 활용 전략

클린 아키텍처는 시스템의 계층과 모듈을 명확하게 분리하면서도 유연하게 연결하는 소프트웨어 설계 구조입니다. 이러한 설계 방식은 소프트웨어를 유지 보수하거나 확장, 변경할 때 강점을 가지며, 테스트 용이성을 높여 코드 품질 개선에 기여합니다. 따라서 개발자는 소프트웨어의 유지 보수성을 높이고 품질을 향상하기 위해 클린 아키텍처를 반드시 학습해야 합니다. 다양한 견해가 있지만, 클린 아키텍처 설계의 시작점은 변화하는 요소와 변화하지 않는 요소를 적절히 분리하는 데 있습니다. 이는 앞으로 배울 객체 지향 프로그래밍과 디자인 패턴의 대전제이니 꼭 기억해 두기 바랍니다.

클린 아키텍처의 계층 구조는 다음 그림처럼 크게 4가지로 안쪽부터 엔티티, 유스 케이스, 인터페이스 어댑터, 외부 인터페이스로 구분됩니다. 이 계층 구조는 의존성 규칙을 기반으로 구성하며, '바깥쪽의 수정은 안쪽에 영향을 주지 않는다'는 원칙에 따라 설계됩니다.

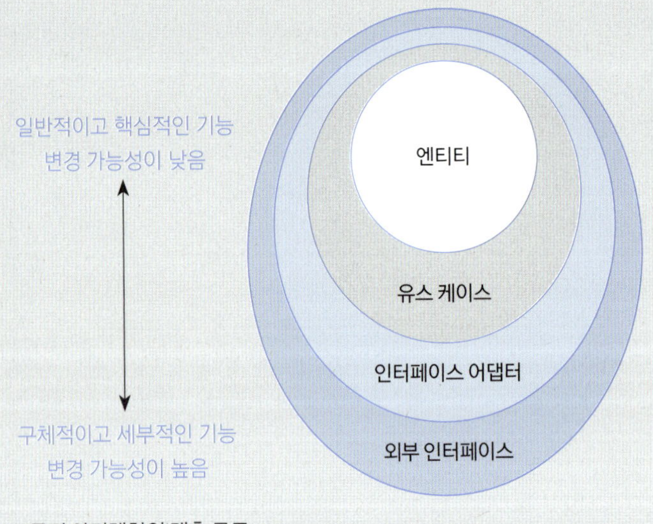

클린 아키텍처의 계층 구조

- **엔티티**entitiy: 소프트웨어 시스템의 핵심 기능과 규칙을 캡슐화하며, 네 요소 중 가장 수명이 길고 변경 가능성이 낮습니다.
- **유스 케이스**use case: 엔티티에 영향을 주지 않고 인터페이스 어댑터나 외부 인터페이스의 변경에 영향을 받지 않도록 설계됩니다. 애플리케이션에 특화된 업무 규칙을 정의합니다.

  ◆ 여기서 애플리케이션은 사용자의 요청에 따라 비즈니스 로직을 수행하고 결과를 반환하는 프로그램을 의미합니다.

- **인터페이스 어댑터**interface adapter: 외부 인터페이스의 요청을 내부 계층(엔티티, 유스 케이스)에서 처리하기 쉽도록 변환합니다. 인터페이스 어댑터로는 컨트롤러controller, 게이트웨이gateway, 프레젠터presenter 등이 있습니다.
- **외부 인터페이스**external interface: 시스템과 외부 환경 간의 직접적인 상호작용을 담당하며, 변경 빈도가 가장 높은 계층입니다. 외부 인터페이스로는 웹web, 사용자 인터페이스UI, 데이터베이스DB, 디바이스device 등이 있습니다.

이 계층 구조를 유지하려면 소프트웨어 설계 단계에서 구성 요소를 분리하고 모듈화하는 과정을 반드시 거쳐야 합니다. 이러한 설계를 통해 코드의 확장성과 재사용성을 높일 수 있는데, 이는 곧 클린 아키텍처로 나아가는 과정이라 할 수 있습니다. 정리하면, 클린 아키텍처는 시스템의 구성 요소를 분리하고 모듈화하여 코드의 확장성과 재사용성을 높이는 소프트웨어 설계 방법입니다.

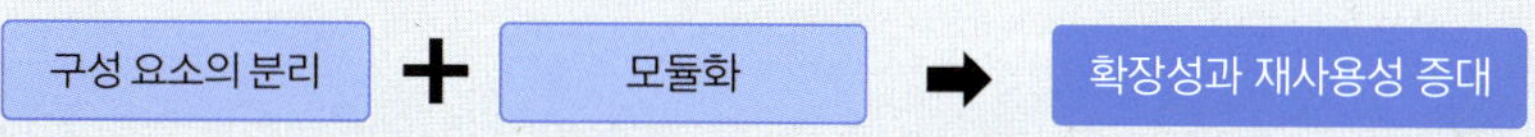

이번 마당에서는 클린 아키텍처를 실현하는 구체적인 방법으로 6장에서 객체 지향 프로그래밍을, 7장에서는 디자인 패턴을 학습합니다. 개발자는 이 2가지 방식으로 유지 보수성과 확장성이 높은 소프트웨어를 설계하고 구현할 수 있으며, 기능 변경에 유연하게 대응하고 주어진 요구 사항을 효율적으로 해결하는 능력 또한 갖출 수 있습니다.

## 6장

객체 지향 프로그래밍 이해하기

데이터를 순차로 단순 처리하는 절차 지향 프로그래밍 방식과 달리, 객체 지향 프로그래밍은 시스템에서 다루고자 하는 실제 세계의 실체를 객체 단위로 나누고 이들 간의 상호 작용을 통해 문제를 해결하는 방식입니다.

그 덕분에 절차 지향 프로그래밍보다 코드의 확장성과 재사용성이 뛰어나며, 외부에서 추가 요청이나 기능 변경이 있을 때도 유연하게 대응할 수 있습니다. 이러한 이유로 대규모 소프트웨어 개발에서 객체 지향 프로그래밍이 범용으로 활용됩니다. 이번 장에서는 객체 지향 프로그래밍의 4가지 특징과 SOLID 원칙 등을 익히며, 객체 지향 프로그래밍이란 무엇인지 좀 더 자세하게 알아보겠습니다.

6-1 객체 지향 프로그래밍의 특징
6-2 개발 생산성을 높이는 SOLID 원칙

객체 지향 프로그래밍의 특징

객체 지향 프로그래밍Object-Oriented Programming, OOP의 장점으로는 코드의 확장성, 재사용성 그리고 프로그램 기능의 유연한 변경 등을 들 수 있습니다. 이러한 장점은 앞으로 배울 객체 지향 프로그래밍으로 실현할 수 있습니다. 객체 지향 프로그래밍의 4가지 특징은 다음과 같습니다.

- **추상화**: 복잡한 시스템을 단순화하고 핵심 부분만 보여줍니다.
- **상속**: 기존 클래스를 바탕으로 새로운 클래스를 만들고 재사용할 수 있습니다.
- **다형성**: 이름이 같은 함수가 상황에 따라 다른 방식으로 동작합니다.
- **캡슐화**: 객체의 데이터는 숨기고 필요한 기능만 외부에 공개합니다.

객체 지향 프로그래밍의 특징 4가지를 본격적으로 설명하기 전에 먼저 클래스와 객체를 알아봅시다. 이미 익숙하겠지만, 객체 지향 프로그래밍에서 클래스class는 객체object를 생성하기 위해 그 객체가 가져야 할 속성과 기능을 변수와 함수로 정의한, 일종의 템플릿입니다. 객체는 이 템플릿을 바탕으로 실제 생성된 인스턴스로, 클래스에서 정의한 속성과 기능을 그대로 갖게 됩니다. 하나의 클래스로부터 여러 개의 객체를 생성할 수 있으며, 각 객체는 프로그램 내에서 독립적인 역할과 행위를 수행하고 다른 객체와 상호 작용을 할 수 있습니다. 즉, 클래스는 객체를 만드는 템플릿이고, 객체는 그 틀을 바탕으로 만들어진 실체입니다.

예를 들어 자동차 판매 시스템을 개발한다고 가정해 봅시다. 이때 자동차 판매와 관련된 클래스와 객체를 어떻게 표현할지 고민할 것입니다.

여기서는 다음과 같이 Car 클래스를 작성했습니다.

코드   OOP/OOP_Feature/Car.java

```java
public class Car {
    String name;
    int price;
    boolean isElectricCar;
    public Car(String name, int price, boolean isElectricCar) {
        this.name = name;
        this.price = price;
        this.isElectricCar = isElectricCar;
    }

    public void printCarInfo() {
        System.out.println("----------------------------------");
        System.out.println("이름: " + this.name);
        System.out.println("가격: " + this.price);
        if (this.isElectricCar) System.out.println("이 차는 전기차입니다.");
    }
}
```

이 코드에서 Car 클래스는 이름과 가격, 전기차 유무의 속성을 가지며, 자신의 정보를 출력하는 기능을 포함하고 있습니다. 클래스는 객체를 생성하기 위한 설계도 역할을 하며, 클래스는 객체와 명확히 구분됩니다. 클래스는 객체를 생성하는 정보를 담고 있는 반면, 객체는 그 설계도를 기반으로 실제 생성된 인스턴스입니다.

다음은 Car 클래스를 이용하여 객체를 생성한 코드입니다.


```java
import java.util.ArrayList;

public class Client {
    public static void main(String[] args) {
        ArrayList<Car> carList = new ArrayList<>();
        carList.add(new Car("벤츠EQS", 13000, true));
        carList.add(new Car("BMW520", 6000, false));

        for (Car car : carList) {
            car.printCarInfo();
        }
    }
}
```

실행 결과

```
-----------------------------------
이름: 벤츠EQS
가격: 13000
이 차는 전기차입니다.
-----------------------------------
이름: BMW520
가격: 6000
```

이 코드는 앞서 정의한 Car 클래스를 활용해 객체 인스턴스를 2개 생성하고, 이를 ArrayList 자료 구조에 담은 뒤, 반복문으로 각 객체 정보를 차례로 출력합니다.

객체 지향 프로그래밍에서 클래스는 매우 중요한 개념입니다. 그래서 본격적으로 설명하기에 앞서 클래스와 객체의 차이점을 설명했습니다. 클래스와 객체의 개념이 왜 중요한지 아직 파악하지 못할 수도 있어서 객체 지향 프로그래밍의 특징과 함께 클래스란 무엇인지 좀 더 살펴보겠습니다.

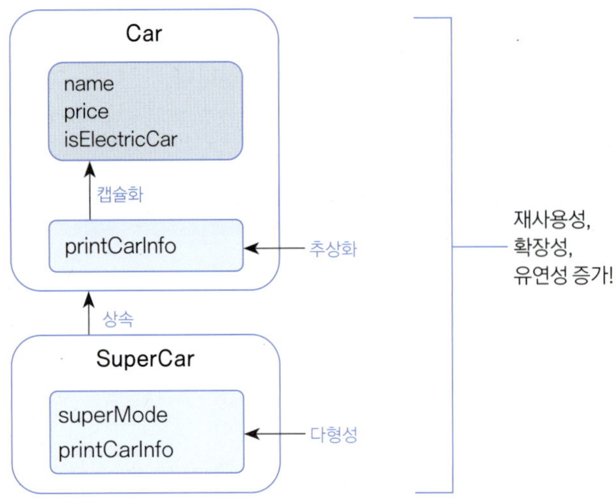

객체 지향 프로그래밍 관점에서 보는 Car 클래스

이 그림에는 객체 지향 프로그래밍의 4가지 특징이 모두 잘 나타나 있습니다. 이 4가지 특징을 바탕으로 해당 클래스를 좀 더 구체적으로 살펴보겠습니다.

- **캡슐화**: Car 클래스의 멤버 변수는 해당 클래스의 함수에서만 직접 접근할 수 있습니다.
- **추상화**: 클라이언트 코드는 printCarInfo 호출 방법만 알면 되고, 내부 구현은 알 필요가 없습니다.
- **상속**: Car 클래스를 상속받아 SuperCar를 쉽게 정의할 수 있습니다.
- **다형성**: SuperCar 클래스에서는 상속받은 printCarInfo 함수를 해당 클래스에 맞게 오버라이딩할 수 있습니다.

즉, 클래스는 객체 지향 프로그래밍의 핵심 특징인 추상화, 캡슐화, 상속, 다형성을 구현할 수 있도록 설계되어 있습니다. 따라서 객체 지향 프로그래밍의 시작은 바로 클래스를 잘 정의하는 것이라고 할 수 있습니다. 이제부터는 객체 지향 프로그래밍의 특징 4가지를 예제와 함께 자세히 알아보겠습니다.

추상화

추상화abstraction란 불필요한 세부 내용은 숨기고 핵심 기능만 사용자에게 제공하는 개념입니다. 예를 들어 자동차 클래스에서 현재 속도를 알려 주는 함수가 있다고 가정해 봅시다. 사용자는 해당 속도가 어떻게 생성, 저장, 처리되는지 알 필요 없이 단지 함수명만 알고 호출하면 됩니다. 이는 해당 클래스의 내부 구현을 분석하지 않고 간단하게 사용할 수 있게 함으로써 코드 복잡도를 낮추고 사용의 편의성을 높여 줍니다. 또한 속도를 알려 주는 함수의 내부 로직이 변경되더라도 외부 인터페이스는 그대로 유지되어 변경으로 인해 발생할 수 있는 영향을 최소화할 수 있습니다.

더 나아가 추상화된 클래스 또는 인터페이스를 기반으로 구체적인 클래스를 다양한 형태로 생성할 수 있어서 코드의 생산성과 확장성을 높여줍니다. 그러므로 객체 지향 프로그래밍 관점에서 추상화는 복잡한 세부 구현 내용을 감추고 중요한 기능만 제공하는 프로그래밍 기법이라고 할 수 있습니다. 대표적인 추상화 개념으로 추상 클래스와 인터페이스가 있습니다.

추상 클래스

추상 클래스보다 먼저 추상 메서드를 알아봅시다. 추상 메서드 abstract method 는 구현 내용 없이 선언만 되어 있으므로 이를 상속받은 자식 클래스에서 반드시 오버라이딩하여 구체적으로 구현해 사용할 수 있습니다.

✦ 상속과 오버라이딩은 뒤에 이어지는 '상속'과 '다형성'에서 자세히 설명합니다.

그리고 추상 클래스 abstract class 는 추상 메서드를 하나 이상 포함하고 있는 클래스입니다. 이 추상 클래스를 상속받은 모든 클래스는 반드시 해당 추상 메서드를 재정의(오버라이딩)해야 합니다.

인터페이스

인터페이스는 오직 추상 메서드와 상수만 포함할 수 있다는 점에서 추상 클래스와 차이가 있습니다.

✦ 자바 8버전부터 인터페이스에 디폴트 메서드와 정적 메서드가 포함할 수 있게 되었습니다. 다만, 두 요소는 기존 인터페이스의 기능을 확장한 것이며, 주 요소가 추상 메서드와 상수라는 것에는 변함이 없습니다.

또한 객체 지향 언어에서는 다중 상속을 할 때 상속된 변수나 함수(메서드)가 어느 부모 클래스에서 왔는지 모호해지는 문제가 있어서 추상 클래스의 다중 상속을 권장하지 않습니다. 특히 자바는 클래스의 다중 상속을 지원하지 않지만, 인터페이스의 다중 구현이라는 개념으로 다중 상속 기능을 보완하고 있습니다.

다음 표를 통해 추상 클래스와 인터페이스의 차이점을 확인할 수 있습니다. 추상 클래스와 인터페이스의 차이점을 알면 실제 코드 구조를 보다 유연하게 설계할 수 있습니다.

추상 클래스와 인터페이스의 비교

항목	추상 클래스	인터페이스
클래스인가?	○	X
다중 상속/구현이 가능한가?	X	○
객체 생성이 가능한가?	X	X
무엇을 포함해야 하나?	추상 메서드를 1개 이상 포함. 메서드, 변수, 생성자 포함 가능	추상 메서드와 상수만으로 구성. 단, 자바 8부터 디폴트 메서드와 정적 메서드 포함 가능
관련 예약어	extends	implements

추가적으로 설명하자면, 실제 사용할 때 추상 클래스는 하위 클래스에 기본 구현을 제공하고 단일 상속으로 공통 기능을 재사용할 때 주로 사용합니다. 반면에 인터페이스는 다중 상속으로 여러 기능을 조합할 때 유용하며, 구체적인 구현을 제공하지 않으므로 각 클래스에서 특정 함수(메서드)를 반드시 구현하도록 강제할 수 있습니다.

예를 들어 전자 기기라는 인터페이스에 '켜기'와 '끄기' 메서드를 정의해 놓으면, 이를 상속받은 모든 전자 기기(TV, 컴퓨터, 핸드폰 등)는 구체적인 동작 방식은 다르더라도 반드시 '켜기'와 '끄기' 기능을 구현해야 합니다. 이 2가지 개념을 상황에 맞게 활용하면 코드의 확장성과 유지 보수성이 크게 향상됩니다.

추상 클래스와 인터페이스를 활용해 코드 추상화하기

앞서 작성한 Car 클래스를 바탕으로 추상화를 진행해 봅시다. 상속에 관한 구체적인 구현은 이어지는 '상속'에서 다룰 예정이므로, 여기서는 추상화에 초점을 맞춰 살펴보겠습니다.

자동차 판매 시스템을 개발할 때, 자동차 객체에 반드시 포함해야 할 속성과 기능은 무엇일까요? 예를 들어 자동차 객체는 이름(name), 좌석 개수(seatNumber), 속도(speed) 등의 속성을 가져야 하며, 기본 기능으로는 앞으로 가기(go), 뒤로 가기(back), 멈추기(stop) 등을 공통으로 포함해야 합니다. 그리고 차종에 따라 터보 모드와 자율 주행 기능을 선택적으로 구현할 수 있도록 하는 것도 좋은 방법입니다.

이러한 내용을 바탕으로, 먼저 추상 클래스를 활용해 Car 클래스를 구현해 보겠습니다. 여기서는 인터페이스를 고려하지 않겠습니다.

```java
abstract class Car {
    String name;
    int seatNumber;
    int speed;

    abstract void go();
    abstract void back();
    void stop() {
        System.out.println("멈춥니다.");
        this.speed = 0;
    }

    abstract void turboMode();
    abstract void autonomousDriving();
}
```

Car 클래스에는 추상 메서드를 4개 선언하며, 이들 메서드는 이후 이 클래스를 상속받은 자식 클래스에서 구체적으로 구현되어 사용됩니다. 이를 통해 Car 클래스를 상속받아 필요한 내용만 구현함으로써 다양한 종류의 자동차 클래스를 손쉽게 만들 수 있습니다.

다른 클래스를 본격적으로 구현하기 전에 상속과 다형성이 무엇인지 간략히 짚고 넘어가겠습니다.

상속

상속^{inheritance}이란 기존에 구현한 상위 클래스를 활용하여 하위 클래스에서 사용하는 것을 의미합니다.

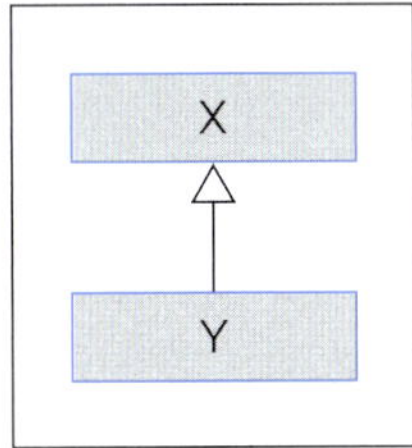

왼쪽 그림은 Y 클래스가 X 클래스를 상속한다는 것을 보여줍니다. 이 경우 Y 클래스는 X 클래스의 모든 함수와 변수를 상속받습니다. 이를 좀 더 확장해서 설명하면, X 클래스로 선언된 모든 변수의 자료형 인스턴스를 Y 클래스로 선언해 사용할 수 있다는 뜻이기도 합니다. 따라서 객체 지향 프로그래밍 관점에서 상속은 프로그램의 재사용성을 높이고, 유지 보수를 유연하게 할 수 있도록 만드는 중요한 특징입니다.

다형성

다형성[polymorphism]은 객체 속성이나 기능이 상황에 따라 다양한 형태로 변화할 수 있음을 의미합니다. 예를 들어 이름이 같은 함수가 다른 클래스에서 각각 다르게 동작할 수 있으며, 절차 지향 프로그래밍에서는 이를 구현함으로써 많은 if~else 문이나 switch 문을 줄일 수도 있습니다. 이러한 다형성은 크게 메서드 오버로딩과 메서드 오버라이딩으로 구현할 수 있습니다.

메서드 오버로딩

메서드 오버로딩[method overloading]은 하나의 클래스 내에 이름이 같은 함수가 여러 개 존재하더라도, 매개변수의 개수나 자료형이 다르면 서로 다른 함수로 정의할 수 있는 것을 말합니다. 단, 함수의 반환값만 다른 경우에는 메서드 오버로딩을 구현할 수 없습니다.

다음 예시 코드로 메서드 오버로딩을 알아보겠습니다. 이 코드는 이름이 같은 print 함수를 매개변수의 자료형에 따라 내용을 다르게 출력하도록 구현했습니다.

코드	OOP/OOP_Feature/Polymorphism/Overloading.java

```java
public class Overloading {
    void print(int num) {
        System.out.println("print int: " + num);
    }
    void print(double num) {
        System.out.println("print double: " + num);
    }
    void print(int numA, int numB) {
        int sum = numA+numB;
        System.out.println("print plus: " + sum);
    }
}
```

이어서 클라이언트 코드를 다음과 같이 구현해 실행해 봅시다.

코드


```java
public class OverloadingClient {
    public static void main(String[] args) {
        Overloading overloading = new Overloading();
        overloading.print(10);
        overloading.print(10.0);
        overloading.print(10, 10);
    }
}
```

실행 결과

```
print int: 10
print double: 10.0
print plus: 20
```

이 코드는 클라이언트에서 같은 print 함수를 매개변수로 해서 int, double 그리고 int형 변수 2개를 전달하여 각각 호출합니다. 실행 결과를 참고하면, 매개변수가 다를 경우 각각 다른 함수로 구현되어 실행되는 것을 확인할 수 있습니다. 이처럼 메서드 오 버로딩을 활용하면 동일한 함수명을 사용하더라도 매개변수에 따라 다르게 동작하도 록 구현할 수 있습니다.

메서드 오버라이딩

메서드 오버라이딩은 상속으로 다형성을 구현하는 핵심 기능이라고 할 수 있습니다. 부모 클래스로부터 상속받은 메서드를 자식 클래스에서 재정의해 사용하는 것을 메서드 오버라이딩method overriding이라고 합니다. 이때 상속받은 메서드와 이름, 매개변수, 반환 값은 모두 동일해야 합니다.

메서드 오버라이딩을 구현한 예시 코드로 자세히 알아봅시다. 다음은 print 함수를 자식 클래스에서 메서드 오버라이딩하여 부모 클래스와 다르게 구현한 코드입니다.

````
코드                              📄 OOP/OOP_Feature/Polymorphism/Overriding.java
````

```java
public class Overriding {
    public void print() {
        System.out.println("부모 클래스입니다.");
    }
}

class A extends Overriding {
    public void print() {
        System.out.println("A 클래스입니다.");
    }
}

class B extends Overriding {
    public void print() {
        System.out.println("B 클래스입니다.");
    }
}
```

이번에도 클라이언트 코드를 구현해 실행해 봅시다. 실행 결과를 보면, 상속에 따른 메서드 오버라이딩이 어떻게 동작하는지 확인할 수 있습니다.

````
코드                        📄 OOP/OOP_Feature/Polymorphism/OverridingClient.java
````

```java
public class OverridingClient {
    public static void main(String[] args) {
        Overriding overriding = new Overriding();
        overriding.print();
        Overriding overridingA = new A();
        overridingA.print();
        Overriding overridingB = new B();
        overridingB.print();
    }
}
```

````
실행 결과
````

```
부모 클래스입니다.
A 클래스입니다.
B 클래스입니다.
```

이 코드는 클라이언트에서 클래스 객체를 3개 생성하고 각각의 print 함수를 호출합니다. 실행 결과를 보면, Overriding 클래스를 상속받은 A와 B 클래스로 생성된 객체의 print 함수가 부모 클래스의 print 함수가 아닌 각 클래스에서 오버라이딩한 print 함수가 실행됨을 확인할 수 있습니다.

이제 상속과 다형성은 어느 정도 이해되었나요? 앞서 배운 내용을 바탕으로 Car 클래스를 상속받고, 추상 메서드를 활용해 슈퍼카(SuperCar), 일반 자동차(NormalCar), 버스(Bus) 클래스를 작성하면 다음과 같습니다.

코드   📄 OOP/OOP_Feature/Inheritance/SuperCar.java

```java
public class SuperCar extends Car {
    @Override
    void go() {
        this.speed += 2;
        System.out.println("슈퍼카가 앞으로 갑니다.");
    }
    @Override
    void back() {
        this.speed = 0;
        this.speed -= 2;
        System.out.println("슈퍼카가 뒤로 갑니다.");
    }
    @Override
    void turboMode() {
        this.speed += 4;
        System.out.println("터보 모드가 설정되었습니다.");
    }
    @Override
    void autonomousDriving() {
        System.out.println("레벨3 자율 주행 모드로 전환합니다.");
    }
}
```

코드   📄 OOP/OOP_Feature/Inheritance/NormalCar.java

```java
public class NormalCar extends Car {
    @Override
    void go() {
        this.speed += 2;
        System.out.println("일반 차가 앞으로 갑니다.");
    }
```

```java
    @Override
    void back() {
        this.speed = 0;
        this.speed -= 2;
        System.out.println("일반 차가 뒤로 갑니다.");
    }
    @Override
    void turboMode() {
        System.out.println("일반 차는 터보 모드가 없습니다.");
    }
    @Override
    void autonomousDriving() {
        System.out.println("레벨2 자율 주행 모드로 전환합니다.");
    }
}
```

코드　　　　　OOP/OOP_Feature/Inheritance/Bus.java

```java
public class Bus extends Car {
    @Override
    void go() {
        this.speed++;
        System.out.println("버스는 천천히 앞으로 갑니다.");
    }
    @Override
    void back() {
        this.speed = 0;
        this.speed--;
        System.out.println("버스는 천천히 뒤로 갑니다.");
    }
    @Override
    void turboMode() {
        System.out.println("버스는 터보 모드가 없습니다.");
    }
    @Override
    void autonomousDriving() {
        System.out.println("버스는 자율 주행이 불가능합니다.");
    }
}
```

예시 코드에 추상화를 어느 정도 적용해 보았지만, 사용하지 않는 기능까지 모두 추상 메서드로 선언해 오버라이딩한 점이 아쉽습니다. 예를 들어 Bus 클래스의 경우, 터보 모드나 자율 주행 기능이 없는데도 추상 클래스를 상속받았기 때문에 무조건 구현해야 합니다.

이러한 불필요한 부분을 없애고 코드의 가독성을 높이기 위해, 이번에는 인터페이스를 활용해 봅시다. 먼저 추상 클래스를 정의한 Car 클래스는 다음과 같이 수정합니다.

코드   OOP/OOP_Feature/Inheritance/Interface/Car.java

```java
abstract class Car {
    String name;
    int seatNumber;
    int speed;
    abstract void go();
    abstract void back();

    void stop() {
        System.out.println("멈춥니다.");
        this.speed = 0;
    }
}
```

이번에는 터보 모드(TurboMode)와 자율 주행(AutonomousDriving) 기능을 선언한 인터페이스를 다음과 같이 각각 구현합니다.

코드   OOP/OOP_Feature/Inheritance/Interface/TurboMode.java

```java
public interface TurboMode {
    public void ExecuteTurboMode();
}
```

코드   OOP/OOP_Feature/Inheritance/Interface/AutonomousDriving.java

```java
public interface AutonomousDriving {
    public void ExecuteAutonomousDriving();
}
```

앞서 작성한 슈퍼카, 일반 자동차, 버스 클래스는 이 인터페이스를 구현implement합니다.
슈퍼카 클래스는 TurboMode와 AutonomousDriving 인터페이스를 모두 구현하
지만, 일반 자동차와 버스 클래스는 필요에 따라 선택해서 구현할 수 있습니다.


```java
public class SuperCar extends Car implements TurboMode, AutonomousDriving {
...
    @Override
    public void ExecuteTurboMode() {
        this.speed += 4;
        System.out.println("터보 모드가 설정되었습니다.");
    }
    @Override
    public void ExecuteAutonomousDriving() {
        System.out.println("레벨3 자율 주행 모드로 전환합니다.");
    }
}
```



```java
public class NormalCar extends Car implements AutonomousDriving {
...
    @Override
    public void ExecuteAutonomousDriving() {
        System.out.println("레벨2 자율 주행 모드로 전환합니다.");
    }
}
```



```java
public class Bus extends Car {
    @Override
    void go() {
        this.speed++;
        System.out.println("버스는 천천히 앞으로 갑니다.");
    }
    @Override
    void back() {
        this.speed = 0;
        this.speed--;
        System.out.println("버스는 천천히 뒤로 갑니다.");
    }
}
```

인터페이스는 다중 상속을 할 수 있으므로 이와 같이 코드를 효율적으로 구조화할 수 있습니다. 추상 클래스만 상속받았을 때와 달리 NormalCar와 Bus 클래스에서 사용하지 않는 기능은 구현할 필요가 없습니다.

이처럼 여러 기능을 조합하여 상속받고자 한다면, 추상 클래스보다 인터페이스를 사용하는 것을 추천합니다.

캡슐화

캡슐화encapsulation는 관련 정보와 기능을 하나의 클래스에 모아 둔 것을 말합니다. 즉, 캡슐화를 통해 클래스 내 필요한 변수와 메서드를 하나로 묶고, 내부의 상세 구현 내용을 감춰 외부로부터 보호할 수 있습니다. 이러한 캡슐화의 목적은 크게 두 가지입니다. 첫째, 클래스에 정의된 속성과 기능 등 데이터를 보호합니다(데이터 보호data protection). 둘째, 내부 동작은 감추고 필요한 부분만 외부에 노출시켜 데이터를 감춥니다(데이터 은닉 data hiding). 캡슐화는 다음과 같이 알약에 비유할 수 있습니다.

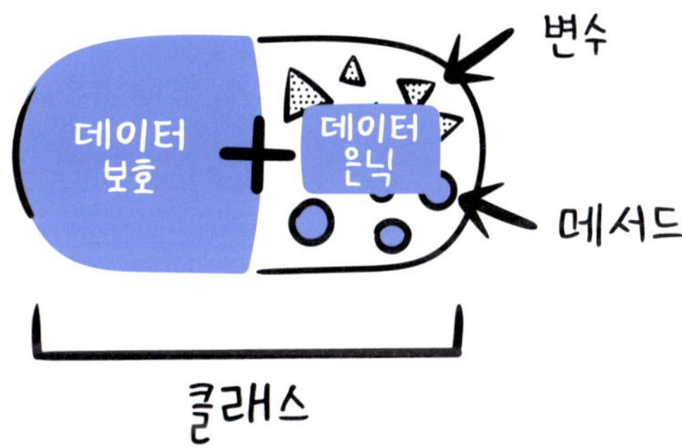

알약을 섭취할 때 그 효능과 복용 방법은 파악하지만, 구체적인 성분이나 그 성분이 우리 몸에서 어떻게 작용하는지는 굳이 알 필요가 없습니다. 예를 들어 감기약의 경우 '이 약을 먹으면 감기가 낫는다'는 효능과 '성인은 1회 복용 시 2알씩 식후 30분에 섭취하면 된다'는 복용법만 알고 있으면 됩니다. 객체 지향 프로그래밍에서는 이러한 알약처럼 캡슐화로 정보 은닉을 구현하면 외부로부터 잘못된 접근을 방지하고 오류 발생을 줄일 수 있습니다.

다음 예시 코드로 캡슐화를 자세히 알아봅시다. 이 코드는 알약을 먹거나(eat) 추가하는(add) 기능을 선언한 Medicine 인터페이스를 나타냅니다.

```java
public interface Medicine {
    void eat();
    void add();
}
```

다음 코드는 앞서 Medicine 인터페이스의 두 함수를 구현한 MedicineA 클래스입
니다. 여기서 사용자는 MedicineA라는 알약이 있다는 사실만 인지하면 되고, 클래
스 내부 구현은 파악할 필요가 없습니다.


```java
public class MedicineA implements Medicine {
    private int count;
    public MedicineA() {
        this.count = 0;
    }
    @Override
    public void eat() {
        System.out.println("A 알약을 "+count+"개 먹었습니다");
        count = 0;
    }
    @Override
    public void add() {
        if (count < 2) {
            count++;
            System.out.println("A 알약을 추가합니다");
        } else {
            System.out.println("A 알약을 더 이상 추가할 수 없습니다.");
        }
    }
}
```

인터페이스에 정의되어 있는 함수만을 이용하여 MedicineA 알약을 추가하거나 섭
취할 수 있습니다. 이와 같이 구현함으로써 사용자는 복잡한 내부 로직을 이해할 필요
없이 클래스의 기능을 쉽게 이용할 수 있고, 반면에 개발자는 사용자나 다른 모듈의
개발자로부터 변수에 직접 접근하지 못하게 차단하여 데이터를 보호하고 내부 구현
로직을 노출하지 않을 수 있습니다.

마지막으로 다음과 같은 클라이언트 코드를 통해 어떻게 실행되는지 살펴봅시다.


```java
public class MedicineClient {
    public static void main(String[] args) {
        Medicine A = new MedicineA();
        // ((MedicineA) A).count = 10; 직접 count에 접근 불가 => 데이터 보호
        A.add();
        A.add();
        A.add(); // 내부 로직에 의해 약은 더 이상 추가 불가 => 데이터 은닉
        A.eat();
    }
}
```

실행 결과

```
A 알약을 추가합니다
A 알약을 추가합니다
A 알약을 더 이상 추가할 수 없습니다.
A 알약을 2개 먹었습니다
```

지금까지 객체 지향 프로그래밍의 특징인 추상화, 상속, 다형성, 캡슐화를 배웠습니다. 이 4가지 특징으로 코드의 재사용성, 유지 보수성, 확장성과 같은 개발 생산성이 크게 향상된다는 것을 알 수 있습니다. 다음 표를 확인하여 개념을 한 번 더 복습하고 넘어갑시다.

객체 지향 프로그램의 4가지 특징

특징	설명
추상화	집단의 본질적이고 공통적인 특징을 추출하여 정의하는 것으로, 추상 클래스와 인터페이스에서 주로 사용합니다.
상속	기존의 상위 클래스를 재활용하여 하위 클래스에서 사용하는 것을 말합니다.
다형성	객체의 속성이나 기능이 상황에 따라 다양한 형태로 변화할 수 있는 성질로, 크게 메서드 오버로딩과 메서드 오버라이딩으로 구분됩니다.
캡슐화	클래스의 변수와 메서드를 하나로 통합하여, 데이터 보호와 데이터 은닉을 구현합니다. • 데이터 보호: 외부로부터 클래스에 정의된 속성과 기능을 보호합니다. • 데이터 은닉: 내부의 실제 동작은 감추고, 외부에는 필요한 부분만 노출합니다.

개발 생산성을 높이는 SOLID 원칙

2000년대 초반, 로버트 C. 마틴[Robert C. Martin]이 객체 지향 프로그래밍과 설계 분야에서 준수해야 할 원칙 5가지를 발표했습니다. 이후 SOLID 원칙으로 불리며 20년이 넘은 지금까지도 개발자 사이에서 널리 활용되고 있습니다. SOLID 원칙을 올바르게 적용하면 코드의 확장성과 유지 보수가 용이해지고, 수정에도 유연하게 대응할 수 있는 시스템을 구축하여 개발 생산성을 크게 높일 수 있습니다.

SOLID 원칙 5가지를 간단히 정리하면 다음과 같습니다.

SOLID 원칙

원칙	정의
단일 책임 원칙	클래스는 하나의 책임만 가져야 한다.
개방 - 폐쇄 원칙	클래스는 확장에는 열려 있고 수정에는 닫혀 있어야 한다.
리스코프 치환 원칙	자식 객체는 언제나 부모 객체로 대체할 수 있어야 한다.
인터페이스 분리 원칙	인터페이스를 적절히 분리해 목적과 용도에 맞는 인터페이스를 사용해야 한다.
의존성 역전 원칙	상위 모듈이 하위 모듈에 의존하기 보다는 두 모듈 모두 추상 클래스나 인터페이스에 의존해야 한다.

사실 이 5가지 원칙은 각각 독립된 개념이 아니라 서로 밀접하게 연관되어 있습니다. SOLID 원칙을 하나씩 자세히 살펴보면서 이를 바탕으로 객체 지향 프로그래밍의 특징인 추상화, 다형성, 상속, 캡슐화를 어떻게 적용해야 좋은 객체 지향 시스템을 설계할 수 있는지 알아봅시다.

단일 책임 원칙

단일 책임 원칙^{Single Responsibility Principle, SRP}은 '클래스는 하나의 책임만 가져야 한다'라고 정의합니다. 여기서 '책임'은 기능으로 해석하면 이해하기 쉽습니다. 만약 클래스에 여러 기능이 포함된다면, 각 기능별로 수정해야 하고 변경 빈도가 높아져 버그가 발생할 가능성이 커집니다. 그리고 기능을 변경할 때마다 연관된 다른 모듈에 영향을 미칠 위험이 있습니다. 이러한 이유로 클래스는 가능한 한 하나의 기능만 담당하도록 설계해야 하며, 이를 통해 클래스의 변경 빈도를 낮추고 프로그램의 유지 보수성을 높일 수 있습니다.

단일 책임 원칙을 위반했을 때 발생할 문제점을 분석하고 클린 코드로 수정하는 실습을 해보겠습니다. 이 과정으로 단일 책임 원칙을 명확히 이해하고 실제 프로그래밍할 때 적용해 봅시다.

초기 상태 확인하기

코드와 함께 단일 책임 원칙을 이해해 봅시다. 먼저, Person이라는 클래스가 다음과 같이 정의되어 있다고 가정합시다. 이 클래스의 속성(인스턴스 변수)은 name, age, tel로 구성되며 각 속성의 자료형도 함께 명시되어 있습니다.

이 설계 구조를 바탕으로 코드를 작성하면 다음과 같습니다.

코드   📄 OOP/SOLID/SRP1/Person.java

```java
class Person {
    String name;
    String tel;
    int age;
}
```

만약 나이순으로 정렬하는 기능을 추가해 달라는 요청이 들어온다면 Person 클래스에 간단하게 추가할 수 있습니다.

단일 책임 원칙을 위반한다면?

오른쪽과 같이 Person 클래스에 나이순 정렬 기
능을 추가하여 Comparable 인터페이스를 구현
한다고 가정해 봅시다. 먼저, 이 내용을 바탕으로
한 설계 구조를 살펴봅시다.

✦ 오른쪽 그림은 클래스 다이어그램의 한 예입니다.

이 설계 구조를 바탕으로 코드를 작성하면 다음
과 같습니다.

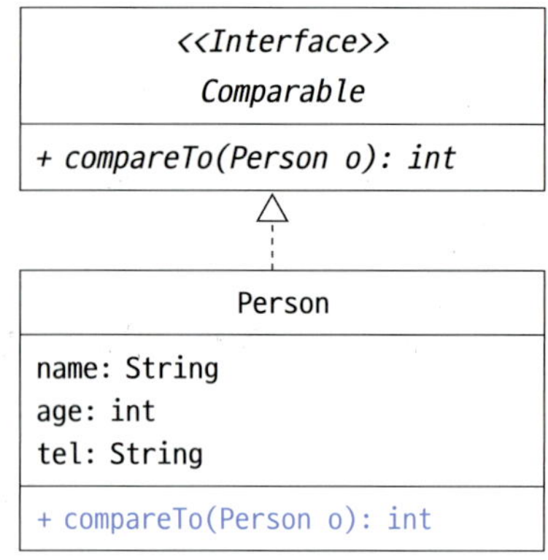

코드	📄 OOP/SOLID/SRP2/Person.java

```java
class Person implements Comparable<Person> {
    String id;
    String name;
    int age;

    @Override
    public int compareTo(Person o) {
        return this.age - o.age;
    }
}
```

Comparable 인터페이스를 구현하여 Person 클래스에 나이순으로 정렬하는 기능
을 추가했습니다. 그러나 이 코드에는 문제가 있습니다.

먼저, Person 클래스를 사용하는 다른 모듈이나 클라이언트 측면에서, 나이순 정렬
기능이 추가되면 어떤 문제가 발생하는지 살펴봅시다. 여기서 기능 추가를 요청한 클
라이언트를 A라고 가정해 보겠습니다.

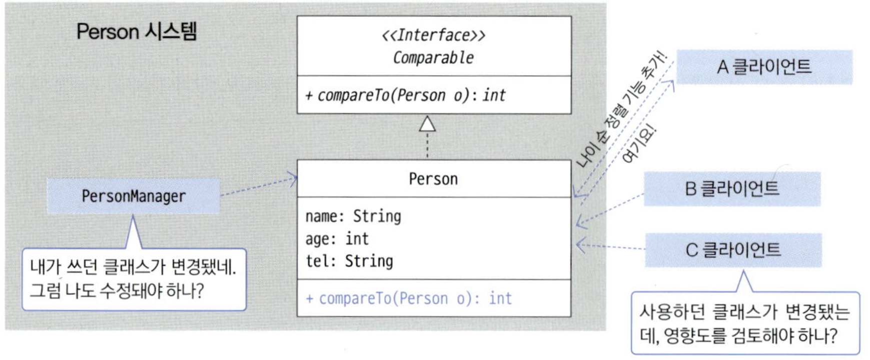

Person 클래스의 내용이 변경되면서 기능 추가를 요청한 A 클라이언트뿐 아니라, Person 클래스와 연관된 다른 모듈(PersonManager)이나 Person 클래스를 사용하는 다른 클라이언트(B, C)에도 영향을 주어, 수정이 필요한지 계속 검토해야 합니다. 즉, 해당 기능이 수정될 때마다 지속적으로 확인해야 하는 상황이 발생합니다. Person 클래스가 객체 정보를 담는 기본 기능(책임) 외에도 나이순 정렬 기능까지 해야 해서 유지 보수성의 저하를 초래합니다. 단일 책임 원칙을 고려한다면 이 코드를 어떻게 수정해야 좋을까요?

단일 책임 원칙을 고려해 수정하기

기존의 Person 클래스에 기능을 추가하는 대신, 나이순 정렬 기능을 수행하는 Sort PersonByAge 클래스를 추가로 작성했습니다.


```java
import java.util.Comparator;

class Person {
    String id;
    String name;
    int age;

    public Person(String id, String name, int age) {
        this.id = id;
        this.name = name;
        this.age = age;
    }
}

class SortPersonByAge implements Comparator<Person> {
    @Override
    public int compare(Person o1, Person o2) {
        return o1.age - o2.age;
    }
}
```

만약 A 클라이언트를 Main 클래스에 표현해 보면, 다음과 같은 결과가 출력됩니다. 기존 Person 클래스는 변경되지 않고 유지되며, 새로 개발된 SortPersonByAge 클래스를 이용해 나이순 정렬 기능이 잘 수행되는 것을 실행 결과에서 확인할 수 있습니다.


```java
import java.util.*;

public class Main {
    public static void main(String[] args) {
        List<Person> personList = new ArrayList<>();
        personList.add(new Person("1", "kei", 38));
        personList.add(new Person("2", "Jihye", 36));
        personList.add(new Person("3", "Jua", 26));

        SortPersonByAge sortPersonByAge = new SortPersonByAge();
        Collections.sort(personList, sortPersonByAge);
        for (Person person : personList) {
            System.out.println("age:" + person.age + " name: " + person.name);
        }
    }
}
```

실행 결과

```
age:26 name: Jua
age:36 name: Jihye
age:38 name: kei
```

이렇게 구현하면 Person 클래스와 SortPersonByAge 클래스가 하나의 기능(책임)을 수행하므로 단일 책임 원칙에 맞게 설계되었다고 할 수 있습니다.

다음 그림을 살펴보며 내용을 좀 더 살펴봅시다.

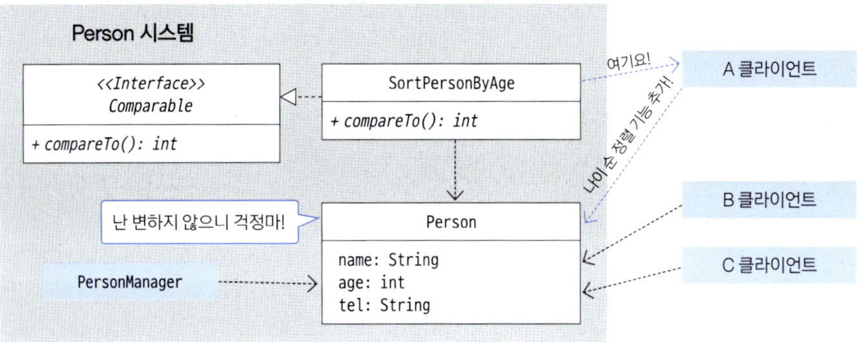

Person 클래스에 변경되지 않으므로, 새로운 기능을 요청한 A 클라이언트를 제외한 다른 모듈이나 클라이언트는 추가로 영향을 받지 않아 수정이 필요하지 않습니다. 추가 기능은 SortPersonByAge 클래스로 구현되어 A 클라이언트에서만 사용됩니다. 이처럼 단일 책임 원칙을 준수하면 기능 변경이나 추가할 때 관련된 부분만 수정하면 되므로, 다른 모듈에 미치는 영향을 최소화하고 영향 분석과 유지 보수 작업을 더욱 유연하고 효율적으로 수행할 수 있습니다.

개방 – 폐쇄 원칙

개방 – 폐쇄 원칙Open Closed Principle, OCP은 '클래스는 확장에는 열려 있고 변경에는 닫혀 있어야 한다'라고 정의합니다. 여기서 '확장에 열려 있다'는 요구 사항이 추가되거나 변경될 때 코드를 유연하게 확장할 수 있음을 뜻하고, '변경에 닫혀 있다'는 기존 코드를 수정하지 않고도 새로운 요구 사항을 반영할 수 있음을 의미합니다. 개방 – 폐쇄 원칙은 추상화와 상속으로 구현할 수 있습니다. 변경이 자주 발생하는 부분을 추상화하면, 기능을 확장하거나 변경할 때 기존 코드를 수정하지 않고도 대응할 수 있습니다. 이러한 추상화의 예로 인터페이스나 추상 클래스의 활용을 들 수 있습니다.

'단일 책임 원칙'에서와 마찬가지로, 개방 – 폐쇄 원칙을 위반했을 때 문제점을 분석하고 클린 코드로 수정하는 실습을 해보겠습니다. 이 과정에서 개방 – 폐쇄 원칙을 명확히 이해하고 실제 프로그래밍할 때 적용해 봅시다.

초기 상태 확인하기

다음 코드를 살펴보면서 개방 – 폐쇄 원칙을 알아봅시다. 설계 구조를 먼저 살펴보면
오른쪽과 같이 Animal이라는 클래스가 존재하며, 이 클래스의 속성은 name, 자료형은 String입니다.

이 설계 구조를 바탕으로 코드를 작성하면 다음과 같습니다.

Animal
name: String

코드 📄 OOP/SOLID/OCP/Animal.java

```java
public class Animal {
    String name;
    public Animal(String name) {
        this.name = name;
    }
}
```

여기에 동물의 울음소리를 출력하는 기능을 추가한다면, 단일 책임 원칙을 고려해
SpeakAnimal이라는 클래스를 별도로 만들어 기능을 부여할 수 있습니다.

개방 – 폐쇄 원칙을 위반한다면?

다음은 SpeakAnimal 클래스에 동물의 울음소리를 출력하는 기능을 추가한 설계
구조입니다.

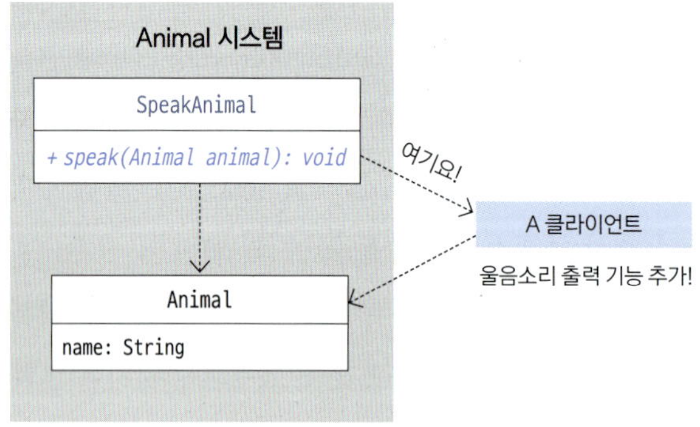

이 설계 구조를 바탕으로 코드를 작성하면 다음과 같습니다.

코드   OOP/SOLID/OCP/SpeakAnimal.java

```java
class SpeakAnimal {
    void speak(Animal animal) {
        if (animal.name.equals("Bird")) {
            System.out.println("짹짹");
        } else if (animal.name.equals("Cat")) {
            System.out.println("야옹");
        }
    }
}
```

다음은 클라이언트 코드에서 새롭게 생성한 SpeakAnimal 클래스를 이용하여 동물의 울음소리를 출력하는 코드를 작성하고 실행한 결과입니다.

코드   OOP/SOLID/OCP/Main.java

```java
public class Main {
    public static void main(String[] args) {
        Animal bird = new Animal("Bird");
        Animal cat = new Animal("Cat");

        SpeakAnimal speakAnimal = new SpeakAnimal();
        speakAnimal.speak(bird);
        speakAnimal.speak(cat);
    }
}
```

실행 결과

```
짹짹
야옹
```

사실 기능(책임)도 잘 분리되어 있어 별다른 문제가 없어 보입니다. 하지만 여기서 요구 사항이 추가로 발생하면 문제가 생길 수 있습니다. 기능이 추가될 경우 설계 구조는 다음과 같습니다.

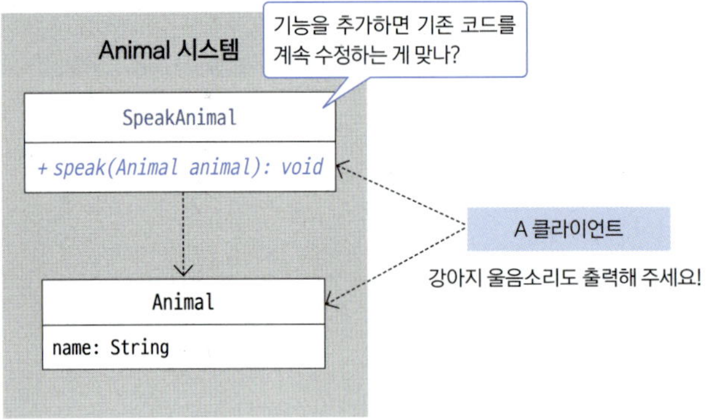

이 설계 구조를 바탕으로 기능 추가를 위한 코드를 작성해 봅시다.

```
코드                                          OOP/SOLID/OCP/SpeakAnimal.java

class SpeakAnimal {
    void speak(Animal animal) {
        if (animal.name.equals("Bird")) {
            System.out.println("짹짹");
        } else if (animal.name.equals("Cat")) {
            System.out.println("야옹");
        } else if (animal.name.equals("Dog")) {      강아지 울음소리 출력 기능 추가
            System.out.println("멍멍");
        }
    }
}
```

클라이언트 코드에서도 강아지 객체를 생성하고 그 울음소리를 출력하는 코드를 추가했습니다.

```
코드                                          OOP/SOLID/OCP/Main.java

public class Main {
    public static void main(String[] args) {
        Animal bird = new Animal("Bird");
        Animal cat = new Animal("Cat");
        Animal dog = new Animal("Dog");

        SpeakAnimal speakAnimal = new SpeakAnimal();
        speakAnimal.speak(bird);
        speakAnimal.speak(cat);
        speakAnimal.speak(dog);
    }
}
```

기능을 사용하기 위해 Main 클래스를 수정하는 것은 자연스럽지만, 기능이 추가될 때마다 기존 SpeakAnimal 클래스를 계속 수정하는 것은 개방 – 폐쇄 원칙에 위배됩니다. 확장에는 열려 있고 변경에는 닫혀 있는 이 원칙을 지키려면 상속과 추상화를 활용해 기능을 추가하는 방법을 모색해야 합니다.

개방 – 폐쇄 원칙을 고려해 수정하기

자주 변경될 부분은 추상화하는 것이 바람직합니다. 여기서는 동물이 새롭게 추가될 때마다 그에 맞게 울음소리도 계속 변경되므로, speak 함수를 추상화하는 것이 적절해 보입니다. 이를 바탕으로 초기 구조를 다음과 같이 변경해 보았습니다.

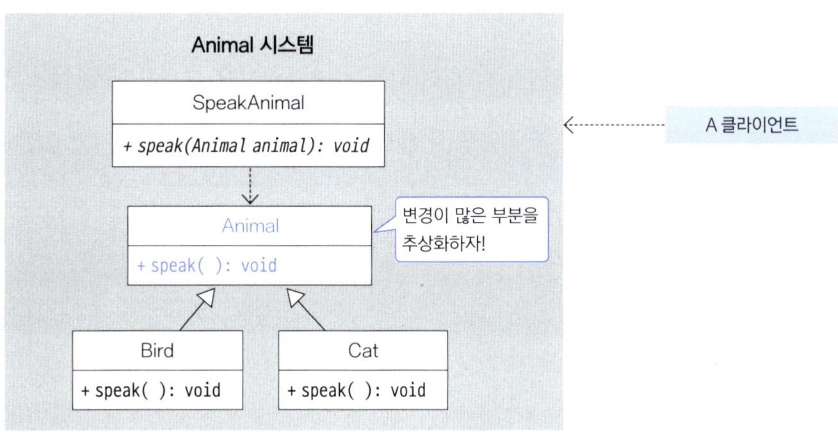

이 구조를 바탕으로 다음과 같이 코드를 작성하면, Animal 클래스를 추상 클래스로 정의하고 공통 기능인 speak 함수를 추상 메서드로 선언합니다.

코드   OOP/SOLID/OCP2/Animal.java

```java
abstract class Animal {
    abstract void speak();
}
```

그다음 Bird와 Cat 클래스는 이 추상 클래스를 상속받아 각자의 울음소리에 맞게
speak 메서드를 구현합니다.


```java
public class Bird extends Animal {
    @Override
    void speak() {
        System.out.println("짹짹");
    }
}
```



```java
public class Cat extends Animal {
    @Override
    void speak() {
        System.out.println("야옹");
    }
}
```

또한 SpeakAnimal은 동물 객체의 소리 출력 기능만 담당하도록 구현되었습니다.


```java
class SpeakAnimal {
    void speak(Animal animal) {
      animal.speak();
    }
}
```

마지막으로 클라이언트 코드는 각 동물 객체와 SpeakAnimal 객체를 생성한 뒤,
SpeakAnimal 객체의 speak 함수를 호출하여 객체에 알맞은 동물 소리를 출력하도
록 합니다.


```java
public class Main {
    public static void main(String[] args) {
        Animal bird = new Bird();
        Animal cat = new Cat();
```

```java
        SpeakAnimal speakAnimal = new SpeakAnimal();
        speakAnimal.speak(bird);
        speakAnimal.speak(cat);
    }
}
```

실행 결과
짹짹 야옹

이와 같은 구조에서는 개(Dog) 객체가 추가되더라도 기존 코드를 수정할 필요 없이, 다음과 같이 Animal 클래스를 상속받아 Dog 클래스를 새롭게 추가하기만 하면 됩니다.

코드   OOP/SOLID/OCP2/Dog.java

```java
public class Dog extends Animal {
    @Override
    void speak() {
        System.out.println("멍멍");
    }
}
```

지금까지 작성한 코드를 바탕으로 설계 구조를 수정하면 Dog 클래스를 추가한 것 외에 변경이 필요하지 않습니다.

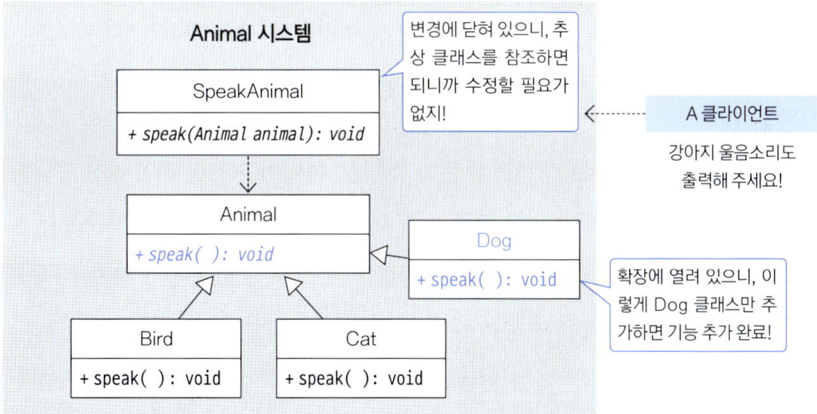

다음과 같이 기능을 요구한 Main.java에서는 Dog 클래스에 대한 객체 생성과 기능 호출 코드만 추가하면 '멍멍'이라는 결과가 출력되는 것을 확인할 수 있습니다.


```java
public class Main {
    public static void main(String[] args) {
        Animal bird = new Bird();
        Animal cat = new Cat();
        Animal dog = new Dog();

        SpeakAnimal speakAnimal = new SpeakAnimal();
        speakAnimal.speak(bird);
        speakAnimal.speak(cat);
        speakAnimal.speak(dog);
    }
}
```

실행 결과

```
짹짹
야옹
멍멍
```

이처럼 개방 – 폐쇄 원칙은 추상화와 상속 같은 객체 지향 프로그래밍의 특징을 적절히 활용해 자주 변경되는 부분을 추상화함으로써 기능 추가나 변경이 필요할 때 기존 코드를 수정하지 않고도 쉽게 확장할 수 있도록 설계하는 방향을 제시합니다.

리스코프 치환 원칙

리스코프 치환 원칙Liskov Substitution Principle, LSP은 '부모 객체와 이를 상속한 자식 객체가 있을 때, 자식 객체는 언제나 부모 객체를 완전히 대체할 수 있어야 한다'라고 정의합니다. 즉, 부모 객체를 사용하는 위치에 자식 객체를 대체하더라도 코드가 항상 정상으로 동작해야 한다는 뜻입니다. 이러한 원칙은 객체 지향 프로그래밍 설계에서 자주 사용되며, 이를 설명할 수 있는 대표적인 예로는 자바의 컬렉션 프레임워크를 들 수 있습니다. 컬렉션 프레임워크collection framework는 여러 데이터를 효율적으로 저장하고 조작하는 표준화된 인터페이스와 클래스의 집합입니다. 이러한 컬렉션 프레임워크는 리스코프 치환 원칙을 준수하도록 설계되어 있습니다.

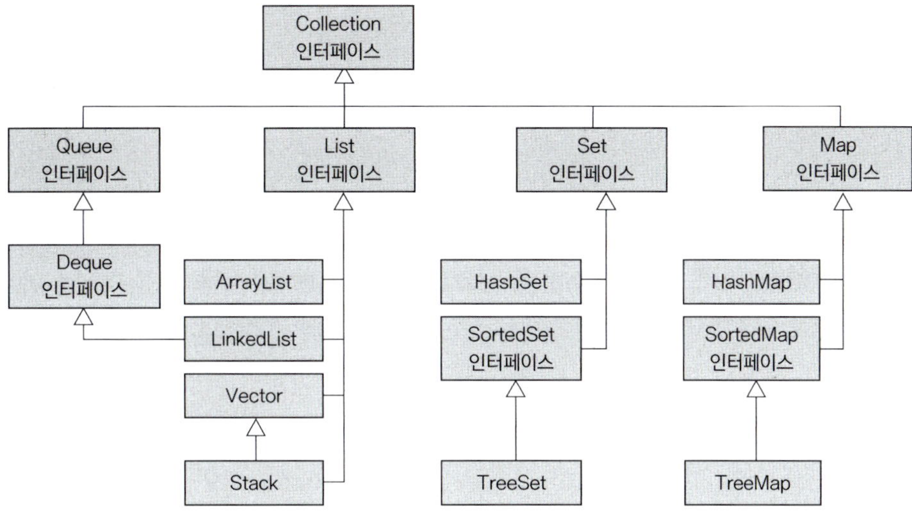

컬렉션 프레임워크

예를 들어 List를 변수 자료형으로 선언하고 실제 객체 생성은 그의 자식 자료형인 ArrayList로 하더라도, 생성된 객체는 List 인터페이스에 정의된 모든 기능을 정상적으로 수행할 수 있습니다. 또한 Queue로 선언된 변수를 LinkedList로 생성해도 상위 자료형인 Queue의 모든 기능을 사용할 수 있습니다.

다음 코드는 상위 자료형인 Collection을 변수 자료형으로 지정하고, 실제 객체는 이를 상속받는 LinkedList와 Stack으로 생성하여 데이터를 저장하고 출력합니다.

코드 📄 OOP/SOLID/JSP1/Main.java

```java
import java.util.*;

public class Main {
    public static void main(String[] args) {

        Collection myData = new LinkedList();
        myData.add(1);
        myData.add(2);
        System.out.println(myData);
        myData = new Stack();
        myData.add(3);
        myData.add(4);
        System.out.println(myData);
    }
}
```

실행 결과

```
[1, 2]
[3, 4]
```

이 코드를 보면, Collection은 부모 인터페이스이므로 이를 상속한 자식 클래스인 LinkedList와 Stack으로 객체를 생성하고 대체해도 정상으로 동작하는 것을 확인할 수 있습니다.

초기 상태 확인하기

예시 코드를 살펴보면서 리스코프 치환 원칙을 더 자세히 알아봅시다. 우선, Rectangle 이라는 클래스가 있으며, 이 클래스의 속성은 int 자료형의 width와 height이고 면적을 계산하는 getArea 함수가 있습니다.

이를 바탕으로 한 설계 구조는 다음과 같습니다.

Rectangle
+ width: int + height: int
+ getArea( ): int

그리고 이 설계 구조를 바탕으로 코드를 작성하면 다음과 같습니다.


```java
public class Rectangle {
    public int width;
    public int height;

    public void setWidth(int width) {
        this.width = width;
    }

    public void setHeight(int height) {
        this.height = height;
    }

    public int getArea() {
        return width * height;
    }
}
```

여기에 Square 클래스를 추가하려고 합니다. 정사각형은 직사각형의 한 종류이므로, Rectangle 클래스를 상속받아 구현해 보았습니다.

리스코프 치환 원칙을 위반한다면?

Rectangle 클래스를 상속받는 Square 클래스를 추가한
설계 구조는 오른쪽과 같습니다.

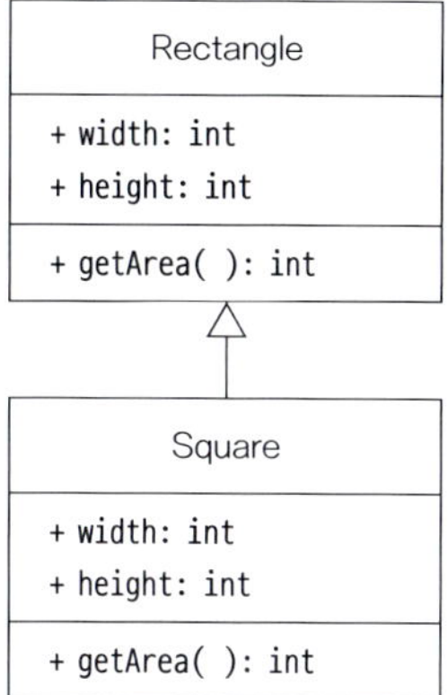

이 설계 구조를 바탕으로 코드를 작성하면 다음과 같습니다.

코드   OOP/SOLID/JSP2/Square.java

```java
public class Square extends Rectangle {
    @Override
    public void setWidth(int width) {
        this.height = this.width = width;
    }

    @Override
    public void setHeight(int height) {
        this.height = this.width = height;
    }
}
```

정사각형은 앞서 말한 것처럼 직사각형의 한 종류로, 가로와 세로 길이가 동일해야 하
므로 setWidth와 setHeight 함수를 오버라이딩해 두 값이 같도록 구현했습니다.
자식 클래스는 언제나 부모 클래스를 대체할 수 있어야 하므로, 직사각형 객체를 정사
각형 객체로 대체하더라도 결과가 항상 동일해야 합니다. 이 전제를 바탕으로 테스트
를 진행해 봅시다.

코드   OOP/SOLID/JSP2/Main.java

```java
public class Main {
    public static void main(String[] args) {
        Rectangle rectangle = new Rectangle();
        rectangle.setWidth(10);
        rectangle.setHeight(5);
```

```java
        System.out.println(rectangle.getArea());

        Rectangle rectangle2 = new Square();
        rectangle2.setWidth(10);
        rectangle2.setHeight(5);
        System.out.println(rectangle2.getArea());
    }
}
```



```
50
25
```

부모 객체를 자식 객체로만 변경했는데도 사각형의 넓이를 구하는 getArea의 실행 결과가 50과 25로 다르게 출력되었습니다. 이는 마지막에 setHeight 함수에서 오버라이딩에 의해 가로와 세로가 모두 5로 설정되었기 때문입니다. 이렇게 하면 자식 객체가 부모 객체를 완전히 대체하지 못했으므로 리스코프 치환 원칙에 위배됩니다.

직사각형과 정사각형은 모두 사각형의 종류이지만 서로 완전한 상속 관계라고 볼 수 없습니다. 따라서 상속 관계를 설계할 때는 리스코프 치환 원칙을 준수하는지 신중히 고려해야 합니다. 리스코프 치환 원칙을 준수해서 올바르게 설계하는 방법을 알아보겠습니다.

리스코프 치환 원칙을 고려해 수정하기

모양을 뜻하는 Shape 클래스를 새롭게 선언했습니다. 사각형은 직사각형, 정사각형과 완전한 상속 관계라고 볼 수 있으므로, 이는 리스코프 치환 원칙을 준수한 설계라 할 수 있습니다. 이후 정사각형(Square)과 직사각형(Rectangle) 클래스가 Shape 클래스를 상속받도록 관계를 설정했습니다. 이렇게 하면 두 도형은 공통으로 가로, 세로, 넓이 등의 속성을 가집니다. 다음 설계 구조로 이 내용을 이해해 봅시다.

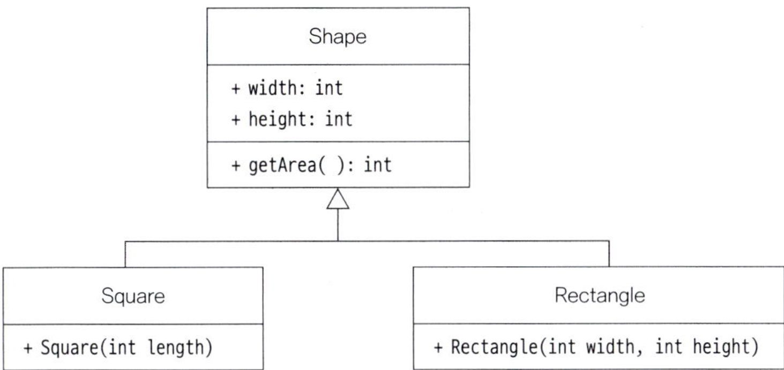

설계 구조를 바탕으로 먼저 상위 클래스인 Shape 클래스를 다음과 같이 구현했습니다.

코드   OOP/SOLID/JSP3/Shape.java

```java
public class Shape {
    public int width;
    public int height;

    public void setWidth(int width) {
        this.width = width;
    }

    public void setHeight(int height) {
        this.height = height;
    }

    public int getArea() {
        return width * height;
    }
}
```

그다음 Shape 클래스를 상속하는 두 클래스는 생성자 부분만 추가했습니다.

코드   OOP/SOLID/JSP3/Rectangle.java

```java
public class Rectangle extends Shape {
    public Rectangle(int width, int height) {
        setWidth(width);
        setHeight(height);
    }
}
```

```java
public class Square extends Shape {
    public Square(int length) {
        setWidth(length);
        setHeight(length);
    }
}
```

이렇게 직사각형과 정사각형이 공통 속성을 가진 Shape 클래스를 상속하도록 설계하면, 자식 객체가 부모 객체를 완벽하게 대체하면서 각 자식의 특성에 맞게 안정적이고 유연하게 동작할 수 있습니다.

이제 이 설계가 실제로 리스코프 치환 원칙을 준수하는지 확인하기 위해 Shape 자료형으로 객체를 선언하고 객체는 하위 클래스 자료형으로 생성한 뒤, 넓이를 계산하는 클라이언트 코드를 작성해 보겠습니다.

```java
public class Main {
    public static void main(String[] args) {
        Shape rectangle = new Rectangle(5, 6);
        System.out.println(rectangle.getArea());

        Shape square = new Square(10);
        System.out.println(square.getArea());
    }
}
```

실행 결과

```
30
100
```

이제 더 이상 Rectangle과 Square는 서로 상속 관계에 있지 않고, 공통 부모인 Shape의 getArea가 개발자가 의도한 대로 정상으로 동작하는지를 확인하는 것이 중요합니다. 직사각형은 가로와 세로의 곱으로, 정사각형은 한 변의 길이를 제곱하는 방식으로 넓이가 올바르게 출력되는 것을 확인할 수 있습니다.

리스코프 치환 원칙의 핵심은 자식 객체가 부모 객체를 대체했을 때 코드가 문제없이 동작해야 한다는 점입니다. 따라서 일반적으로 객체 지향 프로그래밍에서는 부모 클래스의 일반 함수를 자식 클래스에서 전혀 다른 방식으로 오버라이딩하는 것을 권장하지 않습니다.

인터페이스 분리 원칙

인터페이스 분리 원칙Interface Segregation Principle, ISP은 '인터페이스를 적절하게 분리해 클라이언트가 목적과 용도에 맞는 인터페이스만 사용해야 한다'라는 원칙입니다. 이 원칙을 위반하면 클라이언트는 실제로 사용하지 않는 함수를 포함한 인터페이스에 의존해 불필요한 함수를 구현하도록 강요받고, 결국 비효율적이고 좋지 않은 구조로 이어질 수 있습니다.

초기 상태 확인하기

설계 구조와 함께 예시 코드를 살펴보며 인터페이스 분리 원칙을 알아봅시다. 오른쪽의 설계 구조에서는 Vehicle 인터페이스를 정의하고 go와 fly 추상 메서드를 추가했습니다. 이 설계 구조를 바탕으로 코드를 작성하면 다음과 같습니다.

<<Interface>>
Vehicle
+ go( ): void   *+ fly( ): void*

코드   📄 OOP/SOLID/ISP/Vehicle.java

```java
public interface Vehicle {
    void go();
    void fly();
}
```

이 인터페이스를 이용하여 자동차(Car)와 비행기(Airplane) 클래스를 생성해 봅시다.

인터페이스 분리 원칙을 위반한다면?

Vehicle 인터페이스를 이용해 Car와 Airplane 클래스를 구현한다고 가정했을 때, 설계 구조는 다음과 같습니다.

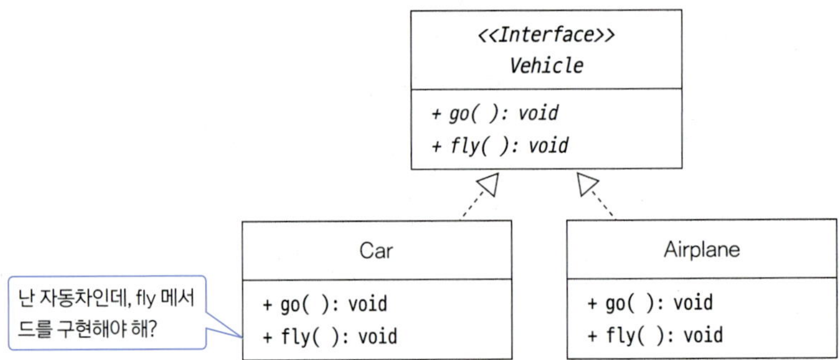

이 설계 구조를 바탕으로 Car 클래스와 Airplane 클래스를 구현하면 다음과 같습니다.

코드   OOP/SOLID/ISP/Car.java

```java
public class Car implements Vehicle {
    @Override
    public void go() {
        System.out.println("자동차가 앞으로 갑니다");
    }

    @Override
    public void fly() {
        System.out.println("난 날지 못하는데요?");
    }
}
```

코드   OOP/SOLID/ISP/Airplane.java

```java
public class Airplane implements Vehicle {
    @Override
    public void go() {
        System.out.println("비행기가 앞으로 갑니다");
    }

    @Override
    public void fly() {
        System.out.println("비행기가 하늘을 날아갑니다");
    }
}
```

Airplane 클래스는 기능을 문제없이 구현하지만 Car 클래스에서는 문제가 발생했습니다. Vehicle 인터페이스는 go와 fly 두 추상 메서드를 제공하는데, Car 클래스는 사실 fly 기능(메서드)이 필요하지 않는데도 Vehicle을 상속받아 fly 메서드를 어쩔 수 없이 구현해야 합니다. 이는 인터페이스 분리 원칙을 위반한 사례입니다. 이러한 문제를 해결하기 위해 Vehicle 인터페이스를 목적에 맞게 다시 분리해 보겠습니다.

인터페이스 분리 원칙을 고려해 수정하기

Vehicle 인터페이스에 go와 fly 기능을 한 번에 선언하고 상속하는 대신, 기능을 분리하여 각각 Vehicle과 Flyable 인터페이스에 선언합니다. 그리고 각 클래스는 자신에게 필요한 인터페이스만 구현하도록 인터페이스 분리 원칙을 고려해 다음과 같이 설계 구조를 수정했습니다.

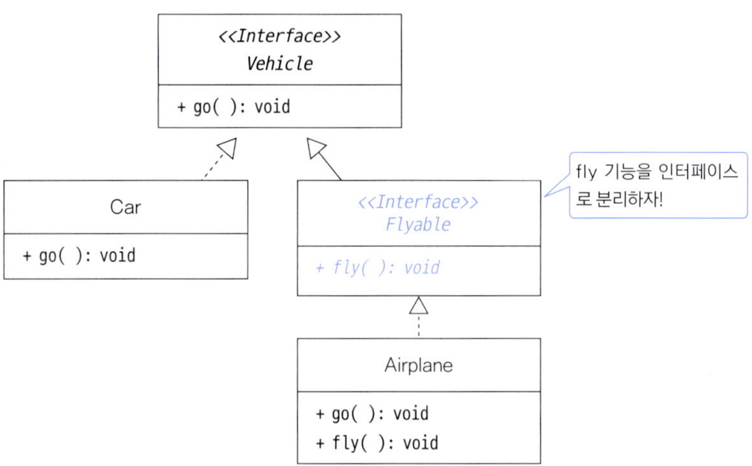

이 구조를 바탕으로 코드를 작성해 보면 다음과 같습니다. go와 fly 메서드를 각각 Vehicle과 Flyable 인터페이스에 선언했습니다. 날 수 있는 탈것은 기본적으로 앞으로 갈 수 있으므로, Flyable 인터페이스는 Vehicle을 상속하도록 구성했습니다.

코드   OOP/SOLID/ISP2/Vehicle.java

```java
public interface Vehicle {
    void go();
}
```

```java
public interface Flyable extends Vehicle {
    void fly();
}
```

Car와 Airplane 클래스는 이제 자신에게 맞는 인터페이스를 구현할 수 있습니다. 다음과 같이 Car 클래스는 Vehicle 인터페이스만 구현하고, Airplane 클래스는 Flyable 인터페이스를 구현합니다.


```java
public class Car implements Vehicle {
    @Override
    public void go() {
        System.out.println("자동차가 앞으로 갑니다");
    }
    // 더 이상 필요 없는 fly 함수는 구현하지 않아도 됩니다
}
```



```java
public class Airplane implements Flyable {
    @Override
    public void go() {
        System.out.println("비행기가 앞으로 갑니다");
    }

    @Override
    public void fly() {
        System.out.println("비행기가 하늘을 날아갑니다");
    }
}
```

이처럼 인터페이스 분리 원칙에 따라 기존의 Vehicle 인터페이스를 Vehicle과 Flyable로 분리하면, 하위 클래스가 자신에게 필요한 인터페이스만 상속받아 사용할 수 있습니다. 그리고 사용하지 않는 기능(메서드)은 불필요하게 구현하거나 유지 보수할 필요가 없어져 보다 효율적이고 깔끔한 구조를 유지할 수 있습니다.

의존성 역전 원칙

의존성 역전 원칙Dependency Inversion Principle, DIP은 '상위 수준의 모듈이 하위 수준의 모듈에 의존하지 말고, 두 모듈 모두 추상화에 의존해야 한다'라고 정의됩니다. 즉, 구체적인 클래스에 의존하지 말고 추상 클래스나 인터페이스와 같은 추상화된 요소에 의존하는 것이 바람직하다는 뜻입니다.

리스코프 치환 원칙에서 자바의 컬렉션 프레임워크를 예로 들었듯이, 여기서도 컬렉션 프레임워크는 의존성 역전 원칙을 설명하기 좋은 사례입니다. 개발자는 ArrayList나 LinkedList 같은 구체적인 클래스보다 List 인터페이스에 의존함으로써 코드의 유연성과 확장성을 높일 수 있습니다.

다음 그림은 컬렉션 프레임워크에서 List와 ArrayList의 관계를 나타냅니다.

```
List<Integer> myList = new ArrayList( );
```

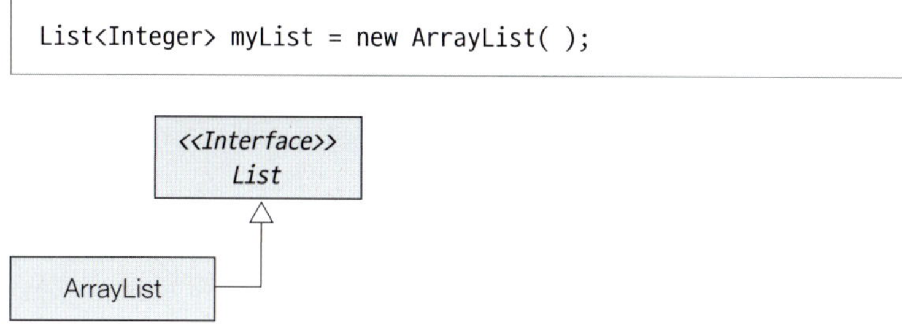

보통 자바에서는 ArrayList를 선언할 때 ArrayList 자료형이 아니라 상위 인터페이스인 List 자료형을 사용합니다. 이는 '의존 관계를 맺을 때 구체적인 객체보다는 변화하기 어려운 추상 클래스나 인터페이스에 의존하는 설계가 바람직하다'는 의존성 역전 원칙을 준수하는 예라고 할 수 있습니다.

초기 상태 확인하기

다음과 같이 User라는 클래스가 있다고 가정해 봅시다. 이 User 클래스에 음악 듣기 기능을 추가해 달라는 요청 사항이 있다면 코드를 어떻게 구현해야 할까요?

의존성 역전 원칙을 위반한다면?

일단 의존성 역전 원칙을 고려하지 않고, User 클래스가 음악 듣기 기능에 의존하도록 구현해 봅시다. 그럼 설계 구조는 다음과 같습니다.

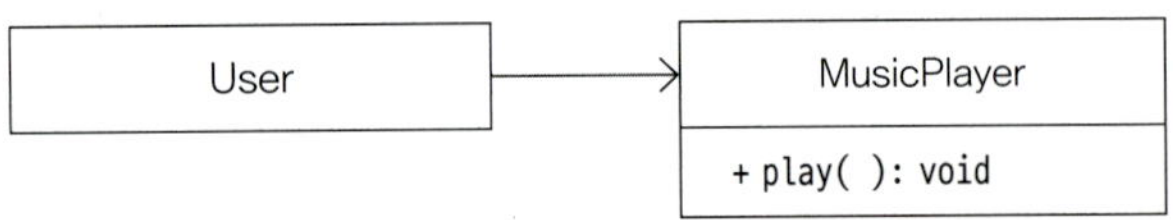

설계 구조를 바탕으로 먼저 User 클래스를 생성합니다. 이 User 클래스의 멤버 변수로 MusicPlayer를 선언하고, MusicPlayer의 play 함수를 활용하여 User 클래스의 play 함수를 구현합니다.


```java
public class User {
    private MusicPlayer musicPlayer;
    public void setMusicPlayer(MusicPlayer musicPlayer) {
        this.musicPlayer = musicPlayer;
    }
    public void play() {
        musicPlayer.play();
    }
}
```

그다음 MusicPlayer 클래스는 play 함수를 포함하도록 구현합니다.


```java
public class MusicPlayer {
    public void play() {
        System.out.println("음악이 재생됩니다.");
    }
}
```

이제 클라이언트 코드를 작성합니다. MusicPlayer 객체와 User 객체를 생성한 뒤, 생성한 MusicPlayer 객체를 User 객체 안의 멤버 변수에 할당합니다.

```java
public class Main {
    public static void main(String[] args) {
        MusicPlayer musicPlayer = new MusicPlayer();
        User user = new User();
        user.setMusicPlayer(musicPlayer);
        user.play();
    }
}
```

실행 결과
음악이 재생됩니다.

현재 상태에서는 문제없이 잘 동작되는 것으로 보입니다. 그런데 여기에 유튜브 플레이어 기능을 추가해 보겠습니다.

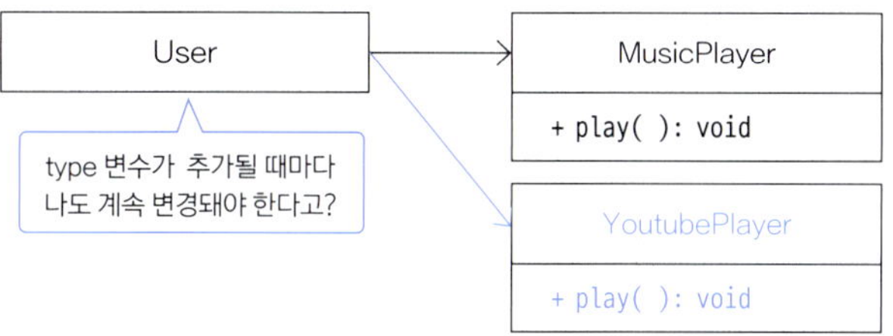

이 설계 구조를 바탕으로 YoutubePlayer 클래스를 구현하면 다음과 같습니다.


```java
public class YoutubePlayer {
    public void play() {
        System.out.println("유튜브가 재생됩니다.");
    }
}
```

그다음 User 클래스에 멤버 변수로 YoutubePlayer를 선언합니다. 또한 play 함수가 정상적으로 동작되도록 type 변수를 추가하고, 이 변수에 따라 play 함수가 다르게 동작하도록 수정합니다.

```java
public class User {
    private MusicPlayer musicPlayer;
    private YoutubePlayer youtubePlayer;
    private String type;

    public void setMusicPlayer(MusicPlayer musicPlayer) {
        this.musicPlayer = musicPlayer;
        type = "music";
    }

    public void setYoutubePlayer(YoutubePlayer youtubePlayer) {
        this.youtubePlayer = youtubePlayer;
        type = "youtube";
    }

    public void play() {
        if (type.equals("music")) {
            musicPlayer.play();
        } else {
            youtubePlayer.play();
        }
    }

}
```

이제 클라이언트 코드를 수정합니다. YoutubePlayer 객체를 추가로 생성한 뒤, 새로
생성한 YoutubePlayer 객체를 User 클래스의 멤버 변수로 설정합니다.


```java
public class Main {
    public static void main(String[] args) {
        MusicPlayer musicPlayer = new MusicPlayer();
        YoutubePlayer youtubePlayer = new YoutubePlayer();
        User user= new User();
        user.setMusicPlayer(musicPlayer);
        user.play();
        user.setYoutubePlayer(youtubePlayer);
        user.play();
    }
}
```

설정한 player에 따라 실행 결과가 정상으로 출력되는 것을 확인할 수 있습니다. YoutubePlayer 클래스를 추가했지만, 그 결과 User 클래스가 구체적인 MusicPlayer 와 YoutubePlayer 객체에 의존하게 되어 새로운 플레이어 기능이 추가될 때마다 많은 코드를 수정해야 합니다. 이는 유지 보수 측면에서 비효율적이므로, 의존성 역전 원칙을 고려해 다시 설계해 봅시다.

의존성 역전 원칙을 고려해 수정하기

의존성 역전 원칙을 고려해 다음과 같이 설계 구조를 수정합니다.

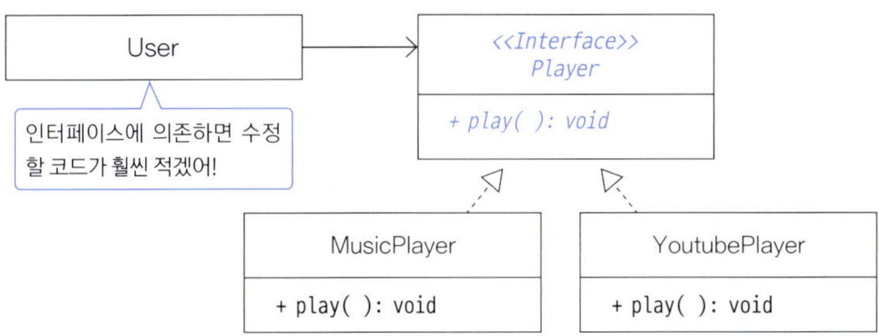

이 설계 구조를 바탕으로 다음과 같이 코드를 작성해 봅시다. 먼저 User 클래스가 의존할 추상화된 인터페이스인 Player를 작성하고, 이 인터페이스에는 play 함수를 선언합니다.

코드   SOLID/DIP3/Player.java

```java
public interface Player {
    void play();
}
```

그다음 MusicPlayer와 YoutubePlayer 클래스를 생성하며, 두 클래스는 각자 특성에 맞게 Player 인터페이스를 구현합니다.

```java
public class MusicPlayer implements Player {
    @Override
    public void play() {
        System.out.println("음악이 재생됩니다.");
    }
}
```



```java
public class YoutubePlayer implements Player {
    @Override
    public void play() {
        System.out.println("유튜브가 재생됩니다.");
    }
}
```

그리고 User 클래스를 생성할 때는 다음과 같이 MusicPlayer나 YoutubePlayer 대신 추상화된 Player 인터페이스를 멤버 변수로 선언합니다.


```java
public class User {
    private Player player;
    public void setPlayer(Player player) {
        this.player = player;
    }
    public void play() {
        player.play();
    }
}
```

이렇게 User 클래스가 Player 인터페이스에 의존하면 이후 TVPlayer, MoviePlayer 등 Player 인터페이스를 구현하는 다른 클래스가 추가되더라도 User 클래스는 수정할 필요 없이 클라이언트 코드에서 계속 사용할 수 있습니다.

다음은 Player 인터페이스를 멤버 변수로 하는 User 클래스를 활용한 클라이언트 코드입니다. 코드 자체는 이전 코드와 동일하며 실행 결과도 설정된 player에 따라 정상으로 출력됩니다.

■ SOLID/DIP3/Main.java

코드

```java
public class Main {
    public static void main(String[] args) {
        MusicPlayer musicPlayer = new MusicPlayer();
        YoutubePlayer youtubePlayer = new YoutubePlayer();
        User user = new User();
        user.setPlayer(musicPlayer);
        user.play();
        user.setPlayer(youtubePlayer);
        user.play();
    }
}
```

실행 결과

```
음악이 재생됩니다.
유튜브가 재생됩니다.
```

중요한 점은 Player 관련 기능이 추가되더라도, 즉 Player 인터페이스를 구현하는 하위 클래스가 추가되어도 User 클래스나 이를 사용하는 다른 모듈에 미치는 영향이 최소화된다는 것입니다. 이러한 이유로 구체적인 구현 클래스보다 추상 클래스나 인터페이스에 의존하는 것이 코드 구조를 유연하게 만들고 유지 보수성과 개발 생산성 면에서 더 유리합니다.

지금까지 객체 지향 프로그래밍과 설계에서 지켜야 할 5가지 기본 원칙인 SOLID 원칙을 공부했습니다. 이어서 7장에서는 실제 개발에서 반복되는 여러 문제를 해결한 사례를 패턴화해 정리한 디자인 패턴을 배우겠습니다. 디자인 패턴은 지금까지 학습한 객체 지향의 4가지 특징(추상화, 상속, 다형성, 캡슐화)과 SOLID 원칙을 기반으로 구현됩니다. 그러므로 지금까지 설명한 내용을 충분히 이해했다면 앞으로 7장을 배우는 데 큰 도움이 될 것입니다.

$$\boxed{7장}$$

효과적인 디자인 패턴 활용 전략

디자인 패턴은 객체 지향의 핵심 특징인 캡슐화, 추상화, 상속, 다형성과 SOLID 설계 원칙에 기반해 구현되어 복잡한 설계 문제를 단순화하고 오류를 줄이며 효율적인 소프트웨어 개발을 가능하게 합니다. 디자인 패턴을 학습하면 각종 설계 문제를 깊이 고민하지 않고도 구조적인 접근과 문제 해결 능력을 향상할 수 있으며, 팀원 간의 의사소통도 원활하게 이루어집니다.

이번 장에서는 디자인 패턴을 학습한 뒤, 디자인 패턴이 개발 역량 향상에 어떻게 기여하는지 살펴보고 실제 사례를 통해 명확히 이해함으로써, 개발자가 반복되는 문제를 보다 효율적으로 해결할 수 있도록 돕고자 합니다.

7-1 디자인 패턴의 종류와 특징

7-2 생성 패턴

7-3 구조 패턴

7-4 행동 패턴

7-5 MVC 패턴

디자인 패턴의 종류와 특징

개발자가 소프트웨어 설계에서 마주하는 문제는 대부분 유사하며 반복되는 경우가 많습니다. 이러한 문제를 여러 개발자들이 고민하며 해결한 결과를 정리한 것이 바로 디자인 패턴design pattern입니다.

디자인 패턴은 매우 다양한데, 이 장에서는 가장 많이 사용하는 13가지 패턴과 MVC 패턴을 설명합니다. 이들 패턴은 목적에 따라 다음과 같이 생성 패턴creational patterns, 구조 패턴structural patterns, 행동 패턴behavioral patterns의 3가지로 크게 구분할 수 있습니다.

목적에 따른 디자인 패턴의 종류

종류	설명
생성 패턴	객체를 생성할 때 발생하는 문제를 해결하는 방법을 제공하여, 객체 생성 과정에서 코드 간의 강한 결합을 방지해서 보다 유연한 구조로 만듭니다.
구조 패턴	클래스와 객체를 조합해 더 큰 구조를 형성하는 방법을 제시하며, 이를 통해 클래스와 객체 간의 관계를 강화하고 새로운 기능을 손쉽게 추가할 수 있습니다.
행동 패턴	객체 간의 통신과 책임 분배 방법을 제공하여, 복잡한 흐름 제어를 간소화하고 객체 간의 상호 작용을 효과적으로 수행함으로써 결합도를 최소화합니다.

다음은 개발자들이 가장 많이 사용하는 패턴 13가지를 목적에 따라 자세히 구분한 것입니다.

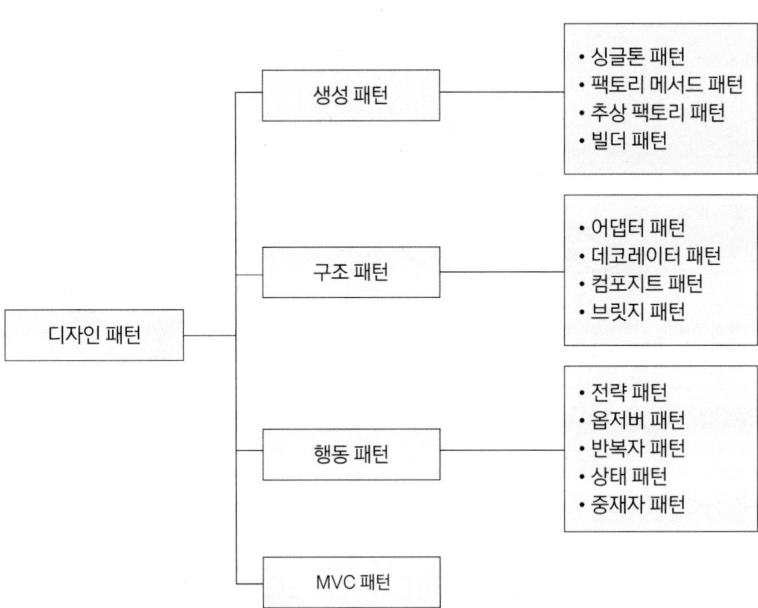

디자인 패턴의 종류

- **재사용성**: 개발자는 반복 작업을 줄이고, 유사한 상황에서 코드를 보다 쉽게 작성하여 효율성을 높일 수 있습니다.
- **가독성**: 공통된 용어와 개념, 일정한 구조 덕분에 코드의 가독성이 향상됩니다.
- **유지 보수성**: 명확하고 일관된 설계와 잘 모듈화된 구조 덕분에 변경이 필요할 때 해당 모듈만 수정하면 되어 유지 보수하기가 용이합니다.
- **확장성**: 기존 코드의 수정을 최소화하면서 기능을 추가 또는 변경할 수 있어서 시스템의 확장성이 향상됩니다.
- **안정성**: 이미 많은 사람들에게 검증된 설계 방식이므로 시스템의 장기적인 안정성을 보장합니다.

이러한 특징 덕분에 많은 개발자들이 디자인 패턴을 학습하고 활용하고 있습니다. 다음 절부터 각 패턴을 자세히 알아보겠습니다.

디자인 패턴을 본격적으로 공부하기 전에 한 가지 당부하고 싶은 말이 있습니다. 바로 '패턴병에 걸리지 말라'는 것입니다. 처음 디자인 패턴을 배우면 모든 문제를 패턴으로 해결하려는 습관이 생길 수 있습니다. 하지만 실제로 더 간단하고 간결하게 해결할 수 있는데도 패턴을 남용하는 것은 바람직하지 않습니다. 디자인 패턴은 자주 사용하는 설계 방법을 정리한 코딩 방법론일 뿐이며, 클린 코드의 기본은 간결하고 이해하기 쉬운 깨끗한 코드를 작성하는 데 있습니다. 즉, 과유불급에 빠지지 않도록 주의하세요.

생성 패턴

생성 패턴$^{creational\ patterns}$은 객체의 생성 방식을 결정하는 디자인 패턴으로, 객체 생성 절차를 추상화하여 보다 유연하게 다룰 수 있는 방법을 제공합니다. 이 절에서는 생성 패턴 중에서 싱글톤 패턴, 팩토리 메서드 패턴, 추상 팩토리 패턴, 빌더 패턴 등 4가지 패턴을 자세히 살펴보겠습니다.

싱글톤 패턴

싱글톤 패턴$^{singleton\ pattern}$은 특정 클래스의 객체가 단 하나만 생성되도록 보장하고, 생성된 객체에 전역 변수처럼 어디서든 접근할 수 있도록 하는 디자인 패턴입니다. 즉, 시스템에서 하나만 존재해야 하거나 여러 곳에서 공유해야 하는 객체에 적용할 수 있습니다. 싱글톤 패턴은 다른 디자인 패턴에 비해 비교적 구조가 단순합니다. 일반적으로 객체는 생성자 함수를 통해 생성되지만, 싱글톤 패턴에서는 getInstance 함수를 사용하여 객체를 반환합니다. getInstance 함수는 객체가 생성되지 않은 경우에만 new 예약어를 사용해 객체를 생성하고, 이미 생성된 객체가 있으면 해당 객체를 반환합니다.

다음은 싱글톤 패턴의 구조를 클래스 다이어그램의 형태로 표현한 것입니다.

✦ 클래스 다이어그램은 객체 지향 프로그래밍에서 클래스 간의 관계를 한눈에 파악할 수 있도록 도와주며, draw.io에서 제작할 수 있으니 참고하세요. 클래스 다이어그램은 9-3절에서 자세히 설명합니다.

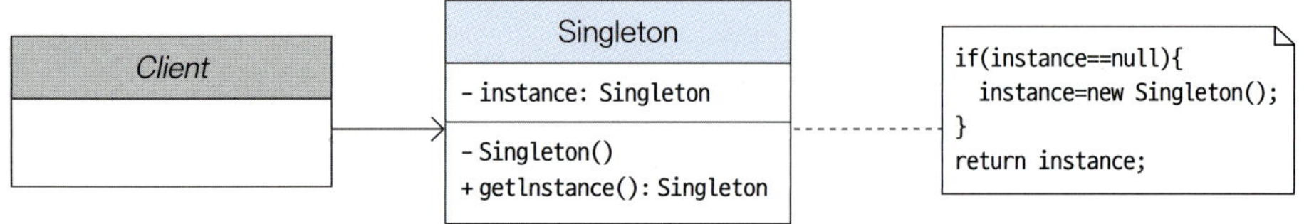

싱글톤 패턴의 클래스 다이어그램 예

다이어그램을 살펴보면, 싱글톤 클래스는 자기 자신의 자료형으로 private static instance 변수를 가집니다. getInstance 함수에서는 instance가 생성되지 않은 경우에만 객체를 생성하고, 이미 생성된 객체가 있으면 이를 반환합니다. 이러한 구조 덕분에 여러 곳에서 getInstance 함수를 통해 항상 동일한 하나의 객체를 얻어 사용할 수 있습니다. 이와 같이 싱글톤 패턴의 구조는 비교적 간단합니다. 싱글톤 패턴을 적용한 예제로 더 자세히 이해해 봅시다.

싱글톤 패턴 적용하기

스마트폰의 스피커 기능에 싱글톤 패턴을 적용한 코드를 구현해 보겠습니다. 먼저 이를 클래스 다이어그램으로 표현하면 다음과 같습니다. 앞서 살펴본 싱글톤 패턴의 클래스 다이어그램과 동일한 구조입니다.

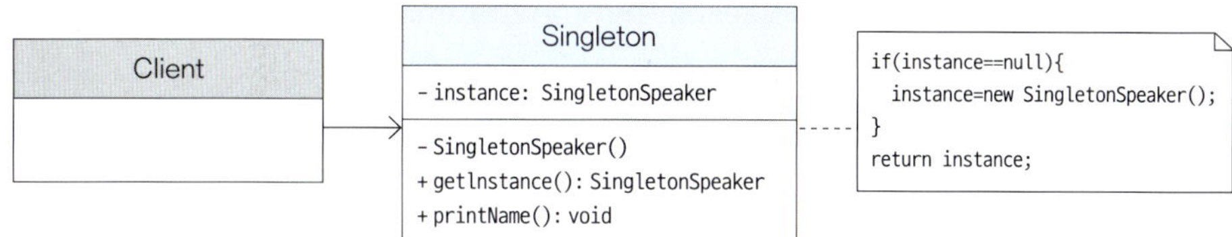

스마트폰 스피커 기능의 클래스 다이어그램

스마트폰의 스피커는 오직 하나만 존재해야 하므로, SingletonSpeaker 클래스를 싱글톤 패턴의 기본 구조에 맞추어 작성한 것을 확인할 수 있습니다.

이 다이어그램을 바탕으로 스마트폰 스피커 클래스를 구현한 코드를 작성해 봅시다.

코드   📄 DesignPattern/Singleton/SingletonSpeaker.java

```java
public class SingletonSpeaker {
    private static SingletonSpeaker instance;
    private SingletonSpeaker() {}

    public static SingletonSpeaker getInstance() {
        if (instance == null) {
            instance = new SingletonSpeaker();
        }
        return instance;
    }
}
```

SingletonSpeaker 클래스는 스피커 기능을 담당하며, 하나의 객체만 생성되어 여러 곳에서 사용할 수 있도록 구현됐습니다. 기본적으로 private static 멤버 변수로 자기 자신 타입을 갖는 변수를 선언하고, 객체가 생성되어 있지 않을 때만 getInstance 함수를 통해 new 예약어를 사용해 객체를 생성하며, 이미 생성한 객체가 있으면 이를 반환합니다.

다음은 클라이언트 코드에서 싱글톤 객체를 사용하는 간단한 예제입니다.

코드   DesignPattern/Singleton/Main.java

```java
public class Main {
    public static void main(String[] args) {
        SingletonSpeaker singletonSpeaker = SingletonSpeaker.getInstance();
        System.out.println(singletonSpeaker.toString());
        SingletonSpeaker singletonSpeaker2 = SingletonSpeaker.getInstance();
        System.out.println(singletonSpeaker2.toString());
    }
}
```

실행 결과

```
SingletonSpeaker@27d6c5e0
SingletonSpeaker@27d6c5e0
```

이 실행 결과에서 중요한 점은 getInstance 함수를 호출할 때마다 새로운 스피커 객체를 생성하는 것이 아니라, 기존에 생성된 객체의 주소를 반환한다는 점입니다. 이를 통해 SingletonSpeaker 객체가 여러 개 생성되는 것을 방지합니다.

그러나 이 코드는 멀티스레드 환경에서 동시에 접근할 경우, 단일 객체 대신 여러 객체가 생성될 위험이 있습니다. 예를 들어, 여러 스레드가 getInstance 함수를 동시에 호출하면 한 스레드가 객체를 생성하기 전에 다른 스레드가 추가로 객체를 생성할 수 있습니다.

다음 코드를 살펴봅시다.


```java
public class MultiThreadMain {
    public static void main(String[] args) {
        Runnable run = () -> {
            SingletonSpeaker speaker = SingletonSpeaker.getInstance();
            System.out.println(speaker.toString());
        };
        for (int i = 0; i < 5; i++) {
            Thread thread = new Thread(run);
            thread.start();
        }
    }
}
```

실행 결과

```
SingletonSpeaker@48f5a9b2
SingletonSpeaker@6f74f39c
SingletonSpeaker@6f74f39c
SingletonSpeaker@48f5a9b2
SingletonSpeaker@48f5a9b2
```

이 코드에서는 싱글톤 패턴을 사용했는데 실행 결과를 살펴보면 Speaker 객체가 2개 생성된 것을 확인할 수 있습니다. 이는 멀티스레드 환경에서 여러 스레드가 거의 동시에 getInstance 함수에 접근할 때 발생합니다. 한 스레드가 객체를 생성하기 전에 다른 스레드가 null 확인을 위한 조건문을 통과하면 새로운 객체가 추가로 생성될 수 있습니다. 따라서 싱글톤 패턴을 올바르게 구현하지 않으면 의도한 것과 달리 여러 객체가 생성될 수 있는데, 이러한 문제를 동기화 문제라고 합니다. 이를 방지하는 다양한 해결 방법이 있는데, 그중에 널리 사용하는 3가지 방법을 소개하겠습니다.

동기화 문제 해결 방법

1. 동기화된 싱글톤 synchronized singleton

다음 예시 코드와 같이 synchronized 예약어를 사용하여 스레드의 동시 접근을 막는 방법입니다. 이를 통해 해당 함수에는 하나의 스레드만 접근할 수 있으므로 여러 스레드가 동시에 객체를 생성하는 문제를 방지할 수 있습니다.

```
...
    public static synchronized SingletonSpeaker1 getInstance() {
...
```

클라이언트 코드를 작성해 실행해 보면, 기존 MultiThreadMain.java 파일에서 SingletonSpeaker를 선언한 부분만 SingletonSpeaker1로 변경합니다.

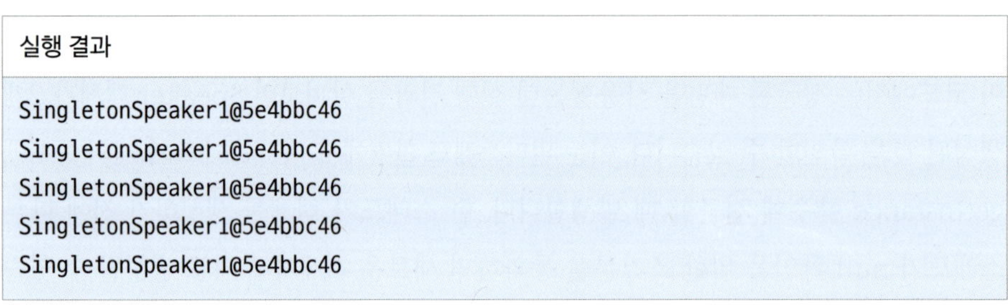

```
...
SingletonSpeaker1 speaker = SingletonSpeaker1.getInstance();
...
```

실행 결과

```
SingletonSpeaker1@5e4bbc46
SingletonSpeaker1@5e4bbc46
SingletonSpeaker1@5e4bbc46
SingletonSpeaker1@5e4bbc46
SingletonSpeaker1@5e4bbc46
```

실행 결과를 살펴보면 스피커 객체가 하나만 생성되는 것을 확인할 수 있습니다. 그러나 이 방법은 synchronized 예약어가 함수 전체에 적용되어 객체가 이미 생성된 이후에도 함수를 호출할 때마다 매번 동기화 처리가 이루어져 시스템 성능이 저하될 수 있다는 단점이 있습니다.

2. 빌 퓨 싱글톤bill pugh singleton

클래스 로딩을 할 때 내부 클래스인 SingleInstanceHolder가 로딩되지 않고, get
Instance가 처음 호출될 때 로딩되어 SingleInstanceHolder.INSTANCE가 초기화되
는 방식으로 스레드의 안정성을 보장하는 방법입니다. 다음 코드를 살펴봅시다.

<table>
<tr><td>코드</td><td>📄 DesignPattern/Singleton/SingletonSpeaker2.java</td></tr>
</table>

```java
public class SingletonSpeaker2 {
    private SingletonSpeaker2() {}
    private static class SingleInstanceHolder {
        private static final SingletonSpeaker2 INSTANCE = new SingletonSpeaker2();
    }
    public static SingletonSpeaker2 getInstance() {
        return SingleInstanceHolder.INSTANCE;
    }
}
```

getInstance 함수를 호출하면 SingleInstanceHolder 클래스의 static 멤버 변수
인 INSTANCE를 반환합니다. 이때 내부 클래스는 한 번만 초기화되면서 최초의 싱
글톤 객체를 생성하고 반환합니다. 또한 해당 멤버 자체를 final로 선언하여 값의 재
할당을 방지합니다.

다음과 같이 클라이언트 코드를 작성해서 실행해 보면, 기존 MultiThreadMain.
java 파일의 SingletonSpeaker 선언 부분을 SingletonSpeaker2로 변경했을 때,
객체가 유일하게 하나만 생성되는 것을 확인할 수 있습니다.

<table>
<tr><td>코드</td><td>📄 DesignPattern/Singleton/MultiThreadMain.java</td></tr>
</table>

```java
...
SingletonSpeaker2 speaker = SingletonSpeaker2.getInstance();
...
```

실행 결과

```
SingletonSpeaker2@28c2c86c
SingletonSpeaker2@28c2c86c
SingletonSpeaker2@28c2c86c
SingletonSpeaker2@28c2c86c
SingletonSpeaker2@28c2c86c
```

이 방법은 synchronized 예약어를 사용하지 않아 성능 저하 없이 싱글톤 패턴을 구현할 수 있어서 가장 널리 쓰입니다.

3. 열거형 싱글톤enum singleton

클래스 대신 enum을 이용하여 싱글톤 패턴을 구현하는 방법입니다. enum은 내부에서 상수뿐만 아니라 함수 선언과 사용이 가능하므로 싱글톤 패턴을 구현할 수 있습니다. 이 방식의 장점은 앞서 소개한 방식보다 매우 간단하게 구현할 수 있다는 것입니다. 다만 enum은 클래스가 아니어서 상속이 어렵고 유연성이 떨어질 수 있어 유지 보수에 제약을 받을 수 있습니다. 다음 코드를 통해 살펴봅시다.

코드	DesignPattern/Singleton/SingletonSpeaker3.java

```java
enum SingletonSpeaker3 {
    INSTANCE;
    public String doSomething() {
        return "doSomething";
    }
}
```

이 코드는 열거형 싱글톤의 가장 기본적인 형태를 구현한 것으로, SingletonSpeaker3라는 enum을 정의하고 단일 인스턴스인 INSTANCE를 선언합니다. 그리고 doSomething 메서드로 필요한 기능을 구현합니다.

지금까지 싱글톤 패턴을 알아보았습니다. 싱글톤 패턴은 객체 지향 프로그램의 특징과 SOLID 원칙을 위배할 가능성이 높습니다. 예를 들어 여러 모듈에서 공유해 사용하므로 클래스 간의 결합도가 높아지고, 하나의 객체만 생성됨으로써 과도하게 책임을 져서 단일 책임 원칙(SRP)을 위반하기 쉽습니다. 또한 여러 클래스에서 동일한 객체를 공유하면 개방-폐쇄 원칙(OCP)에도 부정적인 영향을 미칠 수 있습니다. 이러한 단점을 보완하기 위해 스프링 등에서는 해결책을 따로 제공하고 있습니다.

그렇다면 싱글톤 패턴을 가장 먼저 소개한 이유는 무엇일까요? 앞으로 배울 디자인 패턴은 만능이 아니라는 점을 이해하는 것이 중요하기 때문입니다. 모든 패턴을 단순히 암기하기보다 디자인 패턴이 필요한 상황과 그 이유를 파악하고, 특정 상황에 적절하게 적용할 수 있도록 고민해야 합니다. 개발하고자 하는 시스템의 구조는 유사할 수 있지만, 세부적인 요구 사항과 환경은 모두 다를 수 있기 때문입니다.

디자인 패턴은 이미 존재하던 개념들을 발견하고 정리한 결과물로, 소프트웨어 개발 과정에서 선배 개발자들이 직면했던 문제들을 고민하고 해결한 경험을 담고 있습니다. 따라서 디자인 패턴은 좋은 참고 자료이자 조언이 될 수 있지만, 무조건 적용한다고 해서 항상 올바른 설계와 개발로 이어지지는 않습니다. 그러므로 상황에 맞게 디자인 패턴을 적절히 사용할 수 있도록 올바른 학습과 고민이 중요합니다.

팩토리 메서드 패턴

팩토리 메서드 패턴factory method pattern은 상위 인터페이스에서 객체 생성에 필요한 부분을 정의하고, 실제 객체 생성은 하위 클래스에서 담당하도록 하는 디자인 패턴입니다. 이 패턴에서는 객체 생성 과정의 공통 부분을 상위 인터페이스에서 템플릿처럼 제공하고, 구체적인 생성 로직은 하위 클래스에서 다양하게 구현할 수 있도록 설계하여 유연하고 다양한 객체 생성을 가능하게 합니다.

예를 들어 배달 앱을 개발한다고 가정해 보겠습니다. 초기에는 배달 수단으로 오토바이를 사용하여 Motorcycle 클래스를 만들어서 구현했습니다. 그러나 시간이 지나면서 배달 방식이 다양해져 자전거와 자동차를 이용한 배달도 필요하게 되었습니다. 이때 새로운 Bicycle과 Car 클래스를 추가하려면 기존 코드를 엄청 수정할 수도 있습니다. 이러한 방식은 코드의 복잡성을 증가시키고 유지 보수를 어렵게 만듭니다.

이러한 문제는 팩토리 메서드 패턴을 적용해서 해결할 수 있습니다. 팩토리 메서드 패턴을 사용하면 객체의 생성과 사용을 분리해 결합도를 낮추고, 캡슐화와 추상화를 통해 객체의 내부 구현을 숨길 수 있습니다. 그 결과, 코드의 유연성을 높이고, 새로운 객체를 추가할 때 최소한의 수정으로 쉽게 확장할 수 있습니다.

팩토리 메서드 패턴은 다음과 같은 상황에서 주로 적용됩니다.

- 생성자와 구현하는 객체 간의 결합도를 낮추고 싶은 경우
- 객체를 사용하는 쪽에서 내부 구현의 구체적인 유형과 종속성을 숨기고 싶은 경우
- 추후 확장해야 할 클래스가 많거나, 비슷한 유형의 클래스를 자주 추가하는 경우
- 비슷한 객체를 계속 생성하는 대신 기존 객체를 재사용하고 싶은 경우

다음 그림은 팩토리 메서드 패턴의 가장 기본적인 구조를 클래스 다이어그램으로 표현한 것입니다.

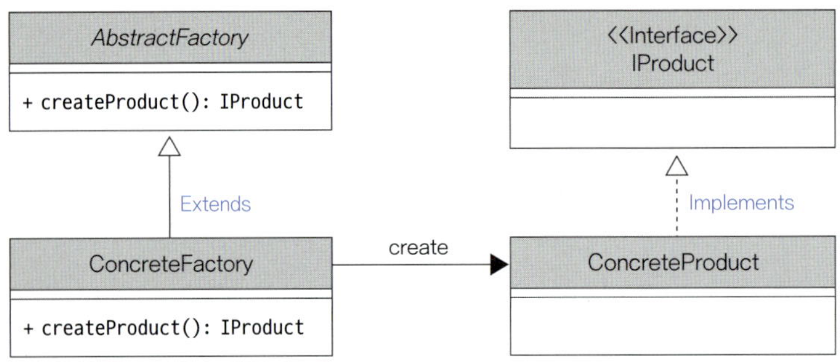

팩토리 메서드 패턴의 클래스 다이어그램 예

팩토리 메서드 패턴은 크게 객체 생성 함수를 정의하는 추상 클래스, 이 추상 클래스를 상속받아 구현하는 클래스들, 그리고 실제 생성할 객체의 상위 개념인 인터페이스와 이를 구현하는 클래스들로 구성됩니다. 다음 표는 팩토리 메서드 패턴의 구성 요소를 좀 더 구체적으로 정리한 것입니다.

팩토리 메서드 패턴의 구성 요소

구성 요소	설명
AbstractFactory	하위 클래스에서 재정의해야 하는 객체 생성 함수를 추상 메서드로 선언한 추상 클래스입니다.
ConcreteFactory	추상 클래스를 상속해 객체 생성 함수를 특성에 맞게 재정의하고, 실제 생성 대상 클래스(ConcreteProduct)의 객체를 생성하는 하위 클래스입니다.
IProduct	팩토리 메서드 패턴을 통해 궁극적으로 생성해야 하는 클래스를 추상화한 인터페이스입니다.
ConcreteProduct	팩토리 메서드 패턴을 통해 생성되는 클래스입니다.

✦ 디자인 패턴은 전체 구조와 흐름을 이해하는 것이 중요합니다. 여기서 사용한 클래스나 함수 이름은 시스템의 목적과 가독성을 고려하여 언제든지 수정할 수 있습니다.

이제 팩토리 메서드 패턴을 구현하고, 이를 적용하는 방법을 더 자세히 알아보겠습니다.

팩토리 메서드 패턴 적용하기

앞서 예로 든 배달 앱에 배달 수단 부분에 팩토리 메서드 패턴을 적용해 봅시다. 다음 클래스 다이어그램을 보면, 배달 수단 객체 생성에 팩토리 메서드 패턴을 적용해 설계한 것을 확인할 수 있습니다.

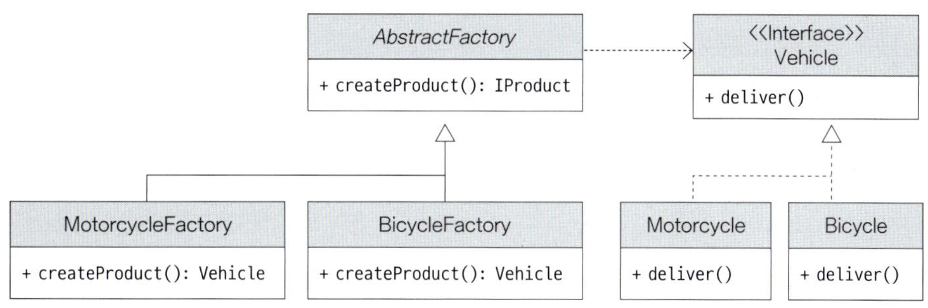

배달 앱의 클래스 다이어그램 예

배달 수단을 탈것(Vehicle) 인터페이스로 정의하고 오토바이(Motorcycle)와 자전거 (Bicycle)는 해당 인터페이스를 구현하도록 구성되어 있습니다. 특히 주목할 부분은 객체 생성 함수를 정의하는 추상 팩토리 클래스에서 생성 함수의 반환 자료형을 실제 배달 수단 클래스가 아닌 상위 인터페이스(Vehicle)로 선언한 것입니다. 이것은 SOLID 원칙 중 의존성 역전 원칙을 준수한 것이라고 볼 수 있습니다.

팩토리 메서드 패턴을 기반으로 배달 수단을 정의하는 Vehicle 인터페이스를 다음과 같이 선언합니다. 여기에서는 배달 기능을 수행하는 deliver 함수 하나만 선언했습니다.

코드   DesignPattern/Factory/Vehicle.java

```java
public interface Vehicle {
    void deliver();
}
```

다음으로, 인터페이스를 구현하는 Motorcycle, Bicycle 클래스를 생성합니다. 이때 클래스는 deliver 함수를 배달 수단에 맞게 각각 구현해야 합니다.

```java
public class Motorcycle implements Vehicle {
    @Override
    public void deliver() {
        System.out.println("오토바이로 배달합니다.");
    }
}
```



```java
public class Bicycle implements Vehicle {
    @Override
    public void deliver() {
        System.out.println("자전거로 배달합니다.");
    }
}
```

다음은 객체를 생성하는 부분을 처리하기 위해 추상 팩토리 클래스를 생성합니다. 이 클래스는 실제 Motorcycle과 Bicycle 객체를 생성하는 팩토리 클래스들의 부모 클래스로, 팩토리 클래스들이 구현해야 하는 객체 생성 함수를 추상 메서드로 선언합니다. 이때 추상 메서드 createProduct는 abstract protected로 선언합니다. abstract protected는 추상 클래스를 상속한 하위 클래스에서만 접근할 수 있으며, 반드시 구현해야 하는 필수 메서드임을 명시적으로 표현한 것입니다.


```java
public abstract class AbstractFactory {
    abstract protected Vehicle createProduct(); // 하위 클래스에서 구현해야 하는
추상 메서드
}
```

이 코드는 추상 팩토리 클래스를 상속받아 배달 수단에 맞게 각각 객체를 생성하는 Motorcycle Factory, BicycleFactory 클래스를 구현합니다. 이 클래스들은 각각 오토바이와 자전거 객체를 생성합니다.

```java
public class MotorcycleFactory extends AbstractFactory {
    @Override
    protected Vehicle createProduct() {
        return new Motorcycle();
    }
}
```



```java
public class BicycleFactory extends AbstractFactory {
    @Override
    protected Vehicle createProduct() {
        return new Bicycle();
    }
}
```

여기까지 기본적인 구현은 완료됐습니다.

이제 클라이언트 코드에서 팩토리 클래스의 객체 생성 메서드(createProduct)를 이용하여 배달 수단 객체를 손쉽게 생성할 수 있습니다.


```java
public class Main {
    public static void main(String[] args) {
        MotorcycleFactory motorcycleFactory = new MotorcycleFactory();
        Vehicle vehicle = motorcycleFactory.createProduct();
        vehicle.deliver();

        BicycleFactory bicycleFactory = new BicycleFactory();
        Vehicle vehicle2 = bicycleFactory.createProduct();
        vehicle2.deliver();
    }
}
```

실행 결과

```
오토바이로 배달합니다.
자전거로 배달합니다.
```

이 코드를 실행한 결과를 살펴보면, 배달 수단에 따라 적절한 결과가 출력된 것을 확인할 수 있습니다.

만약 현재 상태에서 다음과 같이 새로운 배달 수단으로 자동차(Car)를 추가한다면 어떻게 될까요? 먼저 Car 클래스를 추가한 클래스 다이어그램은 다음과 같습니다.

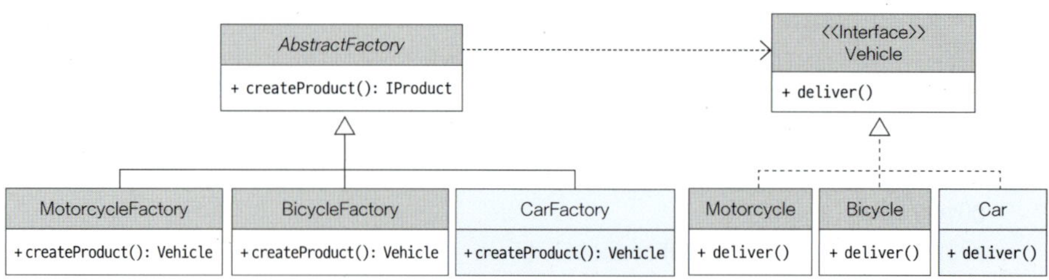

Car 클래스가 추가된 클래스 다이어그램 예

배달 수단으로 자동차를 추가하기 위해 실제 Car 클래스와 Car 객체를 생성하는 CarFactory 클래스를 추가했습니다. 팩토리 메서드 패턴을 적용했으므로 다른 클래스에 미치는 영향도를 따로 분석할 필요 없이 간단히 새로운 클래스를 추가하면 됩니다.

다음과 같이 다이어그램에 추가한 Car, CarFactory 클래스를 실제 코드로 구현해 봅시다.

코드   DesignPattern/Factory/Car.java

```java
public class Car implements Vehicle {
    @Override
    public void deliver() {
        System.out.println("자동차로 배달합니다.");
    }
}
```

코드   DesignPattern/Factory/CarFactory.java

```java
public class CarFactory extends AbstractFactory {
    @Override
    protected Vehicle createProduct() {
        return new Car();
    }
}
```

Car 클래스는 Vehicle 인터페이스를 구현하고, CarFactory 클래스는 Car 객체를 생성합니다. 팩토리 메서드 패턴을 적용했기 때문에, 다른 배달 수단에 미치는 영향 없이 손쉽게 새로운 배달 수단을 추가할 수 있습니다.

클라이언트 코드에서도 기존 배달 수단과 동일한 방식으로 Car 객체를 생성해 봅시다.

코드   📄 DesignPattern/Factory/Main.java

```java
public class Main {
    public static void main(String[] args) {
        MotorcycleFactory motorcycleFactory = new MotorcycleFactory();
        Vehicle vehicle = motorcycleFactory.createProduct();
        vehicle.deliver();

        BicycleFactory bicycleFactory = new BicycleFactory();
        Vehicle vehicle2 = bicycleFactory.createProduct();
        vehicle2.deliver();

        CarFactory carFactory = new CarFactory();
        Vehicle vehicle3 = carFactory.createProduct();
        vehicle3.deliver();
    }
}
```

실행 결과

```
오토바이로 배달합니다.
자전거로 배달합니다.
자동차로 배달합니다.
```

팩토리 클래스를 사용해 createProduct 메서드로 객체를 생성하면, 자동차 배달 수단을 추가한 후에도 문제없이 실행됨을 확인할 수 있습니다. 이러한 구조는 추후 배달 수단을 추가하더라도 확장하기 쉽습니다.

이렇듯 팩토리 메서드 패턴은 시스템을 확장하는 데 유연하게 대응할 수 있으며, 새로운 요구 사항에 맞춰 클래스를 추가할 때 기존 코드를 크게 수정하지 않아도 됩니다. 이 패턴은 개방-폐쇄 원칙(OCP)을 준수하는 구조이므로, 기존 코드를 크게 변경하지 않고도 기능을 확장할 수 있게 해줍니다.

다만 팩토리 메서드 패턴을 적용하면 새로운 객체 자료형을 추가할 때마다 해당 객체를 생성하는 팩토리 클래스가 별도로 필요해집니다. 그 결과, 클래스 수가 증가하고 시스템의 복잡성이 높아지는 단점이 있습니다.

추상 팩토리 패턴

추상 팩토리 패턴^{abstract factory pattern}은 서로 연관되거나 의존적인 객체를 일관된 방식으로 조합해 생성할 수 있는 인터페이스를 제공하는 디자인 패턴입니다. 이 패턴에서 클라이언트는 객체를 생성할 때 팩토리 클래스만을 사용하므로 실제 객체의 구현부를 은닉할 수 있습니다.

웹 사이트를 개발할 때 'Look and Feel'을 통일해야 한다는 말이 있습니다. 이는 사이트를 구성하는 버튼, 표, 글씨체 등을 서로 비슷하게 설정해야 사용자들이 보기 좋다는 의미입니다.

시스템 개발에서도 이와 유사한 상황이 발생합니다. 예를 들어 컴퓨터 생산 시스템을 생각해 봅시다. A 회사에서 만든 마우스와 키보드, 모니터로 구성해야 A 컴퓨터가 되고, B 회사의 부품으로 구성해야 B 컴퓨터가 만들어집니다. 이렇게 호환성이나 일관성을 유지해야 하는 경우, 추상 팩토리 패턴을 적용하면 여러 객체를 하나의 팩토리에서 한꺼번에 생성하고 관리할 수 있습니다. 즉, 추상 팩토리 패턴은 연관된 여러 객체를 일관성 있게 생성할 수 있도록 지원함으로써 각 객체의 구체적인 구현을 감추고 시스템 확장에도 유연하게 대처할 수 있게 해줍니다.

✦ '하나의 팩토리'는 추상 팩토리 패턴에서 특정 제품군에 속하는 여러 객체를 생성하는 역할을 수행하는 클래스를 의미합니다.

다음은 추상 팩토리 패턴의 기본 구조를 클래스 다이어그램으로 표현한 것입니다.

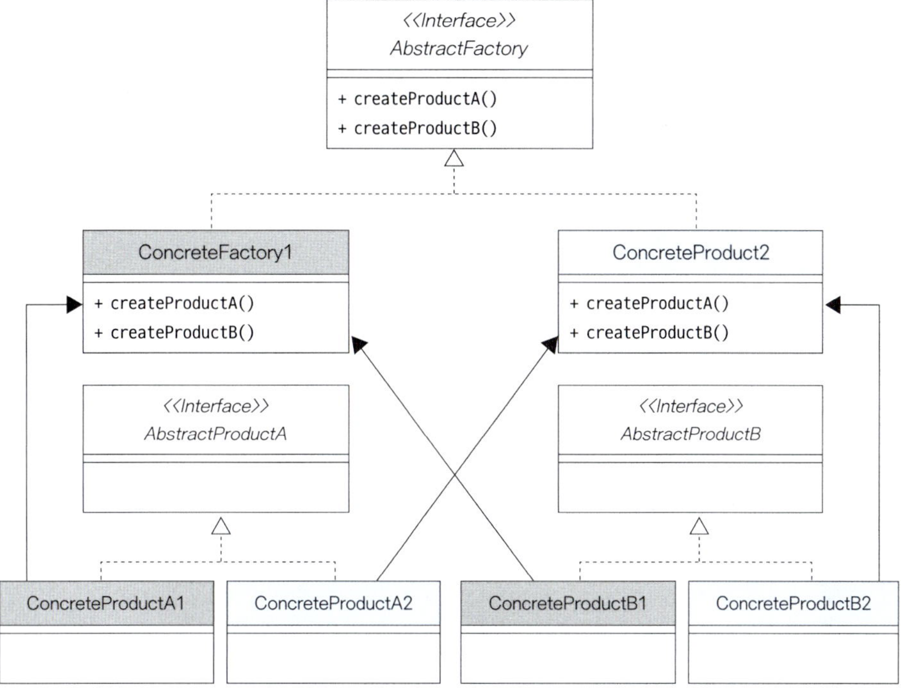

추상 팩토리 패턴의 클래스 다이어그램 예

설명의 편의를 위해 연관된 객체들의 집합을 '제품'이라 하겠습니다. 클래스 다이어그램에서 확인할 수 있듯이, 추상 팩토리 패턴은 다음 요소로 구성됩니다.

- **추상 팩토리 인터페이스**: 제품에 포함될 객체들을 정의하는 인터페이스입니다.
- **팩토리 클래스**: 추상 팩토리 인터페이스를 구현하여 실제 제품 객체들을 생성합니다.
- **제품 인터페이스**: 구체적으로 생성될 객체들이 구현해야 할 기본 동작이나 특성을 정의합니다.
- **제품 클래스**: 제품 인터페이스를 실제로 구현하는 클래스들로, 구체적인 동작을 수행합니다.

다음 표는 추상 팩토리 패턴을 구성하는 주요 요소와 역할을 좀 더 구체적으로 정리한 것입니다.

구성 요소	설명
AbstractFactory	팩토리 클래스들이 공통으로 가져야 하는 객체 생성 함수를 정의하는 인터페이스입니다. 제품 구성에 필요한 함수를 선언합니다.
ConcreteFactory	구체적인 팩토리 클래스로, AbstractFactory 인터페이스의 함수를 구현하여 여러 객체를 하나의 제품으로 묶어 생성합니다.
AbstractProduct	실제 제품에 포함되는 객체들이 가져야 하는 함수를 정의하는 인터페이스입니다.
ConcreteProduct	ConcreteFactory에서 제품(관련 객체 묶음)을 생성할 때 사용하는 구체적인 객체 클래스입니다.

이제 추상 팩토리 패턴을 어떻게 구현하고 적용할 수 있는지 좀 더 자세히 알아보겠습니다.

추상 팩토리 패턴 적용하기

앞서 예로 들었던 컴퓨터 생산 시스템에 추상 팩토리 패턴을 적용해 봅시다. 먼저 컴퓨터 생산 시스템에서 컴퓨터를 구성하는 요소로 마우스(Mouse), 키보드(Keyboard), 모니터(Monitor)가 있다고 가정하고, 이들을 하나의 제품(관련 객체 묶음)으로 묶는 과정을 중심으로 한 클래스 다이어그램을 살펴보겠습니다.

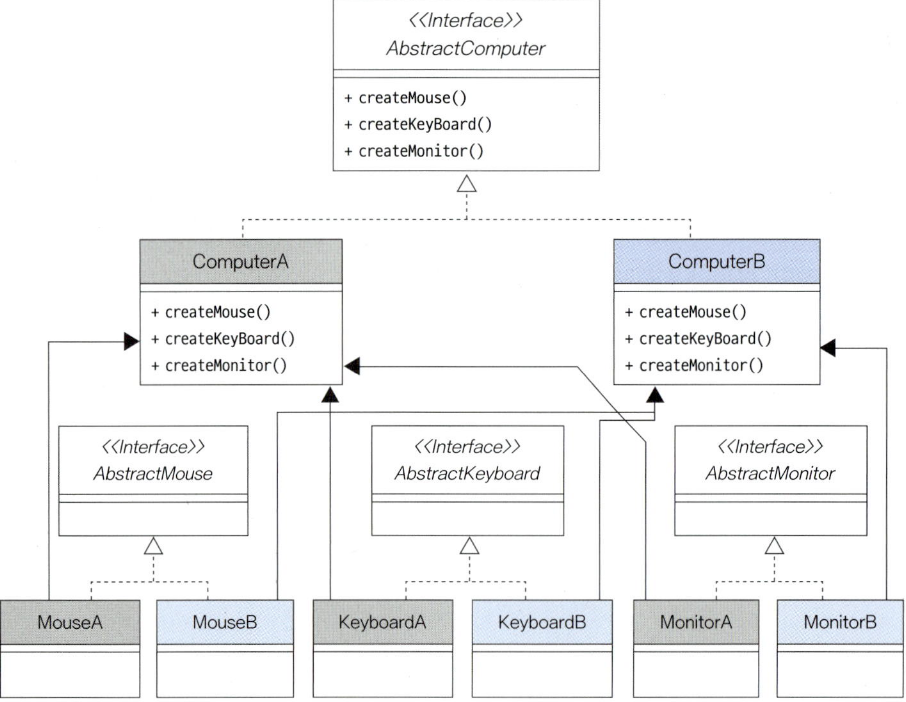

컴퓨터 생산 시스템의 클래스 다이어그램 예

컴퓨터의 3가지 구성 요소로 마우스, 키보드, 모니터를 가정하여 클래스 다이어그램을 구성했습니다. 마우스, 키보드, 모니터를 하나의 제품에 필수로 포함시키기 위해 AbstractFactory 인터페이스에 각 구성 요소를 생성하는 함수를 선언했습니다. 이제 이 인터페이스를 구현하는 클래스는 반드시 createMouse, createKeyBoard, createMonitor 함수를 구현해야 합니다.

다이어그램을 기반으로 코드를 구현할 때, 각 구성 요소의 인터페이스와 클래스를 작성해 보겠습니다. 인터페이스는 다음과 같이 간단하게 선언합니다.

| 코드 | DesignPattern/AbstractFactory/Mouse.java |

```java
public interface Mouse { }
```

| 코드 | DesignPattern/AbstractFactory/Keyboard.java |

```java
public interface Keyboard { }
```

| 코드 | DesignPattern/AbstractFactory/Monitor.java |

```java
public interface Monitor { }
```

마우스, 키보드, 모니터 클래스를 다음과 같이 구현하며, A 회사용과 B 회사용 클래스를 분리하여 구현합니다.

| 코드 | DesignPattern/AbstractFactory/MouseA.java |

```java
public class MouseA implements Mouse {
    public MouseA() {System.out.println("A 회사 마우스가 구성됩니다.");}
}
```

| 코드 | DesignPattern/AbstractFactory/MouseB.java |

```java
public class MouseB implements Mouse {
    public MouseB() {System.out.println("B 회사 마우스가 구성됩니다.");}
}
```

```java
public class KeyboardA implements Keyboard {
    public KeyboardA() {System.out.println("A 회사 키보드가 구성됩니다.");}
}
```



```java
public class KeyboardB implements Keyboard {
    public KeyboardB() {System.out.println("B 회사 키보드가 구성됩니다.");}
}
```



```java
public class MonitorA implements Monitor {
    public MonitorA() {System.out.println("A 회사 모니터가 구성됩니다.");}
}
```



```java
public class MonitorB implements Monitor {
    public MonitorB() {System.out.println("B 회사 모니터가 구성됩니다.");}
}
```

지금까지 구현한 방식은 팩토리 메서드 패턴과 크게 다르지 않습니다. 그러나 추상 팩토리 패턴에서는 서로 연관된 객체들을 하나의 팩토리(여기서는 AbstractFactory)로 묶어서 처리하고, 이를 구체화하는 팩토리 클래스(여기서는 ConcreteFactory) 영역이 핵심입니다.

이를 위해 제품을 정의하는 역할을 담당하는 AbstractFactory에 해당하는 Computer 인터페이스를 먼저 구현해 보겠습니다. Computer 인터페이스는 컴퓨터 생산에 필요한 마우스, 키보드, 모니터 등 3가지 구성 요소를 생성하기 위한 함수를 선언합니다.


```java
public interface Computer {
    public Mouse createMouse();
    public Keyboard createKeyBoard();
    public Monitor createMonitor();
}
```

다음으로, Computer 인터페이스를 실제로 구현하여 제품을 생산해내는 Concrete
Factory인 Computer와 Computer 클래스를 살펴보겠습니다.

코드   DesignPattern/AbstractFactory/ComputerA.java

```java
public class ComputerA implements Computer {
    public Mouse mouse;
    public Keyboard keyboard;
    public Monitor monitor;

    public ComputerA() {
        System.out.println("A 회사 컴퓨터를 생산합니다.");
        this.createMouse();
        this.createKeyBoard();
        this.createMonitor();
        System.out.println("A 회사 컴퓨터를 완성했습니다.");
    }

    @Override
    public Mouse createMouse() {
        return new MouseA();
    }
    @Override
    public Keyboard createKeyBoard() {
        return new KeyboardA();
    }
    @Override
    public Monitor createMonitor() {
        return new MonitorA();
    }
}
```

이 중 ComputerA 클래스는 Computer 인터페이스에서 정의한 함수 3개를 오버라
이딩하여 제품에 필요한 마우스, 키보드, 모니터 객체를 한 번에 생성합니다. 이로써
컴퓨터를 생산할 때 필요한 구성 요소를 유연하게 조합할 수 있습니다.

ComputerB 클래스도 동일한 방식으로 구현하면 됩니다.

```java
public class ComputerB implements Computer {
    public Mouse mouse;
    public Keyboard keyboard;
    public Monitor monitor;

    public ComputerB() {
        System.out.println("B 회사 컴퓨터를 생산합니다.");
        this.createMouse();
        this.createKeyBoard();
        this.createMonitor();
        System.out.println("B 회사 컴퓨터를 완성했습니다.");
    }

    @Override
    public Mouse createMouse() {
        return new MouseB();
    }
    @Override
    public Keyboard createKeyBoard() {
        return new KeyboardB();
    }
    @Override
    public Monitor createMonitor() {
        return new MonitorB();
    }
}
```

이렇듯 추상 팩토리 패턴을 적용하면, 클라이언트 코드는 다음과 같이 ComputerA
또는 ComputerB 팩토리 클래스를 사용해 필요한 제품을 한번에 생성하고 활용할
수 있습니다.


```java
public class Main {
    public static void main(String[] args) {
        Computer computerA = new ComputerA();
        Computer computerB = new ComputerB();
    }
}
```

실행 결과를 보면, 처음에 정의한 Computer 인터페이스에서 요구하는 구성 요소들이 빠짐없이 생성되어 하나의 완성된 제품으로 조합된 것을 확인할 수 있습니다. 이처럼 추상 팩토리 패턴은 관련 있는 객체들을 조합하여 생성할 때 유용하게 적용할 수 있는 디자인 패턴입니다.

지금까지 팩토리 메서드 패턴과 추상 팩토리 패턴을 살펴보았습니다. 두 패턴은 비슷해 보이지만 분명한 차이가 있으므로, 다음 표로 공통점과 차이점을 정리해 봅시다.

팩토리 메서드 패턴과 추상 팩토리 패턴 비교

구분	팩토리 메서드 패턴	추상 팩토리 패턴
공통점	• 두 패턴 모두 객체 생성 방식을 인터페이스로 정의하고, 생성 과정을 캡슐화하여 구체적인 구현 내용을 감추기 때문에 모듈 간 결합도를 낮출 수 있습니다.	
차이점	• 하나의 객체 생성을 지원합니다. • 구체적인 객체 생성 과정을 하위 클래스가 담당하도록 하여, 객체의 목적과 용도에 맞춰 유연하게 생성하는 것을 목표로 합니다.	• 연관성 있는 객체 묶음을 한 번에 생성할 수 있도록 지원합니다. • 관련 있는 객체들을 각 클래스에 직접 의존하지 않고 일괄적으로 생성하는 것이 핵심입니다.

빌더 패턴

빌더 패턴builder pattern은 복잡한 객체 생성을 단계에 따라 안전하게 구성하도록 돕는 생성 패턴입니다. 이 패턴은 객체를 생성하고 객체를 구현하는 과정을 분리하여 다양한 방식으로 구성할 수 있게 해줍니다. 또한 생성자를 사용하는 대신, 함수를 연속해서 호출하는 체이닝 방식으로 객체를 생성하는 점이 특징입니다. 이렇게 하면 함수 이름만으로도 객체에 어떤 속성이 추가됐는지 명확히 파악할 수 있습니다.

일반적으로 객체를 생성할 때 생성자를 사용하는데, 생성자의 매개변수가 많아질수록 매개변수의 자료형과 순서를 기억하기 어려워지고, 불필요한 매개변수를 찾아 NULL을 전달해야 하는 번거로움이 발생합니다. 이는 개발자에게 부담을 주고 코드의 가독성을 떨어뜨립니다. 개발자는 매개변수의 순서를 일일이 기억하거나 불필요한 매개변수를 처리하는 대신, 보다 가독성 있는 코드로 객체를 생성하고 싶어 합니다. 이때 유용하게 적용할 수 있는 방법이 바로 빌더 패턴입니다.

빌더 패턴은 크게 2가지 방식으로 분류할 수 있습니다.

- **심플 빌더 패턴**: 객체의 구성 요소를 단계별로 설정할 수 있는 빌더 클래스를 사용합니다.
- **디렉터 빌더 패턴**: 객체 생성 과정을 총괄하는 디렉터director를 별도로 두고, 실제 객체 생성은 빌더builder가 담당합니다.

심플 빌더 패턴

심플 빌더 패턴simple builder pattern은 디렉터를 사용하지 않고 빌더 클래스 내부에 객체 생성 로직을 포함하는 방식입니다. 이때 빌더는 주로 정적 내부 클래스로 정의합니다.

✦ 정적 내부 클래스는 외부 클래스의 인스턴스와 무관하게 독립적으로 정의된 중첩 클래스를 말합니다. 이 클래스는 외부 클래스의 인스턴스 변수나 메서드에 접근할 수 없고, 외부 클래스와 밀접하게 관련되어 있지만 따로 수행해야 하는 기능을 구현할 때 주로 사용합니다.

다음은 심플 빌더 패턴의 클래스 다이어그램입니다. 이 다이어그램에서 Person 클래스와 빌더 클래스가 정적 내부 클래스 관계라는 것을 확인할 수 있습니다.

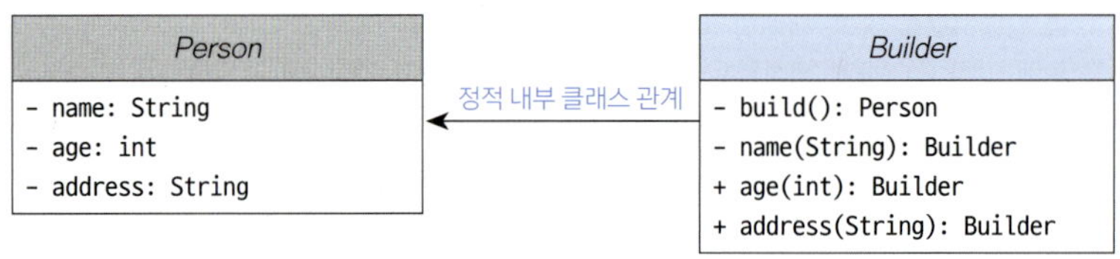

심플 빌더 패턴의 클래스 다이어그램 예

클래스 다이어그램이 매우 단순합니다. Person 클래스는 빌더 패턴을 적용하기 위해 Builder 클래스를 정적 내부 클래스로 선언하고 있으며, 이를 통해 빌더와 직접 연관을 맺어 객체를 생성할 수 있습니다.

심플 빌더 패턴 적용하기

앞서 살펴본 다이어그램을 바탕으로, 심플 빌더 패턴을 적용한 Person 클래스 코드를 작성해 보겠습니다. 이 코드는 Person 클래스가 빌더 객체를 매개변수로 받는 생성자 부분과, 정적 내부 클래스인 Builder 클래스의 build 함수를 구현하는 부분을 특히 주의 깊게 살펴봐야 합니다.


```java
public class Person {
    private final String name;
    private final int age;
    private final String address;

    public Person(Builder builder) {
        this.name = builder.name;
        this.age = builder.age;
        this.address = builder.address;
    }

    @Override
    public String toString() {
        return "Person{" +
                "name='" + name + '\'' +
                ", age=" + age +
                ", address='" + address + '\'' +
                '}';
    }

    public static class Builder {
        private final String name;
        private int age;
        private String address;

        public Builder(String name) {
            this.name = name;
        }
        public Builder address(String address) {
            this.address = address;
            return this;
        }
        public Builder age(int age) {
            this.age = age;
```

```java
            return this;
        }

        public Person build() {
            return new Person(this);
        }
    }
}
```


Person 클래스의 생성자에서는 Builder 객체를 매개변수로 받아 Builder 클래스의
build 함수에서 Person 함수의 생성자를 호출합니다.

이러한 구조를 통해 빌더를 활용해 객체를 실제로 어떻게 생성하고 활용하는지 클라
이언트 코드로 확인할 수 있습니다.

코드   DesignPattern/Builder/Main.java

```java
public class Main {
    public static void main(String[] args) {
        Person person = new Person.Builder("하루코딩").age(39).address("대한민
국").build();
        System.out.println(person);
        Person person2 = new Person.Builder("하루코딩").address("대한민국").
age(39).build();
        System.out.println(person2);
        Person person3 = new Person.Builder("Kei").age(20).build();
        System.out.println(person3);
    }
}
```

실행 결과

```
Person{name='하루코딩', age=39, address='대한민국'}
Person{name='하루코딩', age=39, address='대한민국'}
Person{name='Kei', age=20, address='null'}
```

실행 결과를 보면, Builder 클래스의 build 함수를 통해 의도한 대로 객체가 정확히
생성되는 것을 확인할 수 있습니다. 이와 같이 심플 빌더 패턴을 사용하면 매개변수 순

서를 일일이 맞출 필요가 줄어들고, 매개변수는 기본값이 자동으로 NULL로 적용되므로 객체 생성 과정에서 가독성과 유연성이 크게 향상됩니다.

한편 심플 빌더 패턴을 더욱 확장하고 고도화한 방식으로 디렉터 빌더 패턴이 있습니다. 이어서 이를 살펴보겠습니다.

디렉터 빌더 패턴

심플 패턴과 달리 디렉터 빌더 패턴director builder pattern은 객체 생성 과정을 관리하는 디렉터가 존재한다는 것이 가장 큰 특징입니다. 디렉터director는 객체를 생성하는 각 단계를 정의하고, 빌더builder는 이렇게 정의된 단계를 구체적으로 구현합니다.

다음은 디렉터 빌더 패턴의 클래스 다이어그램입니다. 한눈에 보아도 심플 빌더 패턴에 비해 구조가 다소 복잡하다는 것을 알 수 있습니다.

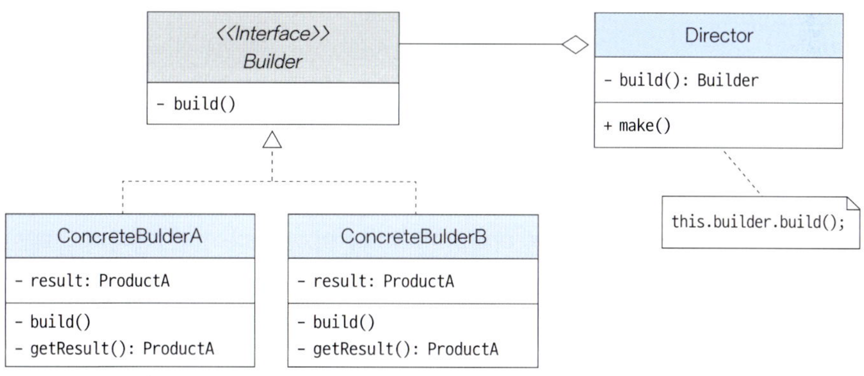

디렉터 빌더 패턴의 클래스 다이어그램 예

이 클래스 다이어그램을 보면, 디렉터는 Builder를 멤버 변수로 가지고 있으며 Builder 인터페이스와 이를 구현하는 클래스(여기서는 ConcreteBuilder)들로 이루어졌음을 확인할 수 있습니다. 다음 표에서 디렉터 빌더 패턴의 구성 요소를 자세히 살펴봅시다.

디렉터 빌더 패턴의 구성 요소

구성 요소	설명
Director	Builder에서 제공하는 함수를 사용해 객체 생성 과정을 지휘하고 관리합니다.
Builder	객체 생성 함수를 추상화한 Builder 인터페이스 또는 추상 클래스를 말합니다.
ConcreteBuilder	Builder 인터페이스를 실제로 구현하여 객체를 생성하는 구체적인 빌더 클래스를 말합니다.

디렉터 빌더 패턴 적용하기

이번에는 디렉터 빌더 패턴을 적용해 사람(Person) 정보를 출력하는 코드를 구현해 보겠습니다. 먼저 클래스 다이어그램을 살펴보면 객체 정보 출력 과정을 담당하는 디렉터(Director)가 있고, Builder 인터페이스와 이를 구현하는 Builder 클래스인 Text Builder와 JsonBuilder가 있습니다. 또한 Builder 클래스들은 출력 대상인 Person 클래스를 멤버 변수로 가지고 있음을 확인할 수 있습니다.

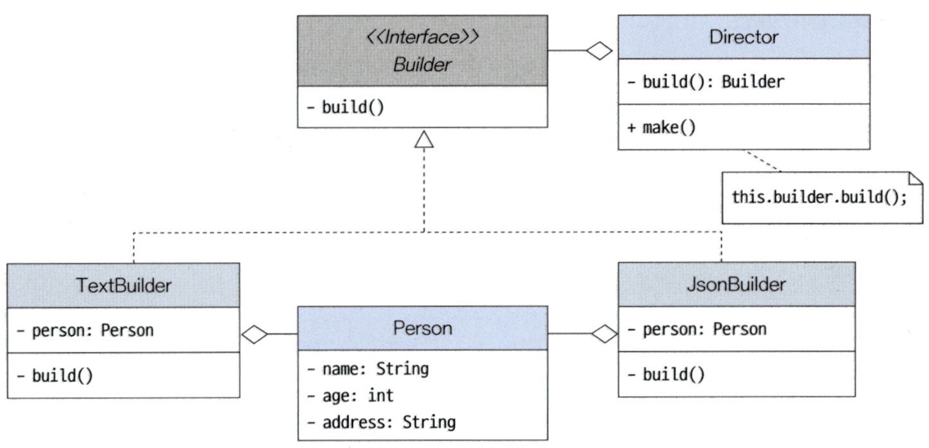

사람의 정보를 출력하는 코드의 클래스 다이어그램 예

이 클래스 다이어그램은 앞서 살펴본 디렉터 빌더 패턴의 기본 다이어그램에서 클래스 명과 함수명만 수정한 것으로, 핵심은 Director가 실제 객체 정보를 출력할 때 전체 과정을 관리한다는 점입니다.

이제 이 다이어그램 설계대로 디렉터 빌더 패턴을 활용해 객체 정보를 출력하는 코드를 작성해 봅시다. 이 코드는 Person 객체의 정보를 받아 Director에 적용된 Builder 인터 페이스에 따라 서로 다른 String값을 반환합니다.

먼저 Person 클래스를 선언합니다. Person 클래스는 이름(name)과 나이(age)를 속 성으로 가지고 있으며, 이를 설정하는 생성자(Person)를 하나 정의했습니다.

코드　　　　　　　　　　　　　　　　　　　　　📄 DesignPattern/Builder2/Person.java

```java
public class Person {
    private String name;
    private int age;

    public Person(String name, int age) {
```

```java
        this.name = name;
        this.age = age;
    }

    public String getName() {
        return name;
    }

    public int getAge() {
        return age;
    }
}
```

다음은 객체 정보 출력에 필요한 함수 구조를 미리 정의하기 위해 빌더 패턴에서 Builder 인터페이스를 선언합니다.

 ▌ DesignPattern/Builder2/Builder.java

```java
public interface Builder {
    public String build();
}
```

이제 Builder 인터페이스를 구현하는 TextBuilder와 JsonBuilder를 작성해 봅시다. 각각 Person 객체 정보를 평문(Text)과 JSON 형태로 반환합니다.

 ▌ DesignPattern/Builder2/TextBuilder.java

```java
public class TextBuilder implements Builder {
    private final Person person;

    public TextBuilder(Person person) {
        this.person = person;
    }

    @Override
    public String build() {
        String sb = "Name: " +
                person.getName() +
                ", Age: " +
                person.getAge();
        return sb;
    }
}
```

```java
public class JsonBuilder implements Builder {
    private final Person person;

    public JsonBuilder(Person person) {
        this.person = person;
    }

    @Override
    public String build() {
        String sb = "{\n" +
                "\t\"Name\" : " +
                "\"" + person.getName() + "\",\n" +
                "\t\"Age\" : " +
                person.getAge() + "\n" +
                "}";
        return sb;
    }
}
```

Builder를 구현하는(또는 Builder를 상속받는) 하위 클래스는 인터페이스나 상위 클래스에서 정의된 함수를 오버라이딩해 각 클래스의 요구 사항에 맞게 구현할 수 있습니다. 여기서는 Person 객체의 정보를 TextBuilder와 JsonBuilder 클래스에서 각각 평문과 JSON 형태의 String값으로 변환하는 작업을 수행했습니다.

이어서 Director 클래스에서는 Builder를 변수로 가지고 있으며, make 함수로 Builder의 build 함수를 호출해 객체 정보를 출력하도록 구현합니다.


```java
public class Director {
    private Builder builder;
    public Director(Builder builder) {
        this.builder = builder;
    }
    public void setBuilder(Builder builder) {
        this.builder = builder;
    }
    public String make() {
        return builder.build();
    }
}
```

이 코드를 자세히 살펴보면, 여기서 Builder는 인터페이스지만 실제로는 Text Builder나 JsonBuilder를 설정해도 리스코프 치환 원칙에 따라 문제가 없습니다.

다음 코드를 통해 클라이언트 코드에서 Builder와 Director를 어떻게 사용하는지 확인해 봅시다.


```java
public class Main {
    public static void main(String[] args) {
        Person person = new Person("김하루", 39);
        Builder textBuilder = new TextBuilder(person);
        Director director = new Director(textBuilder);
        System.out.println(director.make());

        Builder jsonBuilder = new JsonBuilder(person);
        director.setBuilder(jsonBuilder);
        System.out.println(director.make());
    }
}
```

실행 결과

```
Name: 김하루, Age: 39
{
    "Name" : "김하루",
    "Age" : 39
}
```

실행 결과를 보면 어떤 빌더(TextBuilder 또는 JsonBuilder)를 사용하느냐에 따라 최종 출력값이 달라진다는 것을 알 수 있습니다. 이와 같이 디렉터 빌더 패턴을 사용하면, Director가 Builder 설정을 통해 객체나 데이터를 상황에 맞게 생성할 수 있습니다.

구조 패턴

구조 패턴structural patterns은 시스템의 구조를 유연하고 효율적으로 유지하도록 클래스와 객체를 조합해 더 큰 구조를 형성하는 방법을 제시합니다. 이 절에서는 대표적으로 어댑터 패턴adapter pattern, 데코레이터 패턴decorator pattern, 컴포지트 패턴composite pattern, 브릿지 패턴bridge pattern 이렇게 4가지 구조 패턴을 자세히 살펴보겠습니다.

어댑터 패턴

어댑터는 전기 콘센트 어댑터, 충전기 어댑터처럼 우리 일상에서 익히 사용하는 개념입니다. 어댑터 패턴adapter pattern도 이와 마찬가지로 서로 호환되지 않는 인터페이스를 사용하는 클래스들이 상호 호환되어 동작할 수 있도록 연결해 주는 디자인 패턴입니다. 기존 인터페이스가 새로운 클라이언트와 호환되지 않거나 추가 요구 사항을 만족하지 못하는 상황에서 어댑터 패턴을 적용하면 문제를 해결할 수 있습니다. 이 패턴을 사용하면 기존 내부 구현에 영향을 주지 않고, 어댑터 클래스를 통해 클라이언트와 연동되도록 만들 수 있습니다.

어댑터 패턴의 종류는 크게 2가지 방식으로 나눌 수 있습니다. 첫 번째는 클래스 어댑터 방식으로, 상속을 통해 기존 인터페이스를 새로운 방식으로 변환합니다. 이 방식은 다중 상속이 필요한 경우 유용합니다. 두 번째는 객체 어댑터 방식으로, 합성을 이용해 기존 객체를 포함하고 새로운 인터페이스에 맞게 동작하도록 조정합니다. 이 방식은 유연성이 높으며 기존 클래스를 수정하지 않고도 적용할 수 있습니다.

결과적으로, 어댑터 패턴은 시스템의 인터페이스를 클라이언트가 요구하는 형태로 변환하는 중간 연결자 역할을 수행합니다.

클래스 어댑터 패턴

클래스 어댑터 패턴^{class adapter pattern}은 클래스 상속을 이용한 어댑터 패턴으로, 기존 클래스(Adaptee)를 상속받고 동시에 클라이언트 인터페이스를 구현하는 Adapter 클래스를 이용해, 호환되지 않는 인터페이스 간의 상호 작용을 가능하게 합니다
다음은 클래스 어댑터 패턴의 구조를 클래스 다이어그램으로 표현한 것입니다

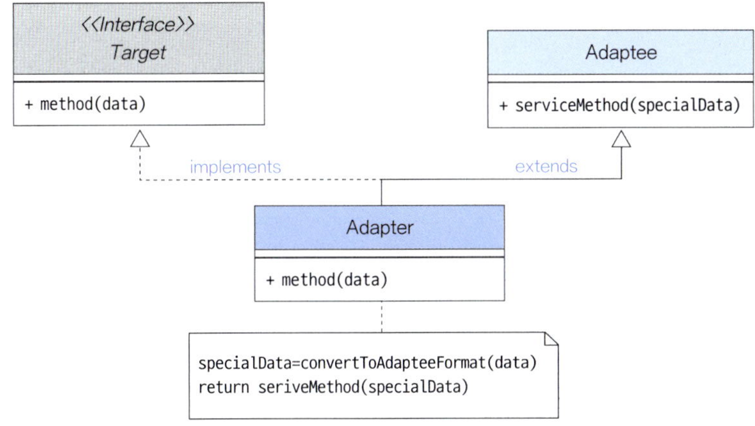

클래스 어댑터 패턴의 클래스 다이어그램 예

이 클래스 다이어그램에서도 볼 수 있듯이 클래스 어댑터 패턴은 Adaptee(시스템의 내부 서비스) 클래스와 클라이언트 인터페이스를 연결하는 Adapter 클래스가 핵심입니다. Adapter 클래스를 포함한 클래스 어댑터 패턴의 구성 요소는 다음 표와 같습니다.

클래스 어댑터 패턴의 구성 요소

구성 요소	설명
Adaptee	Adapter 클래스가 필요한 대상 객체로, 주로 기존 시스템에서 제공하는 클래스를 말합니다.
Adapter	Target 인터페이스와 Adaptee 클래스를 연결하는 역할을 수행합니다. 클래스 어댑터 패턴에서는 Adaptee를 상속하고, 클라이언트 인터페이스에서 요구하는 인터페이스를 구현합니다.
Target	클라이언트가 실제로 사용할 인터페이스로, 기존 시스템의 기능을 Adapter 클래스가 호출하도록 정의된 것을 말합니다.

다만 클래스 어댑터 패턴은 상속을 사용하므로 유연성이 떨어지며, 자바처럼 다중 상속을 지원하지 않는 언어에서는 권장되지 않습니다. 하지만 자바에서 이 방식을 사용해야 한다면 클라이언트가 접근할 인터페이스를 구현(implement)하고, 기존 시스템인 Adaptee를 상속(extend)하여 구현할 수 있습니다.

클래스 어댑터 패턴 적용하기

앞서 살펴본 클래스 다이어그램을 바탕으로 Target 인터페이스와 Adaptee 클래스를 작성해 봅시다.

✦ 자바에서는 클래스 어댑터 패턴을 권장하지 않지만, 개념 이해를 위해 간단히 살펴보겠습니다.

코드   📄 DesignPattern/Adapter/Target.java

```java
public interface Target {
    void method(String data);
}
```

코드   📄 DesignPattern/Adapter/Adaptee.java

```java
public class Adaptee {
    void serviceMethod(int specialData) {
        System.out.println("숫자: " + specialData);
    }
}
```

기존 시스템(Adaptee)은 데이터가 int 형식으로 입력되어야 정상으로 동작합니다. 그러나 Target 인터페이스는 String 형식으로 사용한다는 것을 알 수 있습니다. 이 불일치를 해결하기 위해 클래스 어댑터 패턴을 적용해 보겠습니다.

다음 코드에서는 Adapter 클래스를 구현하여, 인터페이스에서 받은 String 데이터를 int로 변환한 뒤 내부 시스템(Adaptee)의 메서드를 호출하도록 만듭니다.

코드   📄 DesignPattern/Adapter/Adapter.java

```java
public class Adapter extends Adaptee implements Target {
    @Override
    public void method(String data) {
        int specialData = convertToAdapteeFormat(data);
        serviceMethod(specialData);
    }
```

```java
    private int convertToAdapteeFormat(String data) {
        return Integer.parseInt(data);
    }
}
```

마지막으로, 클라이언트 코드를 통해 Adapter 사용해 봅시다.


```java
public class Main {
    public static void main(String[] args) {
        Adapter adapter = new Adapter();
        adapter.method("1"); // 클라이언트 인터페이스 호환 형태인 String형 데이터 전송
    }
}
```

실행 결과
숫자: 1

클라이언트 코드에서는 String 자료형으로 함수를 호출하지만, 어댑터가 내부적으로 int로 변환하여 Adaptee를 정상으로 동작하게 만듭니다.

지금까지 클래스 어댑터 패턴의 기본 개념을 간단히 살펴보았습니다. 다음으로, 실제 현업에서 더 많이 사용하는 객체 어댑터 패턴을 알아보겠습니다.

객체 어댑터 패턴

객체 어댑터 패턴object adapter pattern은 클래스 어댑터 패턴보다 유연하며 더 자주 권장되는 방식입니다. 이 패턴에서는 상속 대신 Adaptee 클래스를 합성 관계로 Adapter 클래스 내부에 포함하여 사용합니다. 이렇게 함으로써 Adapter 클래스가 클라이언트 인터페이스로 들어온 데이터를 Adaptee에 맞게 변환해 주기만 하면, 사용자는 따로 수정하지 않아도 Adaptee의 기능을 활용할 수 있습니다.

다음은 객체 어댑터 패턴의 구조를 클래스 다이어그램으로 표현한 것입니다.

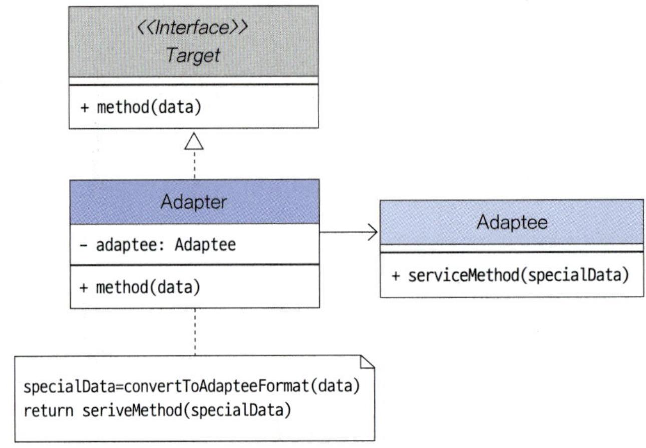

객체 어댑터 패턴의 클래스 다이어그램 예

이 클래스 다이어그램을 살펴보면 구조 자체는 클래스 어댑터 패턴과 비슷하지만 Adaptee를 상속하지 않고 합성 관계로 연결한다는 점에 유의해야 합니다. 객체 어댑터 패턴의 구성 요소 역시 다음 표를 통해 자세히 알아보겠습니다.

객체 어댑터의 패턴 구성 요소

구성 요소	설명
Adaptee	Adapter가 필요한 대상 객체로, 내부 또는 외부 시스템(서드파티 라이브러리 등)이 이에 해당할 수 있습니다.
Adapter	Target 인터페이스와 Adaptee 클래스를 연결하는 역할을 합니다. 객체 어댑터 패턴에서는 Adaptee를 Adapter 내부에 멤버 변수로 선언하고, 위임을 통해 필요한 기능을 호출합니다.
Target	클라이언트가 실제로 사용하는 인터페이스로, Adapter 클래스는 이 인터페이스를 구현하여 시스템 기능을 제공하도록 구성됩니다.

객체 어댑터 패턴 적용하기

시스템을 유지 보수하는 과정에서, 이미 사용하고 있는 A 회사의 메시지 발송 기능에 B 회사의 메시지 발송 기능도 새롭게 추가해야 한다고 가정해 봅시다. 이후에도 여러 업체의 메시지 발송 기능을 계속 추가할 수 있으므로, 유지 보수와 확장성을 고려해 객체 어댑터 패턴을 적용하기로 결정했습니다. 이 시스템에서는 가장 먼저 연동한 A 회사의 인지도가 높으므로, A 회사 메시지 발송 함수를 사실상 표준(클라이언트 인터페이스)으로 사용하기로 했습니다. 그렇다면 먼저 A 회사(클라이언트 인터페이스)와 B 회사(Adaptee)의 메시지 발송 함수가 어떻게 다른지 살펴보아야 합니다. 다음은 회사별 메시지 발송 형태를 정리한 것입니다.

- A 회사: sendSMS(SMSInfo smsInfo);
- B 회사: sendMessage(int telNumber, String message);

그리고 A 회사의 메시지 발송 함수에서 사용하는 SMSInfo 클래스는 다음과 같이 구성되어 있습니다.

```
class SMSInfo {
    int TelNum;
    String MessageData;
}
```

이처럼 A 회사와 B 회사의 함수 구조가 다르므로, 기존 코드에 영향도를 최소화하면서 B 회사의 메시지 발송 기능을 연동하려면 객체 어댑터 패턴을 사용하는 것이 좋습니다.

다음 클래스 다이어그램을 보면, A 회사의 함수 형태가 클라이언트 인터페이스로 설정되어 있고, B 회사는 Adaptee 클래스로 추가되어 있습니다. 또한 CompanyB (Adaptee) 클래스가 Adapter와 상속이 아닌 합성 관계로 표현되어 있는 점이 핵심입니다.

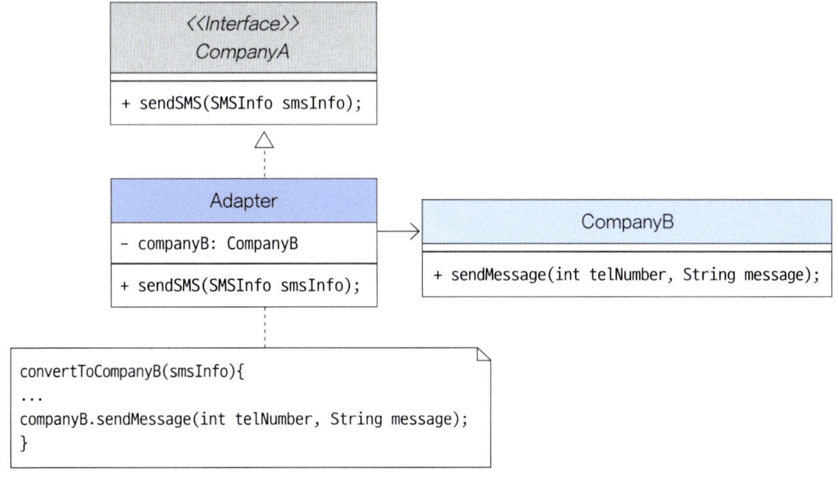

메시지 발송 시스템의 클래스 다이어그램 예

이 클래스 다이어그램을 기반으로 앞으로 새로운 업체의 메시지 발송 기능을 추가하고 자 할 때는 해당 업체의 클래스(Adaptee)를 추가한 뒤, 그 클래스에 맞춰 Adapter를 확정하면 되므로, 시스템 확장과 유지 보수 측면에서 훨씬 유연한 설계를 기대할 수 있 습니다.

이제 코드를 구현해서 직접 확인해 봅시다. 먼저 시스템 사용자들이 사용할 표준 함수 형태를 정의하는 CompanyA(클라이언트) 인터페이스를 작성해 봅시다.

<table>
<tr><td>코드</td><td>DesignPattern/Adapter2/CompanyA.java</td></tr>
</table>

```java
public interface CompanyA {
    public void sendSMS(SMSInfo smsInfo);
}
```

이 인터페이스에 선언된 sendSMS 함수는 이후 Adapter 클래스가 구현하게 되므로, 실제로 클라이언트(사용자)가 사용하는 함수의 표준 형태가 됩니다.

다음은 B 회사의 메시지 발송 기능을 시스템에 적용하기 위해 작성한 CompanyB (Adaptee) 클래스입니다.

<table>
<tr><td>코드</td><td>DesignPattern/Adapter2/CompanyB.java</td></tr>
</table>

```java
public class CompanyB {
    public void sendMessage(int telNumber, String message) {
        System.out.println("CompanyB에서 " + telNumber + "로 아래와 같이 메시지를
전송합니다.");
        System.out.println(message);
    }
}
```

CompanyB는 기존 CompanyA 인터페이스와 다른 형태의 함수를 제공하므로 두 함수를 호환하려면 어댑터가 필요합니다.

이어서 기존 CompanyA 인터페이스에서 사용하는 SMSInfo 클래스를 확인해 보겠습니다. 향후 어댑터는 사용자로부터 SMSInfo 형태로 전달받은 메시지 데이터를 적절히 변환한 뒤, Adaptee 함수를 실행하게 됩니다.


```java
public class SMSInfo {
    int TelNum;
    String MessageData;

    public SMSInfo(int telNum, String messageData) {
        TelNum = telNum;
        MessageData = messageData;
    }

    public int getTelNum() {
        return TelNum;
    }
}
```

다음은 CompanyB(Adaptee)의 메시지 전송 함수(sendMessage)를 바탕으로 B 회사와 연동되는 로직을 구현한 예시 코드입니다. Adapter 클래스는 CompanyB (Adaptee)가 제공하는 함수와 CompanyA(클라이언트) 인터페이스 사이의 호환성을 확보해 주는 역할을 합니다.


```java
public class Adapter implements CompanyA {
    CompanyB companyB;

    public Adapter(CompanyB companyB) {
        this.companyB = companyB;
    }

    @Override
    public void sendSMS(SMSInfo smsInfo) {
        companyB.sendMessage(smsInfo.TelNum, smsInfo.MessageData);
    }
}
```

구체적으로 말하면 Adapter 클래스는 CompanyB 클래스를 멤버 변수로 가지고 있으며, 사용자가 CompanyA 인터페이스의 함수를 호출하면 내부적으로 데이터를 변환하여 B 회사 함수인 sendMessage를 실행할 수 있도록 구성되어 있습니다.

마지막으로, 클라이언트 코드로 실행 결과를 확인해 보겠습니다.

<table>
<tr><td>코드</td><td>DesignPattern/Adapter2/Main.java</td></tr>
</table>

```java
public class Main {
    public static void main(String[] args) {
        Adapter adapter = new Adapter(new CompanyB());
        // SMSInfo를 매개변수로 보내지만 B 회사의 sendMessage(int telNumber,
String message)를 사용
        adapter.sendSMS(new SMSInfo(1231234, "B 회사를 통해 메시지를 보냅니다."));
    }
}
```

실행 결과

```
CompanyB에서 1231234로 아래와 같이 메시지를 전송합니다.
B 회사를 통해 메시지를 보냅니다.
```

Adapter를 사용함으로써 코드를 수정하지 않아도 B 회사의 메시지 전송 기능을 사용할 수 있음을 실행 결과에서 직접 확인할 수 있습니다.

이처럼 객체 어댑터 패턴을 이용하면 새로운 인터페이스가 필요해졌을 때 기존 코드를 수정하지 않고도 대응할 수 있습니다. 다만 새 인터페이스와 클래스가 도입됨에 따라 전체 시스템 구조가 복잡해질 수 있다는 점은 염두에 두어야 합니다.

데코레이터 패턴

'장식하다'의 의미가 있는 데코레이터에서 온 데코레이터 패턴decorator pattern은 객체에 동적으로 새로운 기능을 덧붙일 수 있게 해주는 디자인 패턴입니다. 예를 들어 커피를 만들 때 기본 재료인 에스프레소에 물을 추가하면 아메리카노, 우유를 추가한다면 카페 라떼, 바닐라 시럽을 넣으면 바닐라 라떼가 됩니다. 이를 프로그래밍에 접목하면 모두 클래스로 구현해야 합니다. 하지만 휘핑 크림, 샷 추가 등 다른 옵션이 늘어날 때마다 기하급수로 조합이 증가하여 과도한 클래스를 생성해야 하는 문제가 발생할 수 있습니다.

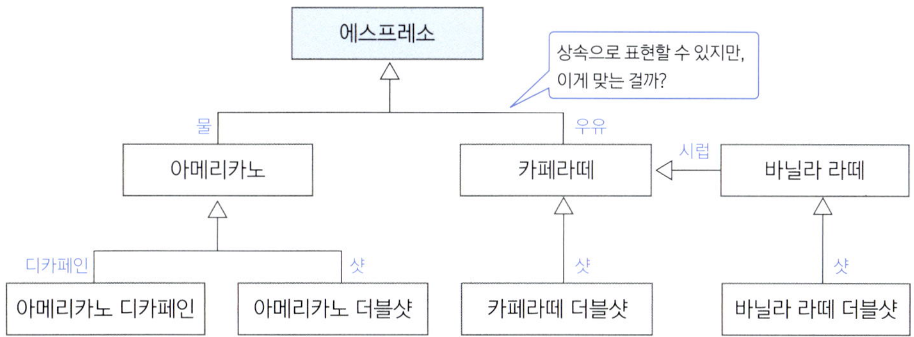

상속으로 표현된 커피 제조 클래스 예

데코레이터 패턴은 이러한 문제를 해결하기 위해 상속을 통한 기능 확장 대신 객체를 감싸서(래핑) 필요한 기능을 추가하거나 변경합니다. 즉, 데코레이터 패턴은 기존 코드를 수정하지 않고도 기능 확장과 변경을 간편하게 할 수 있으며, 필요에 따라 여러 데코레이터를 조합해 다양한 기능을 유연하게 구현할 수 있습니다.

다음은 데코레이터 패턴의 기본 구조를 표현한 클래스 다이어그램입니다.

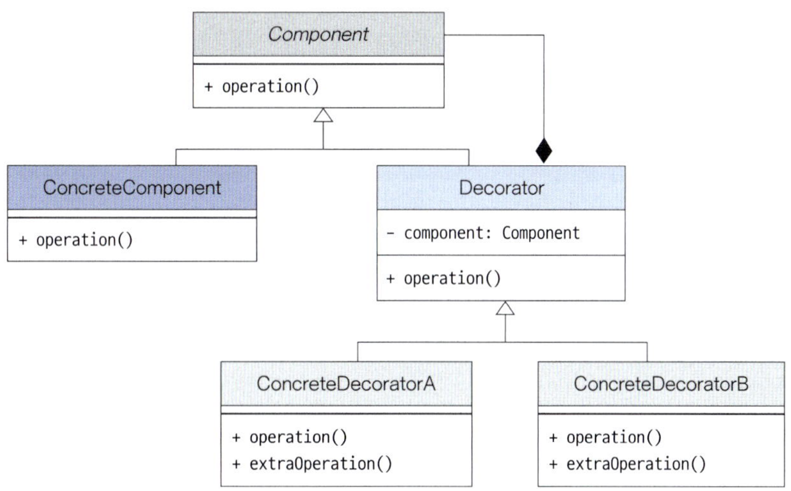

데코레이터 패턴의 클래스 다이어그램 예

이 클래스 다이어그램을 살펴보면, 이 패턴은 Component와 ConcreteComponent, 그리고 핵심인 Decorator와 ConcreteDecorator들로 구성됩니다. Decorator가 Component를 감싸는 구조에서 필요한 기능을 단계적으로 더할 수 있습니다.

다음 표에서 데코레이터 패턴의 각 구성 요소를 더 자세히 알아보겠습니다.

데코레이터 패턴의 구성 요소

구성 요소	설명
Component	기본 기능을 정의하는 인터페이스로, Decorator와 ConcreteComponent에 공통된 기능을 제공하며, 원본 객체와 데코레이터 객체를 묶는 역할을 합니다. 또한 클라이언트 코드는 이 Component 인터페이스를 통해 객체를 사용합니다.
ConcreteComponent	기본 기능을 구현하는 클래스로, Decorator는 이 클래스를 감싸는(장식하는) 형태로 작동합니다.
Decorator	데코레이터의 공통 기능을 제공하는 추상 클래스이며, 내부에 Component 객체 (또는 인터페이스)를 멤버 변수로 포함(합성)합니다. 그 결과 Component와 동일한 인터페이스를 유지하면서 새로운 기능을 덧붙이는 구조를 갖습니다.
ConcreteDecoratorA ConcreteDecoratorB	Decorator 추상 클래스를 상속받는 하위 클래스(데코레이터 클래스)로, 기존 기능을 확장하거나 변경하는 로직을 구현합니다. 다양한 종류의 데코레이터를 조합함으로써 기능을 유연하게 확장할 수 있습니다.

데코레이터 패턴 적용하기

이전에 예시로 들었던 커피 제조 시스템에 데코레이터 패턴을 적용해 봅시다. 먼저 커피 제조의 기본 기능을 담당할 Coffee 인터페이스(Component)를 정의하고, 데코레이터가 감쌀 BasicCoffee 클래스(ConcreteComponent)를 준비했습니다. 이 예제에서는 에스프레소를 기본으로 구현하며, 추가 옵션(물, 우유, 디카페인, 시럽 등)은 각각 세부 데코레이터 클래스(ConcreteDecorator)로 구성할 예정입니다. 다음은 지금까지 구상한 내용을 반영한 클래스 다이어그램입니다.

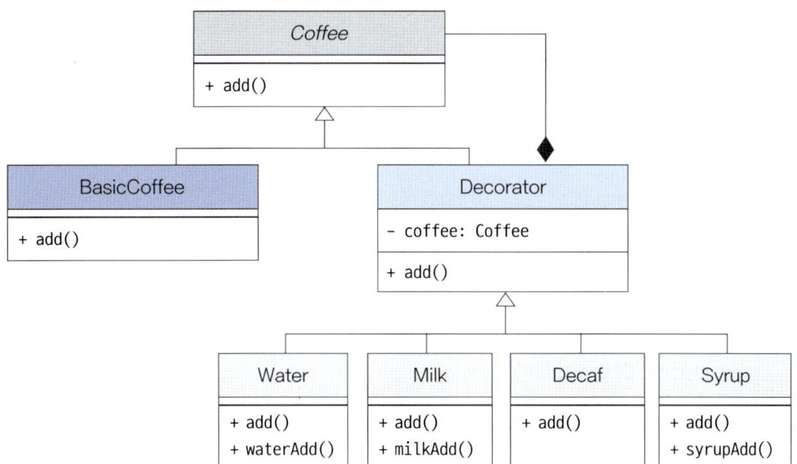

커피 제조 시스템의 클래스 다이어그램

이 클래스 다이어그램을 기반으로 코드를 단계별로 구현해 봅시다. 우선 Coffee 인터페이스와 이를 구현하는 ConcreteComponent 클래스인 BasicCoffee를 생성하겠습니다.

코드 DesignPattern/Decorator/Coffee.java

```java
public interface Coffee {
    String add();
}
```

코드 DesignPattern/Decorator/BasicCoffee.java

```java
public class BasicCoffee implements Coffee {
    @Override
    public String add() {
        return "에스프레소";
    }
}
```

현재는 옵션이나 메뉴 추가 기능만 필요하므로 add 함수만 추가하는 데 그쳤습니다. 또한 가장 기본인 커피는 에스프레소로 결정하여, BasicCoffee 클래스에서는 에스프레소만 추가하도록 구현했습니다.

다음으로 데코레이터 클래스를 추상 클래스로 작성했습니다. 이 클래스의 특징은 Coffee 인터페이스를 멤버 변수로 포함하고 있다는 점입니다.

코드


```java
abstract public class Decorator implements Coffee {
    private final Coffee coffee;

    public Decorator(Coffee coffee) {
        this.coffee = coffee;
    }

    public String add() {
        return coffee.add();
    }
}
```

Decorator 클래스의 생성자에서는 매개변수로 전달된 Coffee 객체(Component)를 장식(Decorator) 대상으로 설정합니다. 그리고 add 함수에서는 현재 설정된 Coffee 객체에 add 함수가 실행되도록 코드를 구현해 기존 기능을 이어받을 수 있도록 했습니다.

이번에는 추가 옵션인 물(Water), 우유(Milk), 시럽(Syrup) 등 추가 옵션을 구현하는 세부 데코레이터 클래스를 생성합니다.

코드


```java
public class Water extends Decorator {
    public Water(Coffee coffee) {
        super(coffee);
    }

    @Override
    public String add() {
        return super.add() + " + " + waterAdd();
    }

    public String waterAdd() {
        return "물";
    }
}
```

```java
public class Milk extends Decorator {
    public Milk(Coffee coffee) {
        super(coffee);
    }

    @Override
    public String add() {
        return super.add() + " + " + milkAdd();
    }

    public String milkAdd() {
        return "우유";
    }
}
```



```java
public class Syrup extends Decorator {
    public Syrup(Coffee coffee) {
        super(coffee);
    }

    @Override
    public String add() {
        return super.add() + " + " + syrupAdd();
    }

    public String syrupAdd() {
        return "바닐라시럽";
    }
}
```

Water, Milk, Syrup 클래스는 상위 객체의 구성을 그대로 이어받기 위해 super.add 함수를 호출한 뒤, 자신만의 옵션을 추가하는 방식으로 add 함수를 오버라이드합니다. 이는 BasicCoffee 클래스(에스프레소)에 다른 재료를 단계적으로 더하는 형태로 동작합니다.

하지만 디카페인 커피를 만들려면 에스프레소 자체부터 달라야 하므로, 상위 클래스의 함수를 호출하지 않고 add 함수를 직접 오버라이드하는 방식을 사용해 보겠습니다. 다음과 같이 Decaf 클래스를 추가합니다.

```java
public class Decaf extends Decorator {
    public Decaf(Coffee coffee) {
        super(coffee);
    }

    @Override
    public String add() {
        return "디카페인 전용 에스프레소";
    }
}
```

이 클래스는 Water, Milk, Syrup 클래스와 달리 상위 객체 내용을 그대로 사용하지 않으므로, super.add 함수를 호출하지 않고 디카페인 전용 에스프레소를 반환합니다.

이제 커피 제조 시스템에 필요한 구조는 모두 갖추었습니다. 클라이언트 코드에서 이러한 클래스를 활용하여 다양한 커피 메뉴를 만들어 봅시다.


```java
public class Main {
    public static void main(String[] args) {
        Coffee espresso = new BasicCoffee();
        System.out.println("에스프레소 구성: \t" + espresso.add());

        Coffee americano = new Water(new BasicCoffee());
        System.out.println("아메리카노 구성: \t" + americano.add());

        Coffee cafeLatte = new Milk(new BasicCoffee());
        System.out.println("카페라떼 구성: \t" + cafeLatte.add());

        Coffee vanillaLatte = new Syrup(new Milk(new BasicCoffee()));
        System.out.println("바닐라 라떼 구성: \t" + vanillaLatte.add());

        Coffee decafAmericano = new Water(new Decaf(new BasicCoffee()));
        System.out.println("디카페인 구성: \t" + decafAmericano.add());
    }
}
```

실행 결과를 살펴보면, 기본 커피(에스프레소)에 여러 옵션이 누적되면서 다양한 메뉴가 만들어지는 것을 확인할 수 있습니다.

이와 같이 데코레이터 패턴을 사용하면, 기본 클래스를 감싸는 형태로 새로운 기능을 확장하여 실행 시점에 유연하게 추가할 수 있습니다. 다만 데코레이션 클래스가 많아질수록 객체 선언이 복잡해지고 코드의 가독성이 떨어질 수 있으므로 사용할 때 주의해야 합니다.

자주 사용하는 데코레이터 패턴

데코레이터 패턴을 좀 더 알아봅시다. 현업에서 자주 사용하는 데코레이터 패턴으로, 빠른 입출력이 필요할 때 많이 사용하는 BufferedReader와 BufferedWriter가 있습니다. 다음 코드를 살펴봅시다.

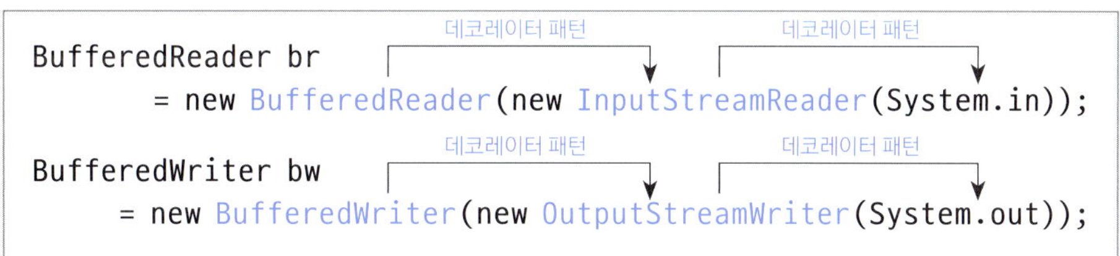

이 클래스들은 실행 시점(런타임)에 기능을 유연하게 추가할 수 있도록, 데코레이터 패턴을 활용해 구현됐습니다. 또한, 데코레이터 패턴은 SOLID 원칙을 잘 준수하는 패턴 중 하나입니다. 각 데코레이터 클래스는 고유한 책임을 가지며(단일 책임 원칙), 인터페이스나 추상 클래스에 의존하므로 변경에 대한 영향을 최소화하고(의존성 역전 원칙), 클라이언트 코드의 수정을 최소화하면서 데코레이터 클래스를 통해 기능을 확장할 수 있습니다(개방–폐쇄 원칙). 이처럼 데코레이터 패턴을 적절하게 활용하면 코드의 품질과 재사용성이 높아집니다.

컴포지트 패턴

컴포지트 패턴^{composite pattern}은 복잡한 전체-부분 관계를 효율적으로 정의하고, 객체 간 결합도를 낮춰 유연성과 유지 보수성을 높여 주는 디자인 패턴입니다. 특히, 객체들이 재귀적으로 연결되어 트리 형태를 구성할 때, 복합 객체와 단일 객체를 동일 인터페이스로 다룰 수 있도록 설계합니다.

현실 세계에서는 이와 같은 포함 관계로 표현되는 경우가 많습니다. 예를 들어 상자와 과자, 조직과 사람, 폴더와 파일처럼 재귀적으로 확장할 수 있는 포함 관계들이 그렇습니다. 이러한 구조는 트리 형태의 자료 구조로 표현하기에 적합합니다.

게임을 예로 들어 보겠습니다. 이 게임에는 가방과 아이템이 있는데, 가방은 하나의 아이템이면서 동시에 다른 아이템을 담는 역할을 합니다. 이 특징 덕분에 컴포지트 패턴을 적용하기에 적합하며, 복잡한 전체-부분 관계를 효율적으로 표현할 수 있습니다.

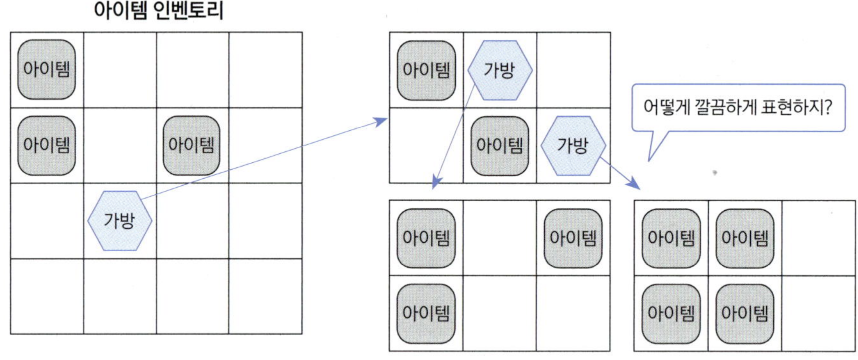

아이템 인벤토리의 구조

이 그림에서 보듯이, 인벤토리에는 아이템과 가방이 공존합니다. 가방은 아이템의 한 종류인 동시에 다른 아이템을 담아낼 수 있는 기능을 갖고 있어 계속 확장할 수 있습니다. 하지만 가방과 아이템을 객체로 직접 모델링하여 시스템에 적용하려면 구조가 매우 복잡해질 수 있습니다. 따라서 이런 복잡성을 줄이기 위해 트리 모양의 자료 구조를 도입하면 좋습니다.

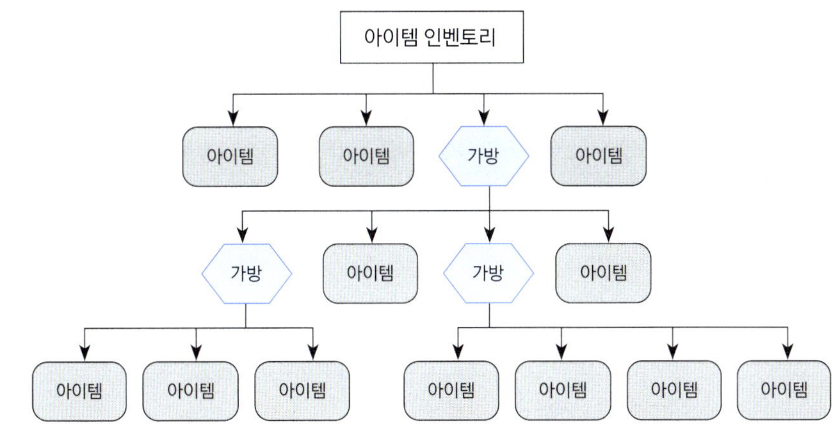

트리 구조로 표현한 아이템 인벤토리

이처럼 트리 구조를 활용해 객체 간의 관계를 정의하면, 자식이 없는 객체(아이템)와 자식이 있는 객체(가방)가 함께 구성되면서 컴포지트 패턴을 자연스럽게 적용할 수 있습니다. 특히 트리 구조로 설계할 수 있는 경우라면, 코드의 일관성과 확장성이 크게 향상되므로 적극 고려하기 바랍니다.

다음은 컴포지트 패턴을 클래스 다이어그램으로 표현한 것입니다.

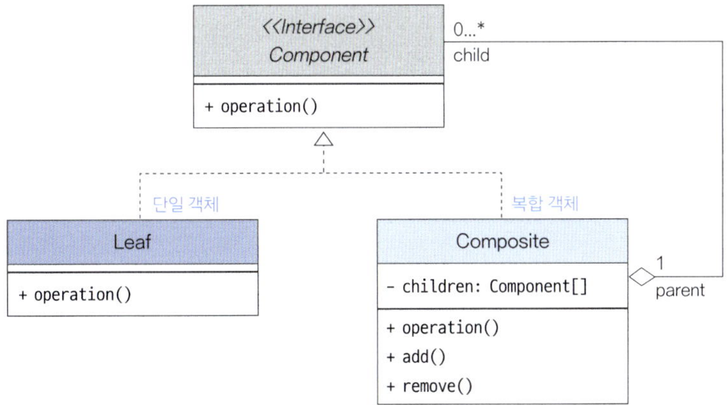

컴포지트 패턴의 클래스 다이어그램 예

이 클래스 다이어그램을 살펴보면, 공통 인터페이스인 Component를 중심으로 Leaf(단일 객체)와 Composite(복합 객체)가 Component의 하위 요소로 구성되었음을 확인할 수 있습니다. 다음 컴포지트 패턴의 구성 요소를 정리한 표에서 좀 더 자세히 알아보겠습니다.

컴포지트 패턴의 구성 요소

구성 요소	설명
Component	Leaf(단일 객체)와 Composite(복합 객체)를 묶는 상위 인터페이스입니다. 이를 통해 클라이언트가 단일 객체와 복합 객체를 동일한 방식으로 다룰 수 있습니다.
Leaf	단일 객체를 의미하며, 여기서 operation 함수는 해당 객체가 수행해야 하는 적절한 값을 반환합니다. 예를 들어 파일이라면 파일 내용을, 아이템이라면 아이템 정보를 반환하게 됩니다.
Composite	복합 객체를 의미하며, operation 함수를 호출하면 내부에 포함하고 있는 Component 리스트를 재귀적으로 순회하면서 작업을 위임합니다. 이때 Leaf 객체면 해당 객체의 값을 반환하고, 또 다른 Composite라면 그 내부 리스트를 이어서 순회합니다. 이를 통해 전체 객체를 탐색할 수 있게 됩니다.

컴포지트 패턴 적용하기

앞에서 살펴본 게임 아이템 시스템에 컴포지트 패턴을 적용해 봅시다. 인벤토리에 있는 모든 아이템의 이름을 출력하려고 할 때, 가방 안에 있는 아이템까지 포함해야 합니다. 이 점을 고려해 컴포지트 패턴을 적용해 보겠습니다. 이 내용을 클래스 다이어그램으로 표현하면 다음과 같습니다.

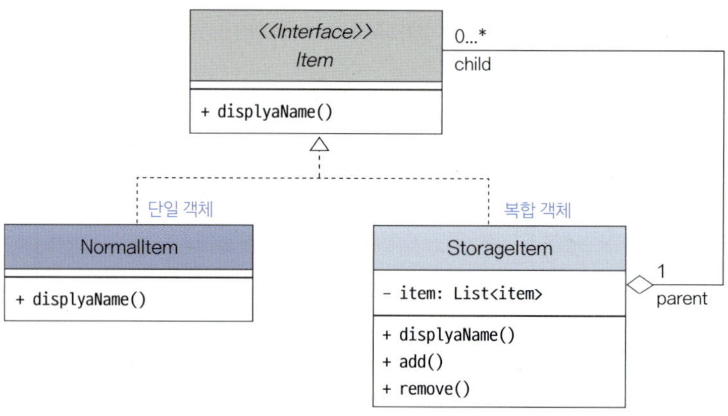

게임 인벤토리의 클래스 다이어그램

이 클래스 다이어그램을 살펴보면, 공통 인터페이스인 Item을 중심으로 하위 요소를 가지지 않는 일반 아이템(NormalItem)과 하위 요소를 가질 수 있는 저장 아이템(StorageItem)으로 구성된 구조임을 확인할 수 있습니다.

먼저 가방과 아이템을 묶는 Item 인터페이스를 정의합니다. 여기서는 아이템 이름을 보여 주는 기능만 필요하므로 displayName 함수 하나만 선언했습니다.

```java
public interface Item {
    public void displayName();
}
```

다음으로 단일 객체인 NormalItem과 복합 객체인 StorageItem 클래스를 구현해 보겠습니다. 먼저, NormalItem 클래스는 displayName 함수를 단순히 자신의 이름을 출력하도록 작성했습니다.


```java
public class NormalItem implements Item {
    String name;

    public NormalItem(String name) {
        this.name = name;
    }

    @Override
    public void displayName() {
        System.out.println(name);
    }
}
```



```java
import java.util.ArrayList;
import java.util.List;

public class StorageItem implements Item {
    String name;
    private List<Item> items;

    public StorageItem(String name) {
        this.name = name;
        this.items = new ArrayList<>();
    }
```

```java
    @Override
    public void displayName() {
        System.out.println("[" + name + "]");
        for (Item item : items) {
            item.displayName();
        }
    }

    public void add(Item i) {
        this.items.add(i);
    }

    public void remove(int i) {
        this.items.remove(i);
    }
}
```

StorageItem 클래스에서는 인터페이스에 선언된 함수를 구현하는 것이 컴포지트 패턴의 핵심입니다. 복합 객체는 자신이 소유한 Component 리스트를 순회하며, 각 객체의 displayName 함수를 호출해 실제 작업을 위임합니다.

이러한 구조에서는 재귀적 접근이 이루어집니다. 즉, 복합 객체(Composite)가 또 다른 복합 객체를 포함하고 있다면 그 내부 리스트를 다시 순회하고, 단일 객체(Leaf)이면 해당 함수만 실행하는 식입니다. 결과적으로, 전체 객체를 트리 형태로 완전 탐색해 처리할 수 있습니다.

클라이언트 코드에서 실제로 이를 어떻게 사용하는지 살펴보겠습니다.

DesignPattern/Composite/Main.java

```java
public class Main {
    public static void main(String[] args) {
        StorageItem inventory = new StorageItem("인벤토리");
        inventory.add(new NormalItem("칼"));
        inventory.add(new NormalItem("방패"));

        StorageItem myBag = new StorageItem("물약 가방");
        inventory.add(myBag);
        myBag.add(new NormalItem("회복 물약"));
        myBag.add(new NormalItem("마나 물약"));
```

```java
StorageItem specialBag = new StorageItem("스페셜 가방");
specialBag.add(new NormalItem("비법서"));
specialBag.add(new NormalItem("다이아몬드"));
inventory.add(specialBag);
myBag.remove(1);

inventory.displayName();
    }
}
```

실행 결과

```
[인벤토리]
칼
방패
[물약 가방]
회복 물약
[스페셜 가방]
비법서
다이아몬드
```

코드를 실행하면 각 객체가 트리 구조로 배치되고, inventory.displayName 함수를 호출했을 때 복합 객체는 하위 객체들을 탐색하고 수행한다는 점을 확인할 수 있습니다. 이 예제의 객체 간 관계를 트리 형태로 표현하면 다음과 같습니다.

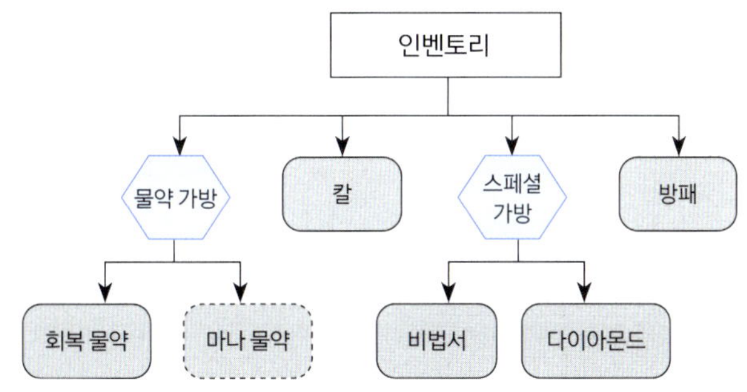

아이템 인벤토리의 객체 간 관계를 표현한 트리 구조

이처럼 컴포지트 패턴은 다형성과 재귀를 이용해 복잡한 트리 구조를 비교적 간단히 표현할 수 있고, 수평적 또는 수직적으로 구조를 확장하기에도 용이하다는 점이 큰 장점입니다. 그러나 재귀적 구조가 깊어질수록 즉 수직적 확장이 커질수록 디버깅이 어려워질 수 있으며, 단일 객체와 복합 객체가 동일한 인터페이스로 묶이기 위해 지나친 일반화를 적용하면 오히려 코드가 복잡해질 수 있다는 단점도 있습니다. 따라서, 컴포지트 패턴을 적용할 때는 시스템의 요구 사항과 구조적 복잡성을 신중하게 고려해야 합니다.

브릿지 패턴

브릿지 패턴^{brige pattern}은 큰 규모의 클래스나 밀접하게 연관된 클래스를 추상 계층과 구현부로 분리하여, 각각 독립적으로 확장 또는 변경할 수 있도록 하는 설계하는 디자인 패턴입니다. 또한 클래스 간의 상속(extends) 대신 객체 합성(composition)을 활용해 필요 이상으로 클래스를 생성하여 인해 코드가 비대해지는 문제를 방지합니다.

예를 들어 간단한 색칠 프로그램을 설계할 때 빨간 붓, 파란 붓, 노란 붓과 같이 색상별로 클래스를 만들 수 있습니다. 다음 구조를 살펴봅시다.

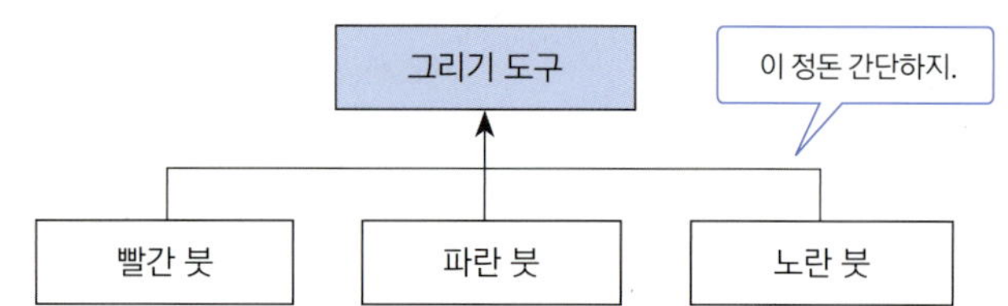

그리기 도구의 모듈 구조

이 모듈 구조를 보면 빨간 붓, 파란 붓, 노란 붓이라는 클래스가 3개 있으며 지금 이 구조는 문제가 없어 보입니다.

그런데 만약 연필 같은 새로운 도구를 추가한다면 다음과 같이 각각의 색마다 새로운 클래스를 만들어야 합니다.

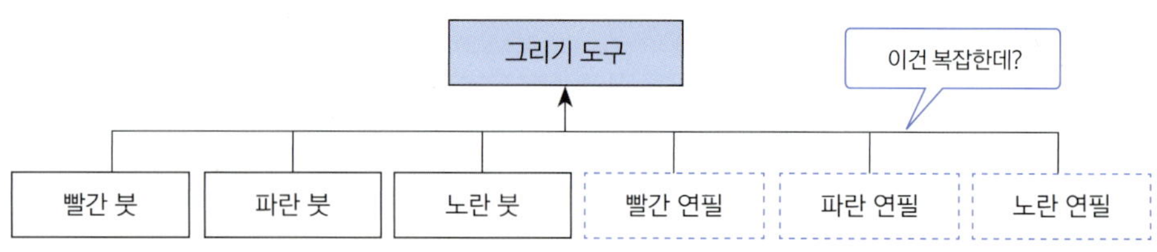

도구를 추가해 변경된 모듈 구조

이와 같은 구조를 유지하면 기능과 색상이 늘어날 때마다 클래스가 기하급수로 증가하는 문제가 발생합니다. 이럴 때 브릿지 패턴을 적용하면, 색상과 도구를 별도의 계층으로 분리하여 각각 독립적으로 확장할 수 있습니다. 도구(붓, 연필 등)는 추상 계층으로, 색상(빨강, 파랑, 노랑 등)은 구현부로 나누어 설계하면 도구와 색상을 각각 추가 또는 변경하더라도 전체 구조에 미치는 영향을 최소화할 수 있습니다.

다음은 브릿지 패턴의 구조를 클래스 다이어그램으로 표현한 것입니다.

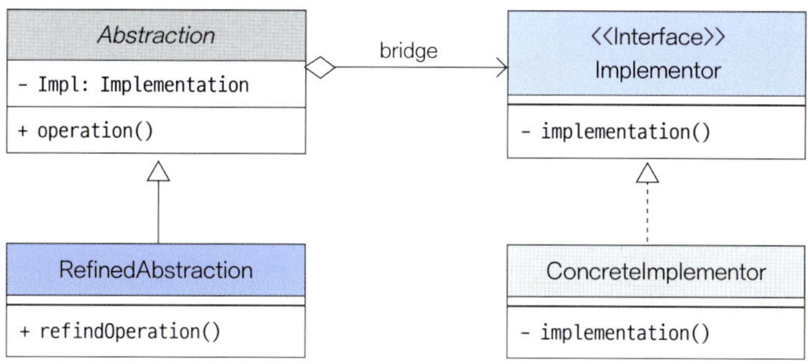

브릿지 패턴의 클래스 다이어그램 예

이 클래스 다이어그램을 살펴보면, 크게 Abstraction 인터페이스(또는 추상 클래스)와 이를 확장한 RefinedAbstraction, Implementor 인터페이스, 그리고 이를 구체적으로 구현하는 ConcreteImplementor로 구성됩니다. 다음 표에서 브릿지 패턴의 구성 요소를 좀 더 자세히 살펴보겠습니다.

브릿지 패턴의 구성 요소

구성 요소	설명
Abstraction	추상 계층의 최상위 클래스(또는 인터페이스)이며, 내부에 구현부(Implementor)를 인스턴스로 보유하여 이를 통해 구현부의 함수를 호출하는 형태를 가집니다.
RefinedAbstraction	추상 계층(Abstraction)을 확장하여 새로운 기능을 추가하거나 기존 기능을 개선한 클래스입니다.
Implementor	Abstraction에서 제공하는 기능을 정의하는 인터페이스입니다.
ConcreteImplementor	Implementor 인터페이스에서 정의한 기능을 실제로 구현하는 클래스입니다.

브릿지 패턴 적용하기

앞서 예로 든 색칠 프로그램의 그리기 도구 모듈에 브릿지 패턴을 적용해 보겠습니다. 그림 그리기 시스템의 클래스 다이어그램은 다음과 같습니다.

- Abstaction에 해당하는 Tool 클래스
- Tool 클래스를 확장 구현하는 Brush 클래스(RefinedAbstraction)
- 기능이 정의된 Color(Implementor) 인터페이스
- Color 인터페이스를 구현한 Red, Blue, Yellow 클래스(ConcreteImplementor)

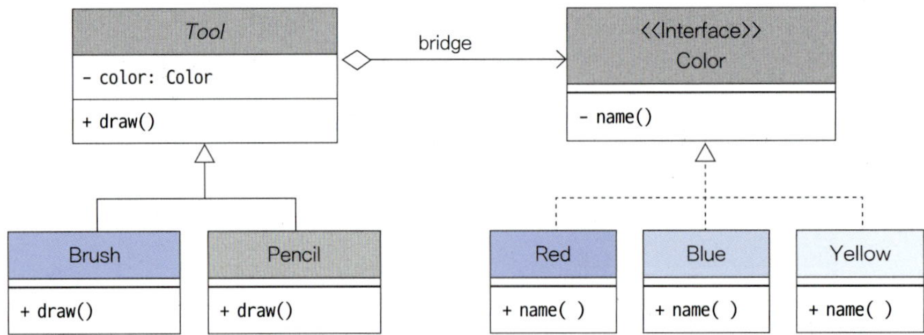

그리기 도구의 클래스 다이어그램

이처럼 브릿지 패턴을 사용하면 연필(Pencil)을 추가했을 때 색상마다 연필 클래스를 따로 만들 필요 없이 하나의 Pencil 클래스만 추가하면 요구 사항을 쉽게 수용할 수 있습니다.

이제 구현 코드를 살펴보겠습니다. 먼저 구현부인 Color 인터페이스를 생성합니다. 여기서는 간단히 색상명을 반환하는 name 함수 하나만 정의했습니다.

코드	DesignPattern/Bridge/Color.java

```java
public interface Color {
    String name();
}
```

다음으로 Color 인터페이스를 구현하는 각종 색(Red, Blue, Yellow) 클래스를 구현합니다. 각 클래스에서는 인터페이스에 정의한 name 함수를 구현하여 해당 색상 이름을 반환하도록 합니다.

코드	DesignPattern/Bridge/Red.java

```java
public class Red implements Color {
    @Override
    public String name() {
        return "빨간색";
    }
}
```

```java
public class Blue implements Color {
    @Override
    public String name() {
        return "파란색";
    }
}
```

```java
public class Yellow implements Color {
    @Override
    public String name() {
        return "노란색";
    }
}
```

이제 구현부는 어느 정도 완성했습니다. 이제 추상 계층을 만들어 보겠습니다. 먼저 추상 계층의 최상위 클래스인 그리기 도구(Tool) 추상 클래스를 작성하겠습니다.

```java
public abstract class Tool {
    protected Color color;
    public Tool(Color color) {
        this.color = color;
    }
    public abstract void draw();
}
```

이 코드에서 중요한 점은, 이 추상 클래스가 구현부에 해당하는 Color 인터페이스를 인스턴스로 포함하고 있다는 것입니다. 구현부를 합성 관계로 가지고 있음으로써 추상 계층과 구현부가 서로 독립적으로 변형, 개발, 확장할 수 있다는 장점이 있습니다. 또한 추상 계층에서 구현이 필요한 함수는 추상 함수로 정의하여, 이 클래스를 상속받는 하위 클래스에서 구체적인 기능을 구현하도록 유도합니다.

이제 기존에 사용하던 도구인 붓(Brush) 클래스를 만들어 보겠습니다.


```java
public class Brush extends Tool {
    public Brush(Color color) {
        super(color);
    }

    @Override
    public void draw() {
        System.out.println(color.name() + " 붓을 사용하여 그립니다.");
    }
}
```

Brush 클래스에서는 어떤 색상을 칠하는지는 신경 쓰지 않습니다. 색상과 관련된 기능은 구현부에서 담당하기 때문입니다. 따라서 추상 계층에서 정의한 draw 함수만 오버라이드하여 적절하게 구현하면 됩니다.

마지막으로 추가된 요구 사항인 연필 기능을 추가해 보겠습니다. 브릿지 패턴을 적용하면 디자인 패턴을 배우기 전처럼 색상별로 연필 클래스를 따로 추가할 필요 없이 연필(Pencil) 클래스 하나만 추가하면 요구 사항을 충분히 수용할 수 있습니다.


```java
public class Pencil extends Tool {
    public Pencil(Color color) {
        super(color);
    }

    @Override
    public void draw() {
        System.out.println(color.name() + " 연필을 사용하여 그립니다.");
    }
}
```

Pencil 클래스의 구조는 기본적으로 Brush 클래스와 유사하며, 단지 추상 계층에서 정의한 draw 함수를 Pencil의 기능에 맞게 구현하면 됩니다.

클라이언트 코드를 통해 작성한 코드들이 어떻게 동작하는지 확인해 봅시다.

```java
public class Main {
    public static void main(String[] args) {
        Tool redBrush = new Brush(new Red());
        redBrush.draw();
        Tool blueBrush = new Brush(new Blue());
        blueBrush.draw();
        Tool yellowBrush = new Brush(new Yellow());
        yellowBrush.draw();
        Tool redPencil = new Pencil(new Red());
        redPencil.draw();
        Tool bluePencil = new Pencil(new Blue());
        bluePencil.draw();
        Tool yellowPencil = new Pencil(new Yellow());
        yellowPencil.draw();
    }
}
```

실행 결과

```
빨간색 붓을 사용하여 그립니다.
파란색 붓을 사용하여 그립니다.
노란색 붓을 사용하여 그립니다.
빨간색 연필을 사용하여 그립니다.
파란색 연필을 사용하여 그립니다.
노란색 연필을 사용하여 그립니다.
```

브릿지 패턴을 적용하면 색깔과 도구를 자유롭게 조합하여 객체를 생성할 수 있다는 것을 실행 결과에서 확인할 수 있습니다.

이처럼 브릿지 패턴을 사용하면 추상 계층과 구현부를 별도의 두 계층으로 분리하여, 각 계층을 독립적으로 확장할 수 있다는 것이 가장 큰 장점입니다. 또한 급격한 클래스 증가를 막을 수 있을 뿐만 아니라, 추상화를 통해 구현 상세 영역을 외부로부터 숨기는 캡슐화 효과도 얻을 수 있습니다.

그러나 브릿지 패턴을 적용하면 코드의 복잡도가 증가할 수 있습니다. 복잡한 코드는 다른 개발자가 파악하기 어려워져 유지 보수에 부정적인 영향을 미칠 수 있습니다. 또한 향후 기능 확장이 빈번할 것으로 예상되어 미리 브릿지 패턴을 적용하는 경우가 있습니다. 실제로 기능 확장이 자주 발생하면 적절한 선택이 될 수 있지만, 예상과 달리 확장이 이루어지지 않는다면 불필요한 복잡성만 초래하여 부적절한 패턴 적용 사례가 될 수 있습니다. 따라서 브릿지 패턴은 먼저 해당 모듈의 기능 확장 가능성을 면밀히 검토하고 신중하게 결정한 후에 적용해야 합니다.

7-4

행동 패턴

행동 패턴^{behavioral patterns}은 객체 간의 상호 작용 방식과 책임 분배 방법을 제시하는 디자인 패턴입니다. 이러한 패턴들은 복잡한 흐름 제어를 단순화하고 객체 간의 결합도를 최소화하면서 효율적인 상호 작용을 가능하게 합니다. 이 절에서는 전략 패턴, 옵저버 패턴, 반복자 패턴, 상태 패턴, 중재자 패턴 이렇게 5가지 행동 패턴을 자세히 알아보겠습니다.

전략 패턴

최근 우리나라는 '배달의 민족'이라는 표현이 어울릴 정도로 배달 주문을 많이 이용하고 있습니다. 독자 여러분도 배달 앱에서 결제 수단을 선택해 결제를 진행해 본 경험이 있을 것입니다. 이때 결제 수단과 관련된 모듈에 전략 패턴을 적용하면 매우 효율적인 설계가 될 수 있습니다.

✦ 실제 결제 모듈은 인증, 세금, 수수료 등 다양한 요소가 포함되지만, 여기서는 결제 수단에만 집중하겠습니다.

결제 수단은 사용자의 선택에 따라 실시간으로 동작 방식이 변경되어야 하며, 새로운 결제 수단이 추가될 수 있습니다. 전략 패턴^{strategy pattern}은 기존 코드를 수정하지 않고도 새로운 전략(여기서는 결제 수단)을 추가하거나 기존 전략을 변경할 수 있도록 도와줍니다. 그뿐만 아니라 전략 패턴은 런타임에서 전략을 교체할 수 있는 구조이므로 결제 수단 모듈에 매우 적합합니다. 전략 패턴이 어떻게 이러한 장점을 제공하는지 궁금하지 않나요? 사실, 전략 패턴은 디자인 패턴 중에서도 가장 대중적이며 많이 사용하는 패턴입니다.

이제부터 전략 패턴의 정의와 구조를 자세히 살펴보고, 실제 결제 수단에 어떻게 적용할 수 있는지 코드로 직접 구현하며 이해해 보겠습니다.

먼저, 전략 패턴은 객체가 수행할 유사한 기능을 캡슐화하는 인터페이스를 정의하고, 이 인터페이스를 기반으로 기능을 각 전략 클래스의 특성에 맞게 구현합니다. 이를 통해 객체의 행위를 직접 수정하지 않고 전략을 교체함으로써 행위를 유연하게 확장할 수 있습니다.

다음은 전략 패턴의 구조를 클래스 다이어그램으로 표현한 것입니다.

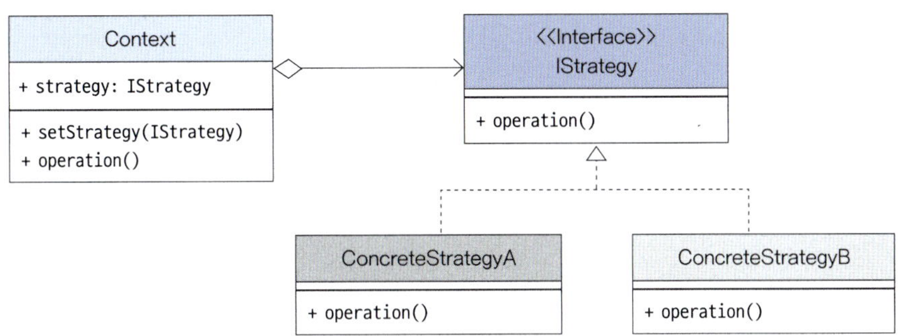

전략 패턴의 클래스 다이어그램 예

이 클래스 다이어그램을 살펴보면, 전략을 실행하는 주체인 Context와 전략 인터페이스인 IStrategy, 그리고 이 인터페이스를 구현하는 ConcreteStrategyA와 ConcreteStrategyB 클래스로 구성된 것을 알 수 있습니다. 다음에서 전략 패턴의 구성 요소를 좀 더 자세히 알아보겠습니다.

전략 패턴의 구성 요소

구성 요소	설명
Context	전략을 실행하는 주체로, 구체적인 전략 클래스 대신 IStrategy 인터페이스를 합성 관계로 사용합니다. 이를 통해 실행할 때 다양한 전략을 유연하게 교체할 수 있습니다.
IStrategy	실제 구현 클래스들이 공유하는 인터페이스로, 공통 함수를 정의합니다.
ConcreteStrategyA ConcreteStrategyB	IStrategy 인터페이스를 구현하는 클래스로, 각각 고유한 방식으로 인터페이스에 정의된 함수를 구체적으로 구현합니다. 이를 통해 다형성을 확보할 수 있습니다.

전략 패턴 적용하기

앞서 예로 든 배달 앱의 결제 수단 모듈에 전략 패턴을 적용해 보겠습니다. 코드를 작성하기에 앞서 결제 수단 모듈의 클래스 다이어그램은 다음과 같습니다.

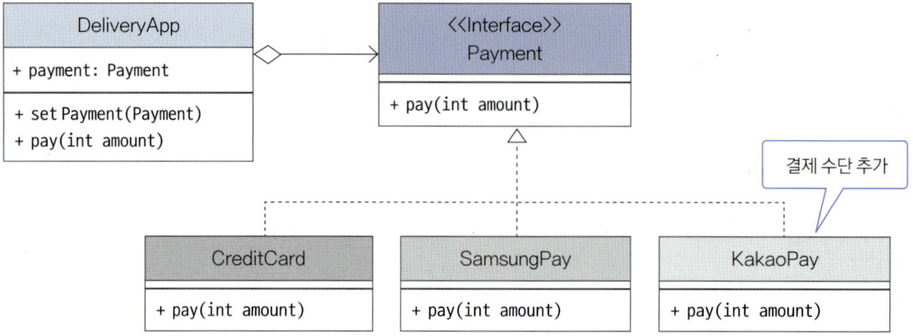

결제 수단 모듈의 클래스 다이어그램 예

이 클래스 다이어그램을 살펴보면, 결제 공통 기능을 정의하는 Payment 인터페이스, Payment 인터페이스를 구현하는 각 결제 수단 클래스(CreditCard, SamsungPay, KakaoPay) 그리고 결제 모듈을 실행하는 DeliveryApp 클래스로 구성되어 있습니다. 이와 같이 결제 수단 모듈에 전략 패턴을 적용하면, 새로운 결제 수단이 추가되었을 때 Payment 인터페이스를 상속받아 새로운 결제 수단 클래스를 구현하는 방식으로 요구 사항을 쉽게 해결할 수 있습니다.

먼저 결제 수단의 공통 인터페이스로 Payment 인터페이스를 생성합니다.

코드   DesignPattern/Strategy/Payment.java

```java
public interface Payment {
    public void pay(int amount);
}
```

결제 수단은 모두 공통으로 결제 기능이 포함되어 있어야 해서 pay 함수를 정의했습니다.

이번에는 해당 인터페이스를 실제 구현하는 결제 수단 관련 클래스를 생성합니다. 여기서는 신용카드(CreditCard), 삼성페이(SamsungPay), 카카오페이(KakaoPay) 등 3가지 결제 수단을 구현할 예정입니다. 추후 결제 수단을 추가하더라도 Payment 인터페이스를 구현하는 클래스를 추가하면 쉽게 확장할 수 있습니다.

코드 DesignPattern/Strategy/CreditCard.java

```java
public class CreditCard implements Payment {
    @Override
    public void pay(int amount) {
        System.out.println("신용카드로 " + amount + "원을 결제합니다.");
    }
}
```

코드 DesignPattern/Strategy/SamsungPay.java

```java
public class SamsungPay implements Payment {
    @Override
    public void pay(int amount) {
        System.out.println("삼성페이로 " + amount + "원을 결제합니다.");
    }
}
```

코드 DesignPattern/Strategy/KakaoPay.java

```java
public class KakaoPay implements Payment {
    @Override
    public void pay(int amount) {
        System.out.println("카카오페이로 " + amount + "원을 결제합니다.");
    }
}
```

결제 수단 클래스는 모두 Payment 인터페이스에 정의된 pay 함수를 자신의 결제 방식에 맞게 함수를 구현했습니다.

이제 실제로 전략(결제 수단)을 사용하는 Context 역할의 클래스를 생성하겠습니다. 배달 앱에서는 결제 모듈을 사용하므로 DeliveryApp 클래스를 만들었습니다. 이 클래스는 다양한 결제 수단을 전략으로 받아들이며, 필요에 따라 결제 수단을 변경할 수 있도록 설계했습니다.

코드 DesignPattern/Strategy/DeliveryApp.java

```java
public class DeliveryApp {
    Payment payment; // 구체적인 클래스가 아닌 추상화된 인터페이스를 가지고 있음

    public void setPayment(Payment payment) {  // 결제 수단 설정 함수
```

```java
        this.payment = payment;
    }
    public void pay(int amount) { // 결제 수단의 함수를 호출하도록 구현함
        this.payment.pay(amount);
    }
}
```

DeliveryApp은 구체적인 결제 수단 클래스가 아닌 공통 인터페이스인 Payment를
멤버 변수로 포함하여 결제 수단의 세부 구현 내용을 캡슐화하고 유연한 변경을 가능
하게 합니다. 또한 setPayment 함수를 통해 전략 객체를 실시간으로 변경할 수 있으
므로 앱 사용자가 원하는 결제 수단을 동적으로 선택할 수 있습니다.

클라이언트 코드를 통해 DeliveryApp을 어떻게 사용하는지 확인해 보겠습니다.


```java
public class Main {
    public static void main(String[] args) {
        DeliveryApp deliveryApp = new DeliveryApp();
        deliveryApp.setPayment(new CreditCard());
        deliveryApp.pay(5000);
        deliveryApp.setPayment(new SamsungPay());
        deliveryApp.pay(3000);
        deliveryApp.setPayment(new KakaoPay());
        deliveryApp.pay(7000);
    }
}
```

실행 결과

```
신용카드로 5000원을 결제합니다.
삼성페이로 3000원을 결제합니다.
카카오페이로 7000원을 결제합니다.
```

이처럼 전략 패턴은 하나의 기능이 상황에 따라 여러 형태로 변형되어야 하거나 동작
이 실시간으로 교체되어야 할 때 적용하기 적합합니다.

다만, 전략 패턴을 사용할 때 주의할 점도 있습니다. 변경해야 할 전략이 늘어나면 관

리해야 하는 클래스 수도 증가하여 전체 복잡도가 높아질 수 있으며, 실제로 변경이 거의 발생하지 않는 경우에는 불필요하게 프로그램이 복잡해질 수 있습니다. 또한 사용자가 각 전략의 동작 방식을 충분히 이해하고 적절하게 선택해야 한다는 점도 중요합니다. 그렇지만 전략 패턴은 객체 지향 프로그래밍의 원칙과 특징을 잘 반영하다는 점에서 디자인 패턴 가운데 대표적으로 사용하는 패턴입니다.

전략 패턴에 적용된 객체 지향의 원칙과 특징

다음은 배달 앱의 결제 수단 모듈 예제로 전략 패턴에 적용한 객체 지향의 원칙과 특징을 정리한 내용입니다.

- **개방 - 폐쇄 원칙**: 전략 패턴을 적용하면 새로운 결제 수단을 추가할 때 기존의 코드를 수정하지 않고, 단지 새로운 ConcreteStrategy 클래스를 추가하는 방식으로 확장할 수 있습니다. 기존의 결제 수단에는 영향을 주지 않으면서도 기능 확장이 용이합니다.
- **의존성 역전 원칙**: 배달 앱 클래스(고수준 모듈)는 구체적인 결제 수단 클래스(저수준 모듈)에 의존하지 않고, 공통 인터페이스인 Payment를 멤버 변수로 사용합니다. 이를 통해 고수준 모듈이 추상화된 인터페이스에 의존해서 변경에 유연하고 확장 가능한 구조를 확보할 수 있습니다.
- **다형성**: Payment 인터페이스에 정의된 함수를 각 결제 수단 클래스에서 오버라이드하여 다양한 형태로 구현됩니다. 이로 인해 클라이언트는 동일한 인터페이스를 통해 여러 결제 수단을 호출할 수 있으며, 런타임에 객체의 실제 자료형에 따라 적절한 결제 로직이 실행됩니다.
- **캡슐화**: 배달 앱 클래스에서 클라이언트가 결제 함수만 노출하고, 내부에서는 Payment 전략 객체의 Pay 함수가 호출됩니다. 그 결과 결제 수단의 구체적인 구현 세부 사항은 감춰지고, 클라이언트는 단일 인터페이스를 통해 일관된 방식으로 결제 기능을 사용할 수 있습니다.

옵저버 패턴

유튜브에서 채널을 구독하고 알림 설정을 하면, 새로운 콘텐츠가 업로드될 때 알림을 받을 수 있습니다. 이와 유사하게 스마트폰 앱 설치나 회원 가입 후 이벤트 또는 유용한 정보를 수신할 것인지 묻는 경우에 동의하면 해당 정보가 메시지나 이메일로 전달

됩니다. 그렇다면 이러한 알람이나 이벤트 정보는 시스템 내에서 어떻게 전달될까요? 대부분의 시스템은 옵저버 패턴을 사용하여 이와 같은 기능을 구현합니다.

옵저버 패턴^{observer pattern}은 관찰 대상(Subject)의 상태가 변경됐을 때, 이를 관찰하는 모든 객체(Observer)에게 일대다^{one-to-many}방식으로 이벤트나 알림을 전달하는 디자인 패턴입니다. 옵저버 패턴은 발행/구독 모델이라고도 하며, 유튜브 구독 알림과 같은 시스템에서 널리 사용합니다.

다음은 옵저버 패턴의 구조를 클래스 다이어그램으로 표현한 것입니다.

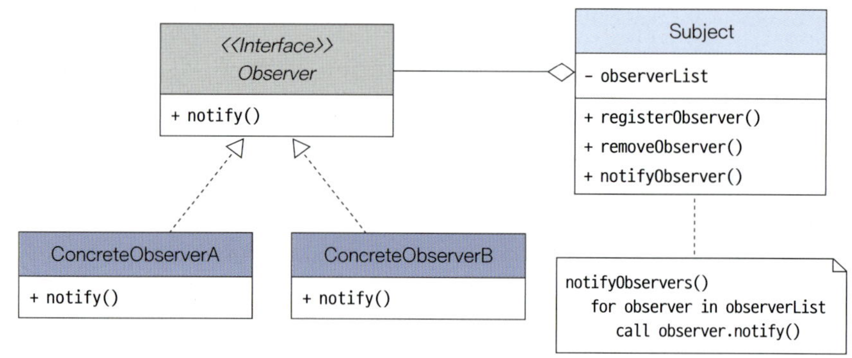

옵저버 패턴의 클래스 다이어그램 예

이 클래스 다이어그램을 살펴보면 크게 관찰 대상이 되는 객체인 Subject 클래스와 관찰자 객체를 생성하는 Observer 인터페이스, 그리고 이를 구현하는 Concrete Observer 클래스 이렇게 3가지 요소로 구성됩니다. 다음 표에서 옵저버 패턴의 구성 요소를 좀 더 자세히 알아보겠습니다.

옵저버 패턴의 구성 요소

구성 요소	설명
Subject	관찰 대상이 되는 객체로, 여러 관찰자 객체를 등록하고 관리할 수 있습니다. Subject는 notifyObservers 함수를 구현하여 모든 등록된 관찰자에게 알림을 전파합니다.
Observer	관찰자가 되는 객체를 생성하는 인터페이스입니다. 알림 처리를 위한 notify 함수가 선언되어 있습니다.
ConcreteObserverA ConcreteObserverB	Observer 인터페이스를 실제로 구현하는 클래스로, 상태 변경에 따라 notifiy 함수 내에서 필요한 동작을 수행합니다.

옵저버 패턴의 구성 요소까지 알아보았습니다. 이제 예제에서 옵저버 패턴을 적용해 보겠습니다.

옵저버 패턴 적용하기

앞서 예로 든 유튜브 구독 알림 시스템에 옵저버 패턴을 적용해 구현해 보겠습니다. 먼저 유튜브 구독 알림 시스템의 클래스 다이어그램을 살펴봅시다.

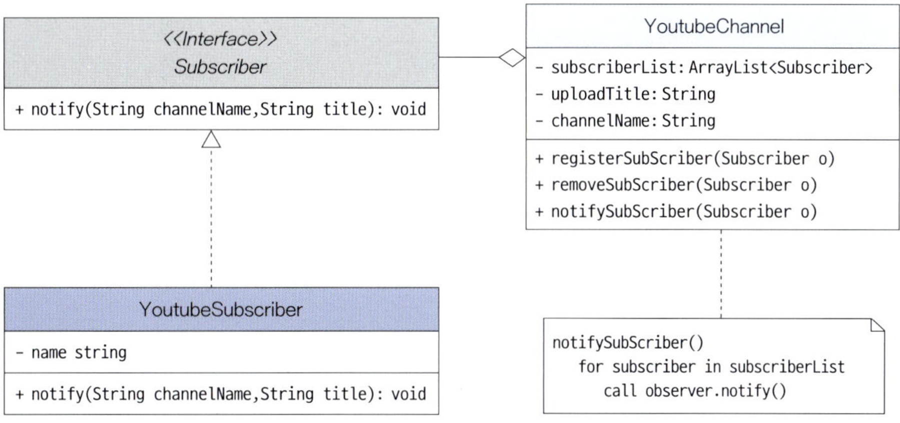

유튜브 구독 알림 시스템의 클래스 다이어그램

이 클래스 다이어그램을 살펴보면, YoutubeChannel 클래스와 Subscriber 인터페이스가 합성 관계로 연결되어 있습니다. 특히 YoutubeChannel 클래스는 subscriberList 변수로 구독자 리스트를 관리하고 있습니다. 이 점에 유의하면서 클래스 다이어그램을 기반으로 코드를 작성해 봅시다.

먼저 Subscriber 인터페이스를 작성해 봅시다. 이 인터페이스에서는 관찰 대상(유튜브 채널)으로부터 알림을 받는 notify 함수를 정의합니다.


```java
public interface Subscriber {
    public void notify(String channelName, String title);
}
```

다음은 관찰자 역할을 하는 구독자 클래스를 작성합니다. 이 클래스에서는 유튜브 채널에서 알람이 오면 콘텐츠 업로드를 알리는 메시지를 출력하도록 notify 함수를 구체적으로 구현합니다.


```java
public class YoutubeSubscriber implements Subscriber {
    private String name;

    public YoutubeSubscriber(String name) {
        this.name = name;
    }
    @Override
    public void notify(String channelName, String title) {
        System.out.println(this.name + "님!! " + channelName + "채널에 새로운 콘
텐츠 ["+title+"]가 업로드되었습니다.");
    }
}
```

마지막으로 관찰 대상인 채널 클래스를 구현합니다.


```java
import java.util.ArrayList;

public class YoutubeChannel {
    private ArrayList<Subscriber> subscriberList;
    private String uploadTitle;
    private String channelName;

    public YoutubeChannel(String channelName) {
        this.channelName = channelName;
        subscriberList = new ArrayList<>();
        System.out.println(this.channelName + "채널이 개설되었습니다.");
    }
    public void registerSubScriber(Subscriber o) {
        subscriberList.add(o);
        System.out.println("하루코딩에 신규 구독자가 발생하였습니다. " +
                "현재 구독자는 " + subscriberList.size() + "명입니다.");
    }

    public void removesubscriber(Subscriber o) {
```

```java
        subscriberList.remove(o);
        System.out.println("하루코딩" +
                "에 구독 취소가 발생하였습니다. " +
                "현재 구독자는 " + subscriberList.size() + "명입니다.");
    }
    public void notifySubScriber() {
        for(int i=0; i<subscriberList.size(); i++){
            Subscriber subscriber = (Subscriber)subscriberList.get(i);
            subscriber.notify(channelName, uploadTitle);
        }
    }
    public void uploadNewContents(String title) {
        uploadTitle = title;
        this.notifySubScriber();
    }
}
```

이 클래스에는 구독자를 관리하는 subscriberList 변수와 구독자 추가(register subscriber), 구독 취소(removesubscriber), 그리고 모든 구독자에게 알림을 전달하는(notifysubscriber) 함수가 포함되어 있습니다.

이렇게 구성된 유튜브 구독 알림 시스템을 클라이언트 코드에서 사용하면, 신규 콘텐츠가 업로드될 때 현재 등록된 모든 구독자에게 알림이 전달되는 것을 확인할 수 있습니다.

<table><tr><td>코드</td><td align="right">DesignPattern/Observer/Main.java</td></tr></table>

```java
public class Main {
    public static void main(String[] args) {
        // 채널 생성
        YoutubeChannel youtubeChannel = new YoutubeChannel("하루코딩");

        // 채널 구독
        YoutubeSubscriber subscriber1 = new YoutubeSubscriber("JIHYE");
        youtubeChannel.registerSubscriber(subscriber1);
        YoutubeSubscriber subscriber2 = new YoutubeSubscriber("JUA");
        youtubeChannel.registerSubscriber(subscriber2);

        // 신규 콘텐츠 업로드 1
        youtubeChannel.uploadNewContents("클린코드 강의");
```

```java
        // 구독 취소
        youtubeChannel.removeSubscriber(subscriber1);

        // 신규 콘텐츠 업로드 2
        youtubeChannel.uploadNewContents("리팩터링 강의");
    }
}
```

실행 결과

```
하루코딩채널이 개설되었습니다.
하루코딩에 신규 구독자가 발생하였습니다. 현재 구독자는 1명입니다.
하루코딩에 신규 구독자가 발생하였습니다. 현재 구독자는 2명입니다.
JIHYE님!! 하루코딩채널에 새로운 콘텐츠 [클린코드 강의]가 업로드되었습니다.
JUA님!! 하루코딩채널에 새로운 콘텐츠 [클린코드 강의]가 업로드되었습니다.
하루코딩에 구독 취소가 발생하였습니다. 현재 구독자는 1명입니다.
JUA님!! 하루코딩채널에 새로운 콘텐츠 [리팩터링 강의]가 업로드되었습니다.
```

옵저버 패턴은 관찰 대상(Subject)과 관찰자(Observer)가 느슨한 결합^{loose coupling}을 유지하도록 설계되어 있습니다. 즉, 관찰 대상은 관찰자가 어떻게 구현되었는지, 어떤 작업을 수행하는지 알 필요가 없으므로 단순히 알람만 전달하면 되며 새로운 관찰자를 등록할 때 내부 코드를 수정할 필요가 없습니다. 옵저버 패턴은 이러한 특성 덕분에 시스템 확장이 용이하고 유지 보수하기가 매우 편리해집니다. 이로써 객체 간의 상호 작용은 가능하면 느슨한 결합 형태로 설계하는 것이 중요하다는 점을 다시 한번 깨달을 수 있습니다.

반복자 패턴

시스템의 기능을 구현하다 보면 목록 형태의 데이터를 순회해야 하는 경우가 자주 발생합니다. 예를 들어 회원 정보 리스트를 순회하는 상황을 생각해 볼 수 있습니다. 단순한 리스트라면 큰 문제가 없겠지만, 데이터가 트리 구조처럼 복잡하게 저장되어 있을 경우에는 어떻게 순회할지 고민해야 합니다.

또한 리스트 형태의 데이터를 순회할 때도 단순히 순서대로 할지, 가입 순서나 이름 순서대로 할지를 결정해야 하는 상황이 발생할 수 있습니다. 이런 경우 데이터를 사용하는 클라이언트는 데이터의 구조와 순회 방법을 직접 고려해야 하므로 부담스러울 수 있습니다.

이런 문제는 반복자 패턴을 적용해서 해결할 수 있습니다. 반복자 패턴[iterator pattern]은 이터레이터[iterator]를 사용하여 컬렉션 요소에 순차로 접근할 수 있도록 도와주는 디자인 패턴입니다. 여기에서 컬렉션[collection]은 데이터의 집합을 의미하며 리스트, 스택, 트리, 그래프 등이 대표적인 예입니다.

반복자 패턴은 이터레이터 객체를 통해 순회하므로 데이터를 제공하는 쪽에서 컬렉션의 내부 구조를 노출하지 않아도 된다는 것이 주요 장점입니다. 또한 사용자 입장에서는 컬렉션의 내부 구조에 관계없이 단일 인터페이스인 이터레이터를 통해 데이터에 접근하고 순회할 수 있어서 편리합니다.

다음은 반복자 패턴의 구조를 클래스 다이어그램으로 표현한 것입니다.

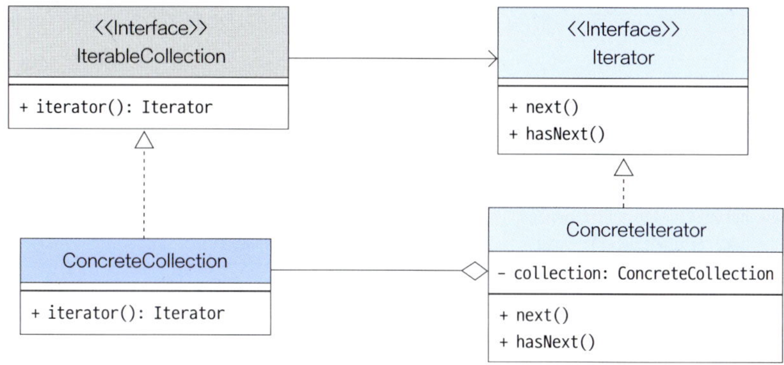

반복자 패턴의 클래스 다이어그램 예

이 클래스 다이어그램은 2개의 인터페이스와 이를 구현하는 클래스로 구성되어 있습니다.

다음 표에서 반복자 패턴의 각 구성 요소를 자세히 살펴보겠습니다.

반복자 패턴의 구성 요소

구성 요소	설명
Iterator	집합 요소를 순서대로 검색하는 인터페이스로, 기본적으로 다음 요소가 존재하는지 확인하는 hasNext 함수와 요소를 반환하고 다음 위치로 이동하는 next 함수로 구성되어 있습니다.
ConcreteIterator	Iterator 인터페이스의 함수를 실제로 구현한 클래스로, ConcreteCollection 컬렉션을 참조하여 요소들을 순회하는 역할을 합니다.

IterableCollection	Iterator를 반환하는 함수를 정의하는 인터페이스입니다. 이 인터페이스는 컬렉션과 호환 가능한 반복자를 얻는 함수를 선언하며, 해당 함수의 반환 자료형은 Iterator여야 합니다.
ConcreteCollection	IterableCollection 인터페이스에 정의된 함수를 구현한 클래스로, 클라이언트가 사용할 객체 컬렉션을 내부에 가지고 있습니다. 이를 통해 반복자 객체를 반환합니다.

반복자 패턴 적용하기

앞서 예로 든 회원 정보 리스트를 순회하는 기능에 반복자 패턴을 적용해 보겠습니다. 먼저 회원 정보 관리 기능의 클래스 다이어그램을 살펴봅시다.

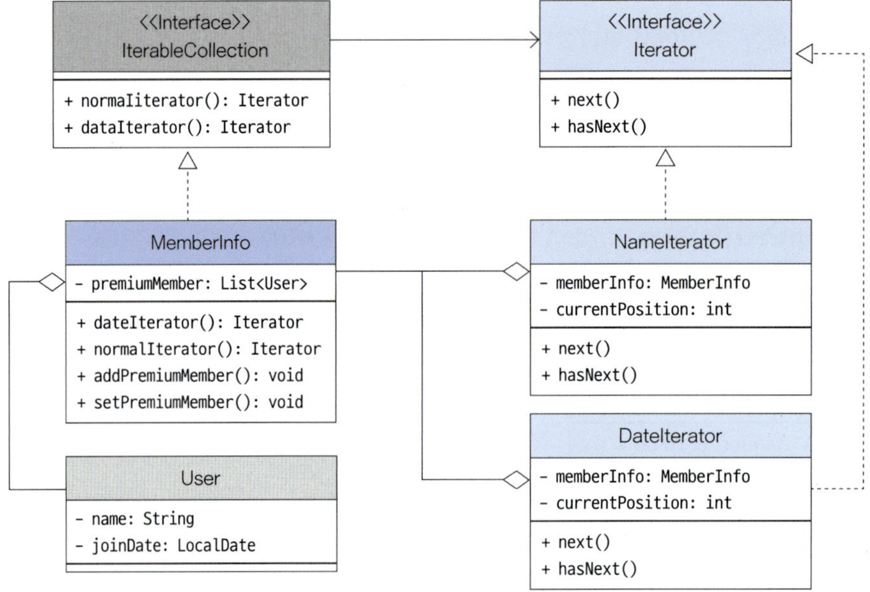

회원 정보 관리 기능의 클래스 다이어그램

이 클래스 다이어그램에서는 이름과 가입 날짜라는 2가지 기준으로 순회할 수 있도록 Iterator 인터페이스를 구현하는 NameIterator, DateIterator 클래스가 존재합니다. 이 클래스 다이어그램을 기반으로 각 클래스를 하나씩 구현해 보겠습니다.

먼저 가장 기본이 되는 공통 인터페이스부터 생성해 봅시다.


```java
public interface Iterator {
    boolean hasNext();
    Object next();
}
```

코드 DesignPattern/Iterator/IterableCollection.java

```java
public interface IterableCollection {
    Iterator nameIterator();
    Iterator dateIterator();
}
```

데이터 집합을 순회하는 인터페이스인 Iterator와 특정 Iterator를 반환하는 함수를 정의하는 IterableCollection 인터페이스를 구현했습니다. 여기서는 이름을 기준으로 탐색하는 Iterator와 가입 날짜를 기준으로 탐색하는 Iterator를 반환하는 함수를 각각 정의하여 클라이언트가 원하는 기준에 따라 데이터를 유연하게 순회할 수 있도록 했습니다.

다음은 이 예제의 데이터 객체인 User 클래스를 생성하는 코드입니다. 여기에서는 User 클래스를 예로 들었지만, 기본 자료형인 Integer부터 다양한 형태의 데이터에도 적용할 수 있습니다. 이 클래스는 이름(name)과 가입 날짜(joinDate)를 기준으로 탐색할 수 있도록 2개의 멤버 변수를 포함합니다.

코드 DesignPattern/Iterator/User.java

```java
import java.time.LocalDate;

public class User {
    String name;
    LocalDate joinDate;

    public User(String name, LocalDate joinDate) {
        this.name = name;
        this.joinDate = joinDate;
    }
}
```

이번에는 Iterator 인터페이스의 함수들을 구현하여, 기준에 따라 데이터를 순회하는 NameIterator와 DateIterator를 구현하겠습니다. 먼저 NameIterator 클래스부터 살펴봅시다.

```java
import java.util.Collections;
import java.util.List;

public class NameIterator implements Iterator {

    int currentPosition = 0;
    private final MemberInfo memberInfo;

    public NameIterator(List<User> userList) {
        memberInfo = new MemberInfo();
        Collections.sort(userList, (o1, o2) -> o1.name.compareTo(o2.name));
        // 데이터 이름순 정렬
        memberInfo.setPremiumMember(userList);
    }

    @Override
    public boolean hasNext() {
        return currentPosition < memberInfo.getPremiumMember().size();
    }

    @Override
    public User next() {
        if (hasNext()) {
            return memberInfo.getPremiumMember().get(currentPosition++);
        }
        return null;
    }
}
```

NameIterator 클래스는 이름순으로 데이터를 탐색하기 위해 생성자에서 데이터 리스트를 받아 이름순으로 정렬하는 방식을 사용합니다. 또한 Iterator 인터페이스에서 정의한 hasNext와 next 함수를 구현하여 클라이언트가 Iterator 인터페이스의 함수만으로 쉽게 사용할 수 있도록 설계했습니다.

이제 DateIterator 클래스도 구현해 보겠습니다. 코드 구조는 NameIterator와 거의 유사하며, 가입 날짜 기준으로 데이터를 정렬한 후 탐색할 수 있도록 작성합니다.

```java
import java.util.Collections;
import java.util.List;

public class DateIterator implements Iterator {

    int currentPosition = 0;
    private final MemberInfo memberInfo;

    public DateIterator(List<User> userList) {
        memberInfo = new MemberInfo();
        Collections.sort(userList, (o1, o2) -> o1.joinDate.compareTo(o2.join
Date));
        // 날짜별 정렬
        memberInfo.setPremiumMember(userList);
    }

    @Override
    public boolean hasNext() {
        return currentPosition < memberInfo.getPremiumMember().size();
    }

    @Override
    public User next() {
        if (hasNext()) {
            return memberInfo.getPremiumMember().get(currentPosition++);
        }
        return null;
    }
}
```

DateIterator 클래스 역시 날짜순으로 탐색하도록 데이터를 정렬하며, Iterator 인터 페이스에서 정의된 함수를 구현했습니다.

이제 IterableCollection 인터페이스의 함수를 구현하고, 클라이언트가 실제로 탐색 할 데이터 집합(여기서는 User 리스트)을 가지고 있는 MemberInfo 클래스를 작성해 보겠습니다. 이로써 클라이언트는 이름 또는 가입 날짜와 같이 원하는 기준에 따라 데 이터를 유연하게 탐색할 수 있습니다.

```java
import java.time.LocalDate;
import java.util.*;

public class MemberInfo implements IterableCollection {
    List<User> premiumMember;

    public MemberInfo() {
        premiumMember = new ArrayList<>();
    }

    public void addPremiumMember(String name, LocalDate date) {
        this.premiumMember.add(new User(name, date));
    }

    public List<User> getPremiumMember() {
        return premiumMember;
    }

    public void setPremiumMember(List<User> premiumMember) {
        this.premiumMember = premiumMember;
    }

    @Override
    public Iterator nameIterator() {
        return new NameIterator(premiumMember);
    }

    @Override
    public Iterator dateIterator() {
        return new DateIterator(premiumMember);
    }
}
```

MemberInfo 클래스는 User 리스트를 멤버 변수(premiumMember)로 가지고 있
고, 데이터를 추가(addPremiumMember), 설정(setPremiumMember), 가져오는
(getPremiumMember) 함수들이 구현되어 있습니다. 또한 IterableCollection 인
터페이스에서 정의한 이름 기준 Iterator(nameIterator)와 날짜 기준 Iterator(date
Iterator)를 반환하는 함수들도 오버라이드했습니다.

이제 실제 클라이언트 코드에서 이를 어떻게 사용하는지 살펴보겠습니다.


```java
import java.time.LocalDate;

public class Main {
    public static void main(String[] args) {
        MemberInfo memberInfo = new MemberInfo();
        memberInfo.addPremiumMember("박축구", LocalDate.of(2022, 7, 17));
        memberInfo.addPremiumMember("김한국", LocalDate.of(2024, 8, 12));
        memberInfo.addPremiumMember("하루코딩", LocalDate.of(2024, 5, 5));
        System.out.println("\n가입일순 Iterator 사용");
        Iterator iterator = memberInfo.dateIterator();
        while (iterator.hasNext()) {
            User user = (User) iterator.next();
            System.out.println("가입일: " + user.joinDate + "\t" + "이름: " +
user.name);
        }
        System.out.println("\n이름순 Iterator 사용");
        iterator = memberInfo.nameIterator();
        while (iterator.hasNext()) {
            User user = (User) iterator.next();
            System.out.println("가입일: " + user.joinDate + "\t" + "이름: " +
user.name);
        }
    }
}
```

실행 결과

```
가입일순 Iterator 사용
가입일: 2022-07-17        이름: 박축구
가입일: 2024-05-05        이름: 하루코딩
가입일: 2024-08-12        이름: 김한국

이름순 Iterator 사용
가입일: 2024-08-12        이름: 김한국
가입일: 2022-07-17        이름: 박축구
가입일: 2024-05-05        이름: 하루코딩
```

실행 결과를 보면, 각 Iterator에 따라 탐색 순서가 적절히 적용된 것을 확인할 수 있습니다. 이름 기준으로 탐색하면 가나다순으로 정렬되어 출력되고, 가입 날짜 기준으로 탐색하면 오래된 순서대로 정렬됩니다.

반복자 패턴을 사용하면 일관된 Iterator 인터페이스로 다양한 형태의 컬렉션을 순회할 수 있습니다. 이를 통해 클라이언트는 컬렉션의 내부 구조를 알 필요 없이 데이터를 접근하고 순회할 수 있다는 장점이 있습니다.
또한 순회 방법에 따라 별도의 Iterator를 구현하게 되므로 컬렉션의 데이터 관리와 순회 로직이 분리됩니다. 이는 단일 책임 원칙을 준수하는 좋은 설계 방법으로, 유지보수성과 확장성을 높이는 데 도움을 줍니다.

디자인 패턴을 공부하기 전에도 자바에서 제공하는 Iterator 인터페이스를 사용한 경험이 있을 것입니다. 다음은 Iterator 인터페이스와 관련된 샘플 코드입니다.

코드   DesignPattern/Iterator_sample/Main.java

```java
import java.util.ArrayList;
import java.util.Iterator;

public class Main {
    public static void main(String[] args) {
        ArrayList<String> designPatten = new ArrayList<>();
        designPatten.add("Creational Patterns");
        designPatten.add("Structural Patterns");
        designPatten.add("Behavioral Patterns");

        Iterator<String> iterator = designPatten.iterator();
        while (iterator.hasNext()) {
            System.out.println(iterator.next());
        }
    }
}
```

실행 결과

```
Creational Patterns
Structural Patterns
Behavioral Patterns
```

이처럼 반복자 패턴은 프로그래밍 언어에서도 기본으로 제공할 만큼 매력적인 디자인 패턴입니다. 자바에서는 Iterator나 Enumeration 같은 기능을 기본으로 제공하므로, 이러한 기능만으로도 사용자의 요구 사항을 충족할 수 있습니다. 그러므로 반복자 패턴을 별도로 적용하면 불필요하게 클래스 수를 증가시키고 복잡도를 높일 수 있으므로 신중하게 접근해야 합니다.

✦ 자바뿐만 아니라 다른 프로그래밍 언어에서도 Iterator나 Enumeration과 같은 유사한 기능을 지원합니다. 특히 Enumeration은 자바에서 컬렉션의 요소를 순회하는 데 사용하는 인터페이스입니다.

Iterator를 이용한 탐색은 기본 반복문(for, while)을 사용하는 방식보다 성능면에서 다소 불리할 수 있습니다. 따라서 성능 최적화가 중요한 경우에는 이러한 부분을 충분히 고려해야 합니다.

반복자 패턴이 매우 유용하고 장점이 많지만 단점과 고려 사항을 반복해서 언급하는 이유는 패턴을 무조건 적용하는 것을 지양하고 상황에 맞게 적절하게 사용하도록 유도하기 위함입니다. 디자인 패턴은 특정 문제를 해결하는 강력한 도구이지만, 설계할 때 적용하기 적합한 경우에만 효과적입니다. 따라서 패턴을 적용하기 전에 다음 3가지 질문을 스스로에게 던져 보는 것이 중요합니다.

1. 이 디자인 패턴이 현재 문제를 해결하는 데 가장 적합한가?
2. 추가로 유지 보수와 확장성을 고려했을 때 장점이 단점보다 많은가?
3. 불필요한 복잡도를 초래하지 않는가?

디자인 패턴은 적용의 필요성과 영향을 항상 신중히 고려하여 필요할 때 적절하게 적용하는 것이 중요합니다.

상태 패턴

컴퓨터를 사용하는 사람이라면 당연히 키보드를 사용합니다. 예를 들어 소문자 'r'을 입력하려면 키보드에서 해당 키 캡을 누르면 됩니다. 그런데 대문자 'R'을 입력하려면 어떻게 해야 할까요? 'r'과 'R'은 같은 키 캡을 사용하지만, Caps Lock 키의 상태에 따라 소문자 또는 대문자로 입력됩니다.

이러한 출력을 프로그래밍으로 구현한다고 가정해 봅시다. 조건이 간단할 때는 문제가 없겠지만, 조건이 많아지고 복잡해지면 코드가 점점 비효율적으로 변합니다. 이럴 때 상태 패턴을 적용하는 것을 고려할 수 있습니다. 상태 패턴^{state pattern}은 **객체의 상태에 따라 서로 다른 동작을 수행하도록 설계한 디자인 패턴**입니다. 이 패턴은 상태를 객체로 관리하고, 각 상태에 따라 수행할 동작을 별도의 함수로 정의함으로써 복잡한 분기 로직을 단순화할 수 있습니다. 즉, 객체의 특정 상태를 클래스로 선언하고 해당 상태에서 수행할 동작을 구현하는 방식으로 상태에 따른 분기 로직이 복잡하거나 새로운 상태를 추가할 가능성이 있을 때 상태 패턴이 효과적입니다. 특히 새로운 동작을 추가하더라도 기존 동작에 영향을 주지 않는다는 장점이 있습니다.

다음은 상태 패턴의 구조를 클래스 다이어그램으로 표현한 것입니다.

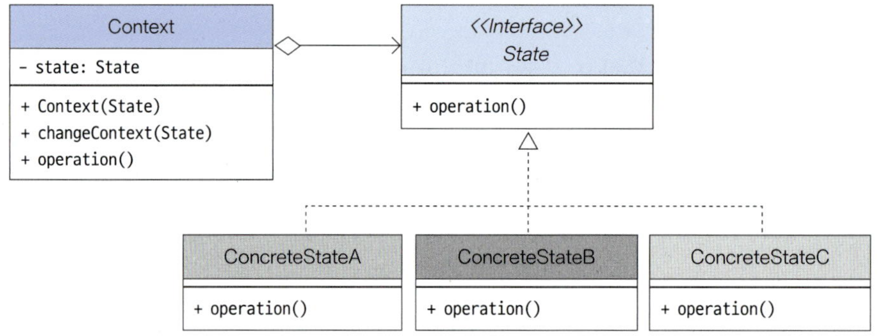

상태 패턴의 클래스 다이어그램 예

이 클래스 다이어그램을 살펴보면, 상태 객체를 관리하고 활용하는 Context와 상태에 대한 공통 인터페이스 및 이를 구현하는 클래스로 구성된 것을 확인할 수 있습니다. 다음 표에서 상태 패턴의 구성 요소를 좀 더 자세히 살펴봅시다.

상태 패턴의 구성 요소

구성 요소	설명
Context	ConcreteState 중 하나에 대한 참조를 저장하고, 모든 작업을 해당 State 객체에 위임합니다. 시스템의 상태를 나타내는 State 객체를 합성 관계로 포함하며, 새로운 상태를 저장하는 changeContext 함수를 제공합니다.
State	상태 클래스의 공통 인터페이스입니다.
ConcreteStateA ConcreteStateB ConcreteStateC	상태에 따른 행동 로직을 구체적으로 구현하는 클래스입니다. 상태 변경이 필요할 경우, Context 객체에 상태 변경을 요청하는 역할도 수행합니다.

상태 패턴 적용하기

키보드 입력을 받아 Caps Lock 상태에 따라 알파벳 소문자 또는 대문자로 출력하는
프로그램에 상태 패턴을 적용해 보겠습니다. 이 프로그램은 사용자가 입력한 영문 소
문자를 받아 내부의 Caps Lock 상태에 따라 출력 형식을 결정합니다.

먼저 이 클래스 다이어그램을 살펴봅시다. 다이어그램은 사용자 입력을 처리하고
Caps Lock의 상태를 관리하는 KeyBoard 클래스(Context), 상태에 대한 공통 인터
페이스를 제공하는 Caps Lock 인터페이스(State), 그리고 Caps Lock 인터페이스를
구현하여 Caps Lock이 켜졌을 때와 꺼졌을 때의 동작을 각각 정의한 On/Off 클래
스(ConcreteState)로 구성됩니다.

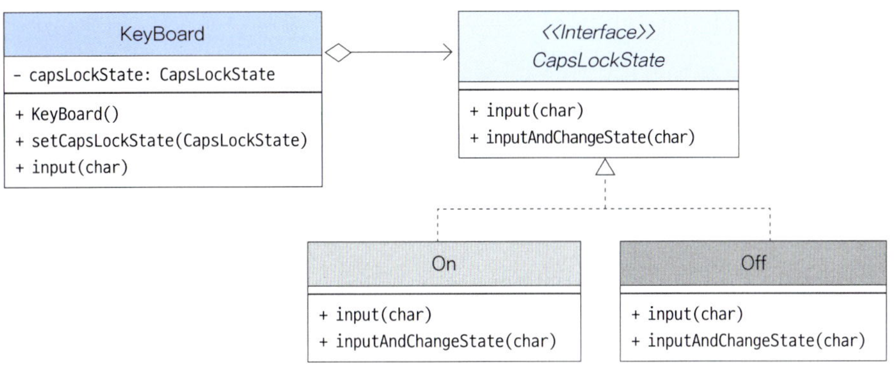

키보드 프로그램의 클래스 다이어그램

이 클래스 다이어그램에서 KeyBoard 클래스는 Caps Lock 인터페이스를 멤버 변수
로 포함하고 있습니다. 이 점은 KeyBoard 클래스가 Caps Lock 상태를 관리하고 활
용한다는 것을 간접적으로 나타냅니다.

여기에서 추가로 생각해 볼 부분이 있습니다. 이번 예시에서는 키 입력(알파벳 소문자
입력)과 상태 변경이 독립적으로 처리되기 때문에, On/Off 상태 클래스에서 상태를
바꾸는 로직이 포함되어 있지 않습니다. 그러나 예를 들어 키보드가 아닌 TV의 전원
버튼과 같이, 버튼을 누르는 행위 자체가 상태를 변경하는 경우에는 상태 클래스(On/
Off)에 상태 변경 로직이 포함되어야 합니다.

실제와 다소 차이가 있을 수 있지만, 패턴에 대한 이해를 돕기 위해 입력 시 상태가 즉
시 바뀌는 경우를 가정하고 해당 기능을 구현해 보겠습니다. 먼저, CapsLockState
인터페이스를 생성하겠습니다.

```java
public interface CapsLockState {
    void input(char in);
    void inputAndChangeState(char in, KeyBoard keyBoard); // 입력 후 상태가 바뀌
는 함수
}
```

이 인터페이스에서는 입력값을 받아 상태에 따라 출력하는 input 함수와 상태를 변경
하는 inputAndChangeState(char) 함수를 정의했습니다.

다음은 CapsLockState 인터페이스를 구현한 구체적인 상태 클래스인 On과 Off 클
래스를 만들어 보겠습니다.


```java
public class On implements CapsLockState {
    @Override
    public void input(char in) {
        System.out.println((char) (in - 32)); // 대문자 변환(아스키 코드 연산)
    }
    @Override
    public void inputAndChangeState(char in, KeyBoard keyBoard) {
        System.out.println((char) (in - 32));
        keyBoard.setCapsLockState(new Off()); // 상태 변경
    }
}
```



```java
public class Off implements CapsLockState {
    @Override
    public void input(char in) {
        System.out.println(in);
    }
    @Override
    public void inputAndChangeState(char in, KeyBoard keyBoard) {
        System.out.println(in);
        keyBoard.setCapsLockState(new On()); // 상태 변경
    }
}
```

On 클래스에서는 입력된 값을 대문자로 변환하여 출력되도록 하고, Off 클래스에서는 입력된 값을 그대로 출력하도록 구현했습니다. 두 클래스의 inputAndChangeState 함수는 값을 출력한 뒤, 현재 상태와 반대 상태로 변경하도록 작성했습니다. 다음은 Context 역할을 하는 KeyBoard 클래스를 구현한 코드입니다. 이 클래스는 CapsLockState 멤버 변수를 포함하고 있으며, 최초 생성할 때 상태를 OFF로 설정합니다.

코드   📄 DesignPattern/State/KeyBoard.java

```java
public class KeyBoard {
    private CapsLockState capsLockState;

    public KeyBoard() {
        this.capsLockState = new Off();
    }

    public void setCapsLockState(CapsLockState capsLockState) {
        this.capsLockState = capsLockState;
    }

    public void input(char in) {
        capsLockState.input(in);
    }

    public void inputAndChangeState(char in) {
        capsLockState.inputAndChangeState(in, this);
    }
}
```

KeyBoard 클래스는 CapsLockState를 멤버 변수로 가지며, KeyBoard 클래스의 input과 inputAndChangeState 함수는 내부의 CapsLockState 멤버 변수를 활용하여 동작하도록 구현되어 있습니다.

마지막으로 클라이언트 코드를 통해 생성한 상태 패턴을 어떻게 사용하는지 확인할 수 있습니다. 사용자는 키보드가 입력하면 현재의 capsLockState에 따라 대문자 또는 소문자가 출력되고, setCapsLockState와 inputAndChangeState 함수를 이용하여 capsLockState 상태를 변경할 수 있습니다.

```java
public class Main {
    public static void main(String[] args) {
        On on = new On();
        KeyBoard keyBoard = new KeyBoard();
        keyBoard.input('a');                         // Caps Lock : Off
        keyBoard.input('b');                         // Caps Lock : Off
        keyBoard.setCapsLockState(on);               // Caps Lock : Off -> On
        keyBoard.inputAndChangeState('a');           // Caps Lock : On  -> Off
        keyBoard.input('b');                         // Caps Lock : Off
        keyBoard.setCapsLockState(on);               // Caps Lock : Off -> On
        keyBoard.input('b');                         // Caps Lock : On
    }
}
```

실행 결과

```
a
b
A
b
B
```

실행 결과를 보면, 키보드 입력에 대한 출력이 현재 capsLockState값에 따라 대문자 또는 소문자로 올바르게 출력되는 것을 확인할 수 있습니다.

상태 패턴을 적용하면 각 상태가 별도의 클래스로 분리되므로 단일 책임 원칙을 준수할 수 있습니다. 또한 새로운 상태를 추가할 때 기존 상태 클래스나 Context 역할을 하는 클래스를 수정할 필요가 없어 개방-폐쇄 원칙도 충족됩니다. 하지만 상태가 비교적 단순하고 추가될 가능성이 거의 없다면, 이 패턴을 적용하는 것이 오히려 복잡성을 증가시키고 과도한 설계가 될 수 있으므로, 이러한 부분을 충분히 고려하는 것이 좋습니다.

중재자 패턴

일대일 통화뿐만 아니라 그룹 영상 통화나 화상 회의가 많아지면서 다대다 형태의 커뮤니케이션이 활발해졌습니다. 그렇다면 이러한 다대다 커뮤니케이션을 소프트웨어에서는 어떻게 구현하면 좋을까요? 예를 들어 그룹 채팅을 가정해 보겠습니다. 내가 '안녕'이라는 메시지를 입력하면, 내 컴퓨터에서 채팅에 참여한 모든 사람의 컴퓨터로 글자 데이터가 전송되어야 합니다. 반대로, 나에게 오는 데이터 역시 같은 방식으로 처리되어, 내 컴퓨터가 채팅에 참여한 모든 사람의 컴퓨터에서 발생하는 데이터를 지속적으로 확인하고 수신하여 화면에 출력해야 할 것입니다.

이와 같은 방식이 올바를까요? 언뜻 봐도 비효율적이라는 것을 느낄 수 있습니다. 객체 간의 관계에서도 이러한 복잡한 연결은 바람직하지 않습니다. 이러한 문제를 해결하기 위해 중재자 패턴이 등장했습니다. 중재자 패턴mediator pattern은 복잡한 N:M(다대다) 객체 관계일 경우에 중재자mediator를 도입하여 M:1 관계로 단순화하는 디자인 패턴입니다. 이를 통해 객체 간의 직접적인 의존성을 줄이고, 중재자를 통해 상호 작용을 관리할 수 있게 됩니다.

다음 그림을 보면 더욱 쉽게 이해할 수 있을 것입니다.

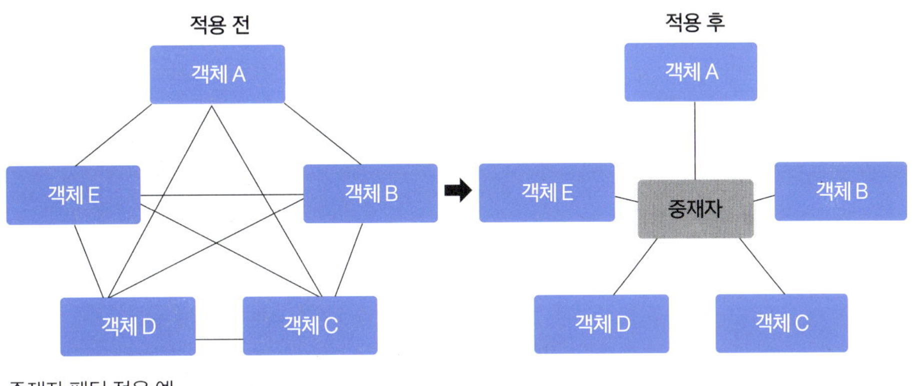

중재자 패턴 적용 예

중재자 패턴은 복잡하게 직접 연동하던 객체들을 하나의 중재자 객체로 캡슐화하여, 객체들이 서로 직접 연동하지 않고 중재자를 통해 상호 작용하도록 하는 방법을 제안합니다. 이 방식은 객체 간의 결합도를 낮추고 복잡한 관계를 단순하게 정리하는 데 효과적입니다. 언뜻 보면 옵저버 패턴과 유사해 보일 수 있으나, 옵저버 패턴은 단방향 통신을 제공하는 반면, 중재자 패턴은 양방향 통신을 지원한다는 점에서 차이가 있습니다.

다음은 중재자 패턴의 구조를 클래스 다이어그램으로 표현한 것입니다.

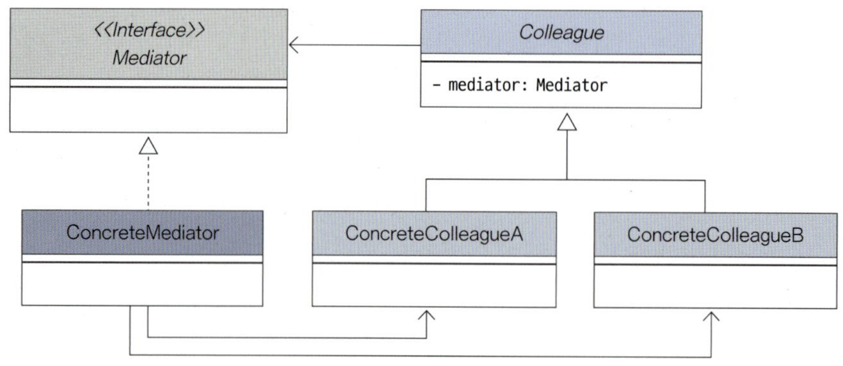

중재자 패턴의 클래스 다이어그램 예

중재자 패턴은 Mediator 인터페이스와 해당 인터페이스를 구현하는 Concrete Mediator, 중재자를 통해 상호 작용하는 객체들을 정의하는 Colleague 그리고 Colleague를 실제 구현하는 ConcreteColleague 클래스로 구성되어 있습니다. 다음 표에서 중재자 패턴의 구성 요소를 더 살펴보겠습니다.

중재자 패턴의 구성 요소

구성 요소	설명
Mediator	Colleague 객체 간의 통신을 중재하기 위한 인터페이스입니다.
ConcreteMeddiator	Mediator를 실제로 구현하는 클래스로 Colleague 간의 커뮤니케이션을 위해 Colleague들을 보유하고 관리합니다.
Collegue	Mediator를 통해 다른 Colleague 객체와 상호 작용할 수 있도록, 전달되는 함수를 정의하는 추상 클래스입니다.
ConcreteColleagueA ConcreteColleagueB	Colleague의 함수를 실제로 구현하는 클래스입니다. 이 클래스들은 생성된 Mediator를 통해 받은 알림을 바탕으로 수행해야 할 동작을 구현합니다.

중재자 패턴 적용하기

중재자 패턴을 적용해 채팅 프로그램을 구현해 보겠습니다. 먼저 클래스 다이어그램을 살펴봅시다. 다이어그램에서는 User들이 Colleague 역할을 하며 상호 작용하고, 이들의 중재자로 ChatSystem이 설계되어 있습니다. 또한 ChatSystem 인터페이스를 실제로 구현하고 User(Colleague)를 관리하는 ChatRoom 클래스(Concrete Mediator)도 추가되어 있습니다.

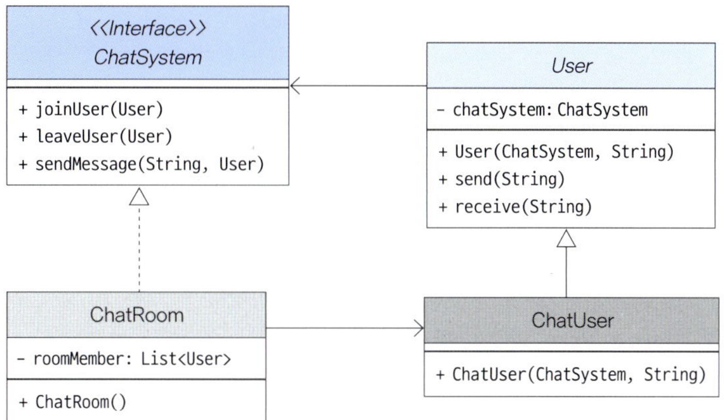

채팅 프로그램의 클래스 다이어그램

특히 ChatRoom 클래스에 집중해 보면 ChatSystem 인터페이스를 구현하기 때문에 joinUser, leaveUser, sendMessage 함수를 갖추고 있으며, User 리스트를 멤버 변수로 가지고 있어 중재 역할을 수행합니다.

이제 이 클래스 다이어그램을 기반으로 구현을 진행해 보겠습니다. 먼저 Mediator 역할을 하는 ChatSystem 인터페이스와 Colleague 역할을 하는 User 추상 클래스를 정의하겠습니다.

코드   DesignPattern/Mediator/ChatSystem.java

```java
public interface ChatSystem {
    void joinUser(User user);
    void leaveUser(User user);
    void sendMessage(String message, User user);
}
```

코드   DesignPattern/Mediator/User.java

```java
public abstract class User {
    protected ChatSystem chatSystem;
    protected String Login;
    public User(ChatSystem chatSystem, String login) {
        this.chatSystem = chatSystem;
```

```java
        Login = login;
    }
    public abstract void send(String message);
    public abstract void receive(String message);
}
```

ChatSystem 인터페이스는 채팅방의 공통 기능을 정의하며, 사용자의 입장(joinUser), 퇴장(leaveUser), 메시지 전송(sendMessage)과 같은 기본적인 기능을 함수로 선언합니다. 반면 User 추상 메서드는 사용자 객체 간의 상호 작용을 정의하며, 메시지 전송(send)과 수신(receive) 함수를 포함합니다.

이제 이러한 ChatSystem 인터페이스에 정의된 기능을 구현하고, User 리스트를 멤버 변수로 가지고 있는 ChatRoom 클래스를 구현하겠습니다.

코드   DesignPattern/Mediator/ChatRoom.java

```java
import java.util.ArrayList;
import java.util.List;

public class ChatRoom implements ChatSystem {
    private final List<User> roomMember; // User를 멤버 변수로 관리
    public ChatRoom() {
        roomMember = new ArrayList<>();
    }
    @Override
    public void joinUser(User user) {
        roomMember.add(user);
    }
    @Override
    public void leaveUser(User user) {
        roomMember.remove(user);
    }
    @Override
    public void sendMessage(String message, User user) {
        for (User u : roomMember) {
            if (u != user) { // 발신자만 제외하고 전달
                u.receive(message);
            }
        }
    }
}
```

그리고 User 추상 클래스를 상속받아 send와 receive 함수를 구현하는 ChatUser 클래스를 작성해 봅시다.


```java
public class ChatUser extends User {
    public ChatUser(ChatSystem chatSystem, String login) {
        super(chatSystem, login);
    }
    @Override
    public void send(String message) {
        System.out.println(this.Login + ": Send Message: " + message);
        chatSystem.sendMessage(message, this); // 발신일 경우 중재자에게 전송
    }
    @Override
    public void receive(String message) {
        System.out.println(this.Login + ": Receive Message: " + message);
    }
}
```

코드가 복잡하지는 않지만 동작 원리를 이해하기 어려울 수 있습니다. 핵심은 ChatRoom 클래스가 채팅에 참여한 사용자들을 멤버 변수로 관리하여, 중재자가 특정 사용자가 보낸 메시지를 수신하고 이를 채팅 참여자 모두에게 전달할 수 있는 구조를 갖게 된다는 점입니다.

클라이언트 코드를 참고하면 동작 내용을 좀 더 이해하기 쉽습니다.


```java
public class Main {
    public static void main(String[] args) {
        ChatSystem chatRoom1 = new ChatRoom();
        User user1 = new ChatUser(chatRoom1, "하루코딩");
        User user2 = new ChatUser(chatRoom1, "구독자 A");
        User user3 = new ChatUser(chatRoom1, "김하루");
        User user4 = new ChatUser(chatRoom1, "구독자 B");
        chatRoom1.joinUser(user1);
        chatRoom1.joinUser(user2);
        chatRoom1.joinUser(user3);
        chatRoom1.joinUser(user4);

        user1.send("중재자 패턴은 어떠신가요?");
        System.out.println("-------------------------------------");
        user3.send("편리한 점이 많은 것 같아요!");
```

```java
        System.out.println("-------------------------------------");
        chatRoom1.leaveUser(user1);
        user4.send("하루코딩 어디갔지?");
        System.out.println("-------------------------------------");
    }
}
```

실행 결과

```
하루코딩: Send Message: 중재자 패턴은 어떠신가요?
구독자 A: Receive Message: 중재자 패턴은 어떠신가요?
김하루: Receive Message: 중재자 패턴은 어떠신가요?
구독자 B: Receive Message: 중재자 패턴은 어떠신가요?
-------------------------------------
김하루: Send Message: 편리한 점이 많은 것 같아요!
하루코딩: Receive Message: 편리한 점이 많은 것 같아요!
구독자 A: Receive Message: 편리한 점이 많은 것 같아요!
구독자 B: Receive Message: 편리한 점이 많은 것 같아요!
-------------------------------------
구독자 B: Send Message: 하루코딩 어디갔지?
구독자 A: Receive Message: 하루코딩 어디갔지?
김하루: Receive Message: 하루코딩 어디갔지?
-------------------------------------
```

코드 마지막의 user4.send("하루코딩 어디갔지?") 실행 부분에서는 '하루코딩'이 채팅방에서 나갔기 때문에 더 이상 Receive Message를 받지 않는 것을 확인할 수 있습니다. 이처럼 중재자 패턴을 적용하면, 복잡한 N:M 관계를 중재자를 통해 M:1 관계로 단순화하여 컴포넌트 간의 결합도를 효과적으로 줄일 수 있습니다. 또한 코드의 간결성도 높아지므로 비교적 단점이 적은 패턴이라고 볼 수 있습니다.

하지만 중재자 패턴을 적용할 때 몇 가지 고려해야 할 사항이 있습니다. 가장 중요한 점은 중재자가 다양한 관계의 연동을 책임지게 되므로 한 번 도입하면 시스템에서 제거하기 어렵다는 것입니다. 중재자는 시스템의 핵심 조정 역할을 수행하기 때문에 이를 제거하려면 상당한 구조 변경이 필요할 수 있습니다. 그리고 중재자 클래스(여기서는 ChatRoom)에 기능과 권한이 집중되면서 복잡성이 증가하고 코드가 방대해질 가능성이 있습니다. 중재자가 책임을 지나치게 많이 가지면 당연히 유지 보수하기가 어려워지므로 역할 분리를 적절히 해야 합니다. 따라서 중재자 패턴을 적용하기 전에 시스템의 요구 사항과 유지 보수 가능성을 신중하게 검토하는 것이 중요합니다.

7-5

MVC 패턴

MVC 패턴^{Model-View-Controller Pattern}은 사용자 인터페이스를 포함한 프로그램에서 주로 사용하는 디자인 패턴입니다. 이 패턴은 소프트웨어의 역할을 모델^{model}, 뷰^{view}, 컨트롤러^{controller} 등 3가지 요소로 나누어 작업을 처리합니다. MVC 패턴의 가장 큰 특징은 관심사의 분리^{separation of concerns}로, 시스템이 복잡해질 때 각 구성 요소의 역할을 명확히 분리하여 각각 자신에게 주어진 역할에만 집중할 수 있도록 설계합니다.

MVC 패턴은 현재 소프트웨어 개발에서 가장 대중적으로 쓰이는 디자인 패턴으로, 웹, 앱, 데스크톱 응용 프로그램 등 거의 모든 분야에 적용되고 있습니다. 이제 MVC 패턴의 흐름과 구성 요소, 적용 방식 등을 좀 더 자세히 학습해 보겠습니다.

MVC 패턴의 흐름

MVC 패턴의 구성 요소를 살펴보기 전에 전반적인 MVC 패턴의 흐름을 이해하면 이후 학습에 도움이 됩니다. 앞서 설명했듯이, MVC 패턴은 사용자 인터페이스를 포함한 프로그램에서 주로 사용합니다. 예를 들어 웹 사이트의 경우 다음과 같은 흐름으로 동작합니다.

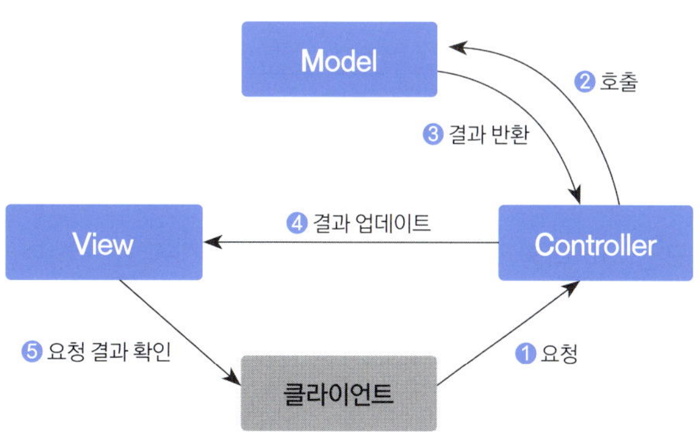

MVC 패턴 흐름도

❶ **요청:** 사용자가 웹 사이트에 접속하면 요청[request]이 발생하고, 컨트롤러(Controller)가 이를 수신합니다.

❷ **호출:** 컨트롤러는 사용자가 요청한 웹 페이지를 보여 주기 위해 모델(Model)을 호출합니다.

❸ **결과 반환:** 모델은 요청받은 데이터를 처리한 후, 그 결과를 컨트롤러에 반환합니다.

❹ **결과 업데이트:** 컨트롤러는 모델에서 받은 결과를 뷰(View)에 전달하고, 뷰는 해당 데이터를 화면에 반영합니다.

❺ **요청 결과 확인:** 사용자(클라이언트)는 웹 페이지가 요청에 따라 정상적으로 변경되었는지 확인합니다.

이러한 흐름으로 모델, 뷰, 컨트롤러 등 3가지 구성 요소가 각자의 관심사에 따라 분리되어 동작한다는 것을 알 수 있습니다. 이제 MVC 패턴의 구성 요소를 좀 더 자세히 알아보겠습니다.

MVC 패턴의 구성 요소

MVC 패턴은 소프트웨어를 모델, 뷰, 컨트롤러 이렇게 3가지 주요 요소로 분리하여 각 구성 요소가 본연의 역할에 집중하도록 설계됩니다. 모델은 데이터를 관리하고, 뷰는 사용자에게 데이터를 시각적으로 제공하며, 컨트롤러는 사용자 입력을 받아 모델과 뷰를 연결하는 역할을 수행합니다.

모델

모델[model]이란 데이터를 가진 객체를 말합니다. 컨트롤러가 모델을 호출하면 요청에 맞는 결과 데이터를 반환하는 역할을 수행합니다. 모델은 다음 3가지 중요한 규칙을 따라야 합니다.

- **클라이언트가 편집하길 원하는 모든 데이터를 포함해야 합니다:** 예를 들어 사용자가 웹 페이지에서 게시글을 수정할 경우 모델은 제목, 내용, 작성자, 첨부 파일 등 게시글과 관련된 모든 데이터를 포함해야 합니다. 이를 통해 필요한 정보를 제공하여 클라이언트가 원하는 작업을 수행할 수 있습니다.

- **뷰나 컨트롤러 정보를 포함해서는 안 됩니다**: 모델은 데이터 관리에 집중해야 하며, 뷰나 컨트롤러와 관련된 정보를 다루면 혼란을 초래할 수 있습니다. 예를 들어 모델이 글꼴, 글씨 크기, 글자 색상 등의 뷰 관련 정보를 처리한다면, 관심사가 섞여 유지하기가 어려워질 수 있습니다. 모델은 오직 데이터 처리와 관련된 역할만 수행해야 합니다.

- **데이터를 변경할 때 변경 사항을 알릴 수 있는 기능을 구현해야 합니다**: 모델이 변경되면 이를 다른 구성 요소(예: 뷰)에게 알릴 수 있어야 합니다. 이는 옵저버 패턴과 유사하게 하나의 모델이 여러 개의 뷰를 구독하는 방식으로 구현할 수 있으며, 이를 통해 변경 사항이 실시간으로 반영됩니다.

이러한 규칙으로 모델은 데이터 처리에 집중할 수 있으며, MVC 패턴의 핵심 원칙인 관심사의 분리를 효과적으로 적용할 수 있습니다.

뷰

뷰^{view}는 사용자 인터페이스를 담당하며, 모델로부터 전달받은 데이터를 기반으로 화면에 출력하는 역할을 수행합니다. 뷰 역시 다음과 같은 규칙을 따라야 합니다.

- **모델 데이터를 따로 저장해서는 안 됩니다**: 화면에 출력할 때 모델로부터 받은 정보를 활용하지만, 이 정보를 뷰에 임의로 저장해서는 안 됩니다. 데이터는 오직 화면 표시 용도로만 사용해야 하며, 데이터를 뷰에 저장하는 것은 관심사의 분리를 어기는 행위입니다.

- **모델이나 컨트롤러의 정보를 알 필요가 없습니다**: 뷰는 단지 데이터를 받아 사용자에게 보여 주는 역할에만 집중해야 하며, 모델이나 컨트롤러의 내부 동작에 대해서는 알 필요가 없습니다. 데이터 처리나 비즈니스 로직은 모델과 컨트롤러가 담당하므로, 뷰는 이러한 부분에 관여해서는 안 됩니다.

- **뷰에 변경이 발생하면 이를 알릴 수 있는 기능을 구현해야만 합니다**: 사용자의 상호작용으로 뷰에 변경이 발생하면, 이 변경 사항이 컨트롤러를 통해 모델로 전달되어 데이터가 업데이트될 수 있도록 해야 합니다. 예를 들어 웹 사이트에서 사용자가 닉네임을 변경하면 변경된 정보가 모델에 반영되어, 이후 다른 화면에서도 일관되게 표시되어야 합니다.

이러한 규칙을 통해 뷰는 데이터 출력 역할에 집중하며, MVC 패턴의 핵심 원리인 관심사의 분리를 철저히 준수할 수 있습니다.

컨트롤러

컨트롤러^{controller}는 모델과 뷰 사이에서 데이터 흐름을 제어하는 역할을 수행합니다. 사용자의 요청을 처리하고 필요한 비즈니스 로직을 수행한 후, 그 결과를 모델에 저장하고 뷰에 전달합니다. 즉, 컨트롤러는 모델과 뷰의 역할을 분리하여 상호 작용을 원활하게 조율하는 중요한 요소입니다. 컨트롤러는 다음 규칙을 따라야 합니다.

- **모델과 뷰에 대해 알고 있어야 합니다**: 컨트롤러는 모델과 뷰 사이의 연결 고리 역할을 수행하므로, 모델의 데이터 처리 방식과 뷰가 데이터를 출력하는 방식을 모두 이해하고 있어야 합니다.
- **모델과 뷰의 변경 사항을 모니터링해야 합니다**: 모델과 뷰는 서로 직접적인 의존 관계가 없기 때문에, 변경 사항이 발생하면 이를 조율하는 역할을 컨트롤러가 담당합니다. 예를 들어 모델의 데이터가 변경되었을 때 이를 뷰에 반영하고, 사용자가 입력해서 뷰의 상태가 바뀌면 컨트롤러는 적절한 로직으로 모델에 적용하는 중재 역할을 수행해야 합니다.

이처럼 컨트롤러는 사용자와 시스템 간의 상호 작용을 원활하게 조정하는 핵심 역할을 하며, MVC 패턴에서 관심사 분리 원칙을 유지하는 데 중요한 역할을 합니다.

MVC 패턴의 구현 방식

MVC 패턴에는 '모델 1' 패턴과 '모델 2' 패턴이 존재하며, 가장 많이 사용하는 프레임워크인 스프링^{Spring}도 MVC 패턴을 기반으로 동작합니다. 특히 모델 2 패턴이나 Spring MVC 패턴은 실무에서 널리 활용되는 방식입니다. 하지만 이러한 내용을 단순히 암기하는 것보다는 MVC 패턴의 다양한 형태가 어떻게 구성되어 있는지를 이해하고 이러한 구성이 코드 생산성, 유지 보수, 재사용성, 확장성 측면에서 어떤 장점을 제공하는지 고민하며 학습하는 것이 더 효과적입니다.

이제 MVC 패턴의 다양한 구현 방식을 하나씩 살펴보면서 각 모델이 어떻게 구성되어 있으며 어떤 특성과 장점이 있는지 자세히 알아보겠습니다.

모델 1 패턴

모델 1 패턴은 컨트롤러와 뷰의 역할을 한 곳에서 동시에 처리합니다. 이 방식에서는 사용자의 요청을 JSP가 직접 처리하며, 화면 출력도 동일한 JSP 페이지에서 이루어집니다.

다음 그림은 모델 1 패턴의 구조를 보여 줍니다. JSP 내부에 컨트롤러와 뷰가 모두 포함되어 있어 JSP가 요청 처리와 화면 표시 역할을 동시에 수행한다는 것을 알 수 있습니다.

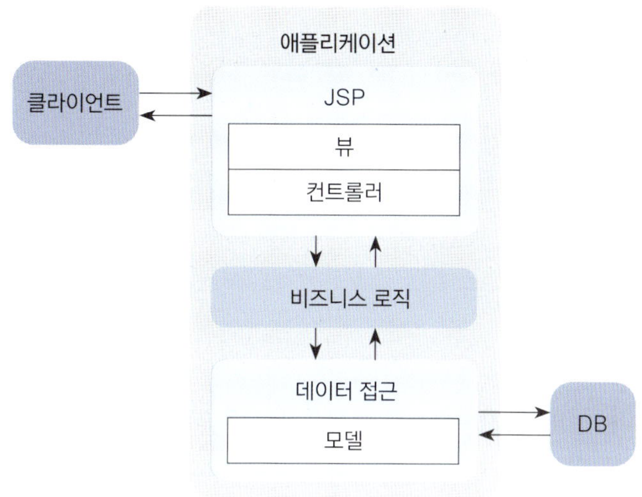

모델 1 패턴의 구성도

모델 1 패턴은 HTML 문서 내에 대부분의 비즈니스 로직을 포함함으로써 개발 속도가 빠르다는 장점이 있습니다. 그러나 로직과 UI가 혼재해서 유지 보수하기가 어렵고 코드의 가독성이 떨어진다는 단점이 있습니다. 따라서 모델 1 패턴은 소규모 프로젝트나 간단한 웹 페이지를 구현하는데 적합할 수 있지만, 기능이 확장되거나 복잡한 비즈니스 로직이 필요한 경우에는 적절하지 않을 수 있습니다.

모델 2 패턴

모델 2 패턴에서는 컨트롤러 역할을 서블릿Servlet이 담당합니다. 서블릿은 사용자의 요청을 처리하고 비즈니스 로직을 수행한 후, 필요한 데이터를 모델에서 가져와 뷰로 전달합니다. 뷰는 사용자에게 보여 줄 화면을 구성하며, 주로 JSP를 사용해 UI를 만듭니다.

다음 그림은 모델 2 패턴의 구조를 보여 줍니다. JSP는 오직 화면을 보여 주는 뷰 역할만 담당하고, 사용자 요청을 처리하는 컨트롤러는 서블릿에 별도로 위치한 것을 확인할 수 있습니다.

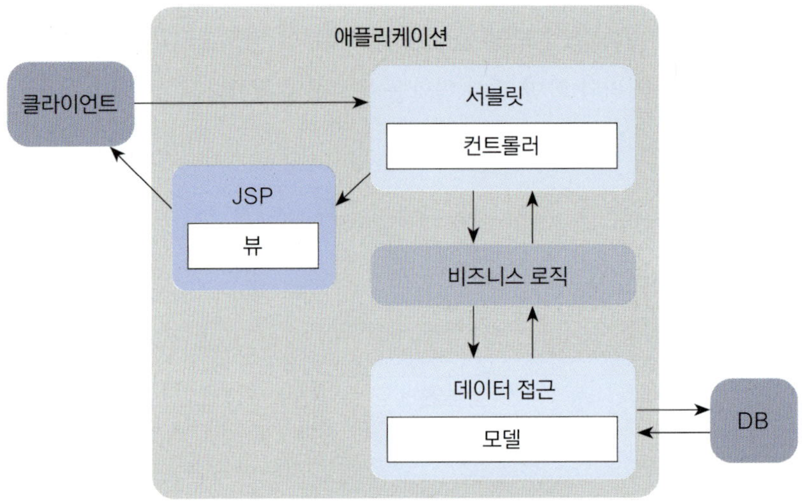

모델 2 패턴의 구성도

모델 2 패턴은 HTML과 자바 코드를 분리함으로써 유지 보수성과 코드 가독성이 뛰어나다는 장점이 있습니다. 다만, 모델 1 패턴에 비해 초기에 구조 설계에 더 많은 시간이 소요된다는 단점이 있습니다. 모델 2 패턴은 프로젝트 규모가 커질수록 유지 보수, 확장성, 코드 재사용성 측면에서 유리하여 대규모 웹 애플리케이션에서 많이 사용합니다.

Spring MVC 패턴

Spring MVC 패턴은 기존의 MVC 패턴 구조를 따르면서 스프링 프레임워크가 제공하는 다양한 기능과 결합하여 웹 애플리케이션의 개발을 더욱 효율적으로 지원합니다.

다음 그림은 Spring MVC 패턴의 구조를 나타내며, 데이터와 비즈니스 로직을 관리하는 M(Model), 사용자 인터페이스를 담당하는 V(View), 그리고 사용자 요청을 처리하는 C(Controller)가 명확하게 분리되어 설계된 것을 보여 줍니다.

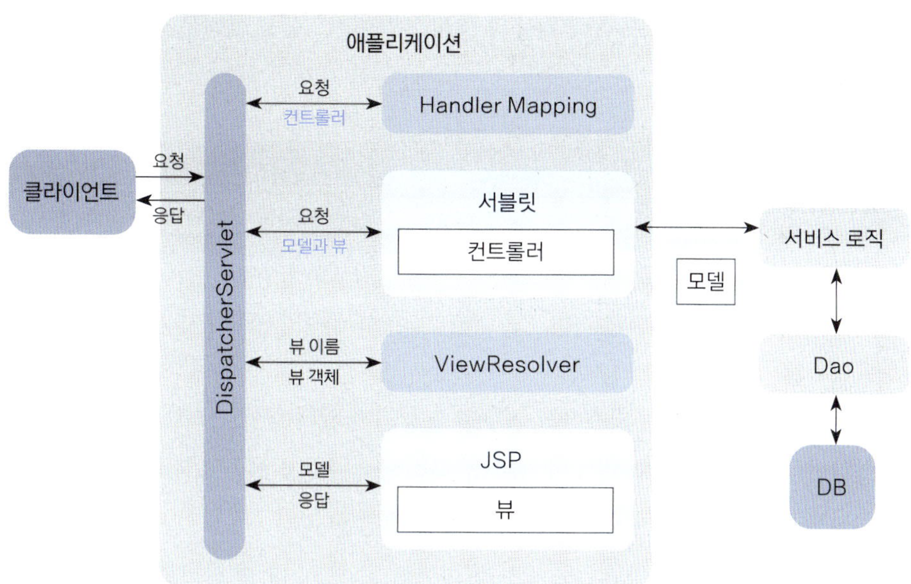

Spring MVC 패턴의 구성도

Spring MVC 패턴을 사용하면 개발자는 목적에 맞게 모델, 뷰, 컨트롤러와 같은 구성 요소를 각각 독립적으로 개발하고 테스트할 수 있습니다. 다음 표에서 스프링 프레임 워크가 제공하는 주요 클래스를 간단히 살펴봅시다.

클래스	설명
DispatcherServlet	사용자의 요청을 받는 서블릿 클래스로, 웹 애플리케이션의 중앙 컨트롤러 역할을 수행합니다. 요청이 들어오면 HandlerMapping으로 전달합니다.
HandlerMapping	사용자의 요청을 처리할 컨트롤러를 찾아 주는 역할을 합니다. 요청 URL과 매핑된 컨트롤러 정보를 저장한 매핑 테이블을 참조하여, 해당 컨트롤러를 식별하고 DispatcherServlet에 전달합니다.
ViewResolver	컨트롤러가 반환한 뷰 이름을 실제 뷰의 물리적 경로로 변환합니다. 예를 들어 컨트롤러가 'home'이라는 뷰 이름을 반환하면, ViewResolver는 설정된 접두사와 접미사를 적용하여 '/WEB-INF/views/home.jsp'와 같이 실제 경로를 결정합니다.

MVC 패턴 적용하기

7장의 학습 목표는 디자인 패턴을 이해하고 적용하는 데 있으므로, 실제 사용자 인터 페이스$^{User Interface, UI}$는 존재하지 않더라도 모델, 뷰, 컨트롤러 클래스를 설계하여 MVC 패턴의 개념을 적용한 간단한 회원 정보 출력 기능을 구현해 보겠습니다.

먼저 웹 사이트의 회원 정보 출력 기능의 클래스 다이어그램을 살펴봅시다.

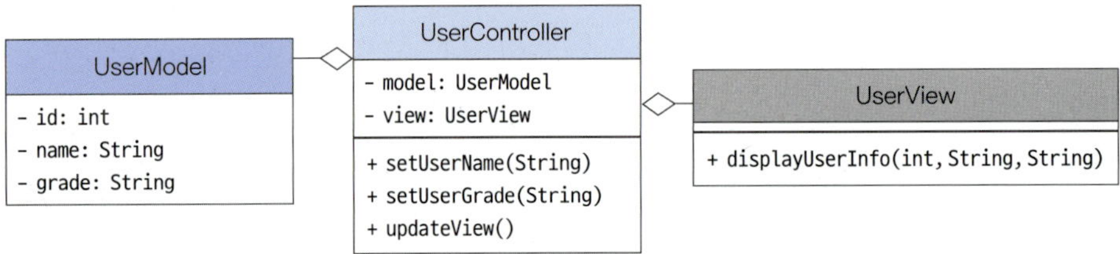

회원 정보 출력 기능의 클래스 다이어그램

MVC 패턴을 적용했지만, 최소한의 기능만 포함되어 있어 클래스 다이어그램이 비교
적 간단합니다. 특히 컨트롤러는 모델과 뷰 사이에서 중재자 역할을 수행하기 위해 두
클래스의 객체를 멤버 변수로 가지고 있는 것이 특징입니다.

이 클래스 다이어그램을 바탕으로 코드를 구현해 보겠습니다. 우선, 모델과 뷰 역할을
하는 클래스를 각각 작성합니다. UserModel 클래스는 회원 정보 데이터를 보유하는 모
델 역할을 담당하며, UserView 클래스는 화면 출력을 담당하는 뷰 기능을 수행합니다.

코드 · DesignPattern/MVC/UserModel.java

```java
public class UserModel { // 회원 정보 관련 데이터만 보유
    private int id;
    private String name;
    private String grade;

    public UserModel(int id, String name, String grade) {
        this.id = id;
        this.name = name;
        this.grade = grade;
    }

    public int getId() {
        return id;
    }

    public void setId(int id) {
        this.id = id;
    }

    public String getName() {
        return name;
    }
```

```java
    public void setName(String name) {
        this.name = name;
    }

    public String getGrade() {
        return grade;
    }

    public void setGrade(String grade) {
        this.grade = grade;
    }
}
```

 DesignPattern/MVC/UserView.java

```java
public class UserView {
    // 화면 출력 기능만 보유
    public void displayUserInfo(int id, String name, String grade){
        System.out.println("[회원 정보]");
        System.out.println("ID: "+id);
        System.out.println("이름: "+name);
        System.out.println("등급: "+grade);
        System.out.println();
    }
}
```

그 다음으로 컨트롤러 역할을 하는 UserController 클래스를 작성해 봅시다. User Controller 클래스는 UserModel과 UserView 클래스를 멤버 변수로 가지고 있으며, 이들을 제어하는 역할을 수행합니다.

 DesignPattern/MVC/ UserController.java

```java
public class UserController {
    private UserModel model;
    private UserView view;
    // 중재자 역할을 위해 모델과 뷰를 멤버 변수로 보유
    public UserController(UserModel model, UserView view) {
        this.model = model;
        this.view = view;
    }

    public void setUserName(String name) {
```

```java
        model.setName(name);
    }

    public void setUserGrade(String grade) {
        model.setGrade(grade);
    }

    public void updateView() { // 모델을 수정하면 연관 뷰도 수정되도록 컨트롤러에서 제어
        view.displayUserInfo(model.getId(), model.getName(), model.getGrade());
    }
}
```

컨트롤러는 뷰와 모델의 정보를 모두 가지고 있다는 점이 특징입니다. 이를 통해 사용자의 요청을 받아 모델에서 데이터를 가져오고, 이를 뷰에 전달하여 화면에 출력할 수 있습니다.

이제 클라이언트 코드에서 컨트롤러를 통해 요청을 처리하는 과정을 살펴보겠습니다. 클라이언트가 컨트롤러를 호출하여 회원 정보를 요청하면, 컨트롤러 → 모델 → 뷰 순으로 데이터가 전달되는 흐름을 확인할 수 있습니다.


```java
public class Main {
    public static void main(String[] args) {
        // DB에서 가져온 데이터라고 가정
        UserModel model = new UserModel(1, "하루코딩", "브론즈");
        UserView view = new UserView();
        // 컨트롤러 생성 시 모델과 뷰를 매개변수로 추가
        UserController controller = new UserController(model, view);
        controller.updateView();
        controller.setUserGrade("골드");
        controller.updateView();
    }
}
```

실행 결과

```
[회원 정보]
ID: 1
이름: 하루코딩
등급: 브론즈

[회원 정보]
ID: 1
이름: 하루코딩
등급: 골드
```

클라이언트 코드의 마지막 두 줄에 주목해 보세요. 컨트롤러의 setUserGrade 함수를 이용해 회원 정보(모델)에서 등급을 골드로 변경하고, updateView 함수로 뷰를 업데이트합니다. 실행 결과를 보면, 컨트롤러를 통해 모델의 데이터가 변경되었고 그 결과 뷰에 표시되는 데이터가 적절하게 업데이트되어 출력되는 것을 확인할 수 있습니다.

지금까지 MVC 패턴을 살펴보았습니다. 실제로 MVC 패턴은 스프링 프레임워크뿐만 아니라 장고Django, 뷰Vue, 리액트React 등 다양한 프레임워크와 라이브러리에서 사용할 정도로 대중적인 디자인 패턴인 만큼 명확한 장점을 가지고 있습니다.

MVC 패턴의 가장 큰 장점은 컴포넌트(모델, 뷰, 컨트롤러)가 명확하게 분리되어 결합도가 낮아진다는 점입니다. 그래서 MVC 패턴은 재사용성과 확장성이 높아지며, 유지보수하기가 용이합니다. 실무에서는 낮은 결합도로 모듈화하기 쉽고 독립된 병렬 개발을 할 수 있다는 점에서 큰 이점을 제공합니다. 또한 MVC 패턴은 모듈 단위나 기능 단위 테스트도 비교적 쉽게 수행할 수 있습니다.

그러나 MVC 패턴에도 단점이 존재합니다. 공통 기능을 처리하기 어렵고 소프트웨어의 복잡성이 증가함에 따라 컨트롤러가 점점 비대해지는 문제가 발생할 수 있습니다. 최근에는 이러한 단점을 보완하기 위해 다양한 패턴이 등장하고, 프레임워크에서도 자체 기능으로 제공하여 더욱 효율적인 아키텍처를 구현할 수 있도록 지원하고 있습니다.

소프트웨어를 설계하는 개발자 되기

소프트웨어 프로세스 모델과 UML에 익숙해지자!

8장 소프트웨어 프로세스 모델 이해하기

9장 UML을 활용한 소프트웨어 모델링

소프트웨어 개발자로서 성공적으로 경력을 쌓으려면 몇 가지 기본적인 소프트웨어 지식을 갖추는 것이 중요합니다. 그중에서도 특히 소프트웨어 프로세스 모델과 통합 모델링 언어 UML^{Unified Modeling Language}는 개발자 간의 협업과 원활한 의사소통에서 필수 주제입니다.

소프트웨어 프로세스 모델은 소프트웨어를 개발하기 위한 체계적이고 정리된 접근 방식을 의미합니다. 이는 프로젝트의 전반적인 흐름을 이해하고 관리하는 데 도움을 주며, 각 단계에서 필요한 작업과 책임을 명확히 할 수 있도록 합니다. 소프트웨어 프로세스 모델을 활용하면 초기 프로젝트 단계에서 이해 관계자들과 의사소통할 때 더욱 명확히 할 수 있어서 개발 구조를 안정되고 효과적으로 설계할 수 있습니다.

특히 UML은 소프트웨어 개발 과정에서 의사소통을 원활하게 하기 위해 고안한 표준화된 모델링 언어입니다. UML을 사용하면 복잡한 시스템을 시각적으로 표현할 수 있어, 개발자와 이해 관계자 간의 소통이 한층 더 쉬워집니다. 또한 기존 프로젝트 중간에 합류하는 경우에도 UML 덕분에 개발자는 프로젝트에 빠르게 적응하고 필요한 정보를 효과적으로 파악할 수 있습니다.

이번 넷째마당에서는 소프트웨어 프로세스 모델을 심도 있게 알아보고, 이를 실제 프로젝트에 어떻게 적용할 수 있을지 고민해 봅시다. 또한 개발 과정에서 의사소통 수단으로 널리 사용하는 UML도 자세히 살펴보겠습니다. 이러한 소프트웨어 지식은 개발자로서의 역량을 강화하고 팀워크를 향상하는 데 큰 도움이 될 것입니다.

8장

소프트웨어 프로세스 모델 이해하기

유튜브, 넷플릭스, SNS, 온라인 쇼핑 등을 하루에 한 번도 사용하지 않는 경우가 없을 정도로, 소프트웨어는 일상 곳곳에 깊숙이 자리 잡고 있습니다. 그렇다면 이러한 소프트웨어는 어떻게 만들어지는 걸까요? 요리에도 레시피가 있듯이, 소프트웨어 역시 오랜 역사와 경험을 바탕으로 개발자들이 레시피와 같은 개발 방법론을 만들어 왔으며, 이를 소프트웨어 프로세스 모델이라고 합니다.

이번 장에서는 소프트웨어 프로세스 모델의 정의와 역사, 그리고 대표적인 모델들을 학습하여 이해해 보고, 객체 지향 프로그래밍의 실제 프로세스 표준이라고 할 수 있는 통합 프로세스도 살펴보겠습니다.

8-1 소프트웨어 프로세스 모델이란?

8-2 단계별 진행과 문서화에 중점을 둔 폭포수 모델

8-3 지속적 향상에 중점을 둔 반복적 모델

8-4 위험 최소화에 중점을 둔 나선형 모델

8-5 신속한 개발 경험에 중점을 둔 애자일

8-6 객체 지향 프로그램 표준, Unified Process

소프트웨어 프로세스 모델이란?

소프트웨어 프로세스 모델software process model이란 소프트웨어를 어떻게 개발할 것인지 전체 흐름을 체계화한 것으로, 개발의 전체 생애 주기를 추상적으로 표현한 모형이라고도 할 수 있습니다.   ✦ 소프트웨어 프로세스 모델은 소프트웨어 개발 프로세스 모델이라고도 합니다.

소프트웨어 프로세스 모델의 역할은 개발 과정의 전반적인 흐름과 활동을 구체적으로 구조화하고, 실행 및 진행 방식을 안내하는 데 있습니다.

소프트웨어 프로세스 모델 레시피북

적절한 소프트웨어 프로세스 모델을 찾아 적용하면, 기존에 개발자들이 겪었던 다양한 문제를 반복하지 않고 프로젝트를 효율적이고 안정적으로 수행할 수 있습니다. 이는 소프트웨어 프로세스 모델에 문제 해결 방법, 효율적인 수행 방식, 그리고 상황에 따른 대처 방법 등이 녹아 있기 때문입니다. 이와 더불어 소프트웨어 프로세스 모델은

개발 과정에서 체계적이고 효율적인 개발 방식을 제공합니다. 이러한 장점 덕분에 소
프트웨어 프로세스 모델을 도입하는 것은 프로젝트의 성공을 좌우하는 필수 조건이
되었습니다.

다음은 소프트웨어 프로세스 모델이 필요한 이유를 좀 더 자세히 정리한 것입니다. 소
프트웨어 프로세스 모델을 본격적으로 학습하기에 앞서 필요성을 충분히 알고 넘어갑
시다.

소프트웨어 프로세스 모델의 필요성

소프트웨어 프로세스 모델은 개발 프로세스를 체계화해 개발자와 이해 관계자 간의
협업을 원활하게 하고, 성공적인 프로젝트 수행을 돕는 중요한 역할을 합니다. 다음은
소프트웨어 프로세스 모델이 필요한 이유입니다.

✦ 여기서 말하는 이해 관계자란 프로젝트의 결과에 영향을 받는 사람을 뜻하며 고객, 사용자, 개발자, 경영진 등을 모두
　포함합니다.

- **체계적인 개발 절차를 제공합니다**: 소프트웨어 프로세스 모델은 개발 과정의 각 단계
  를 명확히 정의합니다. 이를 통해 개발자들은 정의된 절차에 따라 일관된 방식으로 업
  무를 수행할 수 있으며, 개발자와 이해 관계자 간의 의사소통이 원활해져 협업에 큰
  도움이 됩니다.
- **효율적인 자원 관리를 도와줍니다**: 소프트웨어 프로세스 모델을 적용하면 개발자의
  시간과 프로젝트 비용을 효과적으로 분배하고 관리할 수 있습니다. 또한 단계별 산출
  물을 정의하고 문서화함으로써 향후 유지 보수가 원활합니다.
- **높은 수준의 위험 관리를 할 수 있습니다**: 소프트웨어 프로세스 모델은 개발 초기부터
  잠재적인 위험 요인을 식별하고 대응할 수 있도록 유도합니다. 특히 반복적이고 점진
  적인 방식의 모델은 위험 관리에 강점을 보입니다.

이러한 필요성 덕분에 소프트웨어 프로세스 모델은 오랜 시간 동안 다양한 형태로
발전해 왔으며, 오늘날에도 프로젝트를 성공시키는 필수 요소로 자리 잡았습니다.

소프트웨어 프로세스 모델의 역사

소프트웨어 프로세스 모델은 1960년대부터 현재까지 지속적으로 변화하고 발전해 왔습니다. 초기 모델은 소프트웨어를 한 번에 완벽하게 개발하는 데 중점을 두었지만, 1990년대 중반부터는 객체 지향 프로그래밍의 부상과 함께 변화와 외부 상호 작용을 중시하는 방식이 주목받기 시작했습니다. 최근의 소프트웨어는 마치 살아 있는 생명 체와도 같아서 정적인 상태가 아니라 변화하는 요구 사항에 따라 지속적으로 유지 보수해야 합니다.

그렇다면 지나간 모델은 더 이상 유용하지 않을까요? 그렇지 않습니다. 유행이 돌고 도 는 것처럼, 집을 지을 때도 규모나 주변 환경에 따라 건축 방법이 달라지듯 소프트웨어 의 형태, 규모, 기능에 따라 적절한 소프트웨어 프로세스 모델을 선택하는 것이 중요합니 다. 또한 소프트웨어 프로세스 모델은 반드시 한 가지만 적용해야 한다는 규칙은 없습 니다. 개발 환경과 상황에 맞게 여러 모델을 혼합하여 적용하는 것도 효과적인 방법이 될 수 있습니다. 하지만 이를 위해서는 지금까지 어떤 소프트웨어 프로세스 모델이 존 재했는지에 대한 기본 이해가 필요합니다. 다음 그림은 1960년대부터 현재까지 등장 한 주요 소프트웨어 프로세스 모델을 소개하고 있습니다.

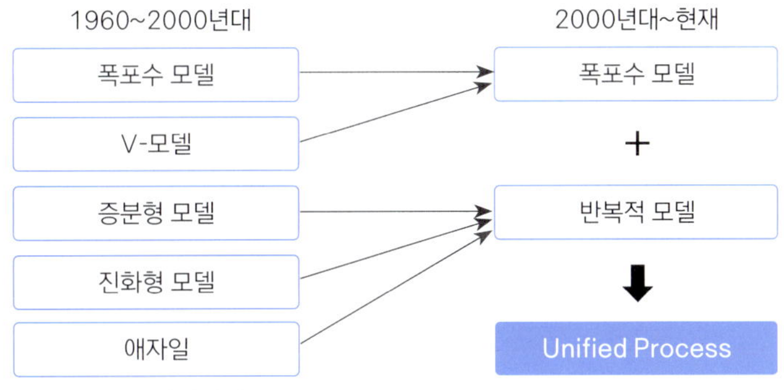

소프트웨어 프로세스 모델의 역사

2000년대까지 소프트웨어 프로세스 모델은 각각 고유의 특성을 지니고 있으며, 최근 까지도 당시의 모델 형태를 기준으로 설명해 왔습니다. 이 책에서도 각 모델을 자세히 다룰 예정입니다. 2000년대에 들어서면서 소프트웨어의 규모가 커지고 개발 프로 세스를 다양하게 적용할 필요성이 생기면서 소프트웨어 프로세스 모델은 자연스럽 게 2가지 유형으로 통합되는 형태로 발전했습니다. 이제 다양한 소프트웨어 프로세스 모델을 본격적으로 알아봅시다.

단계별 진행과 문서화에 중점을 둔 폭포수 모델

선형적이고 순차적인 접근 방식인 폭포수 모델

폭포수 모델waterfall model 은 소프트웨어 개발에서 이 모델은 선형적이고 순차적인 접근 방식을 따릅니다. 다음 그림과 같이 연속된 단계가 아래로 흘러가는 폭포를 연상시켜 폭포수 모델이라고 합니다. 이 모델의 단계는 요구 사항 분석, 프로그램 설계, 개발, 테스트, 유지 보수로 구성되며, 각 단계에서 이전 단계로 되돌아가기 어렵습니다.

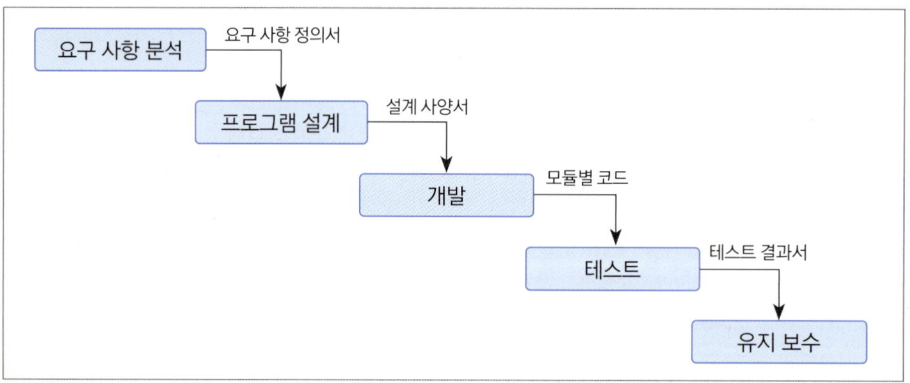

폭포수 모델의 단계

폭포수 모델은 단계별로 명확한 산출물이 존재하므로 일정을 관리하기 쉽고 진행 상황을 빠르게 파악할 수 있다는 것이 장점입니다. 다음 표는 폭포수 모델의 단계별 산출물을 정의한 것입니다.

폭포수 모델의 단계별 산출물

단계	산출물	작성 내용
요구 사항 분석	요구 사항 정의서	시스템의 기능적, 비기능적 요구 사항을 기술합니다.
프로그램 설계	설계 사양서	시스템 아키텍처와 데이터베이스 설계 문서를 만듭니다.
개발	소스 코드(모듈별 코드)	실제 프로그램을 구현하는 단계로, 프로그래밍 언어로 코드 파일을 작성합니다.
테스트	테스트 결과서	구현된 시스템이 요구 사항을 충족하는지 확인하기 위해 각 테스트의 입력, 예상 결과, 실제 결과 등을 기록합니다.

일부 개발자들은 폭포수 모델을 구식이라고 평가하지만, 요구 사항이 명확한 프로젝트에서는 여전히 자주 사용합니다. 다만 요구 사항 변경의 유연성이 부족하고 오류와 버그가 주로 테스트 단계에서 발견된다는 단점이 있습니다. 이러한 단점을 보완하기 위해 초기 요구 사항 분석 단계에서 고객과의 긴밀한 의사 소통, 테스트 프로세스의 강화 등의 보조 수단이 필요합니다.

테스트 프로세스를 강화한 V-모델

V-모델은 폭포수 모델을 확장한 형태로, 테스트 프로세스를 중심으로 강화한 모델입니다. 폭포수 모델이 각 단계별 산출물에 중점을 두는 반면, V-모델은 다음 그림과 같이 각 개발 단계에 대응하는 테스트로 검증하는 것을 핵심으로 합니다.

V-모델은 아래 방향으로 선형으로 진행되는 폭포수 모델과 달리, 개발 단계에서 위쪽으로 꺾이며 V 자 형태로 진행됩니다. 이러한 구조를 통해 개발 단계와 테스트 단계를 일대일로 대응시켜, 각 단계에서 체계적인 검증으로 이뤄집니다. 또한 V-모델에서는 각 테스트 단계에서 오류가 발견될 경우 해당 단계에서 문제를 찾아 수정할 수 있어서 오류를 조기에 발견할수록 전체 프로젝트 일정과 비용을 효과적으로 단축할 수 있습니다.

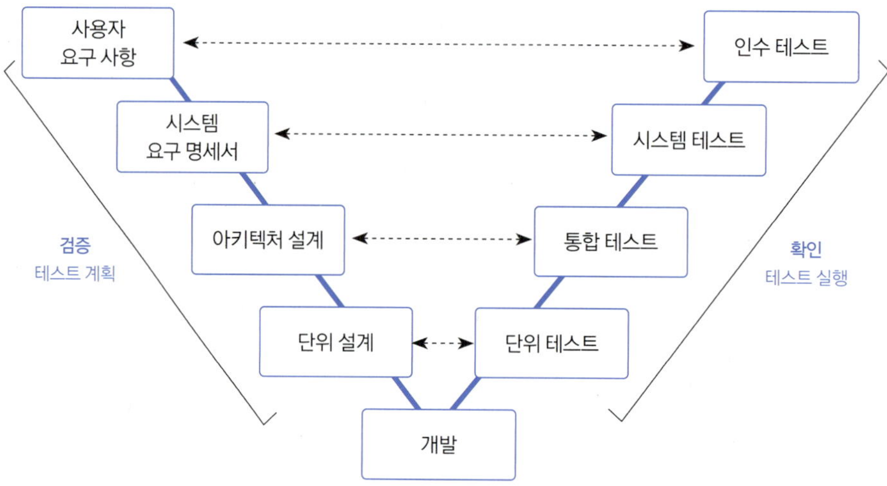

V 모델의 구조

검증 및 확인

검증 및 확인Verification & Validation, V & V은 V-모델에서 개발 단계까지 각 산출물이 요구 사항을 충족하는지 검증하는 Verification(검증)과, 완성된 프로그램이 실제 요구 사항에 맞게 동작하며 문제가 없는지 확인하는 Validation(확인)을 뜻합니다.

먼저, **검증**verification **단계에서는 소프트웨어가 요구 사항과 설계에 부합하는지 확인합니다.** 이 단계에서는 코드의 품질과 구조를 검사하고 개선합니다. 검증의 세부 단계는 다음 표에서 살펴봅시다.

검증의 세부 단계

세부 단계	설명
요구 사항 분석	요구 사항은 시스템을 사용할 사용자의 니즈needs를 분석하여 도출합니다. 이 과정에서는 이상적인 시스템의 수행 기능을 고민하지만, 실제 소프트웨어의 설계나 구현 방식까지는 고려하지 않습니다. 요구 사항을 기능적, 비기능적으로 구분해 체계적으로 정리합니다.
시스템 설계	시스템 엔지니어는 사용자 요구 사항 문서를 구체적으로 검토하여 개발할 시스템을 분석하고 이해하는 과정을 수행합니다. 이 과정에서 실제로 필요한 기술을 파악하고, 요구 사항의 구현 가능성도 판단합니다. 만약 기술적으로 구현하기 어려운 부분이 있다면, 해당 내용을 적절한 시점에 사용자에게 공유합니다.
아키텍처 설계	고수준 설계라고도 하며, 구현할 모듈 항목과 기능을 간략하게 정의하는 과정입니다. 이 단계에서는 정의된 모듈 간의 인터페이스, 관계, 의존성을 기술하고, 데이터베이스 테이블과 아키텍처 다이어그램을 작성합니다. 또한 시스템의 통합 테스트 계획을 수립해 모듈 간의 연계와 전체 시스템의 동작을 검증할 수 있도록 준비합니다.

단위 설계	저수준 설계라고도 하며, 아키텍처 설계 단계에서 정의한 내용을 보다 구체적으로 작성하는 과정입니다. 이 설계를 기반으로 개발자들이 실제 개발을 수행하며, 프로그램 명세서에 모듈의 기능 로직을 의사 코드pseudo code 수준으로 기술합니다. 또한 단위 테스트 계획을 수립하여 각 모듈이 독립적으로 정확하게 동작하는지 검증할 수 있도록 준비합니다.

다음으로 확인validation 단계에서는 사용자 환경에서 소프트웨어가 정상으로 동작하는지 확인합니다. 이 단계는 단위 테스트부터 인수 테스트까지 각 테스트 단계에서 수행하는 활동을 포함합니다. 확인의 세부 단계는 다음 표와 같습니다.

확인의 세부 단계

세부 단계	설명
단위 테스트	화이트박스 테스트 방식으로 수행하며, 로직을 모두 검증합니다. 이는 소프트웨어 테스트 프로세스의 첫 번째 단계로, 개별 함수나 메서드에 대한 테스트 케이스를 작성해 코드의 정확성과 효율성, 표준 준수 여부 등을 확인합니다. 이 테스트는 개발자가 직접 수행하며, 코드의 내부 구조와 동작을 철저히 점검합니다.
통합 테스트	블랙박스 테스트 방식으로 수행하며, 동작의 결괏값만 검증하는 과정입니다. 이 테스트는 개별 모듈을 통합해 통합된 컴포넌트 간의 인터페이스와 상호 작용에서 발생할 수 있는 오류를 검증합니다. 아키텍처 설계 단계에서 작성한 테스트 케이스를 활용하며, 주로 개발자가 수행합니다.
시스템 테스트	실제 개발된 시스템을 시스템 요구 사항과 비교하여 검증하는 과정입니다. 실제 사용 환경과 유사한 조건에서 진행하며, 시스템 전반에 걸쳐 요구 사항이 제대로 충족되는지를 확인합니다. 이를 통해 사용자가 동시에 접속할 때 성능 문제 등 시스템 레벨의 오류를 발견할 수 있습니다.
인수 테스트	시스템이 요구 사항을 충족하고, 일부 비기능적 특성에서 신뢰성을 확보할 수 있는지를 평가하는 과정입니다. 이 테스트는 시스템의 결함보다 실제 배포하고 사용할 준비를 완료했는지를 평가하며, 요구 사항 명세서에서 밝힌 조건을 제대로 충족했는지를 최종 확인합니다.

지속적 향상에 중점을 둔 반복적 모델

반복적 모델iterative model은 사용자의 요구 사항이나 제품의 일부를 단계에 따라 개발하고 반복해 개선하여 사용자 요구 사항에 적합한 시스템을 완성해 나가는 접근 방식을 따릅니다. 이 모델은 크게 증분형 모델과 진화형 모델로 구분할 수 있습니다.

전체를 모듈로 분해하고 점진적으로 개발하는 증분형 모델

증분형 모델incremental model은 전체 시스템을 여러 모듈로 분해하고, 각 모듈을 점진적으로 개발하는 방식입니다. 이 모델은 분해한 모듈을 하나의 서브 시스템으로 먼저 구현하여 릴리스release한 후, 다음 서브 시스템을 순차로 개발해 나갑니다. 핵심 모듈을 우선 개발하여 기능을 점차 확장해 나가는 것이 특징입니다.

다음 증분형 모델의 구조를 보면 이 모델이 폭포수 모델의 변형이라는 것을 알 수 있습니다. 하나의 증분 사이클이 폭포수 모델의 흐름을 따르는 방식으로 진행되기 때문입니다. 즉, 증분형 모델은 하나의 폭포수 모델을 여러 번 적용한 결과를 순차로 조합하여 최종 시스템을 완성하는 방식이라고 할 수 있습니다.

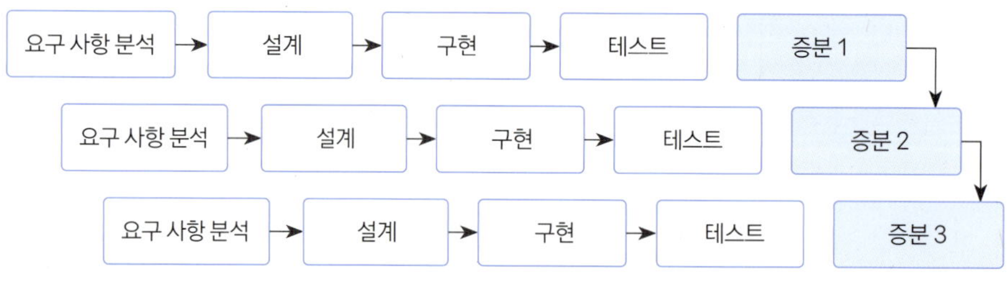

증분형 모델의 구조

증분형 모델은 각 증분을 폭포수 모델의 형태로 개발한 후 통합하는 방식으로 진행됩니다. 이때 증분을 개발하기 전에 요구 사항을 명확히 정의해야 하며, 서브 시스템(증분)을 적절하게 나누는 것이 중요합니다. 서브 시스템이 너무 많아지면 추후 관리하고 통합할 때 복잡해질 수 있기 때문입니다.

반면, 이러한 통합 방식의 장점은 프로젝트 관리자Project Manager, PM가 적절하게 관리할 경우, 각 서브 시스템을 독립적으로 병행해서 개발할 수 있다는 것입니다.

프로토타입을 기반으로 발전시키는 진화형 모델

진화형 모델evolutionary model은 MVPMinimum Viable Product를 핵심 프로토타입으로 먼저 개발한 후, 운영 과정에서 발생하는 추가 요구 사항과 피드백을 반영하며 지속적으로 시스템을 발전시키는 방식입니다. 여기에서 MVP란 핵심 기능만 최소한으로 갖춘 초기 제품을 의미합니다. 진화형 모델은 피드백을 반복하면서 MVP부터 제품을 지속적으로 개선해 나갑니다. 이 모델은 요구 사항을 점차 수용하고 확장할 수 있어, 초기 요구 사항이 명확하지 않은 프로젝트에 적합합니다. 다음 그림은 진화형 모델이 제품을 어떻게 지속적으로 개선해 나가는지를 구체적으로 보여 줍니다.

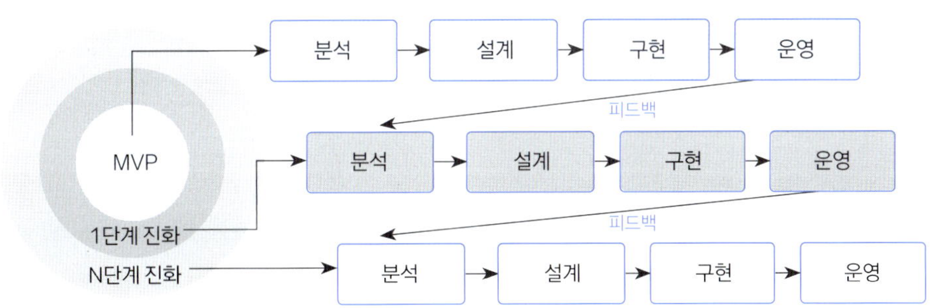

진화형 모델의 구조

MVP 모델을 처음 구축한 후, 피드백을 바탕으로 개발 사이클을 수행하는데 이 작업을 반복해서 진행하여 제품을 지속적으로 진화시킵니다.

앞서 언급했듯, 진화형 모델은 증분형 모델과 달리 초기 요구 사항이 불분명한 경우에도 적용할 수 있으며, 개발 과정에서 발생하는 새로운 요구 사항을 유연하게 반영할 수 있는 것이 특징입니다. 그러므로 진화 과정의 전반적인 개요outline를 사전에 정리해 두는 것이 중요한데, 무분별하고 빈번한 릴리스가 발생하면 버전 관리의 부담이 증가하고, 이는 프로젝트의 비용과 일정 증가로 이어질 수 있기 때문입니다.

이제 증분형 모델과 진화형 모델의 개념을 어느 정도 이해했다면 다음 표를 참고해서 두 모델을 비교해 봅시다.

증분형 모델과 진화형 모델 비교

구분	증분형 모델	진화형 모델
개념	하나의 증분은 폭포수 모델을 적용해 개발하며, 개발된 증분들을 결합하여 최종 시스템을 완성합니다.	MVP를 초기 프로토타입으로 개발한 후, 운영을 시작하고 기능을 점차 발전시켜 최종 시스템을 완성합니다.
특징	초기 요구 사항이 명확한 경우에 적용하기에 적합하며, 각 증분을 병렬로 개발할 수 있습니다.	초기 요구 사항이 불명확한 경우에 적합합니다.
장점	신규 소프트웨어를 도입할 때 발생하는 충격을 완화할 수 있으며, 후반에 통합할 때 발생하는 부담을 줄일 수 있습니다.	소프트웨어의 완성도를 점차 향상시킬 수 있고, 초기의 불완전한 요구 사항에 유연하게 대응할 수 있습니다.
단점	여러 증분을 관리하는 데 부담이 발생할 수 있으며, 요구 사항을 변경할 때 효과적으로 대응하기 어렵습니다.	빈번한 릴리스가 발생할 경우, 버전 관리의 부담이 커질 수 있으며 프로젝트 비용과 일정이 증가할 수 있습니다.

끝으로, 폭포수 모델과 반복적 모델을 비교해 봅시다. 다음 표에서 두 모델의 차이점을 명확히 이해할 수 있을 것입니다.

폭포수 모델과 반복적 모델 비교

항목	폭포수 모델	반복적 모델
개발 방식	순차적, 단계별로 진행	반복적, 점진적으로 개선
변경 대응	유연성이 낮고 변화하기 어려움	유연성이 높고 변경 사항을 쉽게 반영
진행 상황 확인 시점	각 단계의 완료 여부로 확인	지속적인 SW 개선 정도에 따라 확인
문서 중요도	각 단계별 산출물이 중요	폭포수 모델에 비해 비교적 덜 중요하며, 프로토타입에 중점을 둠
고객 참여 시기	초기 요구 사항 전달 단계에서만 참여	지속적인 참여와 피드백 수행
소프트웨어 전달	모든 단계를 종료한 후 고객에게 전달	단계마다 제품의 하위 모듈과 진행 상황을 공유할 수 있음
요구 사항의 명확성	초기 요구 사항이 명확해야 함	초기 요구 사항이 불완전해도 적용 가능
프로젝트 규모	주로 소규모	소규모에서 대규모까지 적용 가능

이와 더불어, 폭포수 모델과 반복적 모델을 적절하게 혼합하여 사용하는 통합 프로세스Unified Process, UP는 현업에서 객체 지향 프로그래밍의 실제 표준으로 인정받고 활용되고 있습니다. 통합 프로세스는 8-6절에서 자세히 다루겠습니다.

8-4

위험 최소화에 중점을 둔 나선형 모델

나선형 모델^{spiral model}은 시스템 개발 과정에서 위험을 최소화하기 위해 점차 완벽한 시스템을 구축해 나가는 방식을 따릅니다. 이 모델의 가장 큰 특징은 위험 분석 단계를 별도로 두어 위험^{risk} 최소화를 중요한 요소로 고려한다는 것입니다.

다음 그림에서 알 수 있듯, 나선형 모델은 목표 설정 → 위험 분석 → 구현 및 테스트 → 고객 평가 및 다음 계획 수립의 단계를 계속 반복하며 시스템을 점차 완성해 나갑니다.

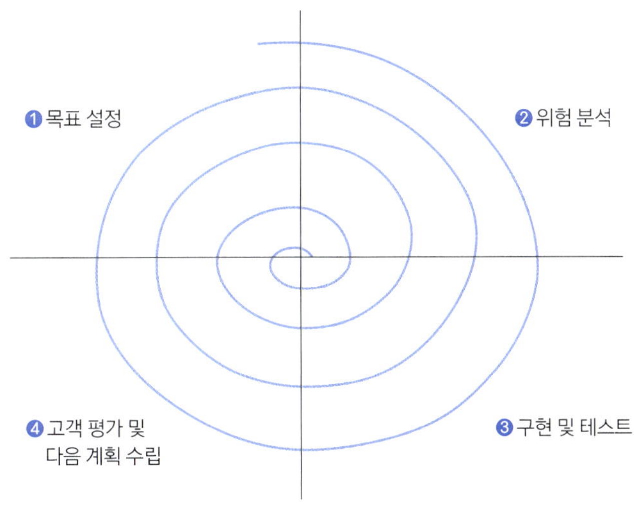

나선형 모델

❶ **목표 설정**: 고객의 요구 사항을 분석하고 타당성을 검토한 후, 해당 사이클의 목표를 수립합니다. 사이클마다 목표를 새롭게 설정하며, 수행할 수 있는 목표를 수립하는 것이 중요합니다.

❷ **위험 분석**: 고객의 요구 사항을 기반으로 예상되는 위험 요소를 식별하고 해결하는 방안을 마련합니다. 위험 요소를 초기에 발견하고 최소화하는 것이 목표입니다.

❸ **구현 및 테스트**: 구축할 시스템과 환경에 적합한 개발 모델을 선택하여 진행합니다. 이 단계에서는 단위 테스트를 수행하며, 이후 통합 테스트와 시스템 테스트를 순차로 진행합니다.

❹ **고객 평가 및 다음 계획 수립**: 고객의 평가를 바탕으로 추가로 반복해야 할지 진행 여부를 결정합니다. 이 단계에서는 인수 테스트로 시스템의 적합성을 최종 검토합니다.

신속한 개발 경험에 중점을 둔 애자일

애자일^{Agile}은 작업 계획을 짧은 주기로 설정하고 제품 릴리스 사이클을 반복하여 고객의 요구 변화나 시스템의 장애 상황에 유연하고 신속하게 대응할 수 있는 개발 방법론입니다. 다음은 애자일 방법론의 핵심 가치를 가장 잘 표현한 애자일 소프트웨어 개발 선언문 ^{Agile Manifesto}의 내용입니다.

> **애자일 소프트웨어 개발 선언문**
>
> 공정과 도구보다 **개인의 상호 작용**을,
> 포괄적인 문서보다 **동작하는 소프트웨어**를,
> 계약 협상보다 **고객과의 협력**을,
> 계획에 따르기보다 **변화에 대응하기**를
> 가치 있게 여긴다.

이 선언문에서 포괄적인 문서, 계약 협상과 같은 기존 항목도 중요하지만 동작하는 소프트웨어, 고객과의 협력과 같은 강조된 항목들을 더 가치 있게 여깁니다. 즉, 애자일은 쉬운 협업, 개발 과정의 유연성, 고객 중심의 접근을 중시하여 개발자들이 더 나은 소프트웨어 개발 방법을 추구할 수 있도록 합니다.

다음 그림은 애자일 방식의 프로세스를 가장 잘 보여 줍니다. 애자일 방식의 특징인 반복적 개발과 피드백 중심의 접근 방식을 시각적으로 표현했습니다.

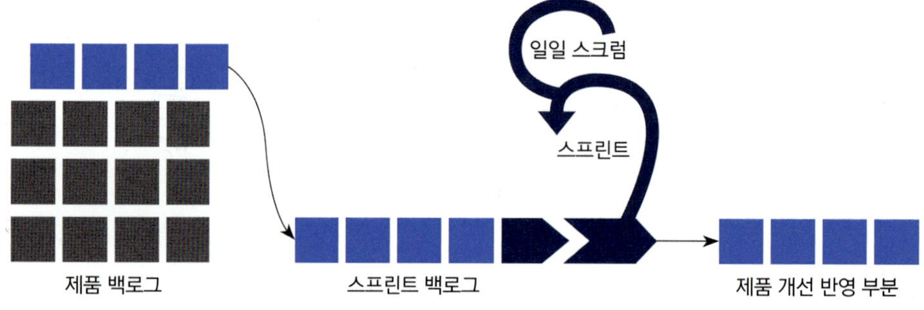

애자일 프로세스의 구조

✦ 이 그림에서 사각형은 개발자가 처리해야 하는 일감을 뜻합니다.

애자일 프로세스를 나타낸 그림에서 각 요소가 무엇을 의미하는지 다음 표에서 자세히 살펴보겠습니다.

애자일 프로세스의 구성 요소

구성 요소	설명
제품 백로그product backlog	제품에 필요한 항목을 모두 나열한 목록입니다. 이는 초기에 한 번 정해지는 것이 아니라 지속적으로 진화하는 산출물이며 무엇을 만들지, 어떤 순서로 만들지 명확하고 공통된 이해를 제공합니다.
스프린트 백로그sprint backlog	제품 백로그 중에서 이번 스프린트 주기 동안 개발할 항목을 뜻합니다.
스프린트sprint	애자일 방법론에서 사용하는 반복적인 짧은 개발 주기를 뜻합니다. 일반적으로 2~4주의 기간을 설정하며, 정해진 기간 동안 계획한 작업을 완료하는 것을 목표로 합니다.
일일 스크럼daily scrum	매일 짧은 시간 동안 진행하는 회의로, 프로젝트 팀원들이 진행 상황과 직면한 어려움, 그리고 다음 단계의 계획 등을 공유합니다. 이를 통해 팀원 간의 협력을 강화하고 프로젝트의 진행 상황을 효과적으로 파악할 수 있습니다.
제품 개선 반영 부분	스프린트가 종료되면 결과물을 평가하고 배포 여부를 결정하는 동시에, 개선 사항을 반영하는 과정을 포함합니다.

애자일의 핵심 가치

애자일 방법론은 다음과 같은 핵심 가치를 중요하게 여깁니다. 특히 협력과 피드백은 애자일을 성공리에 구현할 수 있는 중요한 요소입니다. 애자일 관점에서 이 두 가치를 좀 더 살펴봅시다.

협력

애자일에서는 소프트웨어 개발자 간의 협력을 매우 중요한 가치로 여깁니다. 협력을 통해 통찰력과 아이디어를 공유함으로써 시너지를 창출할 수 있습니다. 또한 협업은 문제가 발생했을 때 신속하게 해결할 수 있게 하고, 추가로 발생하는 문제점을 미리 발견하는 데에도 중요한 역할을 합니다.

피드백

피드백은 애자일에서 지속적으로 발전할 수 있게 하는 핵심 가치입니다. 피드백은 내부 피드백과 외부 피드백으로 나눌 수 있습니다.

- **내부 피드백**: 개발자가 자신이 만든 기능이 어떻게 동작하는지 스스로 확인하는 과정입니다.
- **외부 피드백**: 고객이나 다른 사용자가 제품을 사용한 뒤 제공하는 평가로 결과를 확인하는 과정입니다.

이러한 피드백 과정을 통해 제품을 지속적으로 개선하고 고객의 요구에 더욱 부합하는 소프트웨어를 개발할 수 있습니다.

애자일 스프린트 5단계

애자일은 스프린트를 반복해서 진행하며, 스프린트는 다음 5단계로 구성됩니다.

- ❶ **분석**: 사용자의 요구 사항을 분석하고, 스프린트 백로그에 포함할 항목을 선정합니다.
- ❷ **설계**: 선정한 스프린트 백로그의 설계와 디자인을 추가하거나 수정합니다.
- ❸ **개발**: 프로그램 기능을 개발하고, 단위 테스트와 통합 테스트 코드를 작성하고 수행합니다.
- ❹ **테스트**: 테스트에서 발견한 오류를 수정하고, 이 스프린트에서 개발한 코드 품질을 검증합니다.
- ❺ **검토**: 내부 피드백과 외부 피드백을 반영해 개선 사항을 정리하고, 이를 다음 스프린트에 적용합니다.

이 프로세스는 일반적인 소프트웨어 개발 단계와 유사하지만, 피드백을 반영하여 지속적으로 개선을 수행한다는 점이 애자일 스프린트의 핵심적인 특징이 잘 나타나 있습니다.

애자일의 장점과 한계

애자일은 먼저 만들어 보고 빠르게 수정한다는 원칙에 따라 프로젝트 계획에 소요되는 시간을 최소화할 수 있습니다. 또한 테스트에서 발견한 버그를 신속하게 해결할 수 있고, 추가 요구 사항이나 피드백을 즉각 반영할 수 있어서 프로토타입을 빠르게 완성하고 시장 출시 시간Time to Market을 단축하는 데 유리합니다.

그러나 장점과 함께 애자일은 다음과 같은 4가지 한계도 있습니다.

- 다른 방법론에 비해 유지 보수 작업의 부담이 높아질 수 있습니다.
- 요구 사항의 방향성이 크게 변경되면 전체 모델이 무너질 위험이 있습니다.
- 민첩하고 빠른 대응을 요구하다 보니 팀원 간의 협업이 많아져, 개발자들에게 심리적 부담과 스트레스로 다가올 수 있습니다.
- 지속적인 변화에 적응하기 위해 개발자들이 새로운 기술을 끊임없이 학습해야 한다는 부담이 존재할 수 있습니다.

그렇지만 애자일 방법론은 최근 소프트웨어 시장에서 장애가 없는 시스템보다 장애가 발생했을 때 신속하게 복구할 수 있는 시스템을 추구하는 경향과 맞물려(대표적인 예로는 넷플릭스 사례가 있습니다.) 쿠버네티스Kubernetes, K8s, 마이크로서비스 아키텍처MicroService Architecture, MSA 등 최신 인프라 기술과 함께 많이 선택되고 있습니다.

애자일을 적용한 다양한 개발 방식

애자일 방법론을 적용한 다양한 개발 방식이 있는데 그중에 대표적인 3가지를 간단하게 소개하겠습니다.

스크럼

스크럼scrum은 애자일 방법론 중 가장 대표적인 개발 방식으로, 백로그backlog와 스프린트sprint를 핵심 구성 요소로 사용합니다. 스크럼에서는 작업을 짧은 개발 주기(스프린트) 단위로 진행하며 각 스프린트의 종료 시점마다 목표에 맞는 기능이나 개선 사항을 반영합니다. 이를 통해 짧은 시간 내에 개선을 이루고 고객의 피드백에 신속하게 대응할 수 있습니다.

익스트림 프로그래밍

익스트림 프로그래밍EXtreme Programming, XP은 사용자의 요구 사항을 한 번에 수집하지 않고, 반복적 개발 주기를 극히 짧게 운영하는 방식입니다. 이 방식은 고객과 긴밀하게 의사소통하고 활발하게 피드백하는 것을 기반으로 하며, 빠른 프로토타입 제작과 지속적인 수정, 변경, 배포가 특징입니다. 이를 통해 제품의 품질을 빠르게 향상시킬 수 있습니다.

칸반

칸반Kanban은 엄밀히 말하면 '시각적 작업 관리 도구'로 분류하지만, 애자일 개발 방법론의 한 형태로 볼 수 있습니다. 칸반의 장점은 개발 과정에서 발생하는 작업을 카드 형태로 시각적으로 표시하여, 작업의 진행 상황을 실시간으로 파악할 수 있다는 것입니다. 이를 통해 업무 흐름을 체계적으로 관리할 수 있으며, 지라JIRA와 같은 애자일 도구에서도 칸반 보드를 제공하여 프로젝트의 진행 과정을 효율적으로 모니터링할 수 있습니다.

8-6

객체 지향 프로그램 표준,
Unified Process

통합 프로세스Unified Process, UP는 UML과 함께 OMG Object Management Group에서 공개한 통합 개발 프로세스로, 객체 지향 프로그래밍의 실제 표준으로 간주됩니다.

✦ 통합 프로세스보다 Unified Process의 줄임말인 UP를 자주 사용하므로 이 책에서는 UP로 통일하겠습니다.

UP의 특징

UP는 반복적이며 점진적이고 진화적인 개발 방법론입니다. 개발 사이클은 일정한 주기로 반복되는데 보통 3주 단위로 진행됩니다. 각 사이클에서는 수행할 작업을 계획하고 수행합니다. 또한 프로젝트 수행 과정에서 발생할 수 있는 위험 요소를 우선적으로 식별하고 해결합니다. 특히 아키텍처와 고객 요구 사항 측면의 위험을 조기에 발견하고 정리하여 대응하며, 주로 상세화elaboration 단계에서 이러한 위험을 해결한 뒤, 해당 단계가 끝나면 시스템의 아키텍처가 확정됩니다.

여러 개발 방법론을 적용한 UP

UP는 기존의 개발 방법론(폭포수 모델, 반복적 모델 등)을 조합하여 통합적으로 적용하는 프로세스입니다. 다음 4가지 개발 방법론을 UP에 어떻게 적용하는지 확인하고, 단계별로 자세히 알아보겠습니다.

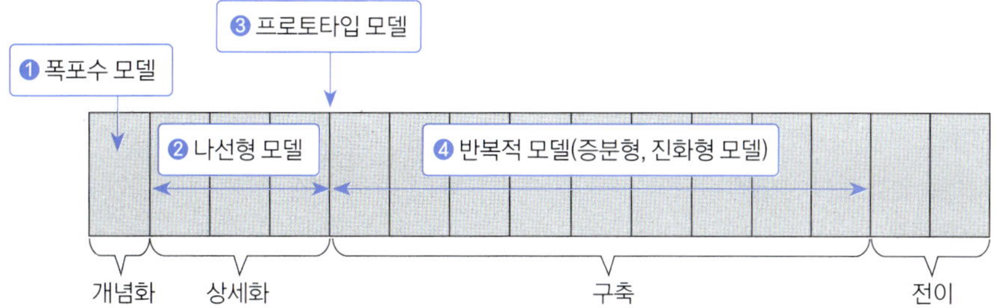

Unified Process

1. **폭포수 모델**: 개념화 단계에서는 프로젝트의 목표와 범위를 정의하고, 초기 요구 사항을 수집합니다. 이것은 폭포수 모델의 요구 사항 정의 단계와 유사합니다. 다만 UP는 반복적이고 점진적인 접근을 통해 요구 사항을 구체화합니다.

2. **나선형 모델**: 상세화 단계에서 아키텍처와 고객 요구 사항의 관점에서 발생할 수 있는 위험을 조기에 발견하고 수정하는 것은 나선형 모델의 핵심 요소입니다. 이 외에도 UP에서는 나선형 모델의 반복적이고 점진적인 위험 관리 방법을 채택하여 개발 과정 전반에 있는 위험을 관리하고 해결합니다.

3. **프로토타입 모델**: 상세화 단계가 완료되면 시스템의 주요 기능이 정의되고, 이 시점에서 프로토타입이 개발되어 기능 검증을 담당합니다.

4. **반복적 모델(증분형, 진화형 모델)**: 반복적이고 점진적인 개발로 시스템을 구축하는 방식이며, 이는 반복적 모델의 핵심 개념을 반영한 것입니다.

✦ 프로토타입 모델은 8-3절에서 배운 '진화형 모델'과 비슷하다고 생각하면 됩니다. 다만, 프로토타입 모델은 초기 요구 사항을 명확히 하기 위해 프로토타입을 활용하는 데 중점을 둔 반면, 진화형 모델은 프로토타입을 지속적으로 개선하여 최종 제품을 완성한다는 차이점이 있습니다.

결국 UP는 다양한 소프트웨어 개발 방법론을 실제 프로젝트 환경과 객체 지향 프로그래밍의 특성에 맞춰 조합한 프로세스라고 볼 수 있습니다.

이번에는 UP의 4단계를 자세히 살펴보겠습니다.

- **개념화**inception **단계**: 프로젝트의 초기 평가를 진행하고 시스템의 구성 환경을 파악하는 단계입니다.
- **상세화**elaboration **단계**: 시스템의 구조를 정의하고 고객의 요구 사항을 분석하여 유스 케이스use case를 도출합니다. 이 단계에서는 주요 위험 요소를 집중적으로 분석하고 이해 관계자들과 긴밀하게 협업하여 해결해야 합니다. UP에서 가장 핵심적인 단계이

므로, 이 단계를 잘 수행해야 시스템의 요구 사항을 명확히 정의하고 시스템의 핵심 기능을 구현할 수 있습니다.

- **구축**construction **단계:** 시스템을 배포할 수 있는 품질 수준에 도달할 때까지 개발과 테스트를 반복해서 수행합니다.
- **전이**transition **단계:** 구축한 시스템을 실제 운영 환경에 배포하고, 마지막으로 사용자 교육과 인수인계를 진행합니다.

지금까지 다양한 소프트웨어 프로세스 모델을 학습했습니다. 그동안 배운 내용을 개발에 직접 적용하기 전에 먼저 여러 모델을 충분히 이해하는 것이 개발 시야를 넓히는 데 큰 도움이 될 것입니다.

특히 애자일과 UP은 실제 소프트웨어 프로젝트에서도 이미 널리 사용되고 있으므로, 이를 익혀 두면 협업할 때 큰 도움이 될 것입니다. 다음 9장에서는 개발자 간에 원활하게 의사소통할 수 있는 표준 언어인 통합 모델링 언어 UML을 알아보겠습니다.

## 9장

UML을 활용한 소프트웨어 모델링

UML이란 요구 사항 분석, 설계, 분석 등의 단계에서 개발자 간에 원활한 의사소통을 할 수 있도록 표준화된 통합 모델링 언어입니다. UML은 앞서 학습한 소프트웨어 프로세스 모델처럼 개발자 간의 협업이나 이해 관계자와 명확하게 소통해야 할 때 자주 사용합니다. 따라서 UML은 개발자가 기본적으로 갖추어야 할 필수 역량이라고 할 수 있습니다.

이번 장에서는 UML의 개념과 활용 방법을 자세하게 알아봅니다. 공부를 마치고 나면 여러분도 UML을 활용한 문서 작성에 익숙해질 뿐 아니라 다른 사람이 UML로 작성한 다양한 문서를 이해하며 원활하게 협업할 수 있는 개발자로 성장해 있을 것입니다.

9-1 UML이란?

9-2 유스 케이스 다이어그램

9-3 클래스 다이어그램

9-4 시퀀스 다이어그램

9-5 상태 차트 다이어그램

9-6 액티비티 다이어그램

9-7 컴포넌트 다이어그램

9-1

UML이란?

UML^{Unified Modeling Language}은 소프트웨어 개발 영역에서 원활한 의사소통을 위해 표준화된 통합 모델링 언어입니다. UML은 표준 표기법을 사용하여 소프트웨어 시스템의 구조와 동작을 시각적으로 모델링하고 문서화합니다. 복잡한 소프트웨어 시스템을 시각적으로 단순화함으로써 이해하기 쉽고, 표준화된 표기법을 사용함으로써 개발자 간의 의사소통이 원활해집니다.

UML의 특징

UML은 다음 4가지 특징을 가지고 있습니다.

- **가시화:** 실제로 눈에 보이는 그래프 형태로 작성하여 시스템의 구조와 동작을 한눈에 파악할 수 있습니다.
- **명세화:** 개발 과정마다 필요한 모델을 완전하고 정확하게 표현합니다.
- **구축화:** 객체 지향 언어로 변환할 수 있어서 UML 모델을 바탕으로 실제 시스템을 구축할 수 있습니다.
- **문서화:** 프로젝트 이해 관계자 간의 평가와 의사소통을 위해 문서화를 할 수 있도록 지원합니다.

이렇듯 개발자는 UML의 4가지 특징 덕분에 복잡한 시스템을 명확하게 설계하고 효과적으로 의사소통할 수 있으며, 실제 구현하거나 유지 보수하기에 용이한 모델을 구축할 수 있습니다.

UML 다이어그램의 종류

UML 다이어그램은 UML 언어를 사용하여 소프트웨어 시스템의 구조와 동작을 시각적으로 나타내는 모델입니다. 실제 프로젝트에서는 UML 다이어그램으로 시스템을 설명하므로, 개발자라면 반드시 학습해야 합니다.

UML 다이어그램은 크게 구조 다이어그램, 행위 다이어그램, 상호 작용 다이어그램으로 구분할 수 있습니다. 각 다이어그램을 하나하나 자세히 학습하기 전에, 먼저 UML 다이어그램의 종류를 간단하게 살펴보겠습니다.

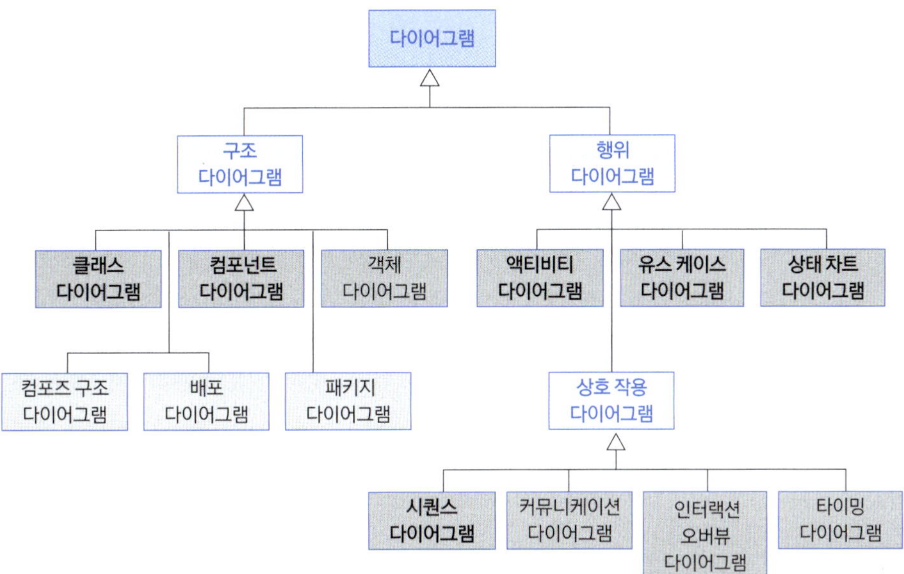

UML 다이어그램의 종류

구조 다이어그램

시스템의 정적 구조와 구성 요소 간의 관계를 표현합니다.

- **클래스 다이어그램**: 클래스 간의 관계를 나타내며, 객체 지향 프로그래밍에서 가장 대중적으로 사용합니다.
- **컴포넌트 다이어그램**: 시스템을 구성하는 컴포넌트 간의 관계와 의존성을 표현하며, 모듈화 구조를 파악하는 데 도움을 줍니다.
- **객체 다이어그램**: 특정 시점에서 객체와 객체 간의 관계를 나타내며, 클래스 다이어그램의 인스턴스화 버전으로 볼 수 있습니다.

- **복합 구조 다이어그램**: 클래스의 내부 구조와 구성 요소 간의 관계를 나타냅니다. 클래스가 어떠한 요소로 구성되었는지 보여 주는데 사용합니다.
- **배포 다이어그램**: 하드웨어와 소프트웨어 구성 요소 간의 관계를 표현해 소프트웨어의 배포 구조를 나타냅니다.
- **패키지 다이어그램**: 관련된 클래스와 인터페이스 등을 그룹화하여 패키지 간의 관계를 표현합니다. ✦ 여기서 패키지란 관련 클래스, 인터페이스 등을 모듈화한 구조를 뜻합니다.

행위 다이어그램

시스템의 동적 구조를 나타내며, 시간의 흐름에 따른 객체 간의 상태 변화와 상호 작용을 표현합니다.

- **액티비티 다이어그램**: 기능 수행의 흐름을 순서대로 나타내어, 처리 로직에 따른 프로세스 흐름을 명확하게 설명합니다. 이를 통해 시스템 동작을 이해하는 데 도움을 줍니다.
- **유스 케이스 다이어그램**: 액터(사용자, 연동 시스템)와 시스템 기능 간의 관계를 나타내며, 시스템의 기능 요구 사항을 정의할 때 사용합니다.
- **상태 차트 다이어그램**: 특정 객체의 생애 주기 동안 가질 수 있는 상태 변화와 그에 따른 이벤트를 표현합니다.

상호 작용 다이어그램

행위 다이어그램의 한 유형으로, 객체 간의 상호 작용을 중심으로 데이터 전달과 흐름을 표현하는 데 유용합니다.

- **시퀀스 다이어그램**: 객체 간의 상호 작용을 시간 순서에 따라 나타냅니다. 객체는 수직선으로, 메시지는 수평 화살표로 표현합니다.
- **커뮤니케이션 다이어그램**: 객체 간의 관계와 메시지 흐름을 나타냅니다.
- **인터랙션 오버뷰 다이어그램**: 여러 시퀀스 다이어그램이나 커뮤니케이션 다이어그램을 통합하여 시스템의 상호 작용을 개괄해서 보여 줍니다.
- **타이밍 다이어그램**: 객체의 상태 변화를 시간의 흐름에 따라 표현합니다.

이와 같이 UML 다이어그램은 다양하지만, 이 책에서는 현업에서 많이 사용하는 대표적인 다이어그램 위주로 자세히 살펴보겠습니다.

유스 케이스 다이어그램

유스 케이스 다이어그램을 작성하기 전에, 먼저 유스 케이스가 무엇인지 이해하는 것이 중요합니다. 유스 케이스use case란 사용자가 시스템을 사용하는 시나리오를 문서화한 것으로, 이를 통해 기능적 요구 사항을 도출할 수 있습니다. 특히 UP에서 유스 케이스는 기능적 요구 사항을 대체하는 중요한 역할을 합니다. 유스 케이스는 작성 수준에 따라 다음과 같이 세 종류로 분류됩니다.

- Brief(간략한 유스 케이스): 최초 작성 단계에서 사용하며, 유스 케이스를 2~3줄로 간략히 요약하여 작성합니다.
- Casual(일반 유스 케이스): 일반적으로 발생하는 메인 시나리오, 대체 시나리오, 예외 시나리오 등을 구분하여 작성합니다.
- Fully Dressed(상세 유스 케이스): 가장 상세한 유스 케이스로, 실제 구현 단계에서 작성합니다. Casual 유스 케이스의 내용을 포함하면서 사전 조건precondition, 후속 동작postcondition 등을 추가로 명확히 정의합니다.

이러한 유스 케이스는 프로젝트의 단계와 요구 사항의 명확성에 따라 적절하게 선택하여 활용할 수 있습니다.

유스 케이스 작성법

유스 케이스를 작성할 때는 유연한 스타일과 블랙박스 스타일을 적용하는 것이 중요합니다. 유스 케이스를 이렇게 작성하면 요구 사항 변경에 유연하게 대응하고 개발 과정에서 부담을 최소화할 수 있습니다.

유연한 스타일로 작성하기

유스 케이스는 구체적인 방법보다는 사용자 관점에서 시나리오에 집중해야 합니다.

좋은 예	나쁜 예
• Admin이 자신을 인증합니다. • 인증을 완료하면 이후 화면을 보여 줍니다.	• Admin이 키보드로 ID와 PW를 입력하여 인증합니다. • 인증을 완료하면 윈도우 화면에서 자신의 프로필을 보여 줍니다.

유연한 스타일로 작성하면 요구 사항을 변경할 때에도 쉽게 적응할 수 있으며, 개발자의 구현 방식을 자유롭게 선택할 수 있습니다.

블랙박스 스타일로 작성하기

유스 케이스는 시스템의 내부 구현을 기술하지 않고, 외부에서 보이는 기능에만 집중해야 합니다.

좋은 예	나쁜 예
• 상품 정보를 저장합니다.	• SQL DB에 상품 정보를 저장합니다. • 다음 쿼리를 사용해 줍니다. INSERT INTO …

블랙박스 스타일은 지나치게 구체적인 구현 정보를 포함하지 않아, 요구 사항 변경에 유연하게 대응할 수 있도록 도와줍니다.

유스 케이스를 작성할 때는 사용자 관점의 시나리오에 집중하고, 구체적인 구현 내용은 개발자에게 맡겨 유연성을 유지하는 것이 중요합니다. 초기 단계에서 너무 구체적인 개발 수준으로 유스 케이스를 작성하면 이후 요구 사항 변경에 유연하게 대응하기가 어려워 부담이 커질 수 있으며, 잦은 변경으로 개발자의 피로도가 증가할 수 있습니다. 따라서 사용자 관점에 집중한 유스 케이스를 먼저 작성하는 것이 바람직합니다.

유스 케이스 다이어그램과 구성 요소

유스 케이스의 개념을 이해했다면, 이제 유스 케이스 다이어그램을 알아보겠습니다. 유스 케이스 다이어그램은 작성한 여러 유스 케이스를 한눈에 보기 쉽게 정리한 그림으로 시스템과 사용자의 상호 작용을 시각적으로 표현하며, 요구 사항을 정의하고 개발 범위를 협의할 때 유용하게 활용됩니다. 유스 케이스 다이어그램은 시스템, 액터, 유스 케이스, 관계 이렇게 4가지 요소로 구성됩니다. 각 요소를 자세히 살펴보겠습니다.

시스템

다음 유스 케이스 다이어그램에서 시스템system은 유스 케이스가 둘러싼 사각형 영역을 나타내며, 시스템 외부에서 액터가 바라보는 시스템의 경계와 내부 동작을 하나의 영역으로 구분해 줍니다. 이 예에서는 계정 관리 시스템의 경계를 사각형으로 표시하고, 결제 수단의 정상 여부를 확인하는 결제 검증 서비스가 시스템 외부에 위치함을 알 수 있습니다.

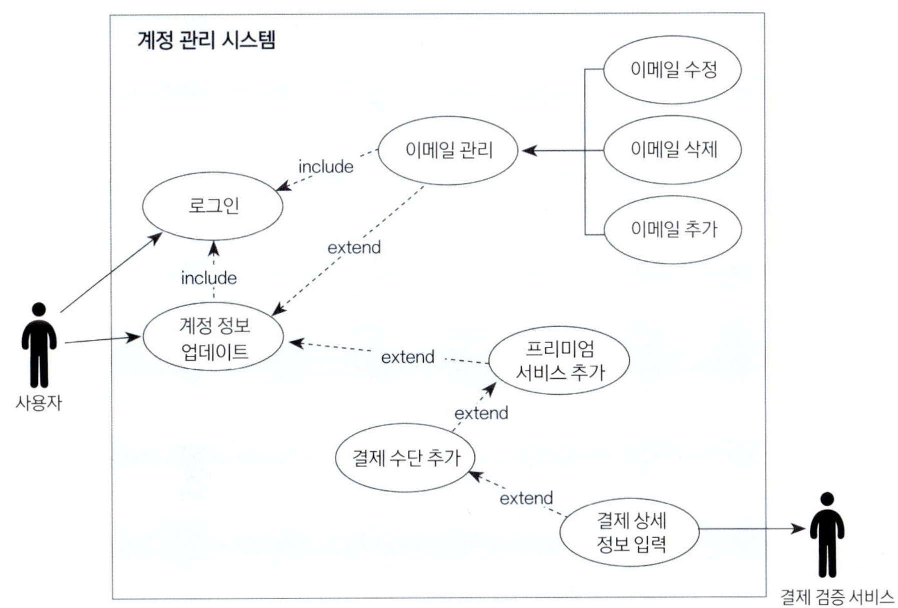

유스 케이스 다이어그램의 시스템

액터

액터actor는 시스템 외부에서 시스템과 상호 작용하는 사용자 또는 시스템을 의미합니다. 일반적으로 주 액터primary actor는 시스템을 주로 사용하는 사용자를, 보조 액터 secondary actor는 시스템의 기능을 지원하는 외부 요소를 나타냅니다. 이 유스 케이스 다이어그램에서는 사용자 액터가 주 액터로, 결제 검증 서비스가 보조 액터로 시스템 기능을 지원합니다.

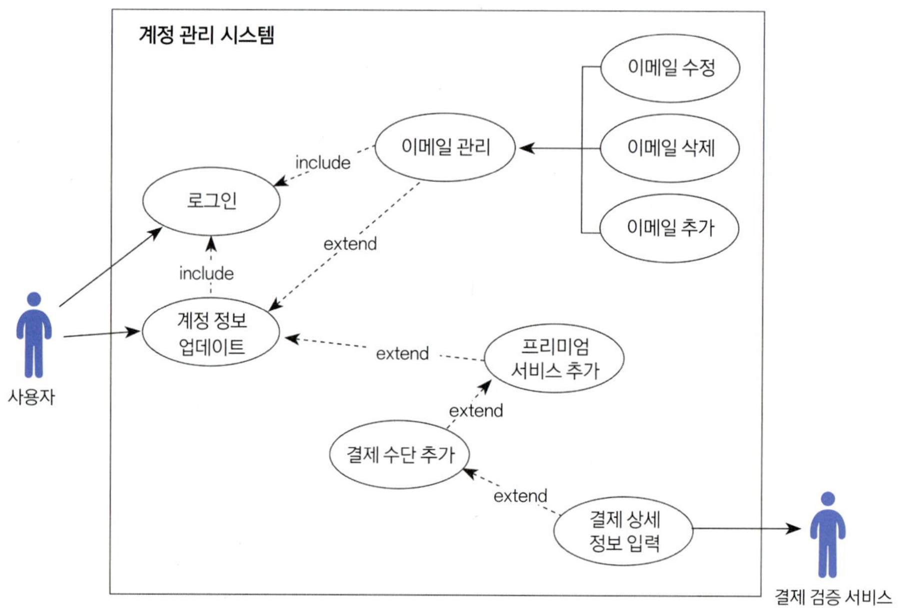

유스 케이스 다이어그램의 액터

유스 케이스

유스 케이스 다이어그램에서 유스 케이스use case는 사용자가 시스템을 통해 수행할 수 있는 기능을 타원형으로 표현합니다. 이를 통해 시스템이 제공해야 하는 주요 기능을 명확하게 정의하고, 기능적 요구 사항을 도출할 수 있습니다. 다음 유스 케이스 다이어 그램에서는 로그인, 계정 정보 업데이트 등의 기능을 타원형으로 표시했습니다. 이 기 능들은 일반적으로 추후 시스템에 필요한 기능적 요구 사항으로 도출하여 사용합니다.

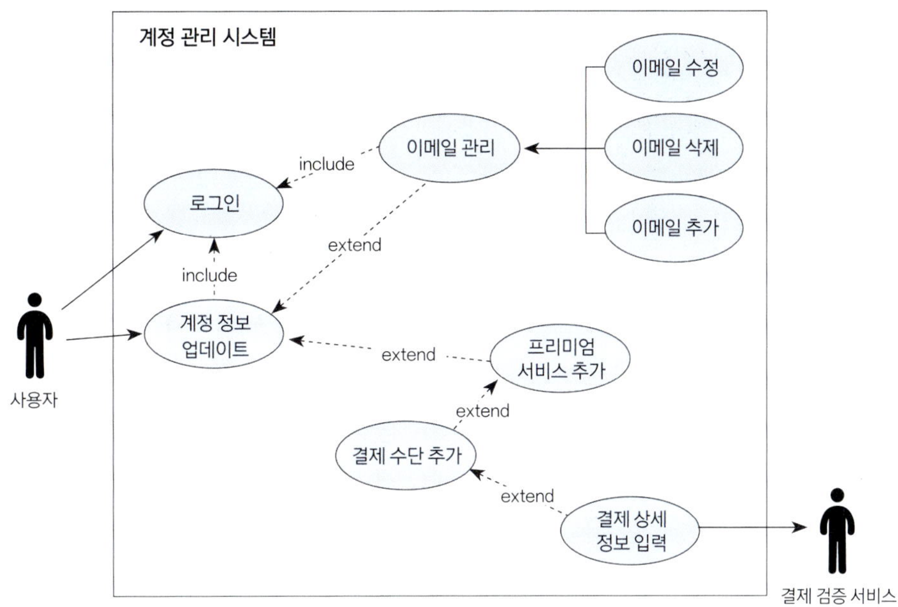

유스 케이스 다이어그램의 유스 케이스

관계

관계^{relation}는 액터와 유스 케이스, 그리고 다른 유스 케이스 간의 연관성을 나타내는 요소입니다. 액터가 특정 유스 케이스를 수행할 수 있음을 나타낼뿐더러, 유스 케이스 간의 관계로 기능 간의 연결이나 의존성을 표현할 수 있습니다.

다음 유스 케이스 다이어그램을 살펴봅시다. 유스 케이스인 로그인과 이메일 관리, 계정 정보 업데이트는 포함^{include} 관계로 연결되어 있습니다. 이는 이메일 변경과 계정 정보 업데이트를 수행하려면 반드시 로그인 기능이 선행되어야 한다는 것을 뜻합니다. 또한 프리미엄 서비스 추가와 결제 수단 추가는 확장^{extend} 관계로 연결되어 있습니다. 이는 프리미엄 서비스 추가 기능에 부가 기능으로 결제 수단 추가 기능을 포함해야 한다는 것을 나타냅니다.

마지막으로 이메일 관리에서 수정, 삭제, 추가 작업 등은 일반화 관계를 통해 세분화할 수 있습니다. 즉, 이메일 변경은 수정, 삭제, 추가 등의 동작으로 구체화할 수 있음을 의미합니다.

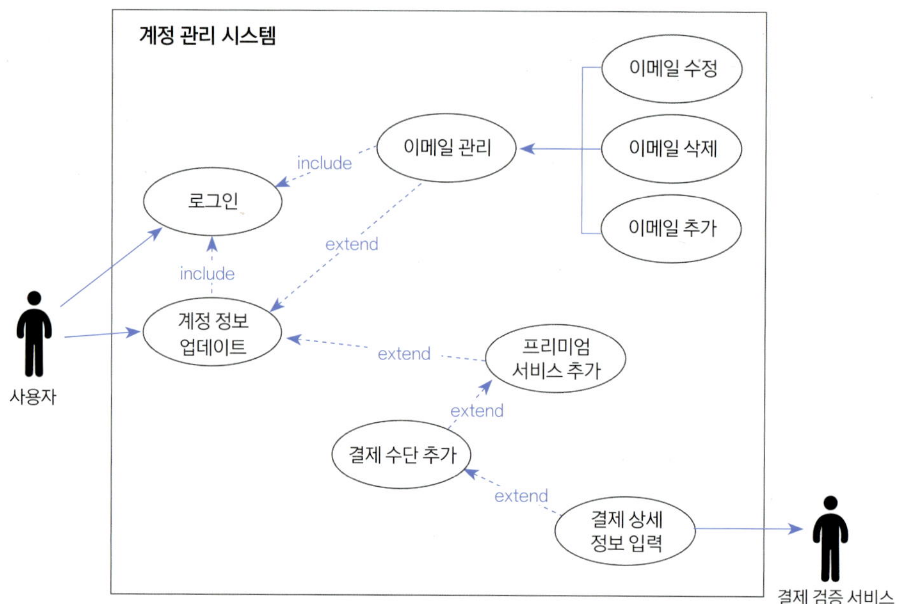

유스 케이스 다이어그램의 관계

관계는 다음과 같이 포함 관계, 연관 관계, 확장 관계, 일반화 관계로 나눌 수 있습니다.

종류	설명
포함 관계	특정 유스 케이스를 실행할 때 반드시 선행해야 하는 유스 케이스를 나타냅니다.
연관 관계	액터와 유스 케이스 간에 상호 작용하고 있음을 나타냅니다.
확장 관계	기본 유스 케이스를 정상으로 수행한 후, 조건에 따라 부가 기능을 추가하는 경우에 사용합니다.
일반화 관계	추상적인 유스 케이스를 보다 구체적인 유스 케이스로 세분화하여 표현할 때 사용합니다. 유스 케이스 간의 상속 관계를 나타내며, 하위 유스 케이스는 상위 유스 케이스의 공통 동작을 상속받습니다.

유스 케이스 다이어그램에서 이러한 관계를 활용하면 기능 간의 연결과 의존성을 명확히 표현할 수 있습니다.

9-3

클래스 다이어그램

클래스 다이어그램을 설명하기 전에 먼저 객체 지향 분석과 설계^{Object Oriented Analysis} and Design, OOAD부터 알아보겠습니다. 객체 지향 분석 ^{Object Oriented Analysis, OOA}은 문제를 정의하고 모델을 제작하여 객체 간의 관계와 동작을 식별하는 단계입니다. 그리고 객체 지향 설계^{Object Oriented Design, OOD}는 도출한 모델을 기반으로 객체 속성^{attribute}, 동작 ^{behavior}, 상호 작용^{interaction}을 구체적으로 설계하는 단계입니다.

다음 그림과 같이 클래스 다이어그램은 일반적으로 객체 지향 분석을 먼저 수행한 후, 그 결과를 바탕으로 객체 지향 설계를 진행하는 순서를 따릅니다.

객체 지향 분석	객체 지향 설계 →

이렇듯 클래스 다이어그램은 객체 지향 분석 단계와 객체 지향 설계 단계에서 모두 사용하며 매우 중요한 역할을 합니다. 객체 지향 분석 단계에서는 도메인 모델의 역할을 수행하며, 시스템의 개념적 구조와 객체 간의 관계를 간단히 표현합니다. 객체 지향 설계 단계에서는 디자인 모델로 활용되어, 소프트웨어 구현 관점에 따라 객체의 속성, 동작, 상호 작용 등을 보다 상세히 표현합니다.

즉, 도메인 모델은 개념적 관점에서 간단하게 표현하는 반면, 디자인 모델은 실제 구현을 염두에 두고 좀 더 구체적으로 작성한다는 차이가 있습니다.

다음 그림은 클래스 다이어그램이 객체 지향 분석 단계에서는 도메인 모델로, 객체 지향 설계 단계에서는 디자인 모델도 사용된 형태를 보여 줍니다.

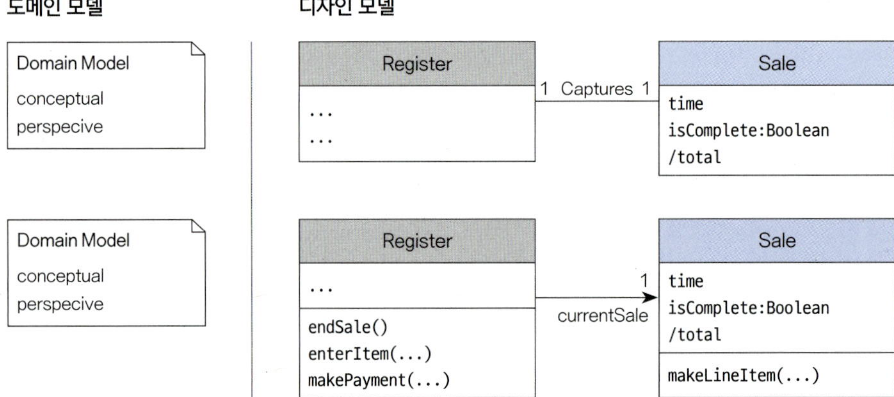

도메인 모델과 디자인 모델로 사용한 클래스 다이어그램

그럼 이제 클래스 다이어그램의 표현 방법을 본격적으로 알아보겠습니다.

클래스 다이어그램의 구성 요소와 표현 방법

클래스 다이어그램을 구성하는 요소와 이를 표현하는 방법을 알아보겠습니다. 클래스 다이어그램이므로, 당연히 클래스를 어떻게 표현하는지 학습하는 것이 중요합니다. 여러분의 이해도를 높이기 위해 클래스와 유사하지만 다르게 표현하는 객체^{object}의 표현 방법부터 살펴보겠습니다.

객체

객체 이름은 기본적으로 첫 글자를 소문자로 표기하며, 다음 그림과 같이 다양한 방식으로 표현할 수 있습니다. 단순하게 표현할 경우에는 객체 이름과 클래스만 언급하고, 상세히 표현할 경우에는 속성과 현재 객체의 값을 명시합니다. 만약 객체 이름이 필요하지 않거나 특정할 필요가 없는 경우에는 그림 오른쪽의 익명 객체^{anonymous object} 방식으로도 표현할 수 있습니다.

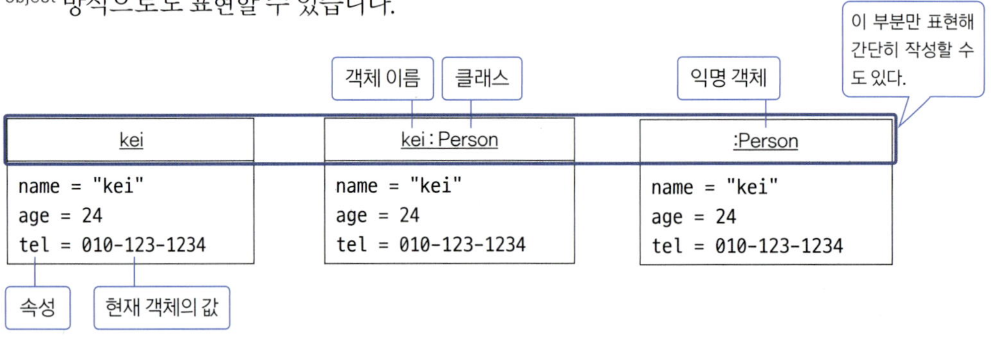

객체 표현 예

클래스

클래스^{class}는 객체와 달리 첫 글자를 대문자로 표현하며, 속성^{attribute}의 구체적인 값 대신 속성의 자료형을 표기합니다. 또한 클래스는 오퍼레이션^{operation}을 명확하게 기술한다는 점에서 객체와 차이가 있습니다.

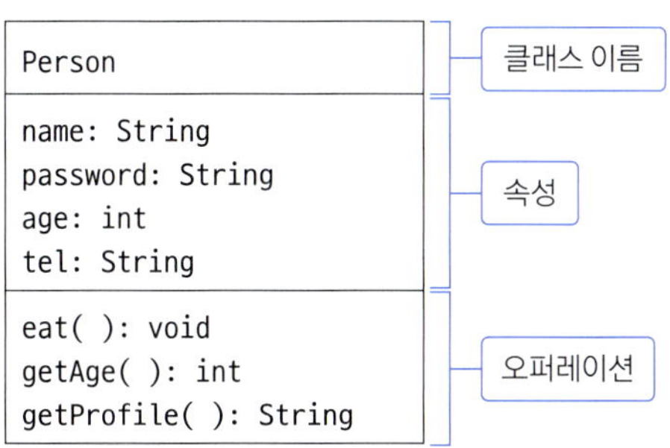

클래스 표현 예

클래스의 표현 요소를 자세히 살펴보겠습니다. 클래스의 주요 표현 요소는 속성, 오퍼레이션, 클래스 변수, 그리고 getter/setter 함수가 있습니다. 먼저 속성을 살펴봅시다. 속성에서 접근 제어자는 속성이 접근할 수 있는 영역을 지정합니다. 접근 제어자를 명시하지 않으면 기본적으로 private이 지정됩니다.

```
Person

+ name: String
- password: String
/ age: int
# tel: String

eat( ): void
getAge( ): int
getProfile( ): String
```

접근 제어자는 어떤 종류가 있는지 다음 표에서 살펴봅시다.

접근 제어자의 종류

접근 제어자	표시	접근 가능 영역
public	+	모든 영역
private	-	클래스 내부
protected	#	클래스 내부와 하위 클래스

이때 / 기호는 접근 제어자가 아니며, 시스템 내부의 다른 속성이나 연산 결과에 의해 자동으로 계산된 파생 속성임을 나타냅니다.

자료형은 속성의 자료형을 지정하는 역할을 하며, 기본 자료형뿐만 아니라 개발자가 정의한 클래스도 자료형으로 사용할 수 있습니다.

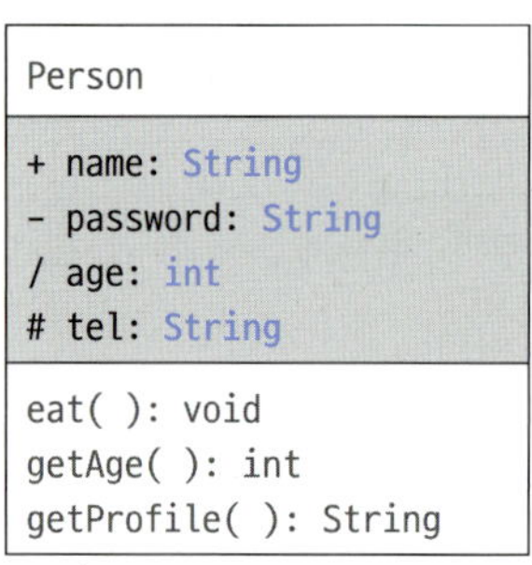

기타 요소로는 기본값, 다중값 선언, 속성 특징 등이 있습니다. **기본값**default value은 초깃값을 자동으로 설정할 때 사용하고, **다중값 선언**multiplicity은 속성이 여러 값을 가질 수 있음을 명시할 때, **속성 특징**properties은 속성의 추가 정보를 공유할 때 기재합니다.

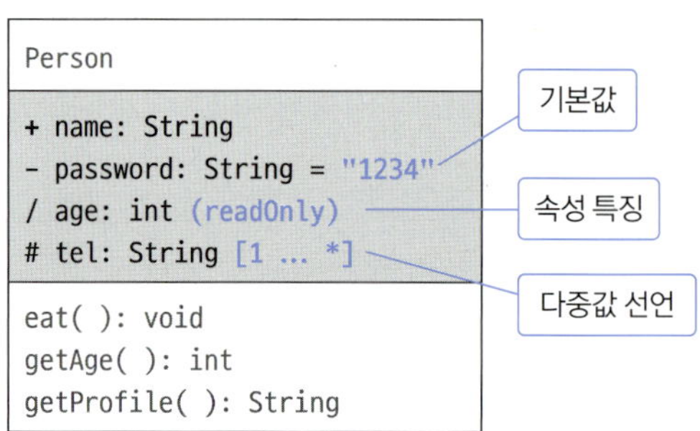

다음으로 알아볼 **오퍼레이션**도 속성과 마찬가지로 접근 제어자를 지정할 수 있으며, 특별한 표시가 없으면 기본적으로 public이 설정됩니다. **매개변수**는 오퍼레이션이 실행될 때 입력해야 하는 데이터를 나타내며, 기본 자료형뿐만 아니라 사용자 정의 클래스를 사용할 수 있습니다. 매개변수의 타입은 in, out, inout이 있지만, 최근에는 in을 기본적으로 사용합니다.

✦ 매개변수 타입은 비교적 중요도가 낮고 생략할 수 있으므로 예제에서는 별도로 표기하지 않습니다.

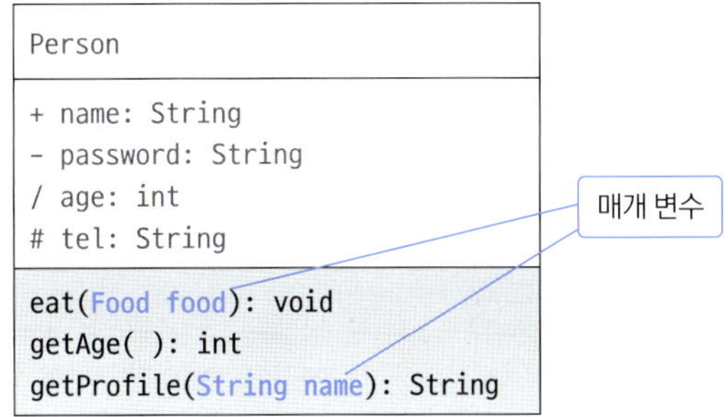

반환값은 오퍼레이션을 수행한 후 반환되는 결과의 자료형을 나타냅니다.

참고로, UML에서는 오퍼레이션과 메서드를 구분하는 것이 중요합니다. 오퍼레이션은 실제 구현 코드가 없는 상태를 의미하며, 다이어그램에서 표현되는 것은 메서드가 아니라 오퍼레이션입니다.

이어서 클래스의 다른 표현 요소인 클래스 변수와 getter/setter 함수를 살펴보겠습니다. 앞서 배운 속성과 오퍼레이션이 클래스 표현의 기본 요소라면, 이 2가지는 추가 요소로 생각할 수 있습니다. 그러나 두 요소 모두 거의 필수적이고 유용하게 사용하므로 잘 알아 두는 것이 좋습니다.

클래스 변수class variable는 클래스 자체에 속하는 속성으로, 해당 클래스로 생성된 모든 객체가 동일한 값을 가지며 공유됩니다. 코드에서는 static 예약어를 사용하며, 클래스 다이어그램에서 static을 사용한 정적 변수와 메서드는 밑줄로 표현됩니다. 이러한 클래스 변수는 클래스의 고유한 성질을 나타내는 데 주로 사용합니다.

예를 들어 Person 객체에 있는 pNumber 클래스 변수는 현재 생성된 Person 객체의 수를 표현하는 데 사용할 수 있으며, 회원 관리 시스템에서 시스템의 가입 회원 수를 나타내는 용도로도 활용할 수 있습니다.

```
Person
─────────────────────
+ name: String
- password: String
/ age: int
# tel: String
- pNumber: int        ← 클래스 변수
─────────────────────
+ getPNumber( ): int
eat(Food food): void
getAge( ): int
getProfile(String name): String
```

```java
public class Person {
    public String name;
    private String password;
    private int age;
    protected String tel;
    private static int pNumber;

    public static int getPNumber( ){...}
    public void eat(Food food){...}
    public int getAge( ){...}
    public String getProfile(String name){...}
}
```

getter/setter 함수는 객체의 private 변수에 접근할 때 사용합니다. 대부분의 IDE에서는 이러한 함수를 자동으로 생성해 주는 기능을 제공합니다. 예를 들어 private 변수인 pNumber의 값을 외부에서 가져오기 위해 public 오퍼레이션인 getPNumber( )를 사용합니다.

지금까지 클래스 자체에 표현 방법을 학습했다면, 이제부터는 각 클래스 간의 관계 표현 방법에 대해 살펴보겠습니다. 앞으로 학습할 클래스 간 관계 표현 방법을 이용하여 클래스 다이어그램을 작성하면, 객체와 객체 사이의 관계를 명확히 정의할 수 있습니다.

클래스 간의 관계 표현

클래스 간의 관계 표현은 각 클래스가 서로 어떤 연관성을 갖고 있는지 다이어그램으로 표현하는 것을 뜻합니다. 다음 그림은 클래스 다이어그램에서 사용하는 관계의 종류를 관계 강도에 따라 표현한 것입니다.

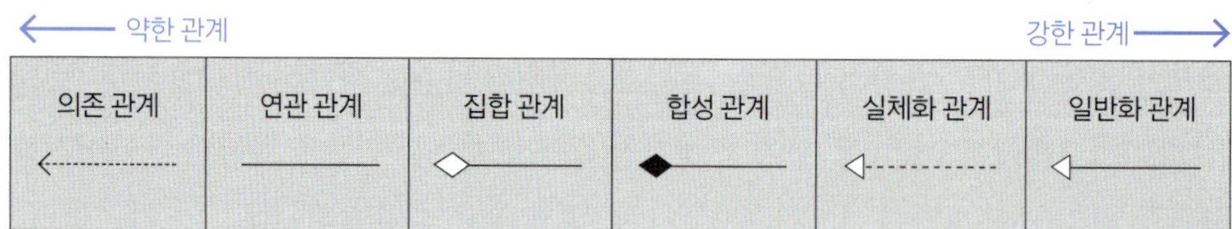

클래스 다이어그램의 관계 종류

의존 관계

의존 관계^{dependency}는 한 클래스가 다른 클래스를 참조하는 것을 의미합니다. 클래스 간의 의존 관계는 점선으로 표현하며, 화살표는 참조하는 클래스를 가리킵니다. 의존 관계에서는 다른 클래스를 지역 변수, 매개변수, 반환값 등으로 사용하며 메서드를 수행하는 동안 두 클래스의 생애 주기가 함께 유지됩니다.

다음 클래스 다이어그램은 Person 클래스와 Food 클래스가 서로 의존 관계임을 나타냅니다. 이는 Food 클래스가 Person 클래스의 eat 함수에서 매개변수로 사용되기 때문입니다.

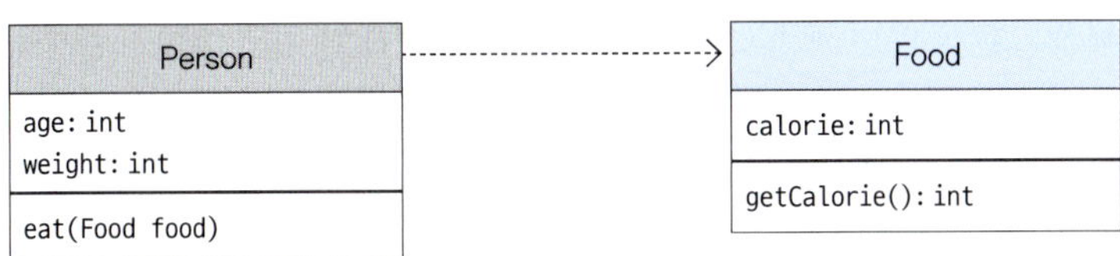

의존 관계를 보여 주는 클래스 다이어그램

이 클래스 다이어그램을 바탕으로 간단하게 코드를 작성해 보면, eat 함수에서는 Food의 칼로리를 받아와 로직을 통해 weight를 수정합니다. 여기에서 eat 함수의 매개변수로 전달된 Food 객체는 eat 함수가 수행되는 동안에만 존재하는 생애 주기를 갖습니다.

코드   📄 UML/ClassDiagram/Person.java

```java
public class Person {
    int age;
    int weight;
    void eat(Food food) {
        weight += food.getCalorie() / 100;
    }
}

class Food {
    int calorie;
    int getCalorie() {
        return calorie;
    }
}
```

연관 관계

연관 관계 association는 한 클래스가 다른 클래스를 참조한다는 점에서 의존 관계와 유사하지만, 참조하는 클래스를 변수로 할당하여 두 클래스의 생애 주기를 함께 한다는 점에서 차이가 있습니다. 또한 연관 관계에서는 방향성을 명확하게 이해하고 사용하는 것이 중요합니다.

방향성은 연관 관계에서 클래스 간의 참조 방향을 나타냅니다. 연관 관계에서는 참조하는 클래스의 public 속성과 오퍼레이션을 사용할 수 있습니다. 다음 그림을 살펴봅시다.

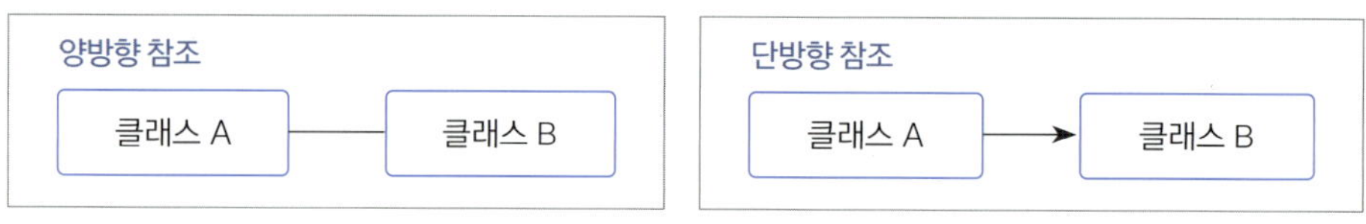

왼쪽 그림과 같이 화살표가 없는 연관 관계는 기본적으로 양방향으로 참조할 수 있다는 뜻입니다. 반면, 오른쪽 그림처럼 A → B 방향의 화살표가 있는 연관 관계는 단방향으로 참조하는 것을 의미하며, 클래스 A는 클래스 B의 public 속성과 오퍼레이션을 참조하거나 사용할 수 있지만, 클래스 B는 클래스 A의 어떠한 내용도 참조하거나 사용할 수 없습니다. 정리하면, 단방향 연관 관계는 한쪽 클래스가 다른 클래스의 기능을 활용할 때 사용합니다.

다중성은 클래스 간의 연관 관계에서 객체의 수를 나타냅니다. 클래스 다이어그램에서 다중성은 한 개체가 다른 개체와 얼마나 많은 관계를 가지는지를 표현합니다. 이는 추후 데이터베이스 설계에 도움을 주고, 개발자가 클래스 간의 관계를 명확하게 이해하는 데 기여합니다. 다음은 Student 클래스와 Email 클래스가 연관 관계를 맺고 있는 다이어그램입니다.

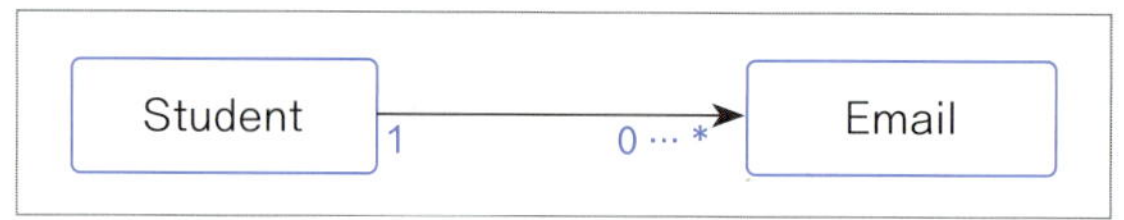

Student 부분은 1로, Email 부분은 0…*로 표현되어 있다면, 이는 학생 클래스가 이메일 클래스 객체를 0개에서 N개까지 가질 수 있음을 의미합니다. 즉, 학생과 이메일은 1:N 관계임을 나타냅니다.

다중성 표기 형식과 의미

표기 형식	의미
1	(정확히) 1
*	0 또는 그 이상
0…*	0 또는 그 이상 (*와 동일한 의미)
1…*	1 또는 그 이상
0…1	0 또는 1
A…B	A에서부터 B 사이의 값
A,B	A 또는 B

이 클래스 다이어그램에서 표현한 연관 관계와 다중성의 의미를 고려해 예제를 작성하여 보겠습니다.

```
코드                                    UML/ClassDiagram/Student.java

import java.util.Date;
import java.util.List;

public class Student {
    private List<Email> emailList;
}
class Email {
    String address;
    String domain;
    String pw;
    Date createDt;
}
```

Student 클래스에서 Email 객체를 여러 개 보유할 수 있으므로, Student 클래스는 Email 클래스를 리스트 형태의 멤버 변수로 가집니다. 이처럼 클래스 다이어그램에 연관 관계와 다중성을 표현하면, 개발자는 클래스 코드를 작성할 때 해당 관계를 명확히 이해하고 구현할 수 있습니다.

집합 관계

집합 관계aggregation는 클래스 간의 전체와 부분 관계를 나타내며, 전체 객체와 부분 객체의 생애 주기가 서로 독립적이라는 중요한 특징이 있습니다. 즉, 전체 객체가 소멸되더라도 부분 객체는 독립해서 유지될 수 있습니다.

다이어그램과 코드를 통해 집합 관계를 보다 정확히 이해해 봅시다. 다음은 Lecture 클래스와 그 부분으로서 Student, LectureRoom, Professor 클래스 간의 집합 관계를 표현합니다. 이를 통해 Student, Lecture Room, Professor 클래스가 Lecture 클래스의 부분을 구성한다는 것을 알 수 있습니다.

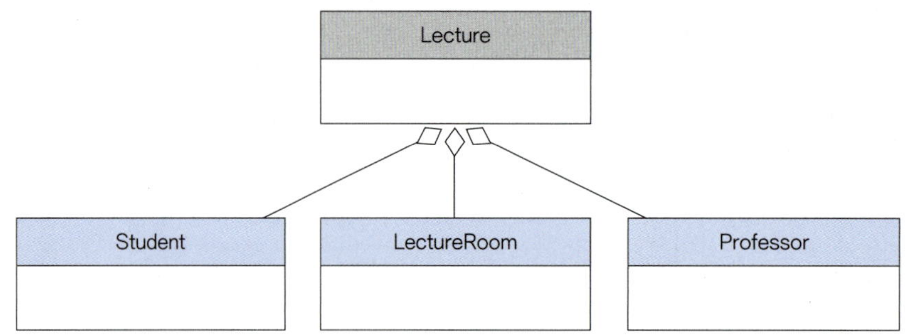

집합 관계를 보여 주는 클래스 다이어그램

이 클래스 다이어그램의 집합 관계를 고려해 Lecture 클래스를 작성해 보겠습니다.

```
코드                                          UML/ClassDiagram/Lecture.java

import java.util.List;

public class Lecture {
    private List<Student> studentList;
    private LectureRoom lectureRoom;
    private Professor professor;

    public Lecture(List<Student> studentList, LectureRoom lectureRoom,
Professor professor) {
        this.studentList = studentList;
        this.lectureRoom = lectureRoom;
        this.professor = professor;
    }
}
```

여기서 주목해야 할 점은 객체를 생성할 때 외부에서 부분 객체를 받아오므로 Lecture 클래스가 소멸되더라도 이를 구성하는 부분 객체들은 독립적으로 유지한다는 것입니다.

합성 관계

합성 관계^{composition}는 앞서 설명한 집합 관계와 유사하지만, 전체 객체가 소멸되면 이를 구성하는 부분 객체들도 함께 소멸된다는 점에서 차이가 있습니다. 즉, 부분 객체는 전체 객체의 생애 주기에 완전히 종속됩니다.

다음 클래스 다이어그램은 Lecture 클래스와 이를 구성하는 Student, Lecture Room, Professor 클래스 간의 합성 관계를 표현한 것입니다. 집합 관계와 매우 유사하지만, 다이어그램에서 마름모 부분이 채워져 있어 이들 클래스가 Lecture 클래스의 부분으로서 합성 관계를 이룬다는 것을 알 수 있습니다.

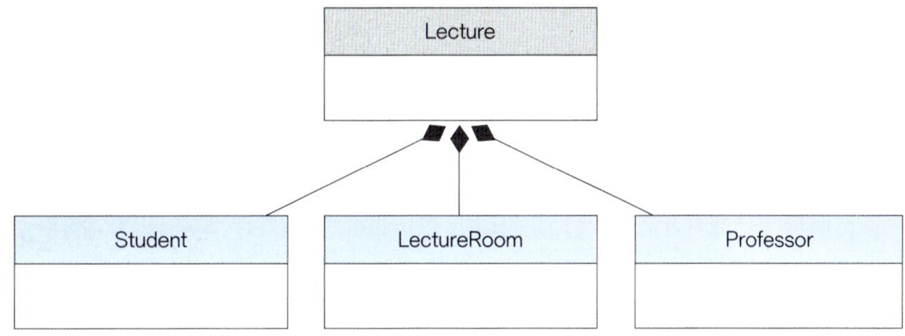

합성 관계를 보여 주는 클래스 다이어그램

이 다이어그램의 합성 관계를 고려해 Lecture 클래스를 작성해 봅시다.

코드 UML/ClassDiagram/Lecture2.java

```java
import java.util.ArrayList;
import java.util.List;

public class Lecture2 {
    private List<Student> studentList;
    private LectureRoom lectureRoom;
    private Professor professor;

    public Lecture2() {
        this.studentList = new ArrayList<>();
        this.lectureRoom = new LectureRoom();
        this.professor = new Professor();
    }
}
```

이 코드를 살펴보면, 객체 생성이 클래스 내부에서 이루어진다는 것을 알 수 있으며 이로써 부분 객체들은 전체 객체의 생애 주기에 완전히 종속됩니다.

실체화 관계

실체화 관계^{realization}는 인터페이스와 이를 실제로 구현한 클래스 간의 관계를 나타냅니다. 바로 뒤에서 배울 일반화 관계(상속)는 '나는 상위 클래스의 한 종류이다'를 의미하는 반면, 실체화 관계는 '나는 인터페이스에 정의된 기능을 수행할 수 있다'라는 의미로 해석할 수 있습니다. 즉, 일반화 관계(상속)는 부모 클래스의 속성과 메서드를 자식 클래스가 그대로 물려받는 것이고, 실체화 관계는 인터페이스에 정의된 메서드를 클래스에서 실제로 구현하는 것입니다.

다음 클래스 다이어그램은 Flyable 인터페이스와 이를 구현하는 Bird 클래스 사이에 실체화 관계가 형성되어 있음을 보여 줍니다.

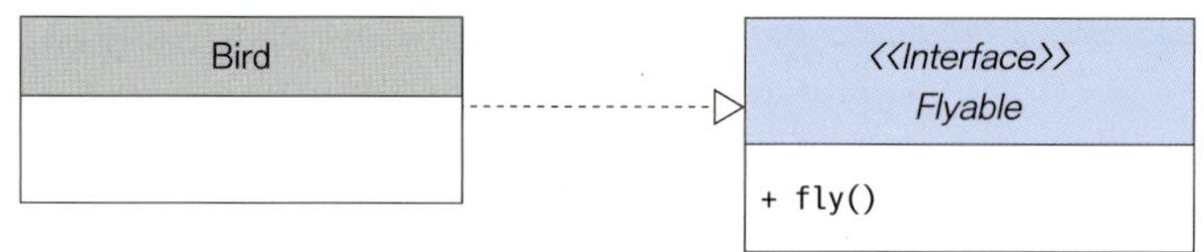

실체화 관계를 보여주는 클래스 다이어그램

Bird 클래스가 Flyable 인터페이스에 선언된 fly 함수를 구현하도록 코드를 작성하면 다음과 같습니다. 클래스 다이어그램의 실체화 관계 표현을 기반으로 인터페이스와 클래스가 올바르게 구현된 것을 확인할 수 있습니다.

코드 · UML/ClassDiagram/Bird.java

```java
interface Flyable {
    public void fly();
}

public class Bird implements Flyable {
    @Override
    public void fly() {
        System.out.println("날개를 이용하여 날아갑니다.");
    }
}
```

일반화 관계

일반화 관계inheritance는 IS-A 관계라고도 하며, 한 클래스가 다른 클래스를 포함하는 상위 개념일 때 사용합니다. IS-A 관계는 UML에서 일반화 관계로 표현하는 것과 달리, 객체 지향 프로그래밍에서는 이를 상속 관계라고도 합니다.

다음 클래스 다이어그램과 코드로 일반화 관계를 보다 정확히 이해해 봅시다. 이 다이어그램은 User 클래스와 NormalUser, Admin 클래스가 일반화 관계에 있다는 것을 보여 줍니다.

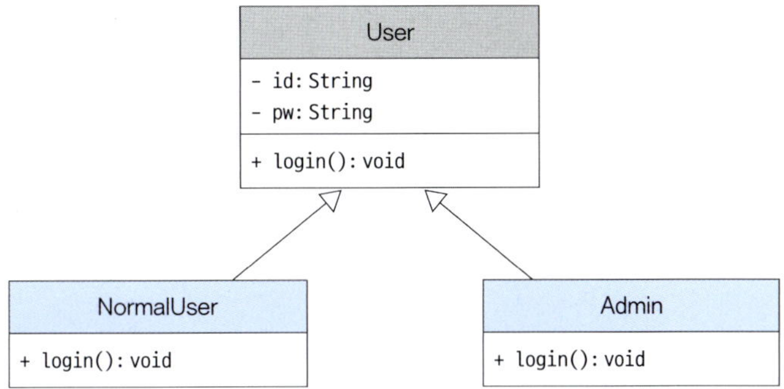

일반화 관계를 보여 주는 클래스 다이어그램

일반화 관계를 고려하여 User 클래스, NormalUser 클래스, Admin 클래스를 작성해 봅시다.

📄 UML/ClassDiagram/User.java

```java
public abstract class User {
    private String id;
    private String pw;
    public abstract void login();
}

class NormalUser extends User {
    @Override
    public void login() {
        System.out.println("일반 사용자 로그인");
    }
}
```

```java
class Admin extends User {
    @Override
    public void login() {
        System.out.println("관리자 로그인");
    }
}
```

이 코드를 살펴보면 NormalUser와 Admin 클래스가 User 클래스를 상속받아 User 클래스의 변수와 함수의 특성을 그대로 이어받고, 추상 메서드인 login을 구현한 것을 확인할 수 있습니다. 이러한 일반화 관계를 적절히 활용하면 코드 재사용성을 크게 향상시키는 장점이 있습니다.

9-4

시퀀스 다이어그램

객체 간의 상호 작용을 시각적으로 표현하는 상호 작용 다이어그램^{interaction diagram} 중에 시퀀스 다이어그램^{sequence diagram}은 시간의 흐름에 따라 객체 간의 상호 작용을 나타내는 가장 널리 사용하는 형태로, API 호출 흐름이나 유스 케이스 시나리오를 자세하게 파악할 수 있습니다.

시퀀스 다이어그램의 구성 요소

시퀀스 다이어그램을 표현하는 구성 요소를 알아보겠습니다.

객체와 생명선

객체^{object}는 행동 주체를 나타내며, 일반적으로 직사각형을 사용합니다. 생명선^{lifeline}은 객체의 수명을 점선으로 나타내는데, 이 점선이 아래로 갈수록 시간 경과를 의미합니다.

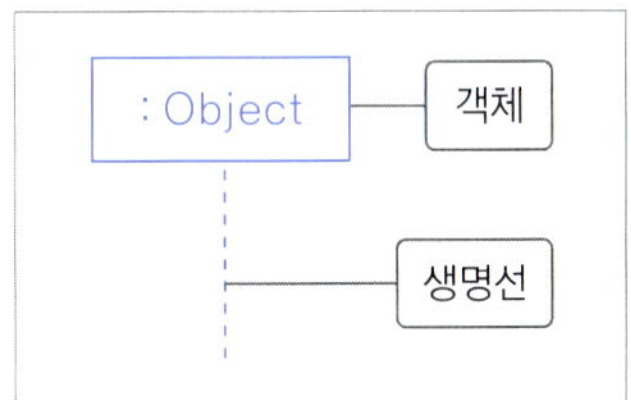

활성 박스

활성 박스^{activation box}는 생명선 위에 긴 직사각형 형태로 표시하며, 해당 객체가 현재 특정 활동을 수행하고 있음을 나타냅니다.

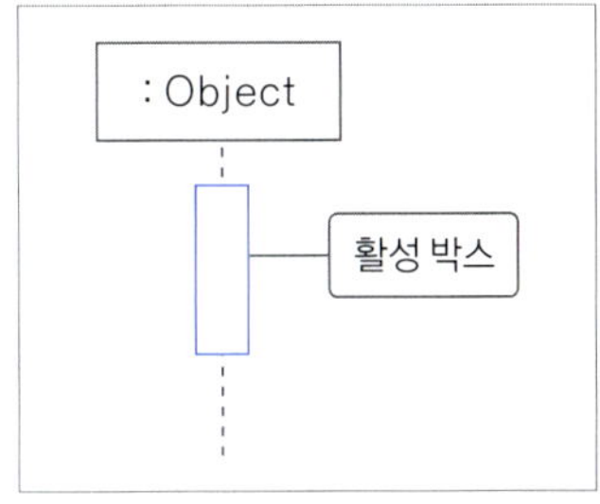

메시지

메시지^{message}는 객체 간에 주고받는 데이터로, 일반적으로 요청과 응답을 표현합니다. 메시지는 크게 4가지 유형이 있습니다.

먼저, **동기 메시지**^{sync message}는 메시지를 보낸 객체가 요청 결과 응답이 올 때까지 기다리는 방식입니다. 오른쪽과 같이 실선과 꽉 찬 화살표로 표현하며, 일반적인 함수 호출과 유사하게 동작합니다.

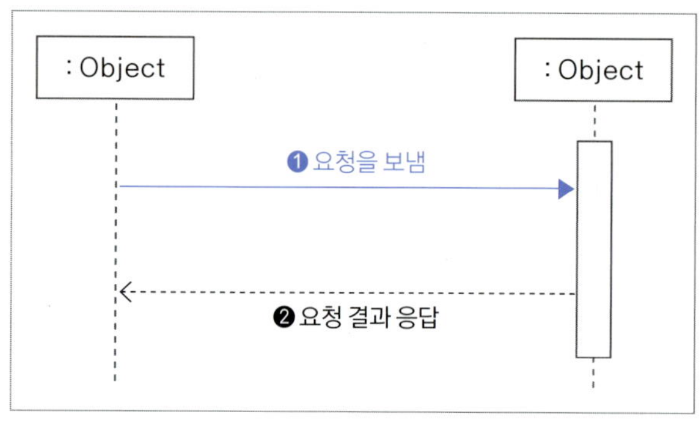

동기 메시지

비동기 메시지^{async message}는 메시지를 보낸 객체가 요청 결과 응답을 기다리지 않고 다른 작업을 수행하는 방식입니다. 오른쪽과 같이 실선과 빈 화살표로 표현합니다.

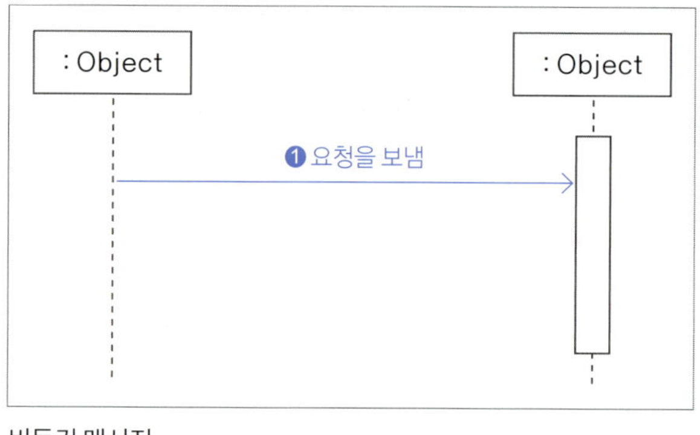

비동기 메시지

자체 메시지^{self message}는 객체가 자체적으로 내부 작업을 처리할 때 사용하며, 자신의 생명선을 따라 회귀하는 화살표로 나타냅니다.

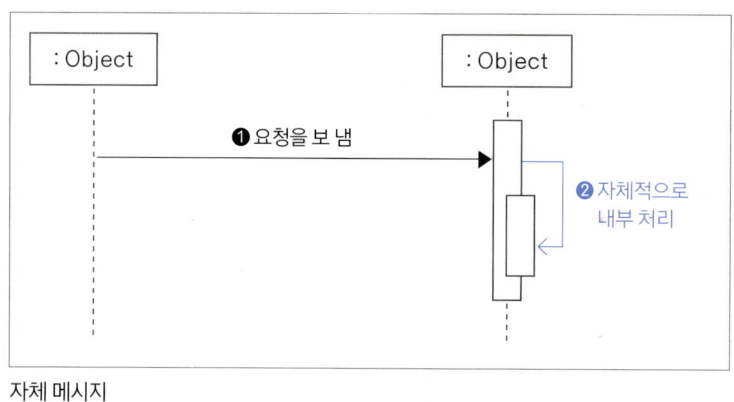

자체 메시지

반환 메시지|return/reply message 는 요청 결과를 반환할 때 사용하며, 오른쪽과 같이 점선과 빈 화살표로 표현됩니다.

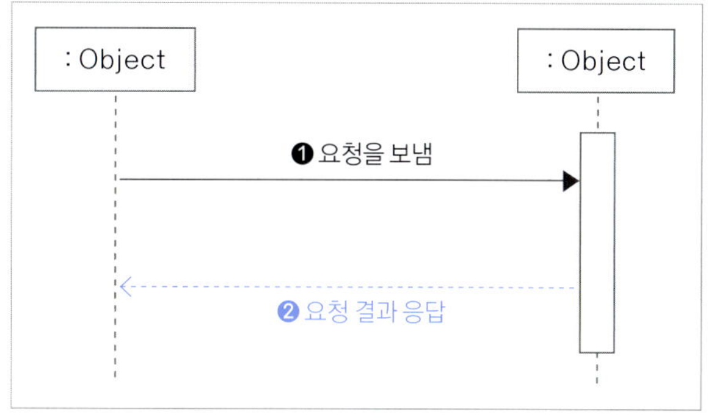

반환 메시지

시퀀스 다이어그램의 흐름 제어

시퀀스 다이어그램에서는 시간의 흐름에 따라 객체 간의 상호 작용을 표현하므로 프로그래밍의 조건문이나 반복문처럼 흐름을 제어할 필요가 있습니다. 그래서 시퀀스 다이어그램에서는 가드와 시퀀스 프래그먼트를 사용합니다.

가드

가드 guard 는 특정 조건을 만족할 때만 메시지가 전달되도록 제어하며, 메시지 앞쪽에 대괄호([ ])를 사용해 조건을 명시하는 방법입니다.

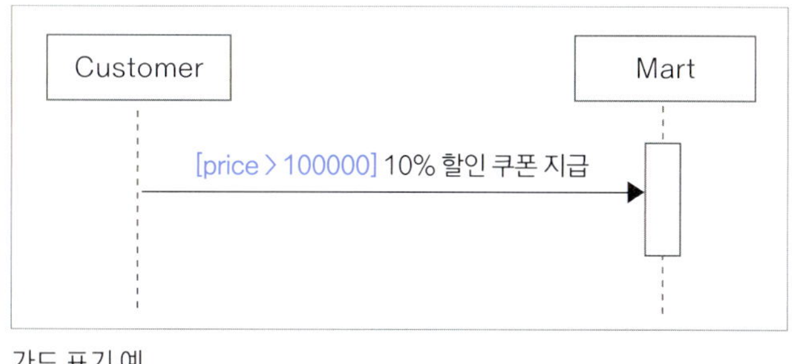

가드 표기 예

이 다이어그램을 보면, 10만 원을 초과한 상품을 구매한 고객에게만 10% 할인 쿠폰을 발급하는 메시지가 전달되며, 10만 원 이하 상품을 구매한 고객에게는 이 메시지가 전달되지 않습니다.

시퀀스 프래그먼트

시퀀스 프래그먼트 sequence fragment 는 특정 범위에 조건을 명시할 수 있는 기능을 제공합니다. 여러 생명선과 활성 박스를 포함하는 박스 형태로 표현되며 이를 통해 반복, 조건, 분기 등의 흐름을 제어할 수 있습니다. 시퀀스 프래그먼트의 종류는 Alternative, Option, Loop, Break, Parallel 등이 있습니다.

먼저, Alternative는 줄여서 alt로 표기하며, 이는 프로그래밍의 if~else 문과 같은 역할을 합니다. 즉, 특정 조건을 만족할 때와 만족하지 않을 때를 분기하여 각각 다르게 처리하는 프로그램 흐름을 표현합니다.

다음 다이어그램은 alt를 이용해 10만 원을 초과한 상품을 구매한 고객에게는 10% 할인 쿠폰을, 그 외 고객에게는 배송비 무료 쿠폰을 지급하도록 표현한 예시입니다.

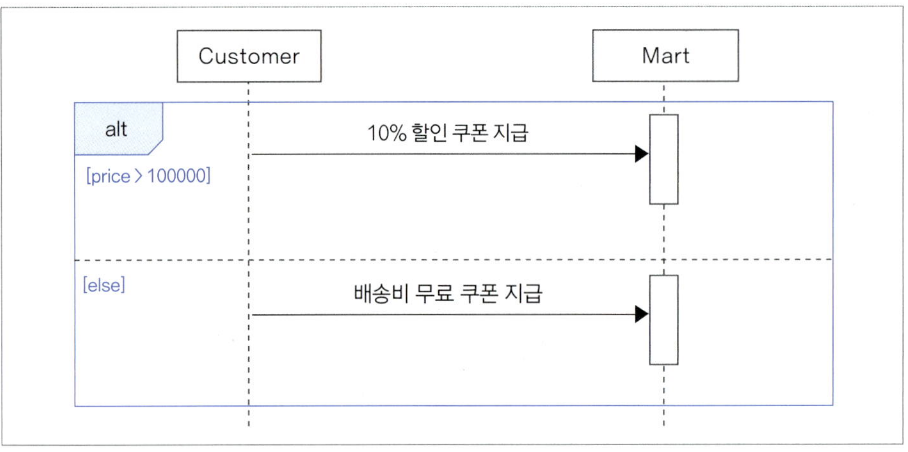

Alternative 표기 예

Option은 줄여서 opt로 표기하며, 프로그래밍에서 if 문과 유사한 역할을 합니다. 즉, 특정 조건에 만족하는 경우에만 동작하는 프로그램 흐름을 표현합니다.

다음 다이어그램은 opt를 이용해 10만 원을 초과한 상품을 구매한 고객에게 10% 할인 쿠폰을 지급하고, VIP 카드 발급을 요청한 고객에게 카드를 발급하는 시퀀스를 표현한 예시입니다. 주어진 조건에 따라 흐름을 제어하는 방식은 가드와 유사하지만, 한 번에 여러 동작을 처리할 수 있다는 점에서 차이가 있습니다.

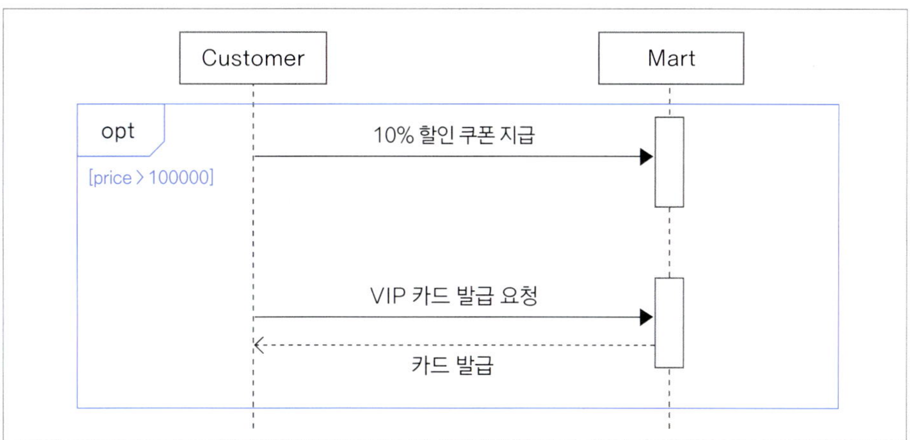

Option 표기 예

Loop는 프로그래밍에서의 반복문과 같은 역할을 합니다. 조건을 만족하는 동안, 최대 수행 횟수 내에서 프로그램을 반복하여 수행합니다. 다음 그림은 Loop의 기본 형식을 표현한 것입니다.

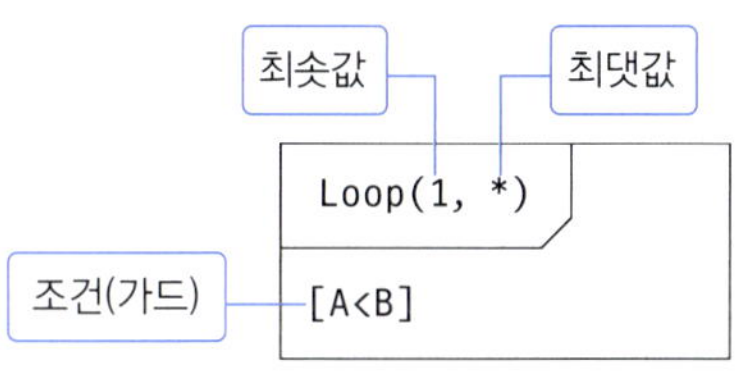

Loop 표기 예

Loop에서 구성 요소는 다음과 같습니다.

- **최솟값**: 무조건 수행하는 반복 횟수
- **최댓값**: 조건에 만족하는 경우의 최대 수행 횟수
- **조건**: 최솟값을 반복한 이후 추가 반복을 결정하는 상태

그리고 Loop는 다음과 같이 다양하게 표현할 수 있으며, 등호(=)를 기준으로 왼쪽과 오른쪽의 표현이 동일함을 의미합니다.

```
• loop = loop(*) = loop(0, *)
• loop(5, 5) = loop(5)
• loop(1, 10) = loop(1 .. 10)
```

Break는 프로그래밍의 break 문과 유사한 역할을 합니다. 조건을 만족하면 break 영역 내의 내용을 실행한 후 해당 시퀀스를 종료하고 빠져나옵니다.

다음 다이어그램 예를 살펴보면, break는 조건을 충족하면 break 영역의 내용을 수행하고 상위 영역의 다음 내용을 실행하지 않고 즉시 빠져나오는 역할을 합니다. 반면에, 조건을 충족하지 않으면 break 영역의 내용을 수행하지 않으며 상위 영역의 흐름이 그대로 이어집니다.

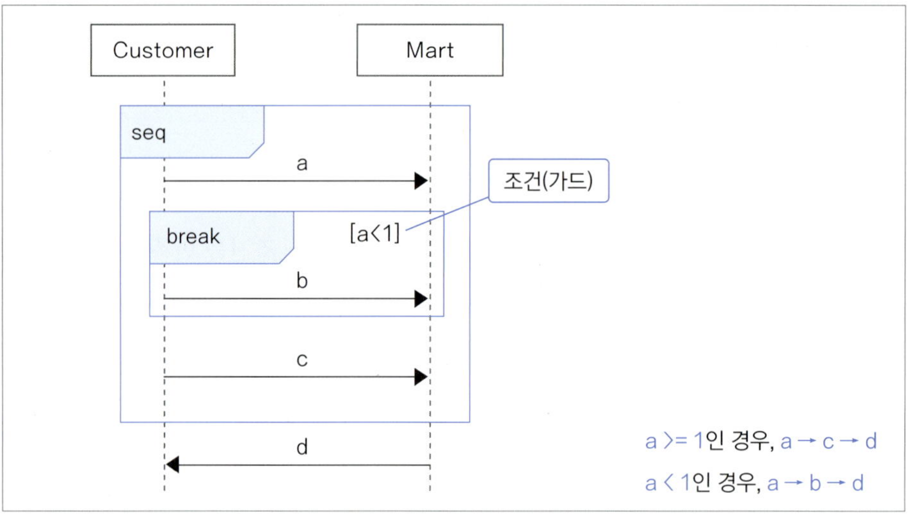

Break 표기 예

✦ seq는 기본적인 시퀀스 흐름을 나타내며, 메시지의 순서를 자유롭게 설정할 수 있는 특징이 있습니다.

이번에는 Loop와 Break를 활용해 간단한 로그인 기능을 표현한 시퀀스 다이어그램을 살펴보겠습니다. 이 다이어그램은 로그인 시도를 최소 1번에서 최대 3번까지 할 수 있으며, 비밀번호가 3번 이상 틀린 경우 상위 영역이 시스템 자체이므로 시스템이 종료되는 흐름을 표현합니다.

Loop와 Break를 표기한 시퀀스 다이어그램

마지막으로 Parallel은 줄여서 par로 표시합니다. 프로그래밍에서는 스레드와 유사한 역할을 하며, 프로세스의 병렬 처리를 의미합니다. 다음 다이어그램은 고객이 출금을 요청할 때, 은행 시스템에서 계좌의 정상 여부와 잔액을 병렬로 확인하는 과정을 표현한 예입니다.

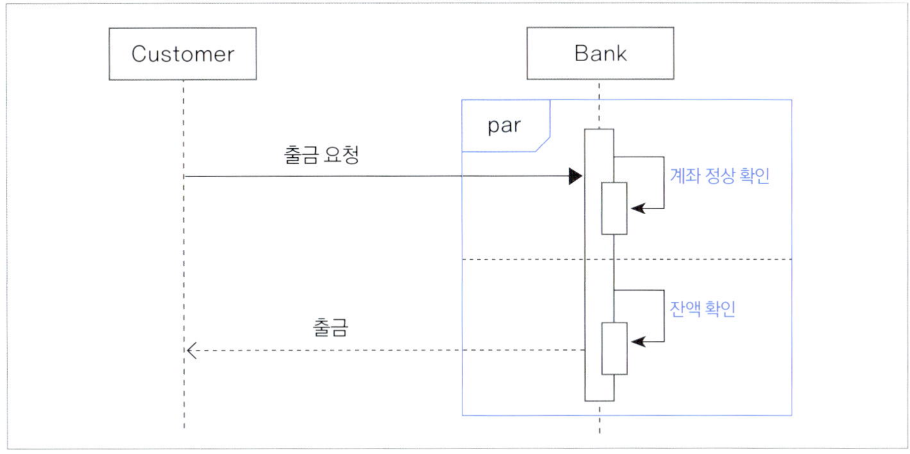

Parallel 표기 예

객체 지향 설계 단계에서 유스 케이스만을 기반으로 클래스 다이어그램을 작성하는 것은 생각보다 매우 어렵습니다. 따라서 클래스 다이어그램을 좀 더 구체적으로 설계하려면 먼저 시퀀스 다이어그램을 작성하는 것을 권장합니다. 유스 케이스를 바탕으로 시퀀스 다이어그램을 작성하면 그 과정에서 다양한 속성과 동작, 객체 간의 상호작용이 자연스럽게 분석되고 도출됩니다. 이렇게 작성한 시퀀스 다이어그램을 토대로 구체적이고 품질 높은 클래스 다이어그램을 완성할 수 있습니다.

상태 차트 다이어그램

상태 차트 다이어그램state chart diagram은 행위 다이어그램에 속하며, 객체의 생애 주기 동안 발생하는 상태 변화를 시간 순서대로 나타냅니다. 상태 차트 다이어그램은 주요 요소인 상태와 전이로 구성됩니다.

상태 차트 다이어그램의 구성 요소

상태 차트 다이어그램을 표현하는 2가지 구성 요소를 자세히 알아보겠습니다.

상태

상태state는 객체가 가질 수 있는 조건이나 상황을 나타내며, 객체의 생애 주기 동안 변화합니다. 먼저 다음 표를 통해 상태의 종류를 알아보겠습니다.

상태의 종류

종류	표시	객체 상태	의미
상태state		real state	객체의 현재 상태, 조건, 상황
시작 상태initial state	●	pseudo state	객체 상태 변화의 시작
종료 상태final state	◉	real state	객체 상태 변화의 종료
상태 기계 종료terminate node	✕	pseudo state	시퀀스가 종료되는 지점

여기서 real state는 실제 객체의 상태를 나타내고, pseudo state는 진짜 객체 상태가 아닌, 다이어그램의 흐름을 표현할 때 사용하는 가상의 상태를 의미합니다.

또한 상태 표기는 기본형과 상세형으로 구분됩니다. 기본형은 단순히 상태만 표기하는 반면, 상세형은 상태에 진입하거나 머무르는 동안, 그리고 상태에서 나갈 때 수행하는 활동까지 함께 표현하여 보다 자세히 나타냅니다.

상태 표기 예

기본형	상세형
S	S entry/Activity() do/Activity() exit/Activity()

상태를 상세형으로 표기할 때 다음과 같은 활동의 종류를 함께 작성하면 객체의 상태 변화에 따른 동작을 명확하게 나타낼 수 있습니다.

- entry/Activity(): 객체가 특정 상태(여기서는 S)에 진입할 때 실행하는 활동을 뜻합니다.
- do/Activity(): 객체가 특정 상태에 머무르는 동안 수행하는 활동을 뜻합니다.
- exit/Activity(): 객체가 특정 상태에서 벗어날 때 실행하는 활동을 뜻합니다.

전이

전이transition는 하나의 상태에서 다른 상태로 변화하는 과정을 나타내며, 상태 간의 관계를 표현합니다. 즉, 객체가 특정 조건이나 이벤트가 있을 때 어떤 상태에서 다른 상태로 이동하는 흐름을 보여 줍니다. 오른쪽 그림에서 전이의 표현 방식과 구성 요소를 살펴봅시다.

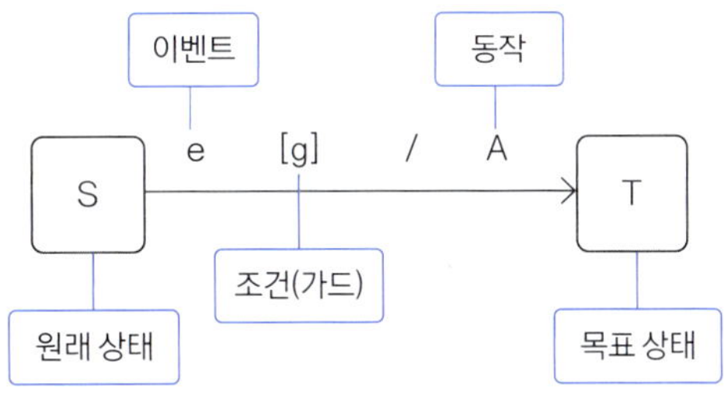

전이의 표현 방식와 구성 요소

- **원래 상태**source state: 전이가 일어나기 전의 상태를 나타냅니다.
- **목표 상태**target state: 전이가 일어난 후의 상태를 나타냅니다.
- **이벤트**event: 전이를 촉발시키는 사건을 의미합니다.
- **조건**guard: 전이가 일어나는 조건(가드)을 나타내며, 이벤트가 실행되더라도 조건이 거짓이면 상태 변화가 발생하지 않습니다.
- **동작**action: 전이가 일어나는 도중에 실행되는 활동이나 내용을 나타냅니다.

다음은 상태 차트 다이어그램의 예로, 상태의 흐름에 따라 x값이 어떻게 변화하는지를 알 수 있습니다.

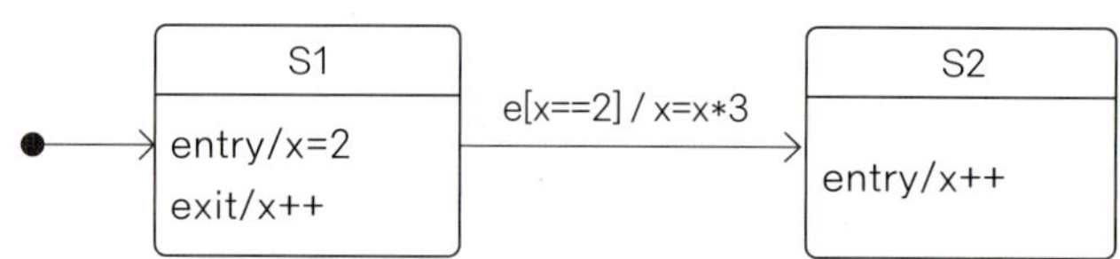

상태 차트 다이어그램 예

다음 표는 이 상태 차트 다이어그램의 상태 변화에 따라 어떤 수식을 실행하는지, 또한 수식을 실행하면 x값이 어떻게 변경되는지를 보여 줍니다.

상태 차트 다이어그램 분석

상태 변화 내용	실행 수식	x값
S1 진입. Entry	x = 2	2
이벤트 발생 및 조건 성립	if (x == 2) 인가? true	2
S1 탈출. Exit	x++	3
동작 실행	x = x*3	9
S2 진입. Entry	x++	10

상태 차트 다이어그램의 다양한 상태

상태 차트 다이어그램은 다양한 상태로 구성됩니다. 복합 상태, 동시 상태, 서브머신 상태, 기록 상태 등을 예로 들 수 있습니다. 이러한 상태들은 다이어그램에서 시스템의 동작을 보다 효과적으로 분석하는 데 도움을 줍니다. 이제부터 상태 차트 다이어그램의 다양한 상태를 하나하나 자세히 살펴보겠습니다.

복합 상태

복합 상태composite state는 하나의 상태 내에 계층 구조hierarchy를 포함하는 상태를 의미하며, OR 상태OR state라고도 합니다. 복합 상태에서는 여러 하위 상태substate가 존재할 수 있으나, 이들 중 반드시 동시에 하나의 하위 상태만 활성화해야 합니다.

다이어그램을 살펴보면서 복합 상태를 좀 더 알아봅시다. 다음 상태 차트 다이어그램은 복합 상태의 흐름을 나타냅니다. S1 상태에서 발생할 수 있는 이벤트는 e1과 e2입니다.

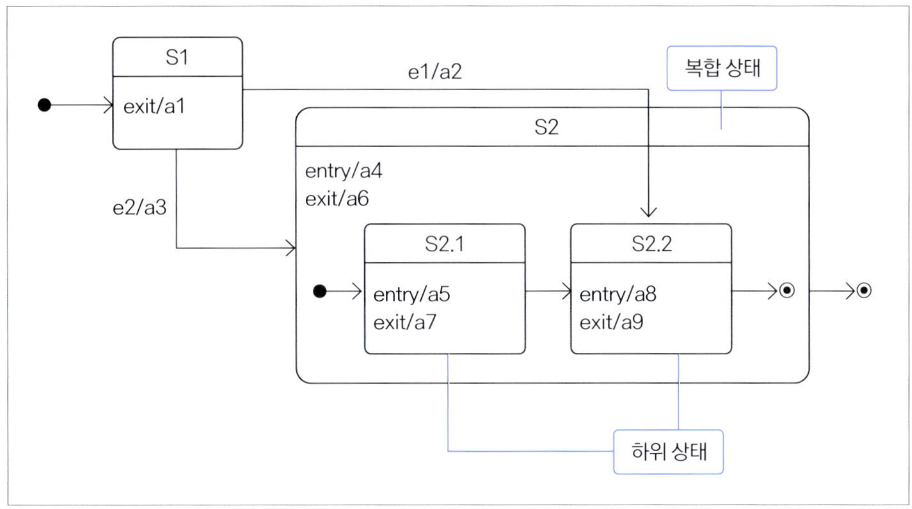

복합 상태 예

다음과 같이 이벤트 e1이 발생하면 상태는 S2의 하위 상태인 S2.2로 전이됩니다.

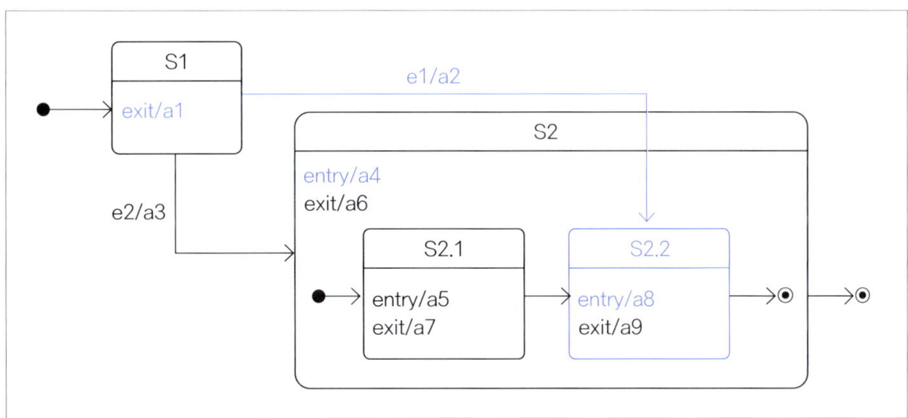

이벤트 e1이 발생한 경우

다음은 이벤트 e1이 발생했을 때의 상태 흐름과 활성화된 하위 상태의 정보입니다.

- **상태 흐름**: a1 → a2 → a4 → a8
- **활성화된 하위 상태**: S2.2

이때 두 하위 상태 중 S2.2만 실행된 것을 확인할 수 있습니다.

이와 다르게 이벤트 e2가 발생하면 S1 상태에서 다른 하위 상태로 전이됩니다.

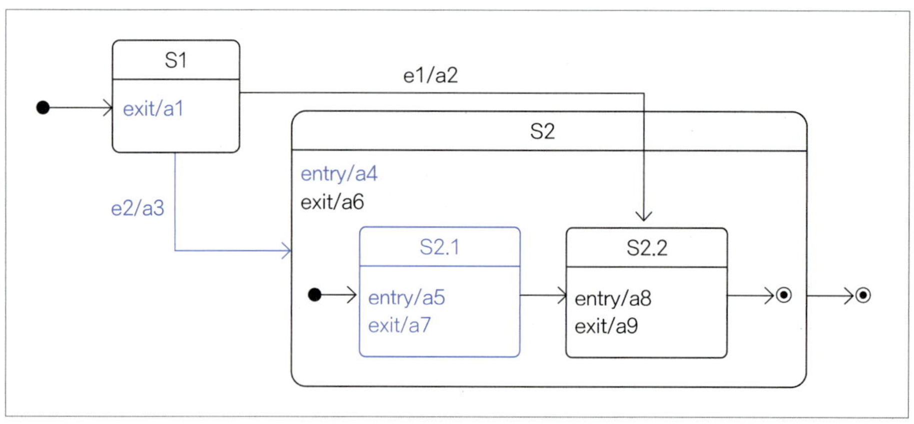

이벤트 e2가 발생한 경우

다음은 이벤트 e2가 발생했을 때의 상태 흐름과 활성화된 하위 상태의 정보입니다.

- **상태 흐름:** a1 → a3 → a4 → a5
- **활성화된 하위 상태:** S2.1

이때 두 하위 상태중 S2.1만 실행된 것을 확인할 수 있습니다.

복합 상태에서는 상태의 계층이 생성되며, 하위 상태는 동시에 활성화할 수 없는 구조로 구성된다는 것을 앞선 예에서 알 수 있습니다. 복합 상태를 활용하면 상태의 계층 구조를 명확하게 표현할 수 있으며, 상위 상태에서 하위 상태로의 전환을 간소화해 표현할 수 있습니다. 따라서 개발자가 복합 상태를 잘 이해하고 활용하면, 계층 구조를 이루는 시스템의 세부 동작을 효과적으로 이해하고 공유하는 데 도움이 됩니다.

동시 상태

동시 상태orthogonal state는 AND 상태AND state라고도 하며, 하나의 복합 상태가 2개 이상의 지역region으로 분할된 구조를 의미합니다. 지역은 점선으로 구분하며, 상태 내에서 각 지역이 독립해서 동작합니다. 하나의 진입 지점으로 상태에 들어가면, 모든 지역이 동시에 활성화됩니다. 상태를 벗어나려면 모든 지역이 반드시 종료 상태에 도달해야 합니다.

다음은 동시 상태의 구조를 나타내고 실제 흐름을 보여 주는 상태 차트 다이어그램입니다. 이 다이어그램과 함께 구성 내용을 살펴보며 동시 상태를 보다 자세히 알아봅시다.

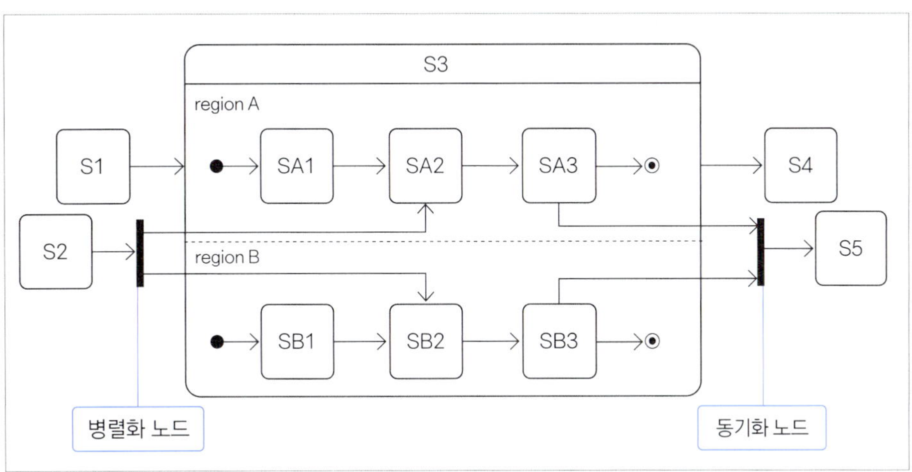

동시 상태 예

- **시작**(S1 → S3): region A, region B의 시작 상태를 동시에 활성화합니다.
- **종료**(S4): region A, region B 모두 종료 상태가 되어야 S4로 이동할 수 있습니다.
- **병렬화 노드**parallelization node: 시작 노드가 아닌 다른 노드로 직접 진입할 수 있습니다. (단, 모든 region에서 빠지지 않고 진입해야 합니다.)
- **동기화 노드**synchronization node: 종료 노드가 아닌 다른 노드에서 직접 나갈 수 있습니다.(단, 모든 지역에서 상태가 도달할 때까지 기다려야 합니다.)
- **교착 상태**deadlock: 동기화 노드에서 특정 지역의 결과를 무한히 기다리는 상태로, 교착 상태는 방지해야 합니다.

동시 상태는 병렬 처리 흐름을 모델링하는 데 매우 유용합니다. 따라서 개발자가 동시 상태를 잘 이해하면, 병렬 처리 프로세스를 설명하는 모델링 작업이나 이미 작성된 병렬 처리 관련 상태 차트 다이어그램 문서를 이해하는 데 큰 도움이 될 것입니다.

서브머신 상태

서브머신 상태SubMachine State, SMS는 하위 상태 다이어그램을 포함한 상태를 의미하며, UML에서 안경 모양으로 표현합니다. 서브머신 상태를 사용하면 복잡한 상태를 더 작은 하위 상태 차트로 분할하여 표현할 수 있습니다.

다음 그림을 살펴보면 등호 오른쪽은 서브머신 상태를 적용하지 않은 상태 차트 다이어그램이고, 왼쪽은 서브머신 상태를 적용한 다이어그램입니다. 두 차트의 모양은 다르지만, 궁극적으로 표현하는 내용은 동일합니다.

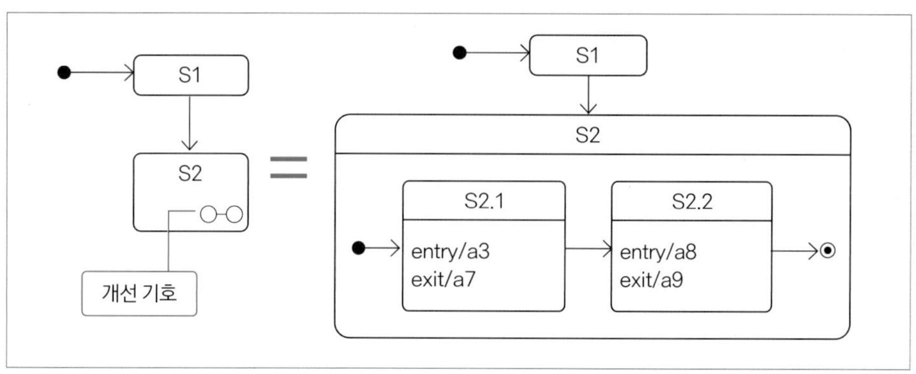

서브머신 상태의 적용 유무에 따른 상태 차트 비교

서브머신 상태를 효과적으로 활용하면 복잡한 상태 차트 다이어그램을 간소화하여 가독성을 높이고, 분리된 각 상태들의 의미를 보다 명확하게 전달할 수 있는 장점이 있습니다.

기록 상태

기록 상태history state는 이전에 진행했던 상태를 기억하여 필요할 때 해당 상태로 복귀할 수 있도록 하는 특수한 상태입니다. 기록 상태는 shallow history state와 deep history state로 구분됩니다. 다음 표는 이 2가지 상태의 표시법과 의미를 나타냅니다.

종류	표시	의미
shallow history state	(H)	동일한 계층의 시작 노드로 이동
deep history state	(H*)	노드에서 나가기 전에 마지막으로 활성화됐던 substate로 이동

이제 예시와 함께 이 2가지 상태를 자세히 살펴보겠습니다. 먼저, shallow history state는 동일 계층 내에서 가장 최근에 활성화된 상태만 기억합니다. 즉, 상태가 다시 활성화될 때 해당 계층에서 마지막으로 활성화된 지점으로 돌아갑니다. 다음 그림은 shallow history state가 동작하는 예를 보여 줍니다.

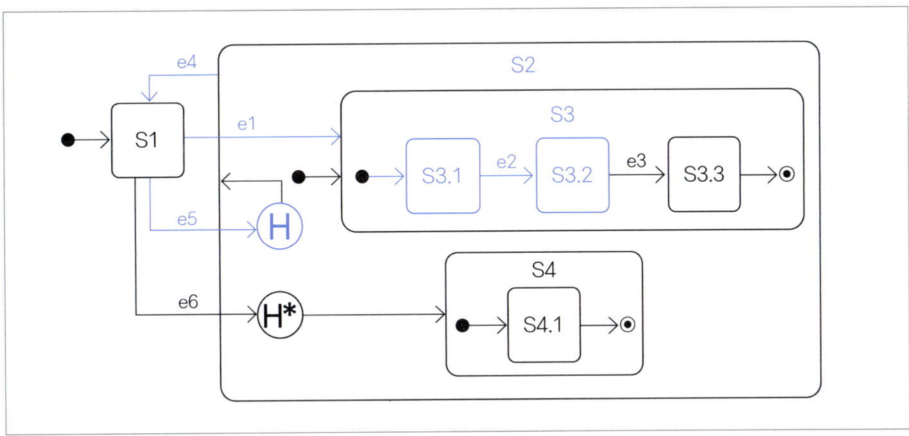

shallow history state 예

다음 표는 이벤트 순서를 기준으로 shallow history state의 상태 흐름을 나타냅니다.

이벤트	상태	설명
시작	S1	S1에서 상태가 시작됩니다.
e1	S2/S3/S3.1	e1이 발생하면, 화살표를 따라 S2를 거쳐 S3로 이동하고 S3 하위 계층의 시작 노드에서 s3.1으로 전이됩니다.
e2	S3.2	e2가 발생하여 S3.1에서 S3.2로 전이됩니다.
e4	S1	S3.2 상태에서 갑자기 S1으로 이동하는 e4가 발생하여, 상태 흐름이 중단됩니다.
e5	(H→) S3/S3.1	e5는 shallow history state를 뜻하는 H로 이동하는 이벤트입니다. 현재 H 노드와 동일한 레벨인 S3의 시작 노드로 전이되어 S3.1까지 진행됩니다.

여기에서 중요한 점은 shallow history state가 자신과 같은 계층에서 마지막으로 활성화된 노드까지만 기억한다는 것입니다. 이로써 S3의 시작 노드에서 다시 상태 차트가 시작된다는 것을 확인할 수 있습니다.

다음으로 deep history state는 해당 차트 내에서 마지막으로 활성화됐던 상태를 계층에 관계없이 기억합니다. 즉, 상태가 다시 활성화될 때 가장 최근에 활성화된 상태가 그대로 재실행됩니다. 다음 그림은 deep history state가 동작하는 예를 나타냅니다. 앞선 shallow history state와 어떤 차이가 있는지 비교해 봅시다.

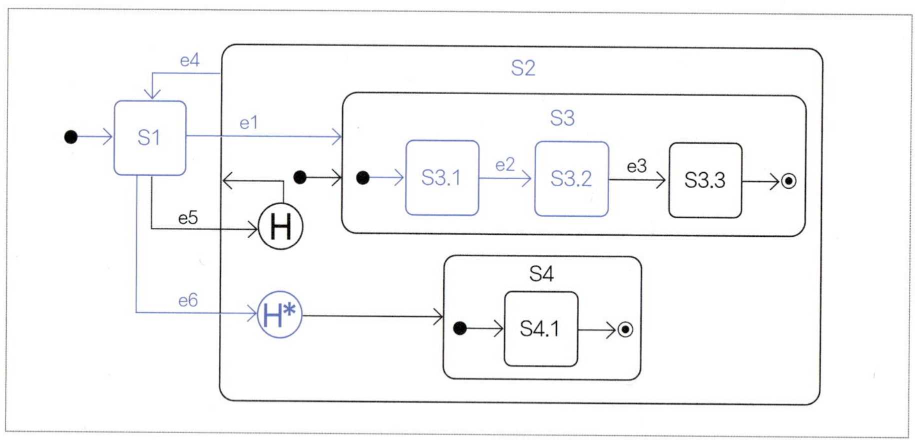

deep history state 예

다음 표는 이벤트 순서를 기준으로 deep history state의 상태 흐름을 나타냅니다.

이벤트	상태	설명
시작	S1	S1에서 상태가 시작됩니다.
e1	S2/S3/S3.1	e1이 발생하여, 화살표를 따라 S2를 거쳐 S3로 이동하고 S3 하위 계층의 시작 노드에서 s3.1으로 전이됩니다.
e2	S3.2	e2가 발생하여 S3.1에서 S3.2로 전이됩니다.
e4	S1	S3.2 상태에서 갑자기 S1으로 이동하는 e4가 발생하여, 상태 흐름이 중단됩니다.
e6	(H*→) S3.2	e6는 deep history state를 나타내는 H*로 이동하는 이벤트입니다. 계층에 관계없이 마지막으로 활성화된 S3.2로 전이됩니다.

deep history state의 경우, 마지막으로 활성화된 하위 상태가 S3.2이므로, 계층에 관계없이 S3.2부터 다시 시작한다는 것이 핵심입니다.

실제 개발 영역에서는 기록 상태를 어떻게 사용할까요? 우리가 넷플릭스의 재생 관련 모듈을 담당하는 개발자라고 가정해 보겠습니다. 그리고 우리에게 사용자가 영상을 시청하다가 앱을 종료하는 경우의 상태 차트 다이어그램이 있습니다. 만약 재시작할 때 shallow history state(H)로 표시가 된다면, 요구 사항은 고객이 종료한 시점과 관계없이 시청하던 콘텐츠의 시작 부분부터 재생하면 된다고 해석할 수 있습니다. 반면, deep history state(H*)로 표시된다면 종료한 시점부터 재생하는 것을 요구한 것으로 해석할 수 있습니다.

이처럼 기록 상태를 잘 이해하면 상태의 이전 상태를 기억해야 하는 기능 요구 사항을 명확하게 해석할 수 있고, 개발자도 기록 상태를 활용하여 해당 기능을 다른 동료에게 정확하게 공유할 수 있다는 장점이 있습니다.

상태 차트 다이어그램을 작성할 때 주의할 점이 있습니다. 상태 차트 다이어그램에서는 각 상태에 대해 들어오는 전이와 나가는 전이를 모두 정의해야 합니다. 들어오는 전이만 있고 나가는 전이가 없다면 해당 상태는 종료 상태에 도달하지 못해 무한 루프에 빠지는데, 이러한 상태를 블랙홀 상태Black Hole State라고 합니다. 다이어그램을 작성할 때에는 반드시 블랙홀 상태가 발생하지 않도록 검토해야 합니다.

또한 상태 차트 다이어그램은 하나의 객체에 대한 상태 변화를 표현하므로, 다이어그램을 작성할 때 해당 객체의 상태 변화와 이에 연관된 이벤트를 명확히 모델링해야 한다는 점을 항상 인지해야 합니다.

액티비티 다이어그램

액티비티 다이어그램activity diagram은 시스템이나 메서드 또는 함수의 동작 흐름을 보여 줍니다. 즉, 시스템의 활동activity과 활동 간의 동작 흐름을 표현하는 다이어그램입니다. 액티비티 다이어그램은 데이터의 상태보다 시스템의 작업 흐름을 시각적으로 나타내는 데 중점을 둡니다. 먼저 액티비티 다이어그램을 표현하는 구성 요소를 알아보겠습니다.

액티비티 다이어그램의 구성 요소

액티비티 다이어그램은 활동, 이동, 객체, 노드 등 다양한 요소로 구성됩니다. 액티비티 다이어그램을 보면서 각 구성 요소를 자세히 설명하겠습니다.

활동과 이동

액티비티 다이어그램에서 활동activity은 단계별로 실행되는 동작을 나타내며, 둥근 사각형으로 표현됩니다. 이동transition은 두 활동 사이의 흐름을 나타내며, 화살표가 있는 실선으로 표시합니다. 이것은 하나의 활동에서 다른 활동으로 전환하는 것을 의미합니다.

오른쪽 그림은 두 구성 요소를 실제 액티비티 다이어그램으로 표현한 예시입니다. 이 다이어그램은 로그인 버튼을 클릭하면 로그인 페이지를 보여 주는 활동으로 전환됨을 의미입니다.

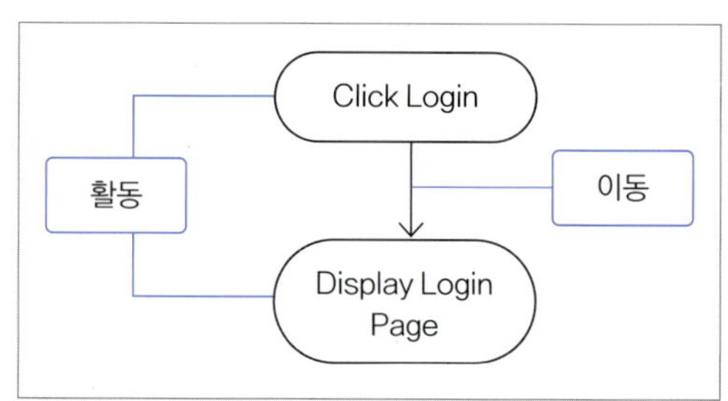

액티비티 다이어그램의 활동과 이동

시작점, 분기점, 종료점

액티비티 다이어그램은 특정 지점을 나타내는 노드들이 있습니다. 이 노드들은 시작점, 분기점, 종료점으로 구분됩니다. 시작점start state은 검은 원으로 표현되며, 다이어그램의 시작을 나타냅니다. 분기점decision point은 마름모로 표현하며, 조건guard에 따라 흐름이 여러 경로로 분기됩니다. 마지막으로 종료점final state은 하얀 원 안에 검은 점으로 표현하며, 이 노드에 도달하면 다이어그램이 종료됨을 의미합니다. 다음은 앞서 만든 액티비티 다이어그램에 이러한 요소들을 추가한 것입니다.

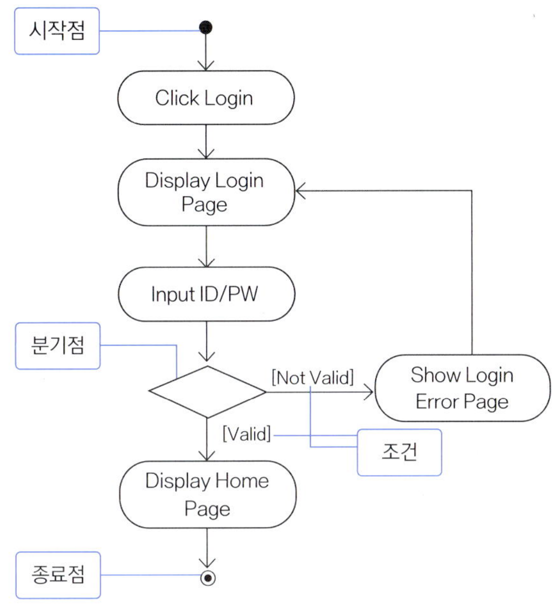

액티비티 다이어그램에 시작점, 분기점, 종료점을 추가한 예

이 다이어그램을 살펴보면 시작점에서 시작하여 진행하며, 로그인 화면에서 ID와 PW를 입력한 뒤, 분기점에서 검증하여 결과에 따라 흐름이 분기되는 과정을 확인할 수 있습니다. 추가로, 로그인 모듈의 기능이 종료되면 종료점에 도달하여 전체 활동이 종료되는 것을 표현했습니다.

객체와 객체 흐름

액티비티 다이어그램에서 객체object는 사각형으로 나타내며, 객체 이름에 밑줄을 추가해 인스턴스임을 강조할 수 있습니다. 또한 대괄호를 사용해 현재 객체의 상태를 표시하기도 합니다. 객체 흐름object flow은 객체가 활동 간에 어떻게 이동하는지 나타내며 점선 화살표로 표현합니다. 이 두 구성 요소를 활용해 액티비티 다이어그램을 작성하면 다음과 같습니다. 여기서는 오류 페이지를 보여 주는 활동에서 오류 페이지(ErrorPage) 객체가 활성화되고 종료되는 흐름을 표현했습니다.

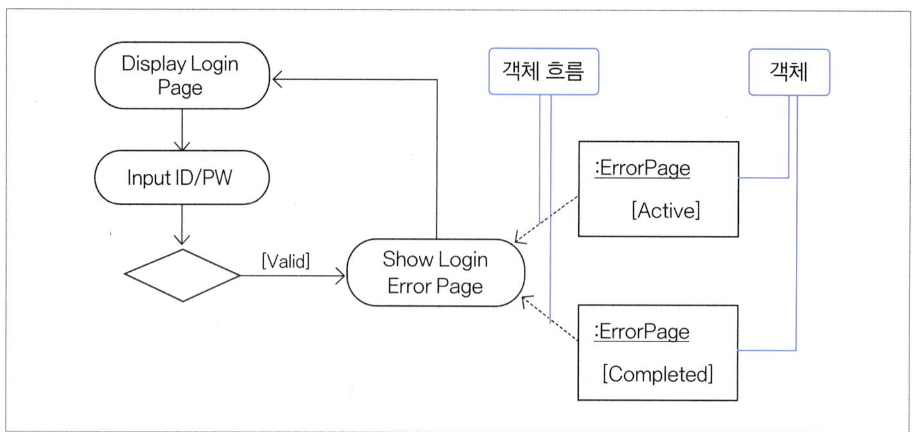

액티비티 다이어그램의 객체와 객체 흐름 예

포크 노드와 조인 노드

포크 노드와 조인 노드는 흐름을 병렬로 분할하고 제어하는 데 사용합니다. 여기에서 포크 노드fork node는 프로세스가 병렬로 수행되도록 하나의 흐름을 여러 흐름으로 나누는 역할을 하고, 조인 노드join node는 포크 노드에서 분할된 병렬 흐름을 다시 하나로 합칩니다. 단, 조인 노드 이후의 동작은 해당 노드가 받아야 할 모든 흐름을 완료한 후에 시작됩니다. 다음은 포크 노드와 조인 노드를 활용한 액티비티 다이어그램의 예입니다.

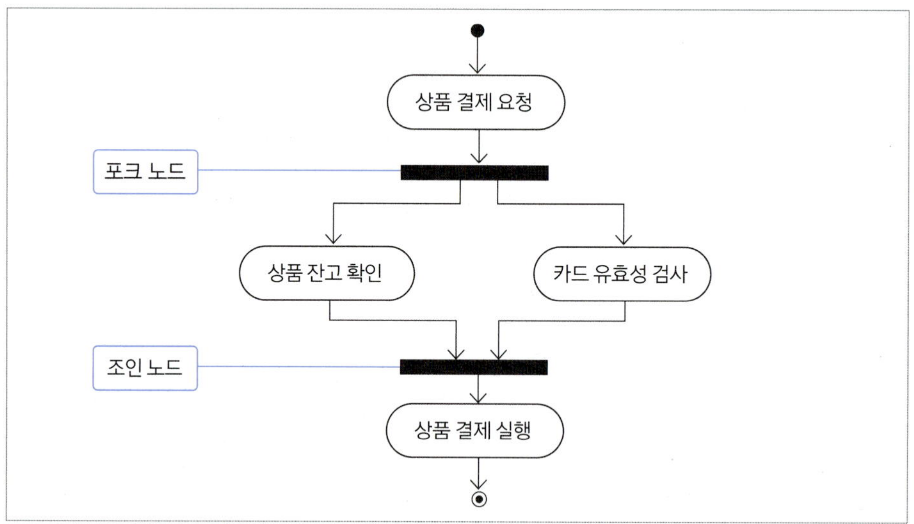

액티비티 다이어그램의 포크 노드와 조인 노드 예

이 다이어그램을 살펴보면, 상품 결제 요청을 포크 노드로 상품 잔고 확인과 카드 유효성 검사를 병렬로 실행하며, 두 프로세스를 모두 성공리에 종료하면 조인 노드로 상품 결제를 실행하는 흐름을 나타냅니다.

스윔 레인

스윔 레인swimlane은 객체 간의 역할 분리를 나타내며, 액티비티 다이어그램을 작성할 때 적용하는 방식입니다. 스윔 레인은 가로 또는 세로로 배치할 수 있으며, 이를 통해 복잡한 시스템 프로세스의 각 단계에서 누가 주체가 되어 실행하고 있는지 명확하게 파악할 수 있습니다. 이렇게 함으로써 책임 범위를 구분하고 시스템의 흐름을 보다 직관적으로 표현할 수 있습니다.

예를 들어 앞서 작성한 로그인 수행 예에 스윔 레인을 적용하면 다음과 같습니다.

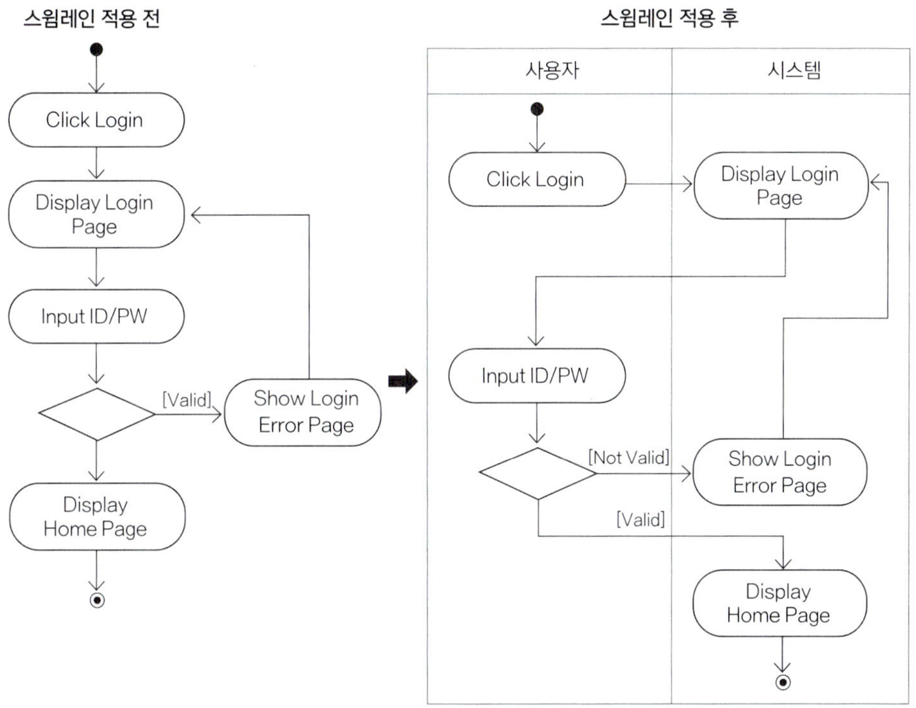

스윔레인 적용 전후 비교

왼쪽은 스윔 레인을 적용하지 않은 다이어그램이고, 오른쪽은 스윔 레인을 적용한 다이어그램입니다. 스윔 레인을 적용하면 다이어그램이 다소 복잡해 보일 수 있지만, 각 활동의 주체가 사용자user인지 시스템system인지를 한눈에 파악할 수 있습니다.

이처럼 스윔 레인을 적용하면 액티비티 다이어그램의 복잡도가 증가할 수 있지만, 활동별 실행 주체를 명확하게 확인할 수 있어서 시스템을 보다 효과적으로 분석할 수 있다는 장점이 있습니다.

액티비티 다이어그램과 상태 차트 다이어그램의 비교

액티비티 다이어그램과 상태 차트 다이어그램은 표현하고자 하는 요소가 서로 반대입니다. 이 차이점을 기반으로 두 다이어그램을 비교하면 각 다이어그램의 특징을 쉽게 이해할 수 있습니다. 먼저 다음과 같이 두 다이어그램을 비교해 봅시다.

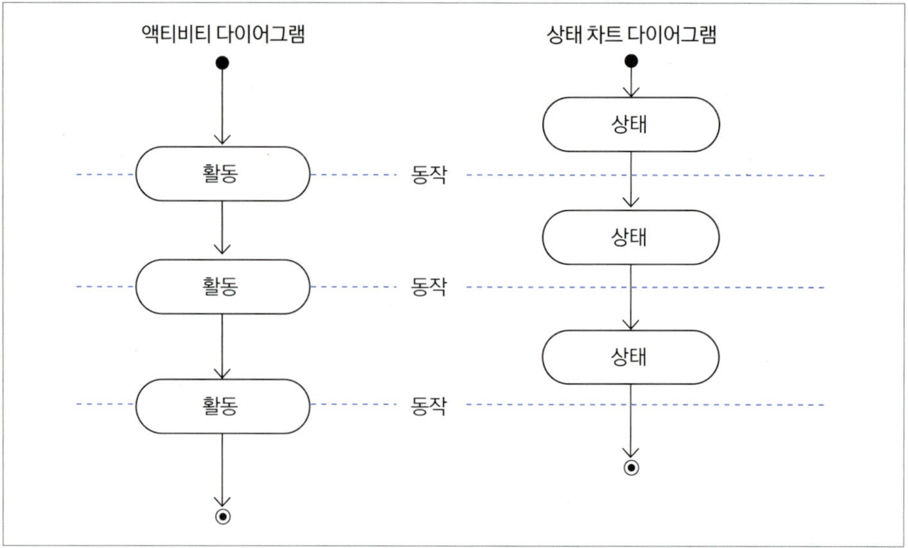

액티비티 다이어그램과 상태 차트 다이어그램 비교

✦ 동작은 시스템 내에서 발생하는 특정 활동이나 작업을 의미합니다. 액티비티 다이어그램에서는 각 동작을 개별 노드로 표현하여 전체 작업 흐름을 시각화하는 반면, 상태 차트 다이어그램에서는 동작이 상태 간의 전이를 나타내는 화살표로 표현합니다.

두 다이어그램은 같은 내용을 다루지만, 어떤 요소를 더 중요하게 생각하여 설계했는지에 차이가 있습니다. 다이어그램에서 가장 중요한 요소는 주로 노드에 반영하기 때문에, 액티비티 다이어그램은 시스템의 활동activity을 중심으로 작업 흐름과 실행 주체를 강조하여 프로세스의 흐름을 시각화하려는 의도를 담고 있습니다.

반면에 상태 차트 다이어그램은 객체의 상태[state] 변화를 중점적으로 표현하며, 상태 간의 전이를 통해 객체의 생애 주기를 관리하는 데 초점을 맞춥니다. 이와 같이 액티비티 다이어그램과 상태 차트 다이어그램은 표현하고자 하는 핵심 요소에 따라 적절히 선택해 사용하는 것이 좋습니다.

이러한 차이점을 보다 명확히 이해할 수 있도록 다음 표를 살펴봅시다. 이 표는 두 다이어그램의 주요 특징을 한눈에 비교할 수 있게 정리한 것입니다.

액티비티 다이어그램과 상태 차트 다이어그램의 특징 비교

항목	액티비티 다이어그램	상태 차트 다이어그램
중요 표현	객체 간의 동작 흐름을 표현	객체의 상태와 상황 표현
이동 방식	각 활동의 완료에 따라 노드 간 이동	이벤트 작업 결과에 따라 이동

컴포넌트 다이어그램

컴포넌트 다이어그램^{component diagram}은 컴포넌트 간의 관계와 구성을 표현함으로써 보다 큰 시스템이나 소프트웨어 구조를 시각적으로 나타냅니다. 이 다이어그램을 통해 시스템이 어떻게 모듈화되는지 또한 컴포넌트끼리 서로 어떻게 연결되고 인터페이스에서 상호 작용하는지를 파악할 수 있습니다. 이어서 컴포넌트 다이어그램의 구성 요소를 살펴보겠습니다.

컴포넌트 다이어그램의 구성 요소

컴포넌트 다이어그램은 컴포넌트, 포트, 의존 관계, 인터페이스 요소 등으로 구성됩니다. 다음 컴포넌트 다이어그램을 보며 각 구성 요소를 어떻게 표현하는지 자세히 설명하겠습니다.

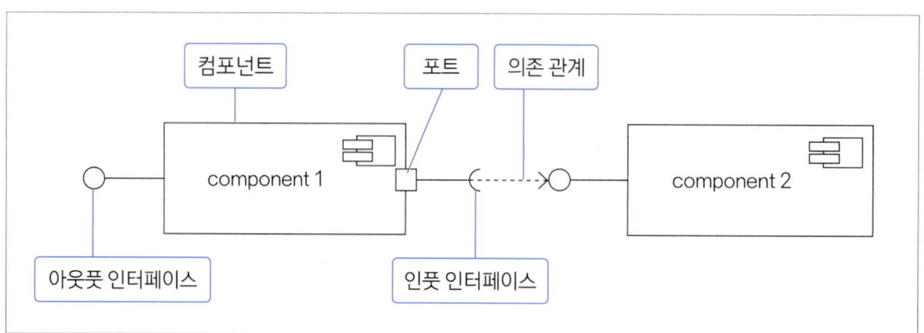

컴포넌트 다이어그램의 구성 요소

컴포넌트 다이어그램에서 가장 중요한 요소는 컴포넌트component입니다. 컴포넌트는 코드로 개발되는 독립된 단위이며, 여러 클래스의 집합으로 구성됩니다. 일반적으로 탭이 달린 직사각형 형태로 표현하며, 인터페이스를 통해 다른 컴포넌트와 상호 작용합니다.

포트port는 컴포넌트와 외부 세계 간의 접점을 하나로 묶어 표현할 때 사용합니다. 여기에서는 인터페이스가 하나뿐이어서 포트를 반드시 사용하지 않아도 되지만, 설명을 위해 표시했습니다.

의존 관계dependency는 한 컴포넌트가 다른 컴포넌트를 참조하거나 의존하고 있음을 나타냅니다. 이 관계는 참조하는 컴포넌트를 점선 화살표로 가르킵니다. 실제 컴포넌트 다이어그램에서는 의존 관계 외에도 다양한 관계를 함께 나타낼 수 있습니다.

✦ 여기서 말한 다양한 관계 표현은 9-3절 '클래스 간의 관계 표현'을 참고하세요.

마지막으로 인터페이스인데 크게 두 가지로 구분됩니다. 아웃풋 인터페이스output interface는 컴포넌트가 외부로 제공하는 서비스나 데이터를 의미하며 흰 원으로 표현합니다. 인풋 인터페이스input interface는 컴포넌트가 외부에서 공급받는 서비스나 데이터를 의미하며 빈 반원 형태로 표현합니다.

컴포넌트 다이어그램의 표현 방법

컴포넌트 다이어그램을 작성하려면 구성 요소를 표현하는 다양한 방법을 학습해야 합니다. 인터페이스, 포트, 컴포넌트 연동 및 구현 등을 어떻게 표현할 수 있는지 알아보겠습니다.

인터페이스 표현

인터페이스는 앞서 아웃풋과 인풋 인터페이스를 포함하여 컴포넌트가 제공하거나 사용하는 서비스 집합을 의미합니다. 인터페이스를 표현하는 방법은 다음 3가지인데 그중에 볼과 소켓 기호를 가장 많이 사용합니다. 다만, 다이어그램 문서에서 어떻게 표현할지는 상황에 따라 달라질 수 있으므로 3가지 방법 모두 확인하고 익혀 두는 것이 좋습니다.

인터페이스 표현의 3가지 방법

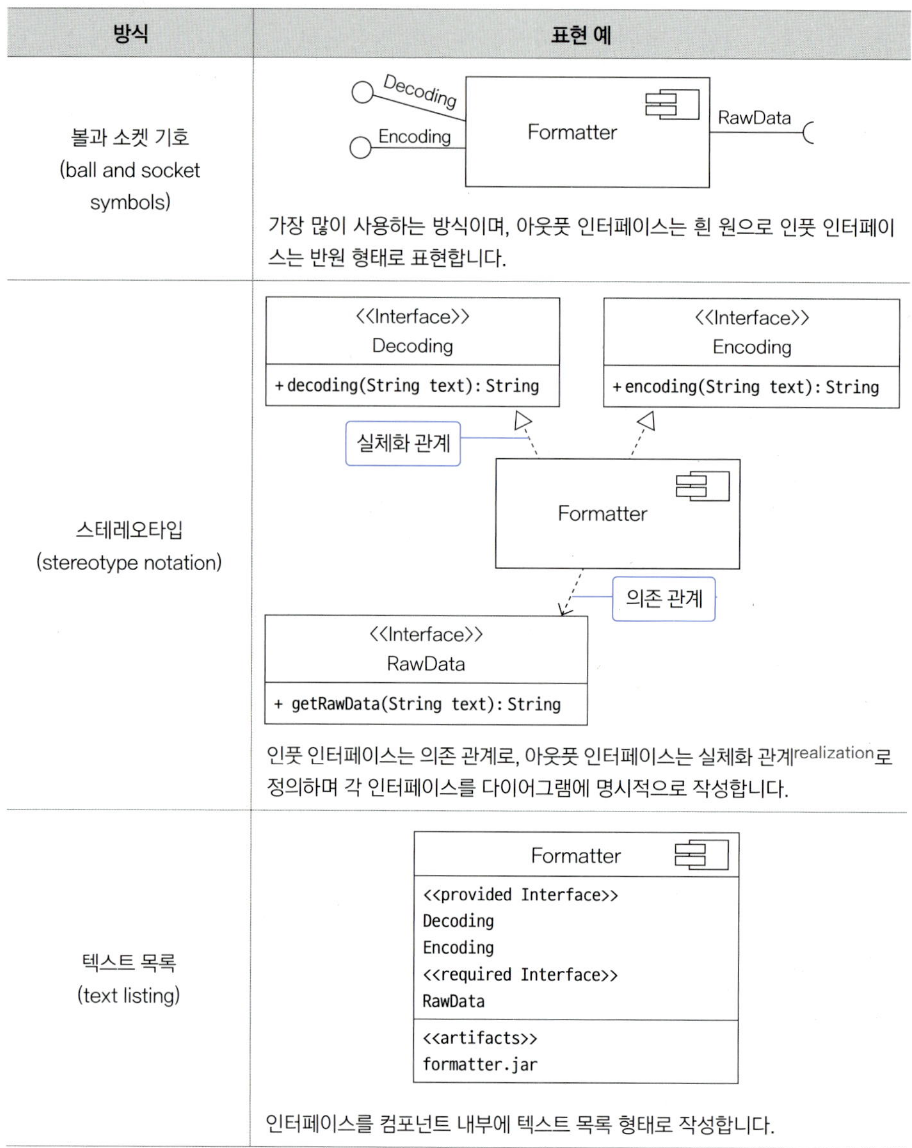

방식	표현 예
볼과 소켓 기호 (ball and socket symbols)	가장 많이 사용하는 방식이며, 아웃풋 인터페이스는 흰 원으로 인풋 인터페이스는 반원 형태로 표현합니다.
스테레오타입 (stereotype notation)	인풋 인터페이스는 의존 관계로, 아웃풋 인터페이스는 실체화 관계realization로 정의하며 각 인터페이스를 다이어그램에 명시적으로 작성합니다.
텍스트 목록 (text listing)	인터페이스를 컴포넌트 내부에 텍스트 목록 형태로 작성합니다.

✦ '텍스트 목록'에서 artifacts는 컴포넌트의 산출물을 나타냅니다.

지금까지 인터페이스를 표현하는 3가지 방법을 익혔습니다. 상황에 따라 가장 적합한 표현 방법을 선택하는 데 도움이 될 것입니다.

컴포넌트 연동 표현

컴포넌트 간의 연동을 표현하는 방법도 다양합니다. 다음 3가지 표현 방법은 서로 달라 보이지만 근본적인 동작은 동일합니다. 개발자는 어떤 표현 방법으로 모델링한 문서도 해석할 수 있어야 하므로, 다양한 표현 방법을 이해하고 해석할 수 있는 능력을 갖춰야 합니다. 다음 그림을 살펴봅시다.

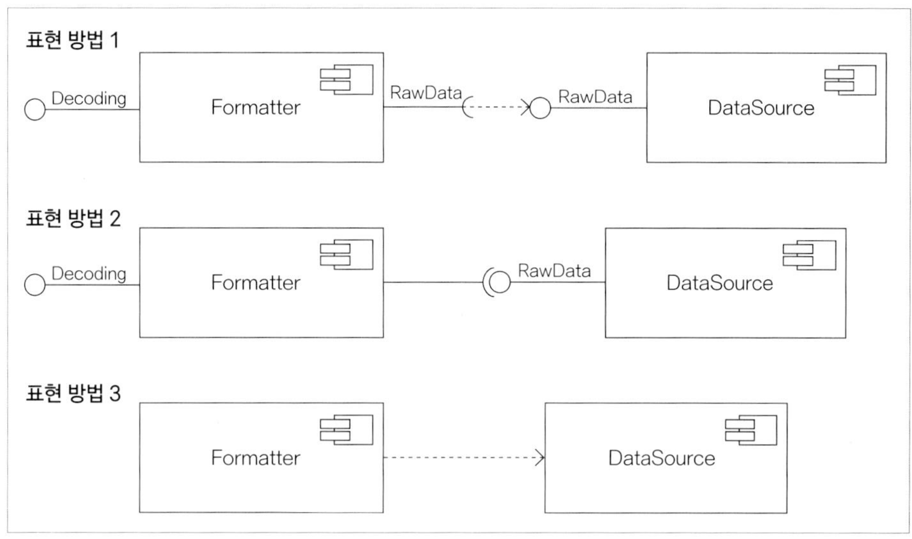

컴포넌트 연동 표현의 3가지 방법

이 3가지 표현 방법은 모두 Formatter와 DataSource 컴포넌트가 상호 연동되어 있음을 의미합니다. 또한 DataSource가 제공하는 데이터를 이용하여 Formatter 컴포넌트가 디코딩한 뒤 외부에 그 데이터를 제공한다는 의미를 포함하고 있습니다. 다만 표현 방법에 따라 부수 정보의 추가 유무 정도에 차이만 있을 뿐, 다이어그램의 복잡도나 목적에 따라 적절한 표현 방법을 선택하여 사용하는 것이 좋습니다.

포트 표현

포트는 각 포트별로 관련 인터페이스들을 하나의 영역에 묶어 주는 역할을 합니다. 하나의 컴포넌트에 여러 개의 포트를 사용할 수 있으며, 포트는 작은 사각형으로 표현합니다. 다음 그림을 살펴봅시다.

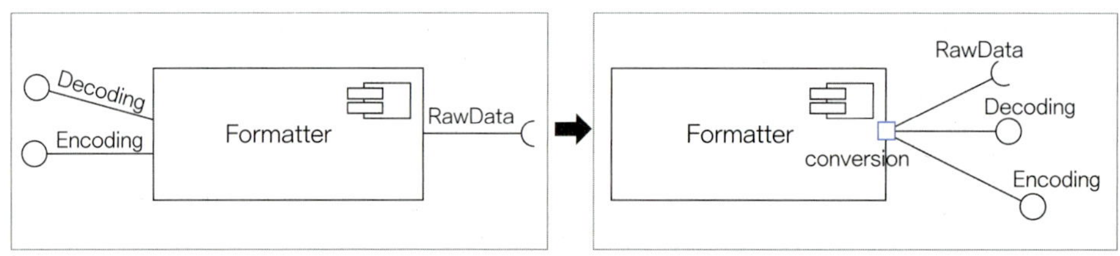

포트 표현 방법

이 그림은 포트를 활용한 표현 방법을 보여 줍니다. 이렇게 포트 표현을 활용하면 연관된 여러 인터페이스를 그룹화할 수 있으므로 하나의 컴포넌트가 여러 기능을 가져 가독성을 높여 주는 효과가 있습니다.

컴포넌트 구현 표현

컴포넌트는 클래스의 집합이기도 하므로 내부에 클래스 다이어그램의 일부를 포함해 상세하게 표현할 수 있습니다. 대표적인 컴포넌트 구현 표현 방식 2가지를 살펴보겠습니다. 다음은 의미가 동일한 컴포넌트를 2가지 방법으로 표현한 예입니다.

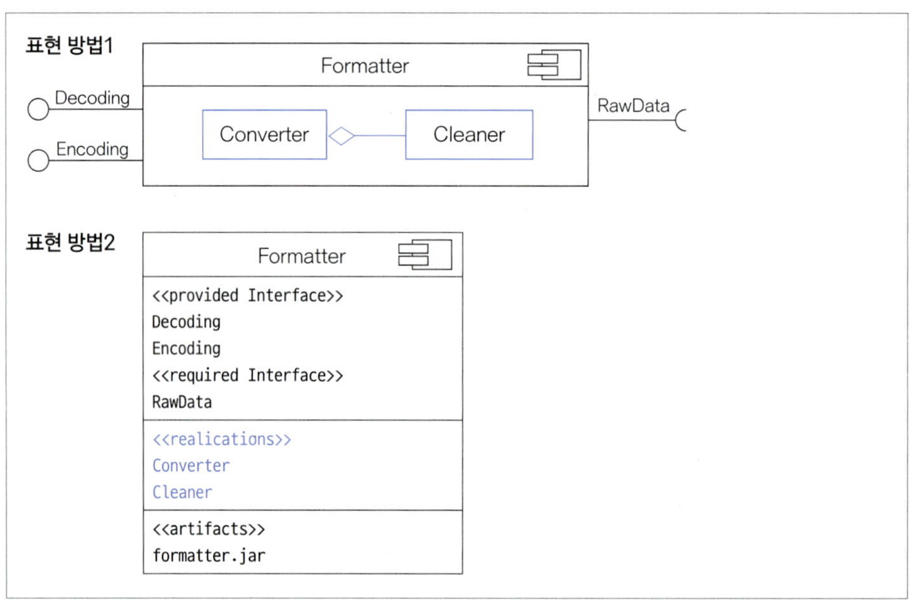

컴포넌트 구현 표현의 2가지 방법

이처럼 2가지 표현 방법 모두 Formatter 컴포넌트 내에 Converter와 Cleaner 클래스를 구현해야 하며, Decoding과 Encoding 아웃풋 인터페이스와 Rawdata 인풋 인터페이스 간에 관계가 있다고 해석할 수 있습니다. 세부 정보에는 차이가 있으나 핵심 전달 내용은 동일합니다. 따라서 컴포넌트 내부 구현을 표현할 경우, 상황에 맞게 적절한 표현법을 선택하여 사용합시다.

어셈블리 커넥터와 대리자 커넥터

다음은 컴포넌트 다이어그램에서 어셈블리 커넥터와 대리자 커넥터를 알아보겠습니다. 어셈블리 커넥터assembly connector는 시스템 내 컴포넌트 간의 연결을 나타내며, 각 컴포넌트가 서로 어떻게 연결되는지 시각적으로 표현합니다. 대리자 커넥터delegation connector는 외부 컴포넌트와 컴포넌트 내부의 구성 요소를 연결할 때 사용합니다. 이처럼 커넥터는 외부에서 발생한 요청이나 이벤트를 컴포넌트 내부의 적절한 영역으로 전달하고, 그 결과를 외부로 전달할 수 있습니다. 다음은 두 커넥터를 사용한 컴포넌트 다이어그램입니다.

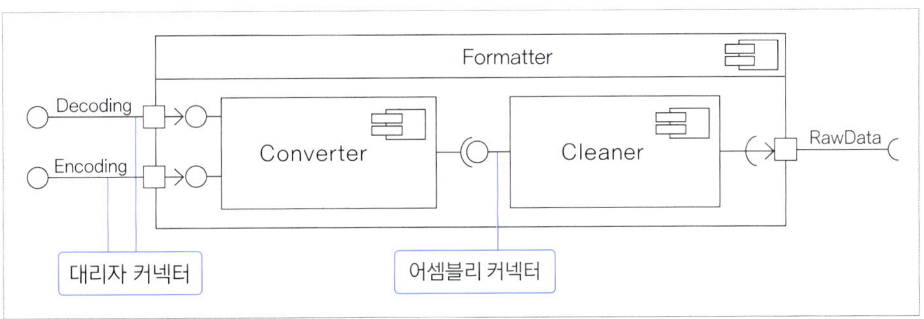

어셈블리 커넥터와 대리자 커넥터

이 다이어그램을 해석해 보면, 데이터 품질을 향상하기 위해 불필요하거나 부정확한 데이터를 제거 또는 수정하는 Cleaner 컴포넌트와 데이터를 적절한 형태로 변환하는 Converter 컴포넌트가 어셈블리 커넥터를 통해 연결되어 있음을 알 수 있습니다. 즉, RawData를 Cleaner 컴포넌트에서 정제해서 Converter 컴포넌트에서 사용한 이후, Converter 컴포넌트에서 처리한 데이터가 대리자 커넥터를 통해 외부의 Decoding과 Encoding 컴포넌트로 전달되는 것을 확인할 수 있습니다. 어셈블리 커넥터와 대리자 커넥터를 적절히 활용하면 시스템의 전체 구조와 컴포넌트 간의 상호 작용을 더 명확하게 표현할 수 있다는 장점이 있습니다.

지금까지 배운 UML을 복습해 봅시다. 통합 모델링 언어인 UML은 소프트웨어의 구조나 동작을 시각적으로 표현하여 개발자 간에 원활하게 소통할 수 있도록 돕는 도구입니다. 실제 프로젝트에서는 과도하게 문서화하지 않는 것이 바람직하지만, 효과적인 UML 작성은 소프트웨어 설계를 더욱 견고하게 하며 개발 과정에서 발생하는 문제를 사전에 예측할 수 있게 합니다. 그러므로 주요 UML 다이어그램을 이해하고 활용하는 것은 소프트웨어를 설계하는 습관을 기르는 데도 도움이 될 것입니다.

여기까지 클린 코드, 코드 리뷰, 클린 아키텍처, 소프트웨어 프로세스 모델, 그리고 UML을 알아보았습니다. 이 주제는 개발자라면 반드시 한번쯤 학습해야 합니다.

클린 코드와 코드 리뷰는 여러분을 품질 높은 코드를 작성하고 동료와 협업할 수 있는 개발자로 성장시키며, **클린 아키텍처**는 단순히 코드를 잘 작성하는 단계를 넘어 시스템의 구조를 이해하고 설계하는 개발자로 발전할 수 있도록 도와줄 것입니다. 또한 **소프트웨어 프로세스 모델과 UML**은 소프트웨어 전체를 이해하고 관리할 수 있는 능력을 갖춘 개발자로 성장하는 데 중요한 발판이 될 것입니다.

독자 여러분과 함께한 이 여정이 개발자로 성장하는 데 소중한 밑거름이 되길 진심으로 바랍니다. 이 책에서 얻은 지식과 여러분의 통찰력을 바탕으로 끊임없이 도전하고 성장해 나가기를 응원합니다. 개발자의 길은 결코 쉽지 않지만, 여러분의 열정이 결국 스스로 자신을 뛰어난 개발자로 만들어 줄 것입니다. 여러분의 꿈과 열정을 진심으로 응원합니다!

찾아보기

한글

ㄱ

가독성	52, 73, 255
가드	405
가시화	380
개념화 단계	377
개방-폐쇄 원칙	222, 227, 319
객체	55, 205, 390, 403, 421
객체 다이어그램	381
객체 어댑터 패턴	289
객체 지향 분석	389
객체 지향 분석 단계	389
객체 지향 설계	389
객체 지향 설계 단계	389
객체 지향 프로그래밍	205
객체 흐름	421
거대 클래스	67, 86
검증	364
결합도	19, 45, 87, 116
과다한 매개변수	67, 117
관계	387
교착 상태	415
구조 다이어그램	381
구조 패턴	254, 286
구축 단계	378
구축화	380
기능 편애	67, 113
기능적 요구 사항	386
기록 상태	416
긴 함수	67, 77
깃허브	39, 193

ㄴ

나선형 모델	369
네이밍	28
네이밍 규칙	29
느슨한 결합	20

ㄷ

다중 상속	210
다중성	396
다형성	82, 205, 212, 221, 319
단위 설계	365
단위 테스트	365
단일 객체	303
단일 책임 원칙	222
단일 책임의 원칙	95
대리자 커넥터	431
데드 코드	39
데이터 보호	219
데이터 은닉	219
데코레이터 패턴	294
동기 메시지	404
동기화 노드	415
동기화된 싱글톤	260
동시 상태	414
디렉터 빌더 패턴	281
디자인 패턴	253

ㄹ

라인 커버리지	161
리뷰어	193
리스코프 치환 원칙	222, 234
리팩터링	45, 65, 75

ㅁ

매개변수	46, 72
매직 넘버	67, 125
머지	198
메서드 오버라이딩	213
메서드 오버로딩	212
메시지	404
명세화	380
모델	346
모델 1 패턴	349
모델 2 패턴	349
모듈	18, 87
모듈화	18
문서화	380

ㅂ

반복문	70
반복자 패턴	325
반복적 모델	366, 368
반환 메시지	405
반환값	393
배포 다이어그램	382
백로그 스프린트	375
병렬화 노드	415
복합 객체	303
복합 구조 다이어그램	382
복합 상태	412
볼과 소켓 기호	428
부모 클래스	74
분기점	421
뷰	347
브랜치	182

브릿지 패턴 308
블랙박스 스타일 384
블랙홀 상태 419
비동기 메시지 404
빌 뷰 싱글톤 261
빌더 패턴 55, 277

ㅅ

사이드 이펙트 67
산탄총 수술 106
상세화 단계 377
상속 74, 82, 205, 211, 221, 227
상수화 126
상태 410
상태 차트 다이어그램 382
상태 패턴 334
상호 작용 다이어그램 382, 403
생명선 403
생성 패턴 254, 256
생성자 52
서브머신 상태 415
설계 사양서 363
소스 코드의 공동화 178
소프트웨어 프로세스 모델 357, 359
수정의 산발 99
스네이크 케이스 25
스윔 레인 423
스크럼 375
스테레오타입 428
스프린트 372

스프린트 백로그 372
시스템 385
시스템 설계 364
시스템 테스트 365
시작 상태 410
시작점 421
시퀀스 다이어그램 382
시퀀스 프래그먼트 406
실체화 관계 400
심플 빌더 패턴 278
싱글톤 패턴 256

ㅇ

아웃풋 인터페이스 427
아키텍처 설계 364
안정성 255
애너테이션 139
애자일 371
액터 386
액티비티 다이어그램 382, 420
어댑터 패턴 286
어셈블리 커넥터 431
엔티티 202
연관 관계 388, 396
열거형 싱글톤 262
예외 58
예외 전달 64
예외 케이스 157
오류 코드 58
오버라이드 91
오버라이딩 95, 209
오퍼레이션 392

옵저버 패턴 320
외부 인터페이스 203
요구 사항 분석 363
요구 사항 정의서 363
위험 분석 370
유스 케이스 202, 383, 386
유스 케이스 다이어그램 382
유지 보수성 73, 255
응집도 19, 106, 116
의존 관계 395, 427
의존성 역전 원칙 222, 245, 319
이동 420
이터레이터 325
이해 관계자 360
익스트림 프로그래밍 375
인라인 109
인라인 리뷰 190
인수 테스트 365
인터랙션 오버뷰 다이어그램 382
인터페이스 209, 227
인터페이스 분리 원칙 222, 241
인터페이스 어댑터 203
인텔리제이 132
인풋 인터페이스 427
일반화 관계 388, 401
일일 스크럼 372

ㅈ

자료형 392
자바의 네이밍 규칙 26
자식 클래스 74, 87

자체 메시지　404
재사용성　255
전략 패턴　314
전이　411
전이 단계　378
접근 제어자　391
정규식　36
정적 팩토리 메서드　53
제품 백로그　372
젠킨스　173
조건문　44, 62
조건식　43
조인 노드　422
종료 상태　410
종료점　421
주석　34
중복 코드　67, 76
중재자　339
중재자 패턴　339
증분형 모델　366, 368
진화형 모델　367, 368
집합 관계　397

ㅊ

최소 리뷰 승인 수　195
추상 메서드　209
추상 클래스　209, 227
추상 팩토리 인터페이스　271
추상 팩토리 패턴　270, 277
추상화　205, 208, 221, 227, 245
추상화 레벨　48, 98, 102

ㅋ

카멜 케이스　24
칸반　375
캡슐화
　42, 205, 219, 221, 315, 319
커뮤니케이션 다이어그램　382

커밋 메시지　182
커버리지　156
컨트롤러　348
컬렉션 프레임워크　235
컴포넌트　427
컴포넌트 다이어그램　381, 426
컴포지트 패턴　302
케밥 케이스　25
코드 리뷰　175
코드 스멜　45, 65, 75, 66
코드 정리　71
코딩 스타일　71
클라이언트 코드　29
클래스　205, 391
클래스 다이어그램　381
클래스 변수　393
클래스 어댑터 패턴　287
클린 아키텍처　202
클린 코드　16, 23, 71, 76

ㅌ

타이밍 다이어그램　382
타입 변수　82, 87
테스트 결과서　363
테스트 주도 개발　129
테스트 커버리지　131
테스트 코드　67, 128
텍스트 목록　428
통합 테스트　365
통합 프로세스　376

ㅍ

파스칼 케이스　25
패키지 다이어그램　382
패턴병　255
팩토리 메서드 패턴　263, 277
팩토리 클래스　271
포크 노드　422

포트　427
포함 관계　387
폭포수 모델　362, 368
프로그램 설계　363
프로토타입 모델　377
피드백　373

ㅎ

합성　308
합성 관계　399
행동 패턴　254, 314
행위 다이어그램　382
협력　373
확인　365
확장 관계　387
확장성　255
활동　420
활성 박스　403

영문

A~C

Adaptee　287, 290
Adapter　287, 290
Alternative　406
assertAll　146
assertArrayEquals　146
assertEquals　138, 146
assertFalse　146
Assertions　139, 145
assertIterableEquals　146
assertLinesMatch　146
assertNotEquals　146
assertNotNull　146
assertNotSame　146
assertNull　146
assertSame　146

assertThrows 146
assertTimeout 146
assertTimeoutPreemptively 146
assertTrue 146
Break 408
Brief 383
BufferedReader 301
BufferedWriter 301
Builder 281
Casual 383
CI/CD 172
CODEOWNERS 193

D~F

Decorator 296
deep history state 416
Director 281
DispatcherServlet 351
Enumeration 333
Exception 62
Extract Method 74
fail 146
Fully Dressed 383

G~M

getter 394
HandlerMapping 351
IStrategy 315
Iterator 325
JUnit 132
Loop 407
Mediator 340
Mock 170
MVC 패턴 345
MVP 367

O~R

Observe 320
Option 406
Parallel 409
PR 182
private 391
protected 391
public 391
Require a pull request before merging 197

S~V

setter 394
shallow history state 416
SOLID 원칙 45, 222
Spring MVC 패턴 350
TDD 157, 159
throws 62
TODO 주석 36
try~catch 문 63
UML 357, 380
ViewResolver 351
V-모델 363

기호

@AfterAll 142
@AfterEach 142
@BeforeAll 142
@BeforeEach 142
@CsvFileSource 140
@CsvSource 140
@Disable 143
@DisplayName 143, 145
@DisplayNameGeneration 145
@EnumSource 140
@MethodSource 140
@ParametherizedTest 140
@RepeatedTest 141
@Timeout 143, 145
@ValueSource 140

기초 프로그래밍 코스

파이썬, C 언어, 자바로 시작하는 프로그래밍!
기초 단계를 독파한 후 응용 단계로 넘어가세요!

기초 단계

박응용 | 432쪽

김성엽 | 576쪽

박은종 | 632쪽

시바타 보요 저, 강민 역 | 408쪽

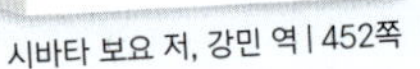
시바타 보요 저, 강민 역 | 452쪽

시바타 보요 저, 강민 역 | 424쪽

응용 단계

김창현 | 384쪽

강성윤 | 740쪽

김종관 | 564쪽

A 파이썬 개발자가 되고 싶은 사람

- Do it! 점프 투 파이썬
- Do it! 점프 투 파이썬 — 라이브러리 예제 편
- Do it! 파이썬 생활 프로그래밍 with 챗GPT
- Do it! 장고 + 부트스트랩 파이썬 웹 개발의 정석
- Do it! LLM을 활용한 AI 에이전트 개발 입문

B 자바 개발자가 되고 싶은 사람

- Do it! 자바 프로그래밍 입문
- Do it! 점프 투 스프링 부트 3
- Do it! 점프 투 자바
- Do it! 자바 완전 정복

인공지능 & 데이터 분석 코스 | 인공지능, 데이터 분석도 Do it! 시리즈와 함께! 주어진 순서대로 차근차근 독파해 보세요!

이성용 | 504쪽

윤성진 | 432쪽

이기창 | 256쪽

김영우 | 376쪽   김영우 | 344쪽

김영우 | 472쪽

다니엘 첸 | 시진 | 400쪽

A 인공지능 개발자가 되고 싶은 사람

- Do it! 점프 투 파이썬
- Do it! LLM을 활용한 AI 에이전트 개발 입문
- Do it! 딥러닝 교과서
- Do it! BERT와 GPT로 배우는 자연어 처리

B 데이터 분석가가 되고 싶은 사람

- Do it! 쉽게 배우는 파이썬 데이터 분석
- Do it! 쉽게 배우는 R 데이터 분석
- Do it! 쉽게 배우는 R 텍스트 마이닝
- Do it! 데이터 분석을 위한 판다스 입문
- Do it! R 데이터 분석 with 샤이니
- Do it! 첫 통계 with 베이즈